Olaf Hartung · Ivo Steininger
Thorsten Fuchs (Hrsg.)

Lernen und Erzählen interdisziplinär

Olaf Hartung · Ivo Steininger
Thorsten Fuchs (Hrsg.)

Lernen und Erzählen interdisziplinär

VS VERLAG

Bibliografische Information der Deutschen Nationalbibliothek
Die Deutsche Nationalbibliothek verzeichnet diese Publikation in der
Deutschen Nationalbibliografie; detaillierte bibliografische Daten sind im Internet über
<http://dnb.d-nb.de> abrufbar.

Gedruckt mit freundlicher Unterstützung der FAZIT-STIFTUNG.

1. Auflage 2011

Lektorat: Dorothee Koch

VS Verlag für Sozialwissenschaften ist eine Marke von Springer Fachmedien.
Springer Fachmedien ist Teil der Fachverlagsgruppe Springer Science+Business Media.
www.vs-verlag.de

Umschlaggestaltung: KünkelLopka Medienentwicklung, Heidelberg
Gedruckt auf säurefreiem und chlorfrei gebleichtem Papier
Printed in Germany

ISBN 978-3-531-18112-7

Inhalt

Lernprozesse in narrativen Kontexten

Sprache, Erzählen und Lernen

JUSTUS-LIEBIG-
UNIVERSITÄT
GIESSEN

G G K
Gießener Graduiertenzentrum
Kulturwissenschaften

Liebe Leserinnen und Leser,

der vorliegende Band ist das Ergebnis der Forschungsaktivitäten der interdisziplinären Sektion *Bildung, Erziehung, Sozialisation*, die 2007 am *Gießener Graduiertenzentrum Kulturwissenschaften* (GGK) der Justus-Liebig-Universität gegründet wurde.

Das GGK dient der strukturierten Ausbildung von Promovierenden der kulturwissenschaftlichen Fachbereiche der Justus-Liebig-Universität. Angebote wie das bedarfsgenaue promotionsbegleitende Seminarangebot oder der berufsvorbereitende Career-Service sollen eine Unterstützung in der Promotion darstellen und inner- wie außerakademische Berufsperspektiven stärken. Vor allem aber möchte das GGK ein Ort sein, der einen Raum für selbstständige wissenschaftliche Leistungen bietet und Doktorand/-innen motiviert, eigene Initiativen in den Sektionen und Arbeitsgruppen des GGK zu entwickeln. In den Sektionen arbeiten je 10-20 Nachwuchswissenschaftler/-innen fächerübergreifend an gemeinsam gewählten Themen. Auf der Basis der erfolgreichen Arbeit am GGK konnte 2006 auf diesem Modell aufbauend im Rahmen der Exzellenzinitiative des Bundes und der Länder das *International Graduate Centre for the Study of Culture* (GCSC) gegründet werden, dessen Angebot eng mit dem des GGK verknüpft ist.

Wir freuen uns sehr über das große Engagement der Nachwuchswissenschaftler/-innen, das sich auch in diesem Band ausdrückt. Wir möchten allen Autor/-innen für ihre Beiträge danken und sie zu ihren innovativen Forschungsansätzen beglückwünschen. Wir unterstützen gern ihr Vorhaben, die Ergebnisse ihrer Forschung einer breiten Öffentlichkeit zur Verfügung zu stellen. Unser besonderer Dank gilt den Herausgebern, die dieses Projekt mit großer Entschlossenheit professionell umgesetzt haben.

Allen Leser/-innen wünschen wir eine anregende, gewinnbringende und unterhaltsame Lektüre!

Gießen, im Sommer 2011

Prof. Dr. Ansgar Nünning (Gründungsdirektor des GGK)
Dr. Martin Zierold (Geschäftsführer)
Annette Cremer, M. A. (Koordinatorin)

Vorwort der Herausgeber

Wie erzählt man vom Entstehen eines Bandes, der sich interdisziplinär mit *Lernen* und *Erzählen* auseinandersetzt? Naheliegend ist es, die beiden Begriffe als Ausgangspunkt zu wählen. Erzählen und Erzählungen sind allgegenwärtig. Schon dies allein macht sie für das Lernen interessant. Interessant ist überdies, dass Erzählungen nicht nur kulturelle Produkte sind, sondern dass sie selbst als kulturelle Produktionsmittel gesehen werden können. Sie verleihen auf unvergleichliche Weise dem Struktur, was vorher ungeordnet war. Diese Eigenschaft weckt das Interesse ganz unterschiedlicher wissenschaftlicher Disziplinen, die sich unter dem Überbegriff Erzählforschung versammeln lassen. Erzählen – oder narrativieren – und Erzählungen – oder Narrative – sind längst nicht mehr nur Gegenstand der literaturwissenschaftlichen Narratologie. Die wissenschaftliche Auseinandersetzung hat sich mittlerweile zu einem komplexen theoretischen und methodologischen Gefüge gewandelt, das seit dem so genannten *narrative turn* in verschiedenen wissenschaftlichen Disziplinen Anklang findet und sich im Schnittfeld von Geisteswissenschaften, Kulturwissenschaften und Sozialwissenschaften bewegt. Ausschlaggebend für das Lernen ist dabei, dass Erzählungen nicht nur als Trägermedien von Wissen untersuchungsrelevant sind, sondern dass man zudem anerkennt, dass mit ihnen auch Wissen generiert wird, indem Erzählerinnen und Erzähler mit und in ihren Erzählungen neue Verknüpfungen und Deutungen erzeugen, ausgestalten und interpretieren. In diesem Wechselverhältnis zwischen kulturellem Produkt und Mittel der kulturellen Produktion liegt der Erkenntnisgewinn begründet, dem die in diesem Band versammelten Autor/-innen entlang des Begriffspaars *Lernen* und *Erzählen* nachgehen. Erzählen kann das, was wir wissen erweitern, und wer sein Wissen erweitert, der lernt. Und es ist der reflektierte Umgang mit Erzählungen, der intellektuell-diskursive wie auch affektive-emotionale Kompetenzen hervorbringt und zu fördern vermag. Und nicht zuletzt heißt *Lernen* und *Erzählen* zu verstehen, auch etwas über Kultur und Gesellschaft zu erfahren: Schließlich können kommunikative Beziehungen des Erzählens, die an Konventionen, Tabus und Grenzen gebunden sind und damit Einfluss auf das Erzählen ausüben, auch als Lehr-/Lernverhältnisse verstanden werden, in denen es vor allem darum geht, Handlungsfähigkeit im gesellschaftlichen Kontext zu erlangen. Erzählen lehrt und bildet insofern, indem es das Vermögen schafft, Erfahrungen untereinander auszutauschen.

Der Band *Lernen und Erzählen interdisziplinär* versteht sich als Weiterführung und Ergänzung des im selben institutionellen Kontext entstandenen Bandes *Lernen und Kultur* (2010) und ist gewissermaßen die sicht- und fassbare Erfahrung der gleichnamigen interdisziplinären Wissenschaftstagung, die von Mitgliedern der *Sektion Bildung, Erziehung und Sozialisation* des *Gießener Graduiertenzentrum der Kulturwissenschaften* (GGK) der Justus-Liebig-Universität im September 2010 veranstaltet wurde. Wie die Tagung verfolgt auch der vorliegende Band das Ziel, die bisher zumeist getrennt geführten Diskussionsstränge der Erzählforschung zu den (zumeist strukturellen) Aspekten von *Erzählungen* einerseits und den (oft nur auf den Sprachunterricht bezogenen) Aspekten des *Erzählen lernens* anderseits in einer Weise zusammenzuführen, dass dabei möglichst viele Merkmale des Beziehungsgeflechts zwischen Lernen und Erzählen erkennbar werden. Dabei wird von einem triadischen Verhältnis ausgegangen: Es geht sowohl um das *Erzählen lernen*, um das *Lernen aus Erzählungen* als auch um das *Lernen durch Erzählen*. Der Band vereinigt dazu Beiträge von Fachleuten der Volkskunde, Soziologie, Literaturwissenschaft, Narratologie, Fremdsprachendidaktik, Geschichtsdidaktik, Physikdidaktik, Heil- und Sonderpädagogik, Grundschulpädagogik sowie der Erziehungswissensschaften. Untersucht werden u. a. die *Dimensionen und Grenzen des Erzählens*, die *Schnittstellen zwischen Lernen und Erzählen*, das *Lernen in narrativen Kontexten* sowie die *sprachlichen Implikationen im Verhältnis von Erzählen und Lernen*.

An der Entstehung dieses Bandes haben viele mitgewirkt, denen es zu danken gilt: Den Organisatoren und Mitwirkenden der interdisziplinären Wissenschaftstagung *Lernen und Erzählen*, die nicht mit eigenen Beiträgen in diesem Band versammelt sind. Vor allen anderen Anke Fuchs-Dorn, Alena Berg und Stephan Goik haben durch ihr Engagement, ihre Kreativität und Begeisterung einen maßgeblichen Anteil zum guten Gelingen der Tagung beigetragen. Ohne sie hätte die Tagung nicht in der verwirklichten Güte zustande gebracht werden können. Der Stiftung FAZIT danken wir sehr herzlich für den gewährten Druckkostenzuschuss. Dem Weilburger Forum e. V. sind wir für die finanzielle Unterstützung und die erhaltene Anerkennung äußerst dankbar und hoffen, in der weiteren Zusammenarbeit ein wenig von dem Empfangenen zurückgeben zu können. Ferner danken wir stellvertretend für das GGK dem geschäftsführenden Direktor des *Gießener Graduiertenzentrums Kulturwissenschaften* Herrn Prof. Dr. Ansgar Nünning sowie dem Geschäftsführer Herrn Dr. Martin Zierold, ohne deren infrastrukturelle Unterstützung und Finanzierung der Tagung die Entstehung dieses Bandes nicht möglich gewesen wäre. Sehr herzlich danken wir auch Frau Annette Cremer vom GGK, die die Arbeit der Sektion *Bildung, Erziehung, Sozialisation* beständig und besonders förderlich unterstützt. Unser Dank gilt ebenso dem VS Verlag für Sozialwissenschaften für das ausdrückliche Interesse an dem Buchprojekt und die Inverlagnahme, die abermals erfreulich unkompliziert und mit großer Zuverlässigkeit bewerkstelligt wurde. Schließlich danken wir allen Autor/-innen und wünschen unseren Leser/-innen eine anregende Lektüre.

Gießen, im Sommer 2011

Olaf Hartung
Ivo Steininger
Thorsten Fuchs

Lernen und Erzählen interdisziplinär. Verhältnisse, Grenzen und offene Fragen

Olaf Hartung, Ivo Steininger und Thorsten Fuchs

Betrachtet man das Verhältnis zwischen Lernen und Erzählen etwas genauer, so drängt sich bald der Eindruck auf, dass – je nach Lern- und Erzählbegriff – das eine ohne das andere nicht geht. Um zu lernen, müssen wir erzählen, und um zu erzählen, müssen wir lernen. Oder anders gesagt: Lernen setzt Erfahrungen voraus. Diese ordnen und gewichten wir im Erzählen, und durch Erzählungen machen wir uns und anderen das Erfahrene erst zugänglich. Erzählungen bestimmen uns mehr als wir bisweilen wahrhaben wollen. Sie bilden uns, konstituieren Sinn, stiften Identität und – was das Schönste ist – wir können uns mit ihnen prächtig unterhalten. Wenn wir unsere eigene (Lebens-)Geschichte erzählen, erleben wir uns als jemanden, der wichtig ist. Erzählen kann Angst vertreiben und manchmal sogar Leben retten, wie einst der Tochter des persischen Wesirs *Scheherazade* mit ihren tausendundeins Geschichten. Geschichten machen und gehen uns an. Nicht dem Einzelfaktum als solches messen wir Bedeutung bei, sondern das Faktum erhält als Teil einer Geschichte Bedeutung. Bloße Informationen können wir hingegen nicht einmal anständig im Gedächtnis behalten. Erzählungen schaffen Kontur, Prägnanz und Resonanz (vgl. Boothe 2009: 101). Und was sollten wir auch anderes mit unseren Erfahrungen anstellen, als daraus Geschichten zu bilden? Wie könnten wir ein Leben lang lernen, wenn wir keine Vorstellung vom Verlauf unseres Lebens hätten? Und wie könnten wir uns als Teil der Geschichte begreifen, wenn wir uns unsere Geschichte nicht erzählten? Erzählen ist eine *kulturelle Universalie* (Roland Barthes), vielleicht sogar – wie das Lernen – eine anthropologische Notwendigkeit. Der Mensch ist ein „story-telling animal" (MacIntyre 1984 [1981]: 201; Swift 1984 [1983]: 53, zit. n. Nünning/Nünning 2002: 1) und Erzählen ein für seine Erfahrungsbildung unverzichtbares anthropologisches „Muster der Formgebung" (Neumann 2005: 160).

Wenn man sich vor Augen führt, wie wichtig Erzählen und Erzählungen sind, wundert man sich allerdings, wie selten sich Menschen heute noch *ihre* Geschichten erzählen. Erzählforscher sagen, das sei einmal ganz anders gewesen, und manchmal erheben sich Stimmen, die uns – wie einst Walter Benjamin (1984 [1936/37]) – vor dem Verlust des Erzählens warnen wollen. Eine Ursache für die Krise des Erzählens erkannte Benjamin schon damals im historisch neuen System der Information und Zerstreuung. Heute stehen uns besonders (bild-)mächtige ,Erzähler' zur Verfügung, die uns täglich die selbstständige Arbeit des Erzählens professionell abnehmen. Film und Fernsehen bieten uns Geschichten von solch beeindruckender Prägnanz, dass unsere eigenen dagegen (scheinbar) nur noch blass und unbedeutend erscheinen. Das mag bisweilen überaus bequem und unterhaltend sein, ist aber mitnichten folgenlos. Wer kann heute noch genau sagen, welche Erfahrungen er einst selbst gemacht hat und welche ihm vermittelt wurden? Welche Bilder erinnern wir? Die aus den Bildmedien, oder die aus der eigenen Erfahrung? Und in welchem Verhältnis stehen unsere Erfahrungen aus erster und zweiter Hand? Überlagert das eine das andere, oder geht aus der Synthese etwas Neues, Eigenständiges hervor? Beide Erfahrungswelten lassen sich oft kaum mehr unterscheiden. Und auch die Frage nach dem Grenzverlauf zwischen faktualem und fiktionalem Erzählen ist nicht immer leicht zu beantworten. Gleichwohl legen wir Wert darauf, dass das Erzählte und der Erzähler glaubwürdig und verlässlich sind. Doch wie können wir das beurteilen? Auch das wäre fast schon wieder eine eigene Erzählung wert, wäre da nicht noch die Frage nach den Kriterien der Erzählbarkeit. Ist wirklich alles erzählbar, oder müssen wir auch lernen, die Grenzen (individuelle und gemeinschaftlich geteilte) des Erzählens einzuhalten? Vielleicht kommt dem Nichterzählen ja eine ganz eigene Bedeutung und Funktion zu, von der – in diesem Band – dann ebenfalls zu erzählen wäre. Kein Wunder also, dass die Anzahl und Komplexität der Theorien nicht nur zum Lernen, sondern auch zum Erzählen stetig zunimmt.

Unter Lernen wird in dem hier interessierenden Zusammenhang ein zentraler Prozess verstanden, mit dem sich ganz allgemein gesprochen Änderungen menschlicher ‚Verhaltensdispositionen' beschreiben lassen. Im Zentrum steht dabei das menschliche Subjekt mit seinen Erfahrungen, seiner Sinnlichkeit und Reflexion. Wenn von Lernen die Rede ist, dann wird damit – so lässt sich vor dem Hintergrund der unterschiedlichen disziplinären Zugriffe auf dieses Themenfeld und angesichts einer interdisziplinär offenen Zugriffsweise formulieren – ein Prozess angesprochen, bei dem vom Subjekt auf bislang gemachte Erfahrungen rekurriert wird und bei dem es darum geht, diese bisherigen Erfahrungen in einem bestimmten zeitlichen Verlauf mit gewisser Nachhaltigkeit zu verändern. Lernen erfolgt dabei auf der Basis eines individuellen Verarbeitungsmodus' von Erfahrung, der sich im Verlauf der Konfrontation mit verschiedenen Situationen entwickelt und sich zur lebensweltlichen Problembearbeitung bewährt hat. Als ein solcher auf Erfahrungen rekurrierender und sie Änderungen aussetzender Prozess zielt Lernen etwa auf die Neubewältigung von Situationen, das Aneignen neuer Inhalte oder den Erwerb neuen Wissens. Allerdings richtet sich Lernen hierbei nicht allein auf die Veränderung kognitiver Strukturen, vielmehr umfasst es auch Änderungen der Motorik, der Motivation sowie des sozialen Verhaltens im weitesten Sinn.

Lernen endet auch nicht in der schlichten Bewältigung und Veränderung. Stattdessen wird es fortgesetzt im routinisierten Umgang mit der Situation, in der Lernende innovative Ausgestaltungen vornehmen und auf Basis ihrer gewonnenen Erfahrungen gleichsam einen Überschuss an Verhaltens- und Handlungsmöglichkeiten erzeugen. Insofern sind Lernprozesse nie nur situativ-kontextbezogen. Sie reichen weiter und umfassen mehr. Im Sinne kollektiver Lernprozesse beeinflussen sie etwa sowohl die Lernenden als Individuen als auch die durch die Gemeinschaft der Individuen gebildete Gesellschaft. M. a. W.: „Lernen reagiert mit Kultur" (Oelkers 1997: 755). Deshalb sind gerade auch Erziehung und Bildung auf die Realisierung im Lernen angewiesen. Lernen zielt auf diese Weise einerseits auf die individuelle Teilhabe an der Kultur und ermöglicht eine Partizipation an kulturellen Sinnbildungsprozessen und Auseinandersetzungen. Andererseits gestalten Menschen im Rahmen von Lernprozessen so ihre Kultur auch aktiv in den materialen, sozialen und mentalen Dimensionen mit (vgl. Hartung et al. 2010). Im Sinne längerfristiger Lernprozesse, die einen ganzen Lebensabschnitt begleiten oder ein ganzes Leben andauern, sind Lernprozesse zeitlich zudem keineswegs eng begrenzt und umfassen häufig mehr als nur eine spezifische Situation (vgl. Schulze 2003: 207).

Setzt man sich mit dem Verhältnis von Lernen und Erzählen interdisziplinar auseinander, so bedarf es nicht nur eines weit gefassten Begriffs des Lernens, sondern auch und gerade des Erzählens. Weit gefasst in dem Sinne, dass es mit der Definition gelingen muss, die verschiedenen Ansätze, Zugangsweisen und Analysekategorien der in diesem Band vertretenen Disziplinen als Schirm zu fassen und dabei Vielfältigkeit zuzulassen, ohne jedoch das einende Moment aus dem Blick zu verlieren. Der hier verfolgte Ansatz kann mit dem Oberbegriff Erzählforschung gefasst werden. Erzählforschung meint, dass nicht etwa eine literaturwissenschaftliche Erzähltheorie im Mittelpunkt steht. Das Narrative bzw. Erzählerische wird weder allein nach dem Kriterium einer zeitlich organisierten Handlungssequenz, in der es durch ein Ereignis zu einer Situationsveränderung kommt, noch primär nach dem Merkmal der erzählerischen Vermittlung (vgl. Nünning/Nünning 2002: 6-10) verstanden. Das, was Erzählungen, was das Erzählerische bzw. Narrative für die hier versammelten Disziplinen so interessant macht, was auch den Zusammenhang zwischen Lernen und Erzählen konstituiert, ist das Merkmal der erzählten Erfahrung (vgl. Fludernik 1996): In Erzählungen werden menschliche Erfahrungen verarbeitet, fließen beim Rezipieren mit ein, setzten diese für Interpretationsleistungen voraus (wobei Interpretationsleistungen nicht nur für literarische sondern auch alltägliche Erzählungen zentral sind), können aber immer auch – im Sinne von Lernen – einen wertvollen Beitrag zum Erwerb von Erfahrungen darstellen; eben als vermittelte oder Sekundärerfahrungen. Dabei liegt diesem Verständnis von Erzähl(ung)en ein heuristisches Modell zugrunde (vgl. Fludernik 2000), das systematisch zwischen den Ebenen der kognitiven Makrogenre, der konkreten Genres bzw. Texttypen und der Diskursmodi unterscheidet. Für die hier versammelten Beiträge gilt, dass sie sich zumeist auf der Ebene der Makrogenres des Narrativen bewegen, die als ein kognitives Schema zunächst einmal gattungs- und medienunabhängig ist, die narrative Form der Erfahrungsverarbeitung und -vermittlung als gemeinschaftlich geteilt begreift und sich in einer Vielzahl von Gattungen, Genres, Medien und Texttypen manifestieren kann. Damit ist es möglich, der empirisch auszumachenden Vielfalt an Formen und Verhältnissen von Lernen und Erzählen entgegen zu kommen.

Zu den Zielen dieses Bandes gehört es nun, seinen Leserinnen und Lesern Ansätze und Konzeptionen über das Verhältnis von Lernen und Erzählen aus den Blickwinkeln unterschiedlicher Disziplinen vorzustellen. Und es wird sicherlich nicht zu viel vorweggenommen, wenn man an dieser Stelle schon konstatiert, dass die jeweiligen Definitionen von Erzählen und Erzählung in den unterschiedlichen wissenschaftlichen Disziplinen und Diskursen recht verschiedenartig ausfallen. Literaturwissenschaftler, Volkskundler, Philosophen, Pädagogen, Sozial- und Naturwissenschaftler sowie Historiker – sie alle haben einen eigenen Begriff vom Erzählen, wobei auch innerhalb der Disziplinen keineswegs in allen Punkten Einigkeit herrscht. Gemeinsam ist den hier versammelten Fachvertreterinnen und -vertretern jedoch der hohe Stellenwert, den sie dem Erzählen beimessen, sowohl innerhalb der Grenzen der eigenen Disziplin als auch hinsichtlich der großen, soziokulturellen Aufgabe, die mit Lernen und Lernprozessen einhergeht. Erzählen ist wieder *en vogue*. Das war nicht immer so.

Die wechselvolle Geschichte des Erzählens in Wissenschaft und Bildung

Wie bereits gesagt stand das Erzählen in Wissenschaft und Bildung nicht immer hoch im Kurs. Vor der „Rückkehr zur Erzählkunst" (Stone 1986) seit nunmehr ca. 40 Jahren legten viele Wissenschaftler/innen und Lehrer/innen großen Wert darauf, zwischen dem subjektiven Erzählen einerseits und dem vermeintlich objektiven Faktenwissen andererseits klar zu unterscheiden. Erzählen und Erzählungen galten vielen als dezidiert nicht-wissenschaftlich, als eine vielleicht zwar populäre, aber eben nicht kritisch-objektive Zugangsweise zu Welt und Wissen. Erzählen wurde abgedrängt in die Sphäre des Ästhetischen und Unterhaltenden, in die Welt der Romanciers und Märchenerzähler, die strikt von der Sphäre der Wissenschaften getrennt wurde. Dabei geriet in Vergessenheit, dass das Erzählen einmal eine wichtige, wenn nicht gar die wichtigste Form zur Wissensspeicherung und -übermittlung gewesen ist. Orale bzw. nicht-literale Gesellschaften speicherten und tradierten ihr Wissen bevorzugt in Erzählungen. Erst die flächendeckende Durchsetzung der Schriftkultur beförderte die Entwicklung hin zur Dominanz von nicht-narrativen Darstellungsweisen (vgl. Totzke 2005). Die Schrift erst machte es möglich, dass sich das einstmals ausschließlich an Personen gebundene Wissen immer mehr von den Erzählenden und deren subjektiven Erzählweisen ablöste. Mit ihrer Hilfe goss man es in zunehmend formalisierte Texte. Zusammen mit der Schrift entwickelten sich formellere und distanziertere Formen der Wissensdarstellung, die in Zahlenreihen, Formeln, Gesetzen und abstrakten Kausalrelationen ihren höchsten Ausdruck fanden. Mit dem Erzählen und den Erzählungen drohte am Ende jedoch das erzählende und zugleich deutende Subjekt aus den Wissenschaften zu verschwinden. Übrig blieb eine Welt von Texten und Fakten, hinter denen sich die handelnden Personen nur mehr erahnen ließen.

Doch ganz so weit ging die Entwicklung dann nicht. Nicht nur über die vermeintliche Rationalität und subjektlose Objektivität der Wissenschaftswelt verbreitete sich zunehmendes Unbehagen, sondern auch über die andauernden „Erzähltabus", wie Heinz L. Kretzenbacher sie einst beschrieb (vgl. Kretzenbacher 1994). Man begann an der Existenz ‚reiner‘ Fakten zu zweifeln, die angeblich irgendwo ‚da draußen‘ in der Wirklichkeit verborgen liegen und nur darauf warten, von Wissenschaftlerinnen und Wissenschaftlern aufgefunden zu werden. Man erkannte, dass das Versprechen reiner Objektivität nie wirklich eingelöst werden konnte, dass vielmehr gerade diejenigen, die es für sich reklamierten, oft ganz eigene Interessen verfolgten. Auch die Fakten – sollen sie Bedeutung erlangen – mussten von irgendwem in irgendeinen wie auch immer gearteten Zusammenhang gebracht werden. Zugleich spürte man, dass mit den erzählenden Subjekten nicht nur jede Menge Erfahrungswissen verloren zu gehen drohte – Wissen, das später oft mühevoll rekonstruiert werden musste –, sondern auch wie sinn- und bedeutungslos ein Leben ohne Erzähler und ihre Erzählungen sein konnte.

Kurzum, die Ideale des Objektivitäts-Kosmos‘ gerieten ins Wanken, ja wurden sogar selbst als eine einzige große Erzählung, gar als Mythos entlarvt. Haydn White sprach sogar von einer „Fiktion des Faktischen" (White 1986). Und als man sich erinnerte, dass nicht nur Sinn und Bedeutung grundlegend sind für unser Verständnis von Welt, sondern dass das subjektivierend Holistische die Dinge überhaupt nur zusammenhält, entdeckte man auch das Erzählen wieder. Sinn entfaltet sich vor allem, wenn nicht sogar nur in narrativen Kontexten. Bedeutung erlangt nur etwas, das in einem Verhältnis zu etwas anderem steht, das in Beziehung gesetzt werden kann zum Individuum, seinen erinnerten Erfahrungen und zu denen der anderen. Erzählungen sind nicht nur Trägermedien für Wissen, ihre Erzähler generieren auch neues Wissen, indem sie in und mit ihren Erzählungen neue Verknüpfungen und Deutungen erzeugen, die vor ihnen so noch niemand hergestellt hat. Unter diesem Blickwinkel geriet auch zunehmend die Formgebung unseres Wissens, d. h. die verschiedenen Bauformen des Erzählens, in den wissenstheoretischen Fokus. Die ‚Verpackung' des Wissens ist nicht ohne Folgen für seinen Inhalt. Unterschiedliche Darstellungsweisen lassen eine Sache jeweils anders aussehen. Die Frage ist nur, welche Bauformen für welches Wissen angemessen sind und wie die Erzählweisen, Genres, Gattungen und Textsorten auf unser Wissen und unsere Wahrnehmung (rück-)wirken.

Untersuchungen zu Narrationen und Narrativität haben seit den frühen 1980er Jahren in den Wissenschaften Konjunktur. Nicht selten wird von einer ‚narrativen Wende' gesprochen. Lawrence Stone forderte schon 1979 die bereits zitierte ‚Rückkehr zur Erzählkunst', Theodor Schulze und Dieter Baacke läuteten im selben Jahr unter der Rubrik „Aus Geschichten lernen" (1979) eine Renaissance der pädagogischen Biographieforschung ein, bei der sie auch programmatische Überlegungen zur Ausarbeitung einer narrativen Orientierung in den Erziehungswissenschaften anstellten. Mit der Narratologie entwickelte sich eine eigene Disziplin vom Erzählen, die sich im Schnittfeld von Geistes-, Kultur- und Sozialwissenschaften bewegt. In den Geschichtswissenschaften gelang es vor allem Jörn Rüsen und Hans Michael Baumgartner eine *Narrative Historik* zu etablieren. In der Sozial- und Bildungsforschung fassten immer mehr Methoden Fuß, die auf narrative Daten setzen. Die Datenmaterialien sind für eine empirische Welterkundung von großer Bedeutung, wenn man Kulturen als narrativ konstituiert begreift. So gibt es nicht nur Narrative des Wissens, sondern auch Kulturen des Erzählens, und das auf verschiedenen Ebenen: die so genannten Metaerzählungen ganzer Gesellschaften, wie etwa die vom kontinuierlichen wissenschaftlichen Fortschritt, oder die ‚kleinen' Alltagsgeschichten von Individuen, die zum Zweck der Identitätskonstruktion mit Sinn und Bedeutung aufgeladen werden. Oft geht es nicht zuletzt darum, beides in einen stimmigen Zusammenhang zu bringen. Auch dazu braucht es das Erzählen.

Heute spricht man von einer Reintegration des Narrativen in unser Wissen, vielleicht sogar von einer Rehabilitation des Erzählers, der Geschichten und ihrer Rezipienten gegenüber den Faktensätzen. Ganz allgemein geht damit eine Aufwertung sowohl des Ästhetischen als auch des Affektiven einher. Man erkennt an, dass erzählte Geschichten die Bereitschaft und Fähigkeit zum Einfühlen in fremde Personen fördern und im Weiteren auch das Gespür für soziale Rollenmuster verbessern können. Die Begriffe *Empathie, Motivation, Deutung* und *Sinn* versprechen eine tiefere Verbindung zu unseren lebensweltlichen Erfahrungen, die in Form von „*Emplotments*" (White 1991 [1971]) die Mittel zur Bewältigung von Kontingenz bereitstellen. Erzählungen vermögen uns – wenn wir es richtig anstellen – stärker in Beziehung zu uns selbst (Identität), zu anderen Menschen (Sozialität) und unserer Welt (Kulturalität) zu setzen. Es geht um nichts Geringeres als die „Weisheit" als „die epische Seite der Wahrheit" (Benjamin 1984 [1936/37]: 383).

Einige offenen Fragen zum Verhältnis von Erzählen und Lernen

Erzählungen und Erzählen haben im bildungswissenschaftlichen Kontext unbestreitbar an Bedeutung gewonnen. Erzählfähigkeit bildet heute eine zentrale Komponente in verschiedenen Kompetenzmodellen mehrerer Schulfächer. Ein komplexes kulturelles Lernen ohne Erzählen scheint vielen Pädagoginnen und Pädagogen, Didaktikerinnen und Didaktikern kaum möglich. Nicht nur, weil wir beim Erzählen Informationen organisieren sowie Sinn und Bedeutung konstruieren, sondern auch weil wir unser Leben und Handeln stets in Form narrativer Strukturen begreifen und denken. Und diese Strukturen sind es, die uns als allgegenwärtige diskursive Praxis soziokulturell bedingter Denk- und Kommunikationsstrukturen begegnen. Unsere Welt ist erzählend und Erzählung zugleich, je besser wir selbst erzählen und Erzählungen verstehen können, umso leichter finden wir uns in ihr zurecht.

Allerdings ist auch Vorsicht vor Missverständnissen geboten: Denn *Erzählen* und *Erzählungen deuten können* darf nicht mit einer Kompetenz zur direkten Bewältigung der Lebenspraxis gleichgesetzt werden.[1] Wer die Welt für einen Roman hält, der scheitert. Wer viele Geschichten kennt, aber keine Orientierung in der Lebenspraxis sucht, ist ein Träumer. Erzählungen bereiten Genuss durch Imagination, durch Eröffnung des Phantastischen und bisweilen Gefährlichen. Das mag in der Phantasie spannend und erregend sein, in der Realität, in der Konsequenzen nicht nur imaginativ sind, ist Gefahr jedoch riskant. Zwischen Leben und Erzählung besteht eine grundlegende Differenz (vgl. v. Engelhardt i. d. Band), in der – so widersprüchlich es auch klingen mag – auch die fundamentale Gemeinsamkeit begründet liegt. Keiner lebt, wie er erzählt. Aber die Erzählung zeigt, was Leben ist.

In dem Maße, in dem Lebenspraxis zu lernen ist, muss auch erzählerische Praxis gelernt werden. Dazu gehören nicht zuletzt die kommunikativen Muster des Erzählens, die an Konventionen, Tabus und Grenzen gebunden sind und damit Einfluss auf das Erzählen ausüben. Auch dies lässt sich als ein Lehr-/Lernverhältnis beschreiben, in dem es vor allem um Fragen der individuellen Entfaltung und der Grenzsetzung geht, um Handlungsfähigkeit im gesellschaftlichen Kontext zu ermöglichen. Der prinzipielle Zusammenhang zwischen Lernen und Erzählen scheint mehr oder weniger offensichtlich, je konkreter der Zusammenhang jedoch beschrieben werden soll, desto dringlicher stellen sich u. a. Fragen nach …

- der konkreten Bedeutung des Erzählens für Lern- und Bildungsprozesse und der Bestimmung der Merkmale dieses Verhältnisses,
- der Definition von und Differenz zwischen Erzählen und Erzählung in den unterschiedlichen wissenschaftlichen Disziplinen und Diskursen,
- dem Verhältnis zwischen Leben und Erzählen bzw. Erinnern und Erzählen sowie der kulturellen Bedingtheit von Erzählformen,
- den Kriterien der Erzählbarkeit (*tellability*), also was unter welchen Bedingungen erzählbar ist,
- dem Zusammenhang zwischen Erzählen, Denken, Erleben, Erfahrung und Emotion,
- dem Verhältnis von Erfahrungen aus erster und zweiter Hand,

---

[1] Der Gedanke stammt aus dem Beitrag „Erzählen als Bildungserfahrung. Eine psychologische Perspektive", den Brigitte Boothe auf der Tagung „Lernen und Erzählen" in Gießen 2010 gehalten hat.

- der Glaubwürdigkeit, Gültigkeit und Authentizität des Erzählten und Erzählers bzw. der Grenze zwischen faktualem und fiktionalem Erzählen sowie nach der Bedeutung der Textualität (Referenzproblematik),
- den Strukturmerkmalen und -bedingungen narrativer Kompetenz sowie nach den didaktischen Zielen und Entwicklungsprozessen (Ist die Entwicklung von Erzählkompetenz nur Mittel zum Zweck oder bereits didaktisches Ziel?),
- der Bedeutung und den Merkmalen der Beziehung zwischen Erzählung und Kontext sowie Erzählenden und Rezipienten,
- sowie schließlich nach der Bedeutung und Funktion des Nichterzählten bzw. Nichterzählbaren.

Diese Fragen stellen sich, wenn auch nicht immer alle gleichzeitig, die Autorinnen und Autoren in diesem Band, der sowohl theoretische, empirische als auch praxisbezogene Ansätze in sich vereint. Das Gros der Aufsätze ist der Ertrag einer 2010 in Gießen durchgeführten interdisziplinären Wissenschaftstagung, auf der Vertreterinnen und Vertreter unterschiedlicher Fächer die theoretischen, empirischen und praktischen Ressourcen eruierten, die sich mit der (Re-)Integration des Narrativen in den Bereich des Lehrens- und Lernens nutzbar machen lassen. Wie die Tagung richtet sich auch der vorliegende Band vor allem an Personen, die professionell im Bildungssektor tätig sind und/oder sich wissenschaftlich mit bildungs- und kulturwissenschaftlichen Fragestellungen beschäftigen.

Zu den einzelnen Beiträgen

Der Beitrag von *Albrecht Lehmann* (Hamburg) widmet sich den *Individuellen und kollektiven Dimensionen des Erzählens im wissenschaftsgeschichtlichen Kontext der volkskundlich-ethnologischen Erzählforschung*. Am Beispiel der Märchen, den klassischen historischen Texten der Volkserzählung, zeigt Lehmann zunächst auf, dass das Erzählen als ein elementares Bedürfnis des Menschen zur Konstitution der sozialen Wirklichkeit zu verstehen ist. Das Erzählen von Märchen, aber auch anderen Volks- und Alltagserzählungen erfüllt zudem die Funktion der Sozialisation, da es in seiner Performanz identitäts- und sinnstiftende Momente der Subjektivierung und Vergemeinschaftung enthält. Erzählungen erfüllen in ihrer Erfahrung von Reden und Hören insofern weit mehr als die Bildung eines reflexiven Selbst. Das wird dann vor allem an autobiographischen Erzählungen deutlich, da diese in der Lage sind, nicht nur eine individuelle ‚Lebensspur‘ aufzuzeichnen, sondern sie zugleich in ein Verhältnis von Selbst und Gesellschaft zu setzen. Am Beispiel zweier, vor kurzem publizierter ‚Erinnerungsbücher‘ geht Lehmann diesem Verhältnis von Selbst und Gesellschaft ausführlicher nach und verfolgt dabei die Frage, wie lebensgeschichtlich erfahrene Ereignisse (Erfahrungen erster Hand) und ein kollektives Bewusstseinsangebot (Erfahrungen zweiter Hand) sich wechselseitig im Kontext einer Erfahrungsgeschichte überlagern. Dabei zeigt sich in anschaulicher Weise die historische Qualität allen Erzählens: Geschichten werden von ihrem Ende her erzählt!

Michael v. Engelhardt (Erlangen-Nürnberg) geht dem Zusammenhang von *Biographie und Narration* sowie den *Möglichkeiten und Grenzen des Erzählens* auf den Grund. Als eine besondere Form der Narration gilt in der Erzählforschung das lebensgeschichtliche Erzählen, in dem über und aus dem menschlichen Leben erzählt wird. Dabei wird der lebensgeschichtlichen Erzählung eine grundlegende Bedeutung für das Selbstverständnis und die Selbstdarstellung der eigenen Person, für die Wahrnehmung und das Verstehen der Mitmenschen und für den Aufbau interaktiver sozialer Beziehungen beigemessen. Im Verhältnis von biographischer Narration und biographischem Lebensvollzug sind Menschen in der Lage, eine Identität zu entwickeln, sich zum Objekt ihrer selbst zu machen und sich dabei aus verschiedenen Perspektiven zu betrachten. Das autobiographische Erzählen ist für v. Engelhardt demnach als ein dreifacher Vermittlungsprozess zu verstehen: als Vermittlung zwischen dem erzählenden *Gegenwarts-Ich*, dem erinnerten *Vergangenheits-Ich* und dem vorgestellten *Ich der Zukunft*, als Vermittlung zwischen den innerpsychischen Instanzen der Person und als Vermittlung zwischen Person und sozialer Umwelt. Dem Erzählen über das gelebte und zukünftige Leben sind allerdings Grenzen gesetzt, die sich aus der grundlegenden Differenz zwischen Leben und Erzählen ergeben. Solche Grenzen des Erzählbaren und Nicht-Erzählbaren verfolgt v. Engelhardt und zeigt schließlich auf, inwiefern es sie in kreativer Weise zu nutzen und als narrative Kompetenz zu entfalten gilt: „Eine entwickelte kulturelle Fähigkeit des differenzierten biographischen Erzählens schließt die Fähigkeit zum Schweigen, Verschweigen und Nicht-Erzählen ein; sie umfasst die Fähigkeit, zwischen wahren, mehr oder minder erfundenen, gelogenen, beschönigenden, negativ verzerrenden und einer Vielzahl weiterer Varianten des Erzählens zu unterscheiden und sich dieser Möglichkeiten bedienen und zwischen ihnen entscheiden zu können."

Das *Historische Erzählen* und die Frage, *Was es ist, soll und kann,* ist Gegenstand des Beitrags von *Michele Barricelli* (Hannover). Anhand einiger Überlegungen zu traditionellen, modernen und popkulturellen Erzählformen in der Historiographie und dem Verhältnis von Erinnerungskultur und biographischem Erzählen macht Barricelli in seinem Beitrag deutlich, dass historisches Wissen nicht anders als narratives Wissen und historisches Verstehen nicht anders als narratives Verstehen sein kann. Geschichtsdidaktisch gelesen bedeutet dies, dass Geschichte lernen eng mit Erzählen lernen verbunden ist. Den autobiographischen Erzählungen – die retrospektiv eine Lebensspur des Selbst hervorbringen und eine Form der Identität im Rekurs auf die Vergangenheit entwerfen – ähnlich versteht sich Historizität als Narrativität. Historische Erzählungen sind somit ‚lediglich‘ Interpretationen und niemals ein Abbild bzw. eine Schilderung der vergangenen Wirklichkeit. Dass je nach Rahmung der historischen Erzählung dabei der Eindruck der Beliebigkeit, gar Willkür der Geschichtsschreibung entsteht, ist eine Herausforderung, die aus geschichtsdidaktischer Sicht Fragen nach den Möglichkeiten eines diese Problematik aufgreifenden Lehr-/Lernkonzepts und der Professionalisierung der Lehrkräfte evozieren.

Ronja Tripp (Stuttgart) setzt sich in ihrem Beitrag mit narrativen Strategien der *Visualisierung* auseinander und verdeutlicht mit Hilfe der Trias *Konstellation, Diagrammatologie, Dialektisches Bild* Möglichkeiten und Lehren des visuellen Appells in literarischen Texten. Dabei werden visuelle, d. h. nicht-diskursive Sinnstrukturen narrativer Texte auf ihre Konfigurationen hin thematisiert und gleichsam feinhermeneutisch analysiert, wie diese in einer Kopplung von Kognition und Affekt auf eine Erinnerbarkeit ausgerichtet sind. Insbesondere räumlich-visuelle Konstellationen, so das Argument, verweisen häufig auf den (zeitlichen) Modus der Plötzlichkeit und laden das visuell Verdeutlichte in literarischen Erzählungen für den Rezipienten affektiv auf. Mit der Affektbesetzung werden diese Konstellationen in besonderer Weise erinnerbar. Diese Erinnerbarkeit stellt wiederum die Grundlage für eine besondere Form von Intertextualität dar, so dass hierüber der thesenhafte Vorschlag zur Theoretisierung eines „intertextuellen Aspekts narrativer Visualisierung" erfolgt.

Ivo Steininger und *Michael Basseler* (Gießen) untersuchen den *Zusammenhang von Lernen und Erzählen aus literatur- und kulturwissenschaftlicher sowie didaktischer Perspektive.* Erzähltheorie und Erzähltextanalyse sind zentrale Kategorien der literatur- und kulturwissenschaftlichen Erzählforschung, die sich besonders in den vergangenen zehn Jahren erheblich gewandelt haben: Die formalistisch und strukturalistisch orientierte Narratologie mit ihrem Interesse an Bau- und Erzählformen wird zunehmend durch kulturwissenschaftliche Ansätze abgelöst, die nach den Kontexten des Erzählens und seinen Bedeutungen fragen. Es sind besonders interdisziplinäre Ansätze, die den Fokus verschieben, die über Gattungsgrenzen hinweg Erzähl(ung)en untersuchen und die neben kognitiven auch affektive Dispositionen der Lesenden als Analysekategorien ansetzten. Der Artikel skizziert zunächst die eher ‚traditionellen' Ansätze, beschreibt dann die als Erweiterungen verstandenen kulturwissenschaftlichen Konzepte und setzt diese immer wieder in Bezug zu den daraus resultierende Lernpotenzialen. Vertieft werden die Zusammenhänge zwischen Lernen und Erzählen am Beispiel des noch relativ neuen Konzepts der *narrativen Empathie*, das Erzähl(ung)en als zwar fiktionalisierte aber doch lebensnahe Inszenierung einer Konfliktsituation zwischen literarischen Charakteren und dem Leser beschreibt, wobei der leserseitigen Anteilnahme am narrativen Geschehen eine bedeutsame Rolle zukommt. Diese auf Empathie zurückzuführende Interaktion zwischen Leser und Text steht im letzten Abschnitt des Beitrags im Vordergrund, indem die zentralen Aspekte des Konzepts hinsichtlich ihrer bildungswissenschaftlichen und didaktischen Relevanz auf eine institutionalisierte Form der Auseinandersetzung mit Erzähl(ung)en bezogen werden – und zwar auf den fremdsprachlichen Literaturunterricht. Zur Veranschaulichung des Lernpotenzials werden die zentralen Kategorien auf eine Kürzesterzählung angewendet und zudem durch Aussagen von Fremdsprachenlernenden ergänzt.

Unter der Rubrizierung *Erzählen als Bildungserfahrung* gehen *Thorsten Fuchs* und *Mitra Keller* (Gießen) in ihrem Beitrag dem Zusammenhang zwischen Erzählen, Zeit und Bildung nach. Dazu bringen sie lebensgeschichtliche Erzählungen und Strukturen der Zeitgestaltung in einen bildungstheoretisch fundierten Zusammenhang, indem sie den temporalen Doppelcharakter von Narrationen des gelebten Lebens sowie deren darstellenden Bezug von Selbst-, Fremd- und Weltverhältnissen in ihrer ‚Bildungsbedeutsamkeit' diskutieren. Angesetzt wird dabei an dem Umstand, dass in der Erzählung der eigenen Lebensgeschichte einerseits sedimentierte Lebenserfahrungen und Ereignisverkettungen präsentiert werden; die verstrichene Zeit zwischen Erlebnis- und Erzählsituation ermöglicht eine verdichtete Betrachtung von sich, anderen sowie den Dingen und Themen der Welt. Zum anderen kommt es während des lebensgeschichtlichen Erzählens jedoch auch zur abermaligen Reflexion von Bedingungen, Voraussetzungen, Ansprüchen und Problemen des eigenen Lebens. Details und Erlebniszusammenhänge werden aus heutiger Sicht interpretiert, was bildungstheoretisch betrachtet die Reflexion auf Gründe, fragwürdige Bedingungen und Änderungsmöglichkeiten mit sich bringt und das Fragen, Zweifeln und Problematisieren evoziert. Den theoretischen Ausführungen werden dann empirische Konkretionen zur Seite gestellt: Die Analyse lebensgeschichtlicher Erzählungen zweier junger Frauen, der 17-jährigen Natalie und der 27-jährigen Sara, erlaubt die Rekonstruktion von Bildungsprozessen im Kontext von unterschiedlichen Strukturen der *Zeitgestaltung*, so dass dieser Beitrag nicht nur über doppelte temporale Sequenz von lebensgeschichtlichen Erzählungen informiert, sondern auch und gerade eine Antwort auf die hochaktuelle Frage gibt, wie Bildung eigentlich möglich ist.

Marion Wieczorek (Landau) erforscht die *Bedeutung und Ausgestaltung des narrativen Lernens in der Entwicklung von Kindern mit Körperbehinderungen*. Der Beitrag thematisiert Fragen nach den Möglichkeiten und Erschwernissen in der Fähigkeit zum Geschichtenerzählen von körperbehinderten Kindern und unterschiedliche Formen der Unterstützung für diesen Prozess. Weil die unterschiedlichen Formen der Unterstützung, wie z. B. die Gestützte Kommunikation resp. Gestütztes Schreiben, immer einen Grad von Fremdeinfluss im Ausdruck der Kinder beinhalten, gilt das besondere Augenmerk des Beitrags vor allem der Bedeutung realer Erfahrungen der Kinder für die Entwicklung einer narrativen Struktur des Selbst. Dabei werden theoretische Bezüge an Beispielen aus der Lebenswelt von Kindern mit Körperbehinderungen konkretisiert. Deutlich wird daran, dass die Störanfälligkeit der Kommunikation zwischen Kindern und ihren Bezugspersonen keineswegs eine Grenzsetzung für die Kinder in ihrer sprachlichen Entwicklung bedeutet. Vielmehr finden Kinder durchaus kreative Möglichkeiten, um im intersubjektiven Verhältnis ihrem Selbst Ausdruck zu verleihen.

Lutz Kasper (Freiburg) möchte mit Hilfe einer *inszenierten Kontroverse Narration und Dialog für das Lernen über Naturwissenschaften* fruchtbar machen. Denn häufig mangelt es der Didaktik von Naturwissenschaften noch an Lehr-/Lernkonzepten, die einen kreativen Umgang mit der Disziplin der Naturwissenschaften fördern, weil sie fälschlicherweise oft mit der bloßen Vermittlung eines axiomatischen Systems assoziiert wird. Dabei kann die abendländische Naturwissenschaft auf eine seit der Antike während spannende Ideengeschichte zurückblicken, deren Protagonisten sich oft im heftig ausgetragenen argumentativen Wettstreit gegenüberstanden. Indem Lernende mit in diesem Sinn konkurrierenden Erklärungsansätzen konfrontiert werden, wird ihnen ein Angebot verschiedener Denkmodelle gemacht. Für deren Präsentation bietet sich der fiktionale Disput authentischer historischer Persönlichkeiten an. Die Vermittlung ihrer Ideen kann nach Aufbereitung historischen Quellenmaterials – durchaus noch untypisch für naturwissenschaftlichen Unterricht – episodisch, narrativ, dialogisch bzw. szenisch erfolgen. Kasper stellt vor diesem Hintergrund ein didaktisches Arrangement vor und präsentiert auf diese Weise empirische Belege dafür, dass sich das schulische Lernen im Physikunterricht mit narrativ gestalteten Medien fördern lässt.

Petra Wieler (Berlin) beschäftigt sich mit dem Thema *Medienrezeption und Narration im Grundschulalter* und untersucht die *Chancen und Schwierigkeiten der Bildwahrnehmung am Beispiel der Rezeption von Bilderbüchern und Computerspielen*. Dabei bezieht sie sich auf Ergebnisse eines Forschungsprojekts über die schulischen und familialen Erfahrungen sieben- bis achtjähriger Kinder des zweiten Grundschuljahres mit ausgewählten Buch- und Mediengeschichten. In der Konzentration und Bezugnahme auf die Schulstudie dieses Projekts werden in dem Beitrag ein Klassengespräch sowie das Gespräch einer Gruppe von Schülerinnen vorgestellt. In einem dieser Gesprächsbeispiele werden die Erfahrungen der Schüler/innen mit einem Computerspiel erörtert, das andere dokumentiert ihre Auseinandersetzung mit den Bildern der ‚zugehörigen' Bilderbuchgeschichte. An diesem Forschungsdesign verfolgt Wieler die Frage, wie prägend sich die sprachlich-narrativen Strukturvorgaben in einem Computerprogramm und dem dazugehörigen Bilderbuch auf die Anschlusskommunikation und die Vertiefung des Text- und Bildverstehens der Kinder auswirken und kann Reaktionen der Kinder auf die Auflösung traditioneller Erzählweisen in den neuen gegenüber den alten Medien und der Wahrnehmung potenzieller Möglichkeiten zur ‚interaktiven Rezeption' anschaulich präsentieren.

Cornelie Dietrich (Lüneburg) untersucht in ihrem Beitrag *Leiblichkeit und Erzählen* die *Sprechgesten Jugendlicher*. Der Sprache bzw. dem Narrativen ist eine Doppelstruktur immanent. Einerseits ist Sprache als Instrument der Bildung (Spracherwerb, Sprachkompetenz, Spracharmut, Sprachbehinderung) zu verstehen. Andererseits ist sie aber auch als ein Medium der Bildung aufzufassen, in welchem sich Prozesse der Selbstartikulation und Selbstentfremdung, des Verstehens und Missverstehens sowie der Inklusion und Exklusion vollziehen. Weil der performative Akt des Sprechens an den Körper des Sprechers gebunden ist, ist die Ästhesiologie des Sprechens immer in einem Verhältnis von Leib und Zeichen zu betrachten. Bildungstheoretisch gewendet bedeutet das, dass Sinngenese im Akt des Erzählens zugleich auf der vertikalen und der horizontalen Bewegung stattfindet. Das Erzählen ermöglicht es Jugendlichen, sich den Grenzen des Selbst auch in körperlicher Erfahrung anzunähern. Am Beispiel eigener Studien über das Witze-Erzählen Jugendlicher macht Cornelie Dietrich deutlich, dass Grenzverschiebungen im vermeintlichen Witz nicht nur Sprachkompetenzen Jugendlicher repräsentieren, sondern, dass diese zugleich eng mit den Grenzen und Möglichkeiten des eigenen Leibes konvergieren. Erzählen ist immer auch eine Tätigkeit des Leibes, der das sprachliche Geschehen performativ und selbstüberschreitend hervorbringt.

Heide von Felden (Mainz) nimmt sich in ihrem Beitrag der Rekonstruktion von *Lernprozessen über die Lebenszeit in Texten autobiographischen Erzählens* an und untersucht, auf welche Weise sich *Lernprozesse im Erzählen* vollziehen. Dabei geht sie davon aus, dass dem Erzählen der eigenen Lebensgeschichte eine besondere Bedeutung für die Identitätsbildung zukommt, so dass auch längerfristige Lernprozesse aus den Strukturen des Erzählens herausgearbeitet werden können. Mit Rekurs auf Wilhelm Diltheys Schriften zum Zusammenhang von Leben und Erfahrung sowie andere hermeneutisch-rekonstruktive Ansätze werden die theoretischen Grundlagen der von ihr verfolgten Argumentation entwickelt und ein Begriff des lebensgeschichtlichen Lernens herausgearbeitet, der in unmittelbarem Zusammenhang mit der Person und ihren Erfahrungen steht, zugleich aber eingebettet ist in soziale Prozesse und kulturelle Einflüsse: Lernen bezeichnet demnach die Veränderung von Selbst- und Weltverhältnissen sowie von Verhältnissen zu anderen, die aufgrund zumindest basal reflektierten Erfahrungen erfolgen. Vor dem Hintergrund dieser Konzeptionierung lebensgeschichtlichen Lernens und erweitert durch Einsichten narrationsstruktureller Verfahren zeigt Heide von Felden in drei exemplarischen Darstellungen, wie sich Lernprozesse im Erzählen in Form eines Wechsels der leitenden Prozessstruktur, über die doppelte Zeitperspektive in Erzählungen sowie als Veränderungen im Rahmen grundlegender Lernhabitus rekonstruieren lassen. Insofern machen die von ihr vorgestellten Befunde deutlich, dass autobiographisches Erzählen in vielfältiger Weise Lernprozesse ermöglichen kann – die Fortsetzung an der Erarbeitung eines Instrumentariums theoretischer und methodischer Art ist deshalb geboten, um differenzierte Einsichten in die Formen und Strukturen lebensgeschichtlichen Lernen zu erhalten.

Peter Gansen (Koblenz) untersucht schließlich die *pädagogische Bedeutung narrativer Fähigkeiten* im Hinblick auf den Zusammenhang zwischen *Erzählen lernen und Selbstkonzept.* Von einigen Vertretern der evolutionären Anthropologie und der Biosoziologie wird die These vertreten, dass die Geschichte des Menschen mit der Erfindung des Erzählens beginne und dass das Menschsein wesentlich über die Fähigkeit des Erzählens definiert werden müsse (vgl. Tomasello 2002; Fludernik 2006). Dies wird vor allem mit der Erkenntnis begründet, dass in schriftlosen Urvölkern und mündlichen Stammeskulturen ein Erzähler häufig eine besondere Bedeutung hatte, indem er die Mythen, Genealogien, Geschichten und Sagen eines Volksstammes mündlich weiter trug und so das kollektive Gedächtnis seines Stammes bewahrte. Gansen teilt diese kulturanthropologische Position, ihm geht es allerdings auf einer ontogenetischen Ebene um die Entwicklung und pädagogische Bedeutung des identitätsbezogenen Erzählens im Kindesalter. Auf Basis der Forschungslage zum Zusammenhang von Erzählung und Selbst(konzept) kann er deutlich machen, dass die Habitualisierung von identitätsstiftenden metaphorischen Konzepten eine besonders interessante Analysekategorie darstellt. Dieses Thema ist in der Erziehungswissenschaft kaum bearbeitet. Gansen gibt Einblicke in empirische Explorationen, diskutiert thesenhaft den Erkenntnisstand und unternimmt einen Ausblick auf mögliche empirische und didaktische Anschlussforschungen.

Literatur

Baacke, Dieter/Schulze, Theodor (Hg.) (1979): Aus Geschichten lernen. Zur Einübung pädagogischen Verstehens. Weinheim: Juventa.

Benjamin, Walter (1984) [1936/37]: Der Erzähler. Betrachtungen zum Werk Nikolai Lesskow. In: Ders.: Allegorien kultureller Erfahrung. Ausgewählte Schriften 1920-1940. Leipzig: Reclam, 380-406.

Boothe, Brigitte (2009): Erzählen, Träumen und Erinnern. Erträge klinischer Erzählforschung. In: Psychoanalyse. Texte zur Sozialforschung 13 (2), 101-109.

Fludernik, Monika (2006): Einführung in die Erzähltheorie. Darmstadt: WBG.

Dies. (1996): Towards a ,Natural' Narratology. London: Routledge.

Hartung, Olaf/Steininger, Ivo/Priore, Roberto/Gansen, Peter/Fink, Matthias (2010): Lernen und Kultur: Kulturwissenschaftliche Perspektiven in den Bildungswissenschaften (= Schule und Gesellschaft, Bd. 46). Wiesbaden: VS Verlag für Sozialwissenschaften.

Kretzenbacher, Heinz L. (1994): Wie durchsichtig ist die Sprache der Wissenschaft? In: Ders./Weinrich, Harald (Hg.): Linguistik der Wissenschaftssprache (= Akademie der Wissenschaften zu Berlin. Forschungsberichte 10). Berlin: de Gruyter, 155-174.

MacIntyre, Alasdair (1984 [1981]): After Virtue. A Study in Moral Theory, London: Duckworth.

Neumann, Birgitt (2005): Narrativistische Ansätze. In: Nünning, Ansgar (Hg.): Grundbegriffe der Kulturtheorie und Kulturwissenschaften. Stuttgart: J. B. Metzler, 160-163.

Nünning, Vera/Nünning, Ansgar (2002): Produktive Grenzüberschreitungen: Transgenerische, intermediale und interdisziplinäre Ansätze in der Erzähltheorie. In: Dies. (Hg.): Erzähltheorie transgenerisch, intermedial, interdisziplinär. Trier: WVT (= WVT-Handbücher zum literaturwissenschaftlichen Studium, 5), 1-22.

Oelkers, Jürgen (1997): Lernen. In: Wulf, Christoph (Hg.): Vom Menschen. Handbuch Historische Anthropologie. Weinheim & Basel: Beltz, 750-756.

Schulze, Theodor (2003): Der Horizont der Erziehung. Vorschläge zur Entfaltung eines umfassenden Lernbegriffs. In: Bauer, Walter et al. (Hg.): Der Mensch des Menschen. Zur biotechnischen Formierung des Humanen. Baltmannsweiler: Schneider Verlag Hohengehren, 201-224.

Stone, Lawrence (1986 [1979]): Die Rückkehr zur Erzählkunst. Gedanken zu einer neuen alten Geschichtsschreibung. In: Raulff, Ulrich (Hg.): Vom Umschreiben der Geschichte. Neue historische Perspektiven, Berlin: Klaus Wagenbach, 88-102 (im Orig.: The revival of narrative: Reflections on a new old history. Past and Present (1979) Oxford.

Swift, Graham (1984 [1983]): Waterland. London: Picador.

Tomasello, Michael (2002): Die kulturelle Entwicklung des menschlichen Denkens. Frankfurt/Main: Suhrkamp.

Totzke, Rainer (2005): Erinnern – Erzählen – Wissen: Was haben (Erfahrungs-)Geschichten mit echtem Wissen zu tun? In: Reinmann, Gabi (Hg.): Erfahrungswissen erzählbar machen: Theorien – Methoden – Kontexte. Lengerich: Pabst Science Publisher, 19-35.

White, Hayden (1986): Auch Klio dichtet oder Die Fiktion des Faktischen. Studien zur Tropologie des historischen Diskurses. Stuttgart: Klett-Cotta/J. G.

Ders. (1991 [1973]): Metahistory: die historische Einbildungskraft im 19. Jahrhundert in Europa, Frankfurt/Main: Fischer (im Orig. Metahistory: The Historical Imagination in Nineteenth Century Europe, Baltimore et al.).

Dimensionen und Grenzen des Erzählens

Individuelle und kollektive Dimensionen des Erzählens

Albrecht Lehmann

1.   Zur volkskundlichen Erzählforschung

Bei einer interdisziplinären Wissenschaftstagung ist es für einen Referenten ratsam, zunächst ein paar Worte zur eigenen Disziplin zu sagen. Die Volkskunde, von der ich seit einigen Jahrzehnten lebe, erforscht seit den Brüdern Grimm u. a. auch das Erzählen der Leute. Allerdings ging es ihr bis über die Mitte des 20. Jahrhunderts hinaus ausschließlich um so genannte „Volkserzählungen", das hieß vor allem, es ging ihr um die Erzähltradition der Märchen, Sagen, Schwänke und anderer Gattungen der oralen Tradition. Dass solche Erzählungen auch etwas über die Menschen in ihrer sozialen und kulturellen Dimension aussagen, geriet allenfalls als Randphänomen in den Blick. Man merkte z. B. gelegentlich an, dass Soldaten im 19. Jahrhundert nicht nur Märchen, sondern gern Kriegsgeschichten und Geschichten aus ihrer eigenen sozialen Notlage nach der Heimkehr zu erzählen wussten. Im Mittelpunkt dieser Erzählforschung standen im Wesentlichen Ursprungsfragen über die mündlich tradierten Texte, speziell die Frage der geographischen und historischen Verbreitung von in sich geschlossenen Narrativen und von einzelnen Erzählmotiven. Außerdem ging es um Definitions- und Abgrenzungsprobleme zwischen den verschiedenen Genres oraler Tradition. Thema dieser Forschung waren also ausschließlich vorliegende mutmaßlich sehr alte Texte und ihre an philologischen Interpretationsmodellen orientierte Auslegung. Das Kuriose an dieser Erzählforschung war, dass hier fast ausschließlich historische Texte der Volkserzählung untersucht wurden, Geschichten, die während des „langen" 19. Jahrhunderts gesammelt und publiziert worden waren, weil man sie – ganz im Geiste der Romantik – für die Nachwelt retten wollte. Im Mittelpunkt der philologischen Interpretationen stand die wichtigste und schönste Form der europäischen Volkserzählung, das Märchen, speziell das „Zaubermärchen".

Die eindrucksvollen Ergebnisse der Märchenforschung, die unendliche Masse der gesammelten Märchen und auch der Sagen standen wie eine Mauer vor der Wahrnehmung der Realität einer Erzählkultur des 20. Jahrhunderts. Auch moderne Folkloristen waren ja zu ihren Beobachtungen des „gegenwärtigen Erzählens" erst durch die mühsame Erkenntnis gekommen, dass die „‚klassischen' Gattungen der Volkserzählung" gerade dabei waren, aus der Erzählkultur zu verschwinden. Dabei hatten die Erzählforscher bereits seit der Romantik den Tod oder wenigstens das Sterben der alten Volkserzählungen beklagt. Die Todesmetapher war geeignet, der Romantisierung der untersuchungswürdigen Erzählungen durch die Forschung gerecht zu werden. Im Alltag des so genannten „lebendigen Erzählens" verlief der kulturelle Wandel, wie auch sonst fast alle zwangslos ablaufenden kulturellen Veränderungen, für die erlebenden Menschen höchst unspektakulär. Die alten Volkserzählungen hatte wohl kaum jemand aus dem so genannten „Volk" vermisst, bevor die fleißig sammelnden Erzählforscher im Wohngebiet auftauchten. Dabei betrafen der „Tod" und das

27

„Sterben" vor allem das Märchen. Dieses „lebte" bereits seit Beginn des 19. Jahrhunderts in Mitteleuropa fast ausschließlich als Buchlektüre oder als deren Nacherzählung: „Die heutige Wirklichkeit, die Welt des Tatsächlichen, bietet keine Märchen an", konstatierte der Kulturwissenschaftler Hermann Bausinger (1958: 242). Im gleichen Aufsatz entdeckte er dann aber doch in der Bevölkerung „eine Art ‚Märchendenken'", die Brille einer Geistesbeschäftigung, durch die „wir" bestimmte Geschehnisse unseres Lebens wahrnehmen.

Allerdings galt das bevorzugte Interesse der wenigen Erzählforscher, denen es um das Erzählen im Alltag ging, zunächst den in sich geschlossenen, ästhetisch gestalteten Erzählungen. Geschichten mit geringem stilistischen Aufwand, insbesondere solche, die nicht zu einem plausiblen Ende führen, blieben genauso unberücksichtigt, wie die ganze Fülle der Alltagsgespräche und -unterhaltungen.

Stattdessen suchte man nach besonders gelungenen Alltagserzählungen, nach Geschichten mit einem märchenhaften oder sagenhaften Inhalt. Darin ließen sich funktionale Äquivalente zu den tradierten Genres der Volkserzählung konstruieren. Hinter solchen Geschichten wurden bestimmte „Geistesbeschäftigungen" vermutet. Hier folgte die Narratologie einem Weg, der von André Jolles (1958) „Einfachen Formen" vorgezeichnet war. Oder man interpretierte in der Tradition des schwedischen Erzählforschers Carl Wilhelm von Sydow bestimmte Erinnerungserzählungen als Vorstufe von Sagen. Für diese Erzählungen hatte von Sydow die Bezeichnungen „Memorat" und „Fabulat" erfunden (vgl. Sydow 1934). Im Übrigen interessierte sich diese Form der Erzählforschung in ihren Feldstudien vor allem für die Wirkung begabter Erzählerpersönlichkeiten – während eines Erzählanlasses und darüber hinaus – auf den Traditionsvorgang. Es ging ihr also vornehmlich um Erzähl- und Gedächtnisvirtuosen in der Rolle des Spezialisten für bestimmte alte Geschichten, d. h. um begabte Erzähler von Sagen oder Geschichten schwankhaften Charakters.

Zweifellos wurde hier eine Chance vergeben, Alltagserzählungen zur Analyse des Bewusstseins heute lebender Menschen heranzuziehen und auf diese Weise Fragestellungen der aktuellen empirischen Kulturwissenschaften wieder mit Untersuchungen der Erzählforschung zusammenzuführen. Das für das Fach zu erreichen, war das Ziel meiner diversen vornehmlich aus DFG-Projekten geförderten Arbeiten seit den 1970er/80er Jahren (vgl. Lehmann 1983, 2007a). Es ging mir dabei um eine „Erzählforschung als Bewusstseinsanalyse" (Lehmann 2007b). Nicht die Texte sollten im Mittelpunkt dieses anthropologischen Erkenntnisinteresses stehen, sondern Menschen, die sie erzählen. Eine der zentralen Voraussetzungen dieses Ansatzes: Das Erzählen von Geschichten entspricht einem elementaren menschlichen Bedürfnis (vgl. Ricœur 1988; Kittsteiner 2002).

2.   Erzählen als kulturelle Universalie – Individuelle und kollektive Dimensionen

Ich will an dieser Stelle eine Denkfigur des Volkskundlers Kurt Ranke an den Anfang der Erörterungen zu meinem Thema nehmen, die Figur eines „homo narrans". Es sei ein menschliches Grundbedürfnis, schrieb er, die Welt erzählend in allen ihren Dimensionen zu verstehen, zu interpretieren und darüber zu erzählen. Von dieser Voraussetzung müsse jede Erzählforschung ausgehen. Alle überkommenen Gattungsdefinitionen und ihre regionalen Spezifika seien aufs Ganze gesehen eine Nebensache (vgl. Ranke 1955). Die Konstruktion anthropologisch fundierter Kulturpersönlichkeiten war seinerzeit eine wissenschaftliche Mode der Kultur- und Sozialwissenschaften (vgl. Dahrendorf 1969). Erstaunlicherweise bleibt die Kreation solcher „Leitbilder" aktuell. Neuerlich hat die Hirnforschung ein komplex angelegtes anthropologisches Mischwesen präsentiert. Gerhard Roth spricht vom „Homo neurobiologicus" (Roth 2008: 6-12), d. h. er sieht uns Menschen als komplizierte Mischwesen aus Anlage und Entwicklung, eingebunden in einen fortwährenden Prozess der „Erziehung und die lebenslange gleichmäßigen Veränderbarkeit". Gene und Umwelt wirken gemeinsam auf unentwirrbare Weise. „Der Ort dieses Zusammenwirkens" sei (was sonst?) das Gehirn.

Der Philologe Kurt Ranke – mein Beispiel aus den 1950er und 1960er Jahren – sah seine Kreation des homo narrans – anders als z. B. Ralf Dahrendorf oder Gerhard Roth – noch als eine überzeitliche Universalie, als Repräsentanten der Menschheit. Menschen bewältigen dieser Kreation zufolge erzählend überall die „gleichen Denk- und Gefühlsinhalte" für sich selbst und für andere.

Wer nach dem Ursprung für die Erkenntnis der Kontextabhängigkeit unseres Denkens und Redens fragt, kann sich auf die klassische Philosophie berufen, etwa auf Immanuel Kant. Die Freiheit zu denken, schreibt der Philosoph, sei zunächst auf die „Gemeinschaft mit anderen" angewiesen. Dazu stellt er die Frage, wie wir wohl denken könnten, wenn wir erzwungenermaßen ohne einen Kontext, d. h. ohne den Bezug auf andere Menschen denken müssten, auf andere, „denen wir unsere und die uns ihre Gedanken mitteilen" (Kant 1995: 204). George Herbert Mead griff dieses Konzept auf als er unter Berufung auf Kant über das „innere Gespräch der Einzelnen mit sich selbst" sprach. – „Wir sind, was wir sind, durch unser Verhältnis zu anderen" (Mead 1973: 430). Wer den Menschen die Freiheit nehme, ihre Gedanken öffentlich mitzuteilen, entreiße ihnen auch „die Freiheit zu denken", hatte Kant geschrieben. Beide Autoren – Kant und Mead – brachten neben der sozialen Dimension des Denkens und Redens bereits eine Überlegung zum Ausdruck, die zur zentralen Hypothese einer empirisch orientierten Bewusstseinsanalyse geworden ist, die Hypothese von der weitgehenden Identität von Selbstreflexion und Selbstthematisierung im Moment der Erzählung.

Bei Kant wird deutlich: Der Kontext einer Erzählsituation ist stets über den gruppendynamischen Zusammenhang einer zwischenmenschlichen Beziehung hinaus eingebunden in übergreifende kulturelle und politische Verhältnisse. Der Zwang äußerer Gewalt, den der Philosoph in seiner Schrift „Was heißt: Sich im Denken orientiren?" noch voraussetzen musste, ist heute in Mitteleuropa in institutionalisierter Form kaum gegeben. Gleichwohl steht unser Bewusstsein im Erzählvorgang fortwährend unter dem Eindruck steuernder Einflüsse, die sich unserer sinnlichen Erfahrung entziehen. Denn jede aktuelle Erzählsituation ist Teil übergreifender gesellschaftlicher Verhältnisse. Diese werden uns über alle möglichen Schriften, Bilder und Massenmedien als „Erfahrung zweiter Hand vermittelt" (Gehlen 1977: 111). Schließlich kommt es zu einer empirisch unentwirrbaren Mischung von persönlichen, auf sinnlicher Wahrnehmung beruhenden eigenen Erfahrungen mit der nahezu unbegrenzten Fülle der Erfahrungen zweiter Hand. Aber wie immer wir diese unterschiedlichen Erfahrungen interpretieren und in abstrakte Zusammenhänge einordnen: die eigene Primärerfahrung bleibt der Maßstab. Auch hierzu wiederum Kant: „Wir mögen unsere Begriffe noch so hoch anlegen und dabei noch so sehr von der Sinnlichkeit abstrahieren, so hängen ihnen doch immer bildliche Vorstellungen an, deren eigentliche Bestimmung es ist, sie, die sonst nicht von der Erfahrung abgeleitet sind, zum Erfahrungsgebrauche tauglich zu machen." (Kant 1977: 267) Allen Begriffen, die wir wirklich verstanden haben, unterlegen wir auf sinnlichen Anschauungen basierende Erfahrungen (Kant 1995: 190). Der individuelle Charakter von Erfahrungen als Grundlage des Nachdenkens und Redens ist also subjektiv konstituiert. – „Erfahrung im ersten und prägnantesten Sinne ist somit als direkte Beziehung auf Individuelles definiert", heißt es bei Edmund Husserl (1972: 21).

Wer über die individuelle und die kollektive Seite des Erzählens nachdenkt, findet eindringliche Antworten bei Martin Heidegger, einem der großen Erzähler und Erzählforscher des 20. Jahrhunderts. Heidegger behält in seinen Analysen den strukturell offenen sozialen Kontext der Kommunikation zwischen Individuen im Blick. „Das Hören ist für das Reden konstitutiv." – Ein Gegenüber ist bei Heidegger nicht nur in der Erzählsituation als Hörer präsent, sondern auch in den erzählten Geschichten: „Der Andere ist zunächst ‚da' aus dem her, was man von ihm gehört hat, was man über ihn redet und weiß" (Heidegger 1976: 168, 174). Der Philosoph hatte, wie später der Sozialpsychologe Paul Watzlawick im populären Buch „Menschliche Kommunikation" (1974) die kommunikative Dynamik des Erzählvorgangs klar als ein gleichzeitig ablaufendes Gegeneinander eines situativen Inhaltsaspekts und eines Beziehungsaspekts erkannt und benannt. Keineswegs durch Unverbindlichkeit und Gleichgültigkeit sei das gemeinsame Reden im Alltag gekennzeichnet; vielmehr sei es zugleich voll innerer Spannung. Menschliche Kommunikation konstituiere sich nicht zuletzt auch aus dem Gefühl des Misstrauens: „Unter der Maske des Füreinander spielt ein Gegeneinander." Dieser Zusammenhang von Reden, Neugier und Zweideutigkeit sei, so Heidegger (1976: 175, 181), öffentlich verborgen, aber gleichwohl die „Grundart", in der uns die Alltäglichkeit als ein Strukturganzes gegeben sei.

Zweifellos haben die skizzierten philosophischen Erkenntnisse ihre Bedeutung für die interdisziplinäre Erzählforschung. Denn sie beschreiben die soziale Situation des „homo narrans", geben Hinweise auf seine subjektive Geschichte und die zwischenmenschlichen Beziehungen. Diese Reflexionen behalten, anders als es die vom situativen Sprechakt ausgehenden Performanz-Studien der Narratologie wahrnehmen (vgl. Braid 2002: 730-743), eine historische Dimension. Die Analyse der wirkungsvollen Bühnen der Erzählsituation durch die Kontextanalytiker sind eine Dimension des Erzählens, die Entstehung einer Geschichte im Kopf eines Erzählers eine andere. Die Überlegungen Heideggers gehen außerdem vom „durchschnittlichen Erzähler" in seinem Alltag aus, schauen nicht am liebsten auf das Außergewöhnliche der Geschichten und der Personen ihrer Erzähler, also nicht auf die hervorragende „Erzählerpersönlichkeit", wie es die traditionelle Märchen- und Sagenforschung praktiziert hatte. Es ist dieser Standpunkt, der von Anfang an unsere Hamburger empirischen Arbeiten bestimmt hat (Lehmann 1983, 2007a; Sedlaczek 1997).

3. Gedächtnis, Erfahrung und Erzählung

In der Erzählforschung über das Reden im Alltag ist des Weiteren vor allem etwa auf der theoretischen Grundlage Diltheys (1968) und Husserls (1972) vom Erlebnis, von Erfahrungen auszugehen; nicht zuletzt deshalb, weil vom Erlebnis als einer rekonstruierbaren Sinneinheit der Weg zur Erzählung führt. Wenn wir etwas erzählen, grenzen wir eine Sinneinheit, etwa ein Erlebnis für den narrativen Vermittlungsprozess formal ein. Es gehört zu den Definitionsmerkmalen der Erzählung, dass diese empirisch beobachtbare zeitliche Grenzen – also einen Anfang und ein Ende – hat. Überdies gehört es zu einer Erzählung, dass sie so konstituiert ist, dass der Erzähler oder die Erzählerin sich selbst – mehr oder weniger offen – als Person im Erzählvorgang in die Geschichte einbezieht. Wer erzählt, ist, einem inzwischen etwas aus der Mode gekommenen Ausdruck zufolge, von einer Geschichte „betroffen".

Hans-Georg Gadamer hat in seiner Auseinandersetzung mit den Theorien Wilhelm Diltheys und Edmund Husserls den Wert des Erlebnisses im Prozess der Entwicklung des „historischen Bewusstseins" und der Erinnerung erörtert (vgl. Gadamer 1975: 329-340). Erlebnis und Erfahrung konstituieren sich erst in der Erinnerung. Sie bilden in ihrer Gesamtheit die Lebenserfahrung eines Menschen, d. h. die größte seiner Erinnerung und seinem Erzählen zugängliche geschichtliche Einheit. Gadamer spricht hier von der unverwechselbaren „Einheit des Selbst" im Prozess der „Erfahrung der eigenen Geschichtlichkeit". Sie resultiere aus der Unerschöpflichkeit der Möglichkeiten, Erlebnisse zu haben. Dieser Erfahrungsraum ist das Zentrum und der Bezugsrahmen aller Geschichten (Koselleck 1979: 185), die der homo narrans uns präsentieren kann. Dilthey (1968: 195) bezeichnet diesen „inneren Zusammenhang" des Lebens als einen „Strukturzusammenhang" aller Erlebnisse eines Individuums. Die Summe individueller Erlebnisse konstituiere das Leben: eine „Einheit des Bewusstseins" (ebd.). Diese Einheit umgreift die Gegenwart und die Geschichte, oder wie es Husserl (1972: 212) sagt, Gegenwärtiges und „Vergegenwärtigtes", Wahrnehmung und Erinnerung.

Der homo narrans, der Erzähler als Individuum mit seiner eigenen Geschichte und seinen vielen Erzählgeschichten steht – ich wiederhole es – nicht isoliert in der Welt, sondern artikuliert sich als ein Sozialwesen in der prinzipiell unbegrenzten Anzahl von Situationen. Deshalb geht die von mir vertretene Erzählanalyse stets von einer übersubjektiven „Gemeinsamkeit des Erlebens" aus. Aus der Gemeinsamkeit des sozialen Erlebens in der Familie und dem Milieu heraus konstituiert sich eine „Erzählgemeinschaft" mit milieubedingten und milieuübergreifenden Gewohnheiten und Traditionen. Für die Kulturwissenschaft stellt sich an dieser Stelle die Frage nach der Existenz eines überindividuellen Bewusstseins. Die Hypothese eines Gruppen- oder Kollektivbewusstseins ist in den letzten beiden Jahrzehnten oft unter Begriffen wie „kollektive Erfahrung", „kollektive Identität", „kollektives" oder „kulturelles Bewusstsein" oder „Gedächtnis" diskutiert worden. Inzwischen benutzen auch Politiker dieses Vorstellungsbild. Der Gebrauch dieses Konstrukts erinnert gelegentlich an traditionell völkische Auffassungen des 19. und frühen 20. Jahrhunderts, etwa an Vorstellungen vom Typ „Volksgeist".

Der Gedächtnisbegriff ist stets in Gefahr, ins „Metaphorische" umzuschlagen, wenn er sich empirisch unzugänglicher Konstrukte wie „kollektives Gedächtnis" bedient (vgl. Assmann 1992: 36). Wer Erzählsituationen wissenschaftlich analysieren will, sollte deshalb voraussetzen, dass es empirisch erfassbar stets einzelne Menschen sind, die ein Bewusstsein und ein Gedächtnis haben, über Ereignisse reflektieren und darüber erzählen können. Zugleich gilt indes mit gleichem Gewicht: Erzähler leben in einer Gemeinschaft, die sie prägt, gehören Familien, Berufsmilieus, Betrieben und weiteren Gruppen an.

Je mehr die Reflexionen und Erzählungen den Kontext von Ereignissen des individuellen Erlebens in empirisch zugänglichen Erzählmilieus überschreiten, desto wirkmächtiger werden die Einflüsse der Erfahrungen aus zweiter Hand. Bleibt es bei der Analyse von Erzählungen aus dem Leben, bei so genannten „Ich-Erzählungen", kann eine empirische Wissenschaft allenfalls sehr vorsichtig formulierte Hypothesen über milieuübergreifende Denk- und Handlungsmuster riskieren. Was sich in beobachteten Erzählungen als „kollektives Wissen" findet, ist in seinen Ursprüngen treffender durch die Analyse von zeitgenössischen Texten und Bildern der Massenmedien zu erforschen als durch die Interpretation persönlicher Aussagen und Dokumente. Diese Quellen – Texte aus der Öffentlichkeit – sind es, die den Ursprung und den „Rahmen" für ein „kollektives Bewusstsein" ergeben.

Jan Assmann schlägt die Sicht auf zwei differenzierende „Modi des Erinnerns" vor. Er unterscheidet ein kommunikatives und ein kulturelles Gedächtnis. Dabei geht es auch um Fragen der traditionellen Narratologie. Das kommunikative Gedächtnis umfasse drei oder allenfalls vier Generationen, also den „unmittelbaren Erfahrungshorizont" einer „Zeitgeschichte" (Rothfels 1959: 10). Die Grenze vom kommunikativen zum kulturellen Gedächtnis liege bei etwa 80 Jahren, also im Zeitrahmen einer Erfahrungsgeschichte. Der Autor erinnert mit dieser Auffassung an eine der volkskundlichen Erzählforschung vertraute und immer wieder pragmatisch genutzte Beobachtung beim „Erzählen zwischen den Generationen" in unserer Kultur (vgl. Lehmann 1989). „Nach 40 Jahren treten die Zeitzeugen, die ein bedeutsames Ereignis als Erwachsene erlebt haben, aus dem eher zukunftsbezogenen Berufsleben heraus und in das Alter ein, in dem die Erinnerung wächst und mit ihr der Wunsch nach Fixierung und Weitergabe" (Assmann 1992: 52). Großeltern haben ein altersbedingtes Interesse und zudem genügend Zeit, ihre Erfahrungen und Ansichten an ihre Enkel weiterzugeben. Diese Erkenntnis hatte schon Arthur Schopenhauer auf den Punkt gebracht: „Großeltern und die Enkel sind natürliche Alliierte" (Schopenhauer 1979: 663).

Diese drei bis vier Generationen, auf die sich das „kommunikative Gedächtnis" eingrenzen lässt, bilden den Erfahrungsraum der Zeitgenossen, das erkenntnistheoretische Zentrum aller erzählten Geschichten aus dem Leben. Was zeitlich darüber hinausgeht, wird in der Assmannschen Konstruktion ins „kulturelle Gedächtnis" transformiert. In die angestammten Begriffe der volkskundlichen Erzählforschung übertragen heißt das: Das kommunikative Gedächtnis ist die Zeitspanne, auf die sich das in den 1930er Jahren vom Narratologen von Sydow (1934) definierte Genre „Memorat" bezieht. Wenn, was gelegentlich geschieht, aus einem Memorat eine Sage wird, ist der Schritt vom kommunikativen ins kulturelle Gedächtnis vollzogen. Das kulturelle Gedächtnis ist darauf angewiesen, in seinen Inhalten, Motiven, Sichtweisen nicht mündlich, sondern mittels der Schrift, durch Bilder, Denkmäler etc. tradiert und erhalten zu werden. Wenn die Augen- und Ohrenzeugen nicht mehr da sind, zählt nicht mehr die „faktische", sondern allein noch die „erinnerte Geschichte" (Assmann 1992: 52). Ein Unterschied zwischen Geschichte und Mythos – narratologisch gesprochen – zwischen Memorat und Sage ist danach im Bewusstsein der nicht professionell mit historischen Fragen beschäftigten Bevölkerung kaum noch auszumachen. Wer die Bedeutung von historischen Familiendramen, von „Dokumentarfilmen" und geschichtlichen Serien des Fernsehens für das „kollektive Bewusstsein" in den USA (und zunehmend auch in Europa) beobachtet, kann keinen Zweifel am empirischen Gehalt dieser Aussagen haben.

Abschließend ein Interpretationsbeispiel. Dabei geht es um die Frage der Erinnerung beim biographischen Erzählen im Kontext von Erfahrungen erster und zweiter Hand, d. h. zwischen individuellem Gedächtnis und kollektivem Bewusstseinsangebot. Zwei Buchpublikationen mit biographischen Texten will ich dazu vergleichend interpretieren. Beispiel eins ist einem schulpädagogischen Erfahrungszusammenhang entnommen, Beispiel zwei der Sphäre prominenter Zeitgenossen.

4. Erinnerungsgeschichten

Im Jahr 2005 ist die Biographie einer Mädchenklasse eines Herforder Gymnasiums erschienen (vgl. Spanuth 2005). Die inzwischen verstorbene Autorin hatte dieser Klasse selbst einmal angehört und später 26 Mitschülerinnen des Jahrgangs 1926/27 mittels eines Interviewleitfadens als „Erinnerungsgemeinschaft" befragt. Es ging dabei um Erinnerungen an die gemeinsame Schulzeit während der Nazijahre. Sie wollte wissen, welchen Einfluss Lehrer, der „Bund deutscher Mädel" (BdM), Kirche, Familie auf die damalige Erziehung und das spätere Privat- und Berufsleben der Frauen hatten. Außerdem erfragte sie Kenntnisse über Themen, die mit dem Nationalsozialismus in Verbindung stehen, Konzentrationslager, die Verfolgung der jüdischen Bevölkerung und anderer Opfergruppen. Wichtig war überdies die Frage, welchen Eindruck die Person Adolf Hitler und sein Personal auf die jungen Frauen im damaligen Lebensalter von 10 bis etwa 20 Jahren gemachte hatten.

Als die Autorin ihre Informantinnen im Jahr 1996 befragte, waren diese etwa 70 Jahre alt, die Nazizeit lag ein halbes Jahrhundert zurück. Daran hatte sich eine Jahrzehnte dauernde Epoche der „Vergangenheitsbewältigung" angeschlossen. Die Schülerinnen aus der überwiegend protestantischen westfälischen Kreisstadt hatten sich schon früh dem BdM angeschlossen. D. h. konkret: Bereits seit dem 22. Mai 1936 hatte die Schule die HJ-Flagge gehisst, schließlich gehörten mehr als 90 % der Mädchen der Hitlerjugend bzw. dem BdM an (vgl. ebd.: 16). Erst am 1. Dezember 1936 wurden Jugendliche zur Mitgliedschaft in dieser Institution zwangsverpflichtet.

Nur selten mochten die Befragten über das Gruppenleben im BdM ohne Abscheu reden. Viele erinnerten sich an die „Langeweile" des Gruppenlebens und ihre damalige „Gleichgültigkeit" gegenüber der Nazi-Institution. Im Mittelpunkt des Lebens stand – ihren Erzählungen zufolge – für die Schülerinnen stattdessen der kirchliche Gesprächskreis. Sie selbst lebten, wie die Mehrzahl der Lehrer ihrer evangelischen Schule, zum Nazisystem in einer Art von passivem Widerstand. Zitat: „An die BdM-Zeit hat Sigrid nur oberflächliche Erinnerungen." Gewiss: In ihrer Uniform sah sie gut aus. – „Aber es war nur ein Kleidungsstück. Einen Sinn habe ich darin nicht gesehen, was Ideelles oder so" (ebd.: 68). Eine Andere lehnte den Nationalsozialismus dem Vorbild ihrer Eltern folgend ausdrücklich ab. Dabei war ihr Vater, seiner mutmaßlichen Ablehnung des Systems zum Trotz – wie die Tochter anmerkt –, selbst ein Mitglied der NSDAP geworden (vgl. ebd.: 45). Sie erinnert sich: Als eine Schneiderin im Auftrag der Eltern ihr neben der eigenen BdM-Kluft als Dreingabe noch eine kleine HJ-Uniform für eine Puppe nähte, freute sie sich über das Mini-Kleidungsstück mehr als über die eigene Uniform. Früh schon hatten die meisten der Mädchen Hitler durchschaut. „Mir war er gleichgültig." Und erst seine Stimme: „Furchtbarer Schreihals", „abstoßend" (ebd.: 159, 262), „die schauspielerische Verkörperung des Bösen", „der große Diktator", wie ihn Charlie Chaplin der Welt vorgeführt hatte. Eine der Befragten erinnert sich daran, dass ihre Mutter Hitler bereits während der Nazizeit Charlie Chaplin genannt hatte. Und wie sie im Muster des großen Diktators zur Freude der Familie den „Führer" bei Tisch parodierte. – Dabei kam der Film erst seit 1958 in Deutschland öffentlich zur Aufführung.

Jedenfalls ist in den Erzählungen der ehemaligen Gymnasialschülerinnen nichts von dem zu spüren, was in der aktuellen Sozialgeschichte (vgl. Kershaw 1980; Wehler 2003: 551) über Hitler geschrieben wird: „Katalysator der Massenempfindungen" und „charismatischer Führer". Ohne ihn wäre der Nationalsozialismus bloß ein Randphänomen geblieben, schreibt Wehler.

Zu den unschönen Erinnerungen an die BdM-Zeit gehörten den Interviews zufolge vielfach auch die Gruppenreisen. Da ging es nicht nur langweilig und militärisch streng zu, auch „sehr prüde" – eben „der Zeit entsprechend" (Spanuth 2005: 117, 132). „Sexualität war damals überhaupt nicht freizügig, im Gegenteil, eng und verklemmt." Kritische Zeitgenossen der Hitlerjahre waren da durchaus anderer Meinung. In den Deutschlandberichten der Sozialdemokratischen Partei Deutschlands an den Exilvorstand der Partei in Prag war schon 1935 von schrecklichen Verhältnissen gerade in Rheinland-Westfalen die Rede, speziell von katastrophalen moralischen Zuständen in der Nazijugend. 16- bis 17-Jährige hätten in den Gruppen „in ungezügelter Sexualität" gelebt. Allein in Gelsenkirchen-Buer seien siebzehn Mädchen wegen Schwangerschaft aus dem BdM ausgeschlossen worden (vgl. SOPADE 1980: 693). Insgesamt gesehen zeigt sich auch in diesen Aussagen: „Geschichten werden von ihrem Ende her erzählt" (Lehmann 2007b: 284).

Zur Jugendzeit im Nationalsozialismus ist etwa zeitgleich mit diesem Erinnerungsbuch eine Art „Parallelbuch" erschienen. Ein kurioser Tatbestand, denn in diesem Werk kommen wie bei Frau Spanuth exakt 26 Zeitzeugen zu Wort. Alle entstammen ebenfalls den Jahrgängen 1926/27. Alfred Neven DuMont (2007), der Herausgeber, hat allerdings nicht, wie die Volkskundlerin, den „Normalfall" unbekannter Zeitgenossen im Blick, sondern ausschließlich Prominente. Dieter Hildebrandt, Siegfried Lenz, Hans-Dietrich Genscher, Hans-Jochen Vogel u. a. wurden gebeten, ihre Erinnerungen an persönliche Erlebnisse und Ansichten während der „Jahre unter dem Hakenkreuz" aufzuschreiben. Es geht mir hier nicht um die Frage, wie von heute aus über den privaten und politischen Lebenslauf einzelner Personen aus diesem Buch oder auch über darin nicht vertretene prominente Männer oder Frauen dieser Jahrgänge geurteilt werden soll, auch nicht, wenn es um Männer und Frauen geht, über die inzwischen eine Aktenlage vorliegt, welche mit großer Wahrscheinlichkeit ihre Mitgliedschaft in der NSDAP oder in anderen Organisationen des Naziregimes dokumentiert. Die „Rechtfertigungsgeschichten" (Lehmann 1980) über die eigene Unschuld bzw. das Nichtwissen, Vergessenhaben einer Mitgliedschaft etc. sind aus Fernsehsendungen und Zeitungsartikeln bekannt. Dabei sind die selbstgerechten Journalisten-Kommentare genauso Teil der bundesdeutschen Mentalitätsgeschichte, wie viele der Erinnerungsgeschichten und Ausreden der Prominenten mit NSDAP-Vergangenheit.

Es ist aber bemerkenswert, wie genau die Aussagen der ehemaligen Herforder Gymnasiastinnen – späteren Lehrerinnen, Hausfrauen, Krankenschwestern – mit den Prominentengeschichten inhaltlich und formal übereinstimmen. In beiden Büchern berufen sich die

Zeitzeugen typischerweise darauf, persönlich schon fast alles, was im Zeichen des Regimes geschah, damals bereits gewusst und gefühlt zu haben, alles das, was sich in der langen Nachkriegszeit, in der Epoche der „Vergangenheitsbewältigung", Schritt für Schritt zum bundesdeutschen Common Sense entwickelt hat. Der Politiker Hans-Jochen Vogel, ein Mann ohne Fehl und Tadel, war von Anfang an moralisch im Bilde. Angesichts der Brandstiftung an einer Synagoge im Jahr 1938 wurde er „nachdenklich". Folgt man den Aussagen der Herforder Schülerinnen müssen seinerzeit sehr viele, ja eine Mehrheit, wie Vogel gefühlt haben. Eine Anzahl aus der Schulklasse formulierte ihre Wahrnehmungen nahezu identisch. Sie waren „entsetzt", „erschrocken", empfanden das, was sie im Wortgebrauch der Nachkriegszeit „Kristallnacht" nannten, als Schlüsselerlebnis für ihr ganzes folgendes Leben. Und der Mord durch SS-Leute an der jüdischen Frau Franziska Spiegel, die in einem Nachbardorf gelebt hatte, gehört, wie die öffentliche Ausweisung zweier jüdischer Mitschülerinnen durch den Direktor, wie die Wahrnehmung der „Judensterne" und die Verwüstung eines jüdischen Friedhofs zu den häufigsten nachhaltig wirkenden Erinnerungsgeschichten in den Biographien der ehemaligen Schülerinnen. Alle kennen den Namen Franziska Spiegel. Alle erzählen bis ins Detail übereinstimmend die gleiche Geschichte. – Wird hier aus der Primärerinnerung erzählt oder aus späterer Zeitungslektüre?[1] Franziska Spiegel lebte gegen Kriegsende in der Gemeinde Werfen nahe dem zum Kreis Herford gehörenden Ort Spenge. Dort wurde sie, die mit einem „arischen Ehemann" lebte, am 4. November 1944 von zwei SS-Männern aus ihrer Wohnung entführt und in einem nahen Waldstück erschossen. Über diese Schreckenstat liegt eine reiche regionalgeschichtliche Literatur vor. In Spenge sind ihr eine Straße und ein Gedenkstein gewidmet worden.

Immer wieder flochten die 70-jährigen Informantinnen, genauso wie die Kultur- und Medienprominenz, schwankhafte Erinnerungserzählungen an ihr Leben im Naziregime in ihre Geschichten ein. Es entsteht aus vielen biographischen Erinnerungen dieser Herforder Schule der Eindruck eines politischen Theaters, in dem gleichzeitig ein Alternativprogramm zur Tragödie des Naziregimes im Familien- und Schulalltag gelaufen sei: eine Komödie des Widerstands. Die Lehrer werden in diesem Programm dichotomischen Erzählens zuverlässig in Böse und Gute, zackig-dumme Nazis und liebenswürdig-ironische „Antis" eingeteilt. Der nette Mathematiklehrer z. B. begrüßte die Klasse gelegentlich mit den Worten: „Ein Hoch Herrn Dr. Ley und seinen letzten drei Haaren" (Spanuth 2005: 229, 25).[2] Andere vorbildliche Lehrer verkürzten „Heil Hitler" kühn zu „Litler" und der Unterricht in Rassenkunde wurde schon frühzeitig infolge witziger Unterrichtseinfälle einer ironisch-distanzierten Pädagogin von der Mehrheit der Schülerinnen als „Rassenquatsch" klassifiziert: „Die ganze Rassenkunde war danach bei uns unten durch."

Es zeigt sich in dieser, wie in anderen mikroanalytischen Untersuchungen: Wer biographische Forschung zur Bewusstseinsanalyse über politische Verhältnisse unternimmt, sollte vornehmlich allgemein verbreitete gesellschaftliche Deutungsmuster einer medial vermittelten politischen Kultur bei seinen Interpretationen zu Rate ziehen. Sie wirken als Erfahrungen zweiter Hand quasi als Bewusstseinsvorgaben. Im Fall eines Vergleichs dieser zwei Untersuchungen über Bewusstseinsmuster trifft zu: Die Aussagen, die die bekannten Politiker und Publizisten der Jahrgänge 1926/27 über ihr Leben und Denken in der Nazizeit

---

[1]   Vgl. http://www.hiergeblieben.de.
[2]   Robert Ley, ein Chemiker, war Gauleiter der NSDAP im Rheinland und Gründer der Deutschen Arbeitsfront.

zu Protokoll gaben, entstammten genau dem Milieu, welches in der Nachkriegszeit die Einstellung der Öffentlichkeit zur nationalsozialistischen Epoche deutscher Geschichte geprägt und popularisiert hat. Es zeigt sich wiederum: „Was sich im Erkenntnisprozess als mutmaßlich ‚kollektives Bewusstsein' findet, ist in seinen Ursprüngen treffender durch die Analyse von Massenmedien zu erforschen" (Lehmann 2007b: 275). Bei kritischer Interpretation von „Erzählungen aus dem eigenen Leben" ist meistens ohne viel Mühe zu erkennen, wie rasch die Transformation aus Lektüre, Fernsehen, Rundfunk etc. in den persönlichen Erfahrungsschatz erreicht ist. – Erinnerungs-Erzählungen sagen stets mehr über die Gegenwart der Sprechenden aus als über die von ihnen erlebte Vergangenheit!

Literatur

Assmann, Jan (1992): Das kulturelle Gedächtnis. München: C. H. Beck.

Bausinger, Hermann (1958): Strukturen des alltäglichen Erzählens. In: Fabula 2 (1), 239-254.

Braid, Donald (2002): Performanz. In: Brednich, Rolf W. (Hg.): Enzyklopädie des Märchens. Bd. 10. Berlin: de Gruyter, 730-743.

Dahrendorf, Ralf (1969[8]): Homo Sociologicus. Ein Versuch zur Geschichte, Bedeutung und Kritik der Kategorie der sozialen Rolle. Köln & Opladen: Westdeutscher Verlag.

Dilthey, Wilhelm (1968): Der Aufbau der geschichtlichen Welt in den Geisteswissenschaften. Bd. 7 der gesammelten Schriften. Stuttgart: Teubner.

Gadamer, Hans-Georg (1975[4]): Wahrheit und Methode. Tübingen: Mohr.

Gehlen, Arnold (1977): Urmenschen und Spätkultur. Frankfurt/Main: Athenaion.

Heidegger, Martin (1976[13]): Sein und Zeit: Tübingen: Niemeyer.

Husserl, Edmund (1972): Erfahrung und Urteil. Hamburg: Meiner.

Jolles, André (1958[2]): Einfache Formen. Darmstadt. WBG.

Kant, Immanuel (1977): Was heißt sich im Denken orientiren? (zuerst 1786) In: Ders.: Werke in zwölf Bänden. Bd. 5. Frankfurt/Main: Suhrkamp, 267-283.

Ders. (1995): Beobachtungen über das Gefühl des Schönen und Erhabenen (zuerst 1786). In: Ders.: Werke in sechs Bänden. Bd. 1. Köln: Könemann.

Kershaw, Ian (1980): Der Hitler-Mythos. Volksmeinung und Propaganda im Dritten Reich. Stuttgart: DVA.

Kittsteiner, Heinz-Dieter (2002): Die Rückkehr der Geschichte und die Zeit der Erzählung. In: Internationales Archiv für Sozialgeschichte der deutschen Literatur 27 (2), 185-207.

Koselleck, Reinhart (1979): Vergangene Zukunft. Zur Semantik geschichtlicher Zeiten. Frankfurt/Main: Suhrkamp.

Lehmann, Albrecht (1980): Rechtfertigungsgeschichten. Über eine Funktion des Erzählens eigener Erlebnisse im Alltag. In: Fabula 21 (1/2), 56-69.

Lehmann, Albrecht (1983): Erzählstruktur und Lebenslauf. Autobiographische Untersuchungen. Frankfurt/Main & New York: Campus.

Ders. (1989): Erzählen zwischen den Generationen. In: Fabula 30 (1/2), 1-25.

Ders. (2007a): Reden über Erfahrung. Kulturwissenschaftliche Bewusstseinsanalyse des Erzählens. Berlin: Reimer.

Ders. (2007b): Bewußtseinsanalyse. In: Göttsch, Silke/Lehmann, Albrecht (Hg): Methoden der Volkskunde. Positionen, Quellen, Arbeitsweisen der europäischen Ethnologie. Berlin & Hamburg: Reimer, 233-249.

Mead, George Herbert (1973): Geist, Identität und Gesellschaft. Frankfurt/Main: Suhrkamp.

Neven DuMont, Alfred (Hg.) (2007): Jahrgang 1926/27. Erinnerungen an die Jahre unterm Hakenkreuz. München. Piper.

Ranke, Kurt (1955): Schwank und Witz als Schwundstufe. In: Dölker, Helmut (Hg.): Festschrift Will-Erich Peuckert. Berlin, Bielefeld & München: Schmidt , 41-59.

Ricœur, Paul (1988): Zeit und Erzählung. Bd. 1. München: Fink.

Roth, Gerhard (2008): Homo neurobiologicus – ein neues Menschenbild? In: Aus Politik und Zeitgeschichte 44/45, 6-12.

Rothfels, Hans (1959): Zeitgeschichtliche Betrachtungen. Göttingen: Vandenhoeck & Ruprecht.

Schopenhauer, Arthur (1979): Parerga und Paralipomena § 357. Zürich: Diogenes.

Sedlaczek, Dietmar (1997): Von der Erzählerpersönlichkeit zum Alltäglichen Erzähler. In: Fabula 38 (1), 82-100.

Spanuth, Ilse (2005): Prägungen, Biographien einer Mädchenklasse der Königin-Mathilde-Schule Herford 1937-1946. Hg. von Rolf Wilhelm Brednich und Uli Kutter (Herforder Forschungen 17). Bielefeld: Verlag für Regionalgeschichte.

SOPADE (1980): Deutschlandbericht der Sozialdemokratischen Partei Deutschlands (SOPADE) 1934-1940. Bd. 2.1935. Salzhausen: Nettelbeck.

Sydow, Carl Wilhelm von (1934): Kategorien der Prosa Volksdichtung. In: Schewe, Harry (Hg.): Volkskundliche Gaben. John Meier zum 70. Geburtstag dargebracht. Berlin & Leipzig: de Gruyter.

Watzlawick, Paul, Janet H. Beavin/Don D. Jackson (1974[4]): Menschliche Kommunikation – Formen, Störungen, Paradoxien. Bern: Huber.

Wehler, Hans-Ulrich (2003): Deutsche Gesellschaftsgeschichte. Bd. 4. München: C. H. Beck.

Narration, Biographie, Identität
Möglichkeiten und Grenzen des lebensgeschichtlichen Erzählens

Michael v. Engelhardt

1. Einleitung

Der Mensch lebt in einer intersubjektiven kulturellen Lebenswelt, die zu einem großen Teil über Erzählen und Erzählungen hergestellt, bewahrt und weiterentwickelt wird (vgl. Schapp 1953; Polkinghorn 1988; Bruner 1987, 1991; Engelhardt 2006). Im Erzählen wird das Wissen über die Welt vermittelt, werden individuelle und kollektive Erfahrungen bewahrt und weitergegeben, werden existentielle Lebensprobleme und deren Lösungen behandelt, werden Vergangenheit und Zukunft in die Gegenwart hinein geholt, erfolgen Sinnsuche und Sinngebung, werden Phantasie- und Traumwelten, Angst- und Hoffnungswelten entworfen und das Nicht-Erfahrbare erfahrbar gemacht. Die Teilnahme an der erzählenden und erzählten kulturellen Lebenswelt setzt die doppelte kulturelle Kompetenz des produktiven (mündlichen und schriftlichen) Erzählens und des rezeptiven Zuhörens und Lesens voraus und bildet sie zugleich aus.

Eine besondere Form der Narration stellt das biographische Erzählen dar, in dem aus dem menschlichen Leben und über das menschliche Leben erzählt wird. Beim flüchtigen Zusammentreffen mit unbekannten Personen, in Freundschafts- und Liebesbeziehungen, im Zusammenleben von Eltern, Kindern und Großeltern, in den verschiedenen Arenen von Politik und Kultur, in der Ausbildung, im Beruf, beim Arzt, vor Gericht, an allen Orten unseres öffentlichen und privaten Daseins, im normalen Alltag und bei herausgehobenen Anlässen – überall ist unser Leben von lebensgeschichtlichem Erzählen begleitet. Dieses biographische Erzählen ist von grundlegender Bedeutung für das Selbstverständnis und die Darstellung der eigenen Person, für die Wahrnehmung und das Verstehen der Mitmenschen, für die Entwicklung der Sozialbeziehungen und für den Aufbau und die Aufrechterhaltung einer gemeinsamen soziokulturellen Lebenswelt. Im lebensgeschichtlichen Erzählen machen wir uns bekannt, geben uns zu erkennen oder verstecken uns. Das biographische Erzählen ist ein Vorgang des Erinnerns und Vergessens, der verarbeitenden Gestaltung von Lebenserfahrungen, der Suche nach Sinn und Erklärung. Es grenzt mit dem Erzählten das Nicht-Erzählte aus und ist umgeben von dem Bereich des Nicht-Erzählbaren. Zum lebensgeschichtlichen Erzählen gehört immer auch das Schweigen.

Der vorliegende Beitrag befasst sich mit dem biographischen Erzählen und dessen grundlegender Bedeutung für den Menschen und seinen soziokulturellen Lebenszusammenhang. Zunächst wird der Zusammenhang des lebensgeschichtlichen Erzählens mit der modernen Lebensform der Biographie und der biographischen Identität des Menschen herausgearbeitet und deutlich gemacht, dass der Mensch Objekt und Subjekt lebensgeschichtlichen Erzählens ist. Während in diesem ersten Teil der Ausführungen die beiden Formen des lebensgeschichtlichen Erzählens – das auf andere Personen bezogene Erzählen und das auf die eigene Person bezogene Erzählen – berücksichtigt werden, konzentrierte sich die weitere Darstellung auf das selbstbezügliche, d. h. auf das autobiographische Erzählen. Es wird die Struktur des autobiographischen Erzählens näher dargestellt und in einen Zusammenhang mit der personalen Identität gebracht. Dann wird die Entwicklung der zugehörigen narrativen Kompetenz behandelt. Anschließend wird das Verhältnis von gelebtem und erzähltem Leben geklärt und der Frage nach den Grenzen des lebensgeschichtlichen Erzählens nachgegangen. Der Aufsatz endet mit einer kurzen Schlussbemerkung.

2. Biographie als Lebensform und biographische Identität

In der langgestreckten Geschichte der modernen (westlichen) Gesellschaft hat sich die Biographie zur bestimmenden Lebensform des Menschen herausgebildet (vgl. Kohli 1985; Hahn 1987; Dülmen 1997; Engelhardt 1990, 2006), was damit einhergeht, dass das lebensgeschichtliche Erzählen zunehmend an Bedeutung gewinnt.[1] Die Durchsetzung der Biographie zur bestimmenden Lebensform bedeutet, dass der Mensch für sich und seine Mitmenschen zu einem Wesen mit einer (hinter und vor ihm liegenden) Geschichte wird. Ebenso werden für ihn auch seine Mitmenschen zu Wesen mit einer Geschichte. Dass der Mensch zu einem Wesen mit Geschichte wird, schlägt sich in der soziokulturellen biographischen Organisationsform des Lebens und im biographischen Selbstverständnis des Menschen nieder. Der Mensch hat sein Leben als eine Geschichte des soziokulturellen Werdegangs und der psychosozialen Entwicklung zu gestalten und dies sich und anderen gegenüber zu vertreten und zu verantworten. Das, was jemand in den eigenen Augen und den Augen der Anderen ist, ergibt sich somit immer weniger aus den soziokulturellen Verhältnissen, in die er hineingeboren wird und aus gleichbleibenden Eigenschaften und Merkmalen. Vielmehr ergibt sich dies aus der mehr oder minder selbst zu verantwortenden Geschichte seines gelebten und noch zu lebenden Lebens. Das bedeutet, dass die in traditionalen Gesellschaften vorherrschende statisch-strukturelle personale Identität, die auf die Verortung in einer stabilen Standes-, Generationen- und Geschlechterordnung und die Zuweisung von weitgehend gleichbleibenden Eigenschaften zurückgeht, an Bedeutung verliert. Neben diese Form der personalen Identität und an deren Stelle tritt zunehmend eine dynamische Entwicklungsidentität, in die die in der Geschichte der Moderne freigesetzte Dynamik der menschlichen Biographie eingeht.[2]

Die moderne Lebensform der Biographie setzt voraus, dass im biographischen Lebensvollzug (des Handelns und Erlebens) das bereits gelebte vergangene Leben und das

---

[1] Der Dynamik und Ausdifferenzierung der modernen Gesellschaft entspricht auf der personalen Ebene die Biographie als Lebensform und die biographische Identität. So besteht ein komplementärer Zusammenhang zwischen dem temporalen narrativen Selbstverständnis der Moderne als Gesellschafts- und Kulturgeschichte (vgl. Koselleck 1984; Habermas 1985: 14 ff.; Blumenberg 1996) auf der einen Seite und dem temporalen narrativen Selbstverständnis des modernen Menschen auf der anderen Seite.

[2] Ein entscheidender kritischer Einwand gegen schlichte Konzepte personaler Identität bezieht sich auf die Vorstellung von einer festen und statischen Struktur der Identität des Menschen. Das Unangemessene einer solchen Vorstellung tritt mit der Durchsetzung der biographischen Dynamik im menschlichen Leben immer deutlicher hervor. Deshalb muss in einer angemessenen Konzeption personaler Identität der biographischen Entwicklungsdimension eine wichtige Bedeutung eingeräumt werden. Das geschieht in dem Konzept der biographischen Identität.

noch zu lebende zukünftige Leben vergegenwärtigt und reflektiert werden. So wird der Lebensvollzug begleitet von biographischen Rückblicken auf das gelebte vergangene Leben und biographischen Vorausblicken auf das noch zu lebende zukünftige Leben. Durch diese immer mitlaufenden (verarbeitenden und orientierenden) Rück- und Vorausblicke, woran der Lebensvollzug und dessen Beurteilung ausgerichtet werden und auf den dieser angewiesen ist, erhält das Leben überhaupt erst seine biographische Gestaltung. Der Mensch wird für sich und die Anderen seine erinnerte Vergangenheit und seine vorgestellte Zukunft. Zum expliziten Ausdruck kommen diese Rück- und Vorausblicke auf das Leben im biographischen Erzählen, über das der Mensch sich und anderen gegenüber sein Leben vergegenwärtigt, reflektiert, verantwortet und bewertet. Dies geschieht im Selbstgespräch, im Gespräch mit anderen Personen und in verschiedenen schriftlichen Formen.

Die Biographie als Lebensform besteht also aus den beiden miteinander verschränkten Aspekten des biographischen Lebensvollzugs und der biographischen (rück- und vorausblickendenden) Lebenserzählung. Diese beiden Aspekte sind in der doppelten Bedeutung des Begriffs der Biographie enthalten, der sich zum einen auf die (gelebte und zu lebende) Lebensgeschichte und zum anderen auf die Lebenserzählung bezieht.[3]

3. Der Mensch als Objekt und Subjekt lebensgeschichtlichen Erzählens

Das biographische Erzählen ist zunächst einmal ein über weite Strecken unauffälliger Begleiter des Lebensvollzugs und ist dabei in einer nur schwer abgrenzbaren Weise mit dem biographischen Bewusstseinsstrom verbunden. Es nimmt sehr unterschiedliche Ausprägungen an und hebt sich mal schwächer, mal stärker vom normalen Alltagsleben ab. Biographisches Erzählen übernimmt eine wichtige Strukturierungsfunktion in der biographischen Ausgestaltung des Lebens. So werden bei zentralen Lebenseinschnitten und deren kultureller Ausgestaltung rück- und vorausblickende biographische Erzählungen vorgetragen. Das fängt an mit dem Eintritt in das Leben (Geburtsfeier, Taufe), setzt sich fort bei den Übergängen im Lebenslauf (Schuleintritt, Firmung, Konfirmation, Erwerb von Ausbildungsabschlüssen, Berufseintritt, Heirat, Eintritt in den Ruhestand, Jubiläen, ‚runde Geburtstage') und endet mit dem Tod (Trauerfeier, Beerdigung). Die biographischen Erzählungen reichen über den Tod hinaus, durch sie wird die Erinnerung an die Verstorbenen im kollektiven Gedächtnis bewahrt und an die Nachgeborenen weitergegeben.

Im Kontakt mit den zentralen gesellschaftlichen Institutionen, die zugleich die zentralen Institutionen der biographischen Organisation des Lebens sind (Familie, Bildungssystem, Militär, Beschäftigungssystem, Gesundheitssystem, Rechtssystem, Soziale Sicherheitssysteme) werden biographische Erzählungen erzeugt und gesammelt. Zum einen hat der moderne Mensch in diesen Institutionen immer wieder kleinere und größere Lebensgeschichten (Bildungs-, Berufs-, Krankengeschichten) abzuliefern, sich darüber darzustellen und auszuweisen. Zum anderen werden biographische Erzählungen und Dokumente über

---

[3] Diese beiden Aspekte werden auch in der für die Lebenslaufforschung wichtigen Unterscheidung von „life course" und „life record" aufgegriffen.

ihn und sein bisheriges Leben erstellt, die weitreichende Auswirkungen auf sein zukünftiges Leben haben. Die verschiedenen Formen der Lebenshilfe und Therapie arbeiten zu einem wesentlichen Teil mit lebensgeschichtlichem Erzählen.

In der Interaktion mit den Personen des privaten und öffentlichen Lebenszusammenhangs erfolgt ein ständiger wechselseitiger Austausch von lebensgeschichtlichen Erzählungen. Sozialbeziehungen, seien sie flüchtiger, länger- oder langfristiger Art sind immer auch Erzählbeziehungen der beteiligten Personen. Lebensgeschichtliches Erzählen ist gemeinschaftsbildend, stiftet neue Sozialbeziehungen, stabilisiert bestehende Sozialbeziehungen, hilft Krisen und Konflikt zu bewältigen, überbrückt Zeiten der Trennung und Abwesenheit, dient dem Austausch getrennt gemachter Erfahrungen, vermittelt zwischen örtlich, zeitlich und kulturell getrennten Erfahrungsräumen und Sinnwelten. Lebensgeschichtliches Erzählen sichert die Kontinuität des Alltagslebens und dient der Verarbeitung und Integration von biographischen und gesellschaftlichen Um- und Einbrüchen. Es ermöglicht das Wieder- und Nacherleben vergangener Erfahrungen und die Teilhaben der Mitmenschen daran. Im lebensgeschichtlichen Erzählen begegnen sich die Menschen über ihre vergangenen Erfahrungen und Zukunftserwartungen und deren Verarbeitungen, was von grundlegender Bedeutung für das Selbstverstehen der eigenen Person und das Fremdverstehen der Anderen ist.

Der Mensch ist zugleich Objekt und Subjekt biographischer Erzählungen. Er ist Objekt lebensgeschichtlicher Erzählungen, indem er eingebunden ist in ein Netz vielfältiger Erzählungen, die die Personen seiner Umwelt über ihn erzählen. Das beginnt mit den rück- und vorausblickenden Erzählungen der Eltern über das Kind (auch schon vor dessen Geburt), weitet sich im weiteren Leben (mit der Zunahme der Lebenszeit und der Ausdifferenzierung der sozialen Beziehungen) immer weiter aus und reicht (wie schon erwähnt) über den Tod hinaus. Die Interaktionspartner, mit denen der Mensch während seiner biographischen Entwicklung zusammentrifft (Eltern, Geschwister, Freunde, Liebes- und Lebenspartner, eigene Kinder, politische Parteigänger und Gegner, Lehrer, Berufskollegen, Funktionsträger der gesellschaftlichen Institutionen) bringen ihm über das Erzählen sein bisher gelebtes und sein noch zu lebendes Leben in der Wahrnehmungs- und Bedeutungsperspektive seiner sozialen Umwelt entgegen. So wird ihm die Bedeutung vermittelt, die er in den Augen der Anderen besitzt und auf die er sich als soziales Wesen einzustellen hat (vgl. Mead 1968). Über die auf ihn bezogenen biographischen Narrationen erfährt der Mensch durch die soziale Umwelt, dass er ein Wesen mit einer Geschichte ist, und zwar in einer je spezifischen Ausprägung. Diese Erzählungen stellen die biographischen Identitätsbestimmungen durch die Mitmenschen dar. Sie steuern deren Erwartungen und Verhalten gegenüber der betreffenden Person und gehen in das Identitätsverständnis dieser Person ein und verorten sie in der zeitlich strukturierten gemeinsamen Lebenswelt.

Ebenso wie dem Menschen Erzählungen über sich selbst entgegengebracht werden, nimmt er auch lebensgeschichtliche Erzählungen über Personen seines näheren und weiteren Lebensumfelds auf, die diese ihm selbst oder andere Personen mitteilen. Dadurch werden die Mitmenschen ihrerseits zu Wesen mit einer charakteristischen Geschichte und mit einer charakteristischen Entwicklungsidentität, was in das eigene Verhalten und die eigenen Erwartungen eingeht. So stellt es zum Beispiel für Kinder einen entscheidenden Wendepunkt in der Wahrnehmung ihrer Eltern und der Beziehung zu ihnen dar, wenn sie (auf der

Grundlage einer entsprechenden Entwicklung ihres Zeitbewusstseins) über Erzählungen erfahren, dass die Eltern auch mal (ebenso wie sie selbst) Kinder waren und dass sie später
mal genauso alt wie die Großeltern werden können. Durch die Rezeption der lebensgeschichtlichen Erzählungen der Mitmenschen werden auch diese in einer zeitlich strukturierten gemeinsamen Lebenswelt verortet, deren zeitlicher Horizont im Hinblick auf die Vergangenheit und die Zukunft über die eigene Lebenszeit hinausreichen kann.

Der Mensch ist Subjekt biographischer Narrationen, indem er über seine Mitmenschen
Erzählungen anfertigt, die er ihnen oder nur anderen mitteilt oder ganz für sich behält. So
nimmt er aktiv teil an der biographischen Konstruktion der Mitmenschen als Wesen mit einer Geschichte und an deren Verortung in einer zeitlich strukturierten gemeinsamen Lebenswelt. Vor allem aber ist der Mensch deshalb Subjekt biographischer Narrationen, weil
er der Erzähler seines eigenen Lebens ist. Bei diesem autobiographischen Erzählen ist er
Subjekt des Erzählens, das sich selbst und seine Geschichte zum Objekt seines Erzählens
macht. Die Durchsetzung der Biographie zur vorherrschenden Lebensform hat zur wesentlichen Voraussetzung, dass der Mensch in der Lage ist, sich und anderen gegenüber sein eigenes Leben erzählerisch (rück- und vorausblickend) zu vergegenwärtigen und zu reflektieren und daran seinen Lebensvollzug auszurichten und dass er in dieser erzählerischen Vergegenwärtigung und Reflexion seine biographische Entwicklungsidentität als „narrative
Identität" (Engelhardt 1990; Ricœur 1991a, 1991b; Meuter 1995; Straub 1998; Kraus 2000;
Thomä 2007; Scharfenberger 2011) sich und anderen gegenüber zur Darstellung bringen
kann. Dieses autobiographische Erzählen des Menschen erfolgt in einer Auseinandersetzung mit den biographischen Erzählungen über ihn, die seine Mitmenschen und die gesellschaftlichen Institutionen ihm entgegenbringen. Im autobiographischen Erzählen begegnet
und reflektiert sich der Mensch in seiner eigenen Geschichte und gründet darauf seine biographische Identität. Ebenso tritt er den Personen seiner sozialen Umwelt mit seiner Geschichte gegenüber und wirkt damit auf deren Erzählungen über ihn und auf deren biographische Identitätsbestimmung seiner Person ein. Im eigenen lebensgeschichtlichen Erzählen
verortet sich der Mensch (für sich und für seine Mitmenschen) in der zeitlich strukturierten
intersubjektiven Lebenswelt.

Um die weitere Erörterung in einem angemessenen Rahmen zu halten, ist eine Eingrenzung notwendig. Die weitere Beschäftigung mit dem lebensgeschichtlichen Erzählen
konzentriert sich auf das vergangenheitsbezogene autobiographische Erzählen, mit dem der
Mensch sich und seine Vergangenheit zum Thema seiner Darstellung macht.

4. Lebensgeschichtliches Erzählen und Identität

Unter allen sprachlichen Ausdruckmitteln stellt das Erzählen dasjenige Ausdrucksmittel
dar, mit dem alleine Zeit als Erlebnis- und Erfahrungszeit zur Darstellung gebracht werden
kann (vgl. Danto 1974; Koselleck/Stempel 1990; Lämmert 1993). Damit eröffnet das Erzählen eine charakteristische Perspektive auf den Menschen und sein Dasein: Der Mensch
und sein Dasein werden (im Kleinen wie im Großen) als geschichtliche Phänomene in den
Blick genommen. Erzählen ist deshalb die sprachliche Form, in der das Leben als biogra-

phische Entwicklung und Identität als biographische Entwicklungsidentität dargestellt werden können. Im autobiographischen Erzählen transzendiert der Mensch die Unmittelbarkeit seines Daseins im Hier und Jetzt, geht auf Distanz zu sich und seinem Leben und stellt darüber überhaupt erst eine Beziehung zu sich und seinem Leben her. Zugleich tritt er in Beziehung zur sozialen Umwelt seiner Mitmenschen als den expliziten oder auch impliziten Adressaten der Erzählung und trägt zur Erzeugung und Aufrechterhaltung einer gemeinsamen soziokulturellen Lebenswelt bei.[4]

Die Identität des Menschen gründet sich auf der den Menschen auszeichnenden Fähigkeit zur Selbstreflexivität, der Fähigkeit also, sich zum Objekt seiner selbst machen und sich dabei aus unterschiedlichen Perspektiven betrachten zu können (vgl. Mead 1968; Plessner 1970; Engelhardt 1990). Auf dieser Grundlage vollzieht sich die Entwicklung und Aufrechterhaltung der personalen Identität als zeitlich-biographische Vermittlung zwischen der Vergangenheit, der Gegenwart und der Zukunft der Person (zeitlich-biographisches Selbstverhältnis), als Vermittlung zwischen den verschiedenen Instanzen der Person (psychisch-leibliches Selbstverhältnis) und als Vermittlung zwischen der Person und ihrer sozialen Umwelt (soziales Selbst-Umwelt-Verhältnis). Diese Prozesse der Entwicklung und Aufrechterhaltung der Identität sind eng miteinander verknüpft. Die zeitlich-biographische Identitätsvermittlung kann in den Hintergrund gerückt werden, wenn die aktuelle oder die strukturelle personale Identität hervorgehoben werden. Sie tritt in den Vordergrund, wenn es um die biographische Entwicklungsidentität geht. Diese Dimensionen werden in allen einschlägigen Identitätstheorien (in unterschiedlicher Gewichtung und mit unterschiedlicher Begrifflichkeit) als grundlegende Voraussetzungen der Identität des Menschen hervorgehoben (Engelhardt 1990), was auch für jene Ansätze gilt, die sich kritisch mit den klassischen Identitätskonzepten auseinandersetzen (Keupp et al. 2002; Straub/Renn 2002).

Bei eingehender Betrachtung des autobiographischen Erzählens wird deutlich, dass hier genau diese grundlegenden Dimensionen personaler Identität wirksam sind (vgl. Engelhardt 1990). Im lebensgeschichtlichen Erzählen macht der Mensch sich zum Objekt seiner selbst und vollzieht auf dieser Grundlage die zeitlich-biographische Identitätsvermittlung zwischen seiner Gegenwart, seiner Vergangenheit und seiner Zukunft im zeitlich-biographischen Selbstverhältnis, was einhergeht mit der Identitätsvermittlung zwischen den verschiedenen Instanzen seiner Person im psychisch-leiblichen Selbstverhältnis und der Identitätsvermittlung zwischen sich und seiner sozialen Umwelt im sozialen Selbst-Umwelt-Verhältnis. Wegen dieser Charakteristik ist das autobiographische Erzählen von zentraler Bedeutung für die Identität des Menschen. Die personale Identität finden hier als narrative Identität ihre Erfahrungs-, Ausdrucks- und Darstellungsform.

Die in jeder Selbstaussage (etwa „Ich bin ein fauler Mensch") enthaltene Doppelung der Person in das Ich, das (als Subjekt) eine Aussage macht und sich zuhört und das Ich, über das (als Objekt) die Aussage gemacht wird, entfaltet sich im lebensgeschichtlichen Erzählen zur zeitlich-biographischen Doppelung in das erzählende Ich der Gegenwart und das erinnerte (und erzählte) Ich der Vergangenheit. (Die Zukunft bleibt hier wegen der Konzentration der weiteren Erörterung auf das vergangenheitsbezogene autobiographische Erzäh-

---

[4] Zur Struktur des autobiographischen Erzählens vgl. Rehbein (1980), Schütze (1984), Engelhardt (1990), Linde (1993), Rosenthal (1995), Bruner (1997), Lucius-Hoene/Deppermann (2002).

len unberücksichtigt.[5]) Das Gegenwarts-Ich und das Vergangenheits-Ich sind durch die biographische Zeit (und die damit einhergehenden Differenzen der Erfahrungs- und Lebenssituation und durch die Entwicklung der Person) voneinander unterschieden. Zugleich sind sie miteinander verbunden. Zum einen führt eine Entwicklungslinie vom Vergangenheits-Ich zum Gegenwarts-Ich, über die die Vergangenheitserfahrungen in das Gegenwarts-Ich eingegangen sind – die Vergangenheit als Ausganspunkt der Gegenwart. Zum anderen führt in umgekehrter Richtung eine Verbindung vom Gegenwarts-Ich zum Vergangenheits-Ich, indem das Gegenwarts-Ich sich erinnernd und erzählend seinem Vergangenheits-Ich zuwendet – die Gegenwart als Ausgangspunkt für die Aneignung der Vergangenheit. So erfolgt im (rückblickenden) lebensgeschichtlichen Erzählen die biographische Identitätsvermittlung zwischen dem Gegenwarts-Ich und dem Vergangenheits-Ich als zeitlich-biographisches Selbstverhältnis, in der das Was und Wie des Erinnerten und Erzählten auf unterschiedliche Weise gestaltet werden.

Diese Vermittlung zwischen Gegenwarts-Ich und Vergangenheits-Ich ist zugleich eine Vermittlung zwischen den psychisch-leiblichen Instanzen der Person.[6] Die Vergangenheitserfahrungen sind in dem erzählenden Ich der Gegenwart mit unterschiedlichen emotionalen Besetzungen und moralischen Bewertungen und in unterschiedlichen Graden der Bewusstheit abgelagert. Der im Erzählen vorausgesetzte und durch ihn zugleich freigesetzte Erinnerungsfluss kann mit unterschiedlicher Leichtigkeit die vergangenen Erfahrungen vergegenwärtigen und ist von negativen und positiven Emotionen begleitet. Dabei wirken Selbstentwurf, Ich-Ideal und Gewissen und die mit ihnen verknüpften Identifikationen als Auswahl- und Bewertungsinstanzen auf die Vorgänge des Erinnerns und Erzählens ein. Erinnern und Erzählen sind von nicht selten widerstreitenden Strebungen, Beurteilungen und Kontrollen der erzählenden Person begleitet. In bewussten und nicht bewussten Prozessen, in die auch körperliche Reaktionen eingeschlossen sind, erfolgt hierbei eine Auseinandersetzung darüber, was von den mit Stolz und Scham, Glück und Leid verbundenen Vergangenheitserfahrungen vergessen bleibt und erinnert wird und was auf welche Weise in den Bereich des expliziten Erzählens gelangt. So ist die Identitätsvermittlung zwischen Gegenwarts-Ich und Vergangenheits-Ich zugleich die Identitätsvermittlung zwischen den verschiedenen Instanzen der Person in ihrem psychisch-leiblichen Selbstverhältnis. Diese Vermittlung geht einher mit einer Vermittlung zwischen Person und sozialer Umwelt. Das lebensgeschichtliche Erzählen ist stets (auch in der Form des einsamen Selbst-Dialogs) auf einen Adressaten bezogen, der die Perspektive des allgemeinen und signifikanten Anderen (vgl. Mead 1968) repräsentiert, in der sich die erzählende Person wahrnimmt und auf die hin sie sich zur Darstellung bringen will. Diese Ausrichtung des biographischen Erzählens auf soziale Kontex-

---

[5] Der Zukunftsbezug ist natürlich im biographischen Erzählen und für die biographische Identität generell von Bedeutung, auch dann wenn er in dem rückerinnernden Erzählen nicht explizit angesprochen wird. Denn ebenso wie die erzählende Vergegenwärtigung der Vergangenheit von der Gegenwart des Erzählenden bestimmt ist, wird sie auch durch die erwartete Zukunft beeinflusst. Darauf kann hier nicht näher eingegangen werden.

[6] Es empfiehlt sich in diesem Zusammenhang von einer umfassenden Konzeption des menschlichen Gedächtnisses auszugehen, das den Leib-Körper und die Psyche einschließt und in das alle menschliche Erfahrungen eingehen, die sich auf unterschiedliche Weise auf den Menschen und sein weiteres Leben auswirken (vgl. Schacter 2001).

te und (vorgestellte oder leiblich anwesende) soziale Andere schlägt sich in dem Was und Wie des Erzählten nieder. Dies vollzieht sich als Identitätsvermittlung zwischen der Person und der sozialen Umwelt in ihrem sozialen Selbst-Umwelt-Verhältnis.

Die drei Dimensionen der personalen Identitätsvermittlung gehen in das lebensgeschichtliche Erzählen auf doppelte Weise ein. Zum einen sind sie (wie gerade ausgeführt) Bestandteil des Vorgangs des Erzählens. Zum anderen sind sie im Erzählten enthalten und machen den Gegenstand der erzählerischen Darstellung aus. Jede lebensgeschichtliche Erzählung ist eine Erzählung von einer zeitlich-biographischen Erfahrung oder Entwicklung der Person (und sei dies auch nur eine Momentaufnahme oder nur ein Miniausschnitt), von ihrem psychisch-leiblichen Selbstverhältnis und ihren Sozialbeziehungen zu den Mitmenschen und ihrer Verortung in den sozialen Lebenskontexten[7]. Diese drei Dimensionen des menschlichen Seins werden in dem jeweiligen lebensgeschichtlichen Erzählen mit unterschiedlicher Gewichtung in den Fokus der Aufmerksamkeit gerückt oder im Hintergrund belassen. So bringt sich der Erzähler auf doppelte Weise narrativ zur Darstellung – im Vorgang des Erzählens und im Inhalt des Erzählten.

Die vorherrschende Form des lebensgeschichtlichen Erzählens bildet nicht die Großform der literarischen Autobiographie. Bestimmend sind die vielen (meist mündlichen) „small stories" die das Alltagsleben der Menschen weitgehend unauffällig und ganz selbstverständlich begleiten (vgl. Fuchs-Heinritz 2000; Ochs/Capps 2001; Engelhardt 2006). Bei besonderen Anlässen, existenziellen Lebensereignissen, Lebenskrisen und Übergängen im Lebenslauf erhält das lebensgeschichtliche Erzählen oft eine deutlicher hervorgehobene Ausgestaltung. Lebensgeschichtliches Erzählen kommt nur im Plural vor und nimmt sehr unterschiedliche Ausprägungen an.[8] Mal handelt es sich um eine Nahaufnahme (bei der Schilderung einer bedeutsamen Szene), mal um eine Totale (bei der übergreifende Lebenslinien, ganze Lebensabschnitte oder das ganze Leben in den Blick genommen werden), dazwischen liegen viele Zwischenformen. Lebensgeschichtliches Erzählen ist durch unterschiedliche Grade der Konkretisierung oder Abstraktion gekennzeichnet, enthält Verdichtungen und Zusammenfassungen, Rück- und Vorausblicke, folgt einem linearen Ablauf oder bearbeitet zyklisch, assoziativ und in Zeitsprüngen die Erfahrungen der Vergangenheit, konzentriert sich gezielt auf bestimmte Themen und Ereignisse, auf gerade Erlebtes oder weit Zurückliegendes. Jede einzelne Lebenserzählung ist mit vielen anderen (schon erzählten oder noch zu erzählenden) Erzählungen vernetzt, die in einem (immer irgendwie vorausgesetzten, aber nie vollständig erzählten und letztlich auch nicht erzählbaren) Gesamtzusammenhang des Lebens verortet sind. Das lebensgeschichtliche Erzählen ist begleitet von implizit bleibenden oder deutlich hervortretenden Emotionen, von Bewertungen und Rechtfertigungen, von der Suche nach Ursachen und Gründen, von dem Hadern mit der eigenen Geschichte oder dem Versuch einer Versöhnung mit ihr, von Kritik an sich und anderen, von Zweifeln an der Verlässlichkeit der eigenen Erinnerung oder deren Beteuerung,

---

[7]   Dieser Aspekt kann unterschiedlich weit ausgebaut sein. Es können die Biographien anderer Personen, auch die Geschichte von Kollektiven (Verwandtschaft, Familie, Ortsgesellschaften, Betriebsgemeinschaften, politische Bewegungen) und schließlich auch die Gesellschaftsgeschichte einbezogen sein. Zum Zusammenhang von Lebensgeschichte und Gesellschaftsgeschichte vgl. Niedhammer (1983), Bude (1987), Pollak (1988), Bredel (1999), Rosenthal (1990), Engelhardt (2001, 2005).

[8]   Vgl. zur Abhängigkeit des lebensgeschichtlichen Erzählens von Anlass, sozialer Situation und Gegenüber Ehlich (1980), Fuchs-Heinritz (2000: 13), Lucius-Hoene/Depperman (2002: 32 ff.).

kurz von einem Diskurs, der deutlich in den Vordergrund treten kann oder gänzlich in den Hintergrund gerückt wird.[9] Das lebensgeschichtliche Erzählen nimmt eine unterschiedliche Ausprägung innerhalb der verschiedenen soziokulturellen Milieus an und weist geschlechts- und generationsspezifische Unterschiede auf (vgl. Engelhardt 1996, 1997).

Die Pluralität und der Wechsel des biographischen Erzählens sind zum einen bedingt durch die Pluralität der sozialen Situationen und Interaktionspartner, die für den ausdifferenzierten Lebenszusammenhang des modernen Menschen charakteristisch ist und aus der sich die unterschiedlichen Anlässe und Kontexte des Erzählens ergeben. Sie gehen zum anderen aus der Dynamik der modernen Biographie hervor, die es notwendig macht, dass das Leben immer wieder neu erzählerisch vergegenwärtigt, verarbeitet, geordnet und dargestellt werden muss.[10] Eine besondere Bedeutung gewinnt das lebensgeschichtliche Erzählen bei der Verarbeitung traumaischer Erfahrungen (vgl. Engelhardt 2010), beim Einbruch historischer Großereignisse in den Lebenszusammenhang der Menschen, bei Krieg, Flucht und Vertreibung (vgl. Engelhardt 2001, 2005) und bei Migration (vgl. Engelhardt 2006).

Im Rückgriff auf die bisherigen Ausführungen und im Vorgriff auf die nachfolgende Darstellung lässt sich Folgendes feststellen. Mit der hier vorgetragenen Konzeption des biographischen Erzählens und der narrativen Identität wird ein Zugang zur personalen Identität des Menschen eröffnet, der zum einen anschlussfähig ist an die klassischen Theorien personaler Identität und zum anderen die berechtigte Kritik an einfachen Identitätsvorstellungen aufgreift. Die ausgeprägte Entwicklungsdynamik in der psychosozialen Zeit der Biographie, die spannungsreiche Dynamik im psychisch-leiblichen Selbstverhältnis und die verstärkte soziale und kulturelle Ausdifferenzierung im soziokulturellen Raum der Lebenswelt stellen zentrale Aspekte der Existenz des modernen Menschen dar, die in seine personale Identität eingehen und die auch die jüngere kritische Debatte um die Identitätskonzepte ausgelöst haben. Diese Konstellation der modernen Existenz wird in der biographischen Narration bearbeitet, über die sich der Mensch immer wieder neu rück- und vorausblickend seine Geschichte aneignet, sich mit der psychisch-leiblichen Dynamik seiner Person auseinandersetzt und sich auf unterschiedliche Weise in wechselnde kulturellen Milieus, Lebenssituationen und Rollen als plurale Identität zur Darstellung bringt. Im Vorgang des Erzählens und im Inhalt des Erzählten wird deutlich, dass die für das Subjekt der Moderne unterstellte Autonomie durch die jeweils vorangegangene Geschichte der Person, durch die psychisch-leibliche Dynamik der Person und durch die sozialen Umweltbedingungen und Interaktionsbeziehungen der Person begrenzt ist und sich nur unter diesen Voraussetzungen und Bedingungen entwickeln kann. Kontinuität und Diskontinuität in der biographischen Zeit, Konsistenz und Inkonsistenz im psychisch-leiblichen Selbstverhältnis und im sozialen Außenverhältnis, Autonomie und Heteronomie, Einheit und Vielheit, Sich-Vertraut-Sein und Sich-Fremd-Sein bilden die zentralen Oppositionen, die die ältere und vor allem die jüngere Debatte um Identitätskonzepte und die Kritik an ihnen beherrschen. Sie gehen in das lebensgeschichtliche Erzählen der Menschen ein und werden dort im Erzählvorgang

---

[9] Zur Variationsbreite von Grundmustern des mündlichen autobiographischen Erzählens vgl. Engelhardt (1990).

[10] Zum Wandel biographischen Erinnerns und Erzählens in der Biographie vgl. Polkinghorne (1991), Linde (1993), McAdams (1996), Kotre (1998), Welzer (2002), Engelhardt (2006).

und im Inhalt des Erzählten auf recht unterschiedliche Weise aufgegriffen und behandelt. Darin kommen unterschiedliche Versionen personaler Identität als narrative Identität zur Darstellung (was auch, wie später noch zu zeigen sein wird, das Ausbleiben der narrativen Selbstdarstellung einschließt), über deren empirische Verbreitung und normative Berechtigung sich die Theoretiker der Identität streiten.

5.   Die Entwicklung der Fähigkeit zum lebensgeschichtlichen Erzählen

Die Fähigkeit zum lebensgeschichtlichen Erzählen, in der die rein sprachliche Ausdrucksfähigkeit eine wichtige Komponente bildet, die aber weit darüber hinaus geht, stellt eine überaus wichtige psychosoziale Fähigkeit des Menschen dar, und zwar im Hinblick auf das Verhältnis des Menschen zu sich selbst und im Hinblick auf das Verhältnis des Menschen zu seinen Mitmenschen. Die Kompetenz des lebensgeschichtlichen Erzählens wird auf kulturspezifische Weise in der Kindheit und im Jugendalter erworben und in den nachfolgenden Lebensphasen weiter ausgestaltet.[11] Das Kind wächst in einer kulturspezifischen Erinnerungs- und Erzählgemeinschaft auf, die ganz entscheidend für die Entwicklung seiner aktiven und rezeptiven narrativen Kompetenz und seines biographischen Bewusstseins ist. Mit der Entwicklung des Zeitbewusstseins und der Entwicklung der Sprachfähigkeit wird das Kind zunehmend in die Erinnerungs- und Erzählgemeinschaft der Familie (die später durch die Schule und den insgesamt erweiterten Lebensumkreis ausgeweitet wird) einbezogen und nimmt an dem „memory talking" (Nelson) und „conversional rembering" (Middleton/ Edwards 1990) der Familie teil. So erwacht mit der ersten Ich-Werdung und der Herausbildung der Identität in der frühen Kindheit das (auf die eigene Person und andere Personen bezogene) biographische Bewusstsein parallel zu der sich entwickelnden Fähigkeit zum lebensgeschichtlichen Erzählen.

Bei der Entwicklung der Kompetenz des lebensgeschichtlichen Erzählens stellt das Erlernen des Unterschieds zwischen „Phantasiegeschichten" und „Wirklichkeitserzählungen" (Klein/Martínez 2009), dem das lebensgeschichtliche Erzählen zuzuordnen ist, einen wichtigen Schritt dar, was für phantasiebegabte Kinder nicht immer ganz einfach ist. Allmählich richtet sich im Zuge der personalen Entwicklung des Kindes auch eine innere Kontrollinstanz auf, so dass das Kind entscheiden kann, ob es etwas erzählt oder bei sich behält und was es wem erzählt. Eng mit dieser Entwicklung verbunden entsteht allmählich auch ein Bewusstsein von der Differenz zwischen dem gelebten Leben und den Erzählungen über das Leben. Im Zusammenhang mit der zweiten Ich-Werdung und der Identitätsentwicklung während der Adoleszenz erfolgen weitere wichtige Schritte in der Ausgestaltung der Fähigkeit zum lebensgeschichtlichen Erzählen.

Mit dem Übergang in das junge Erwachsenenalter hat sich dann in der Regel die Fähigkeit zum differenzierten biographischen Erzählen als eine wichtige Komponente der psychosozialen Kompetenz des Menschen im Umgang mit sich selbst und im Umgang mit den Personen seiner sozialen Umwelt herausgebildet. Diese Fähigkeit erlaubt es, dass das

---

[11]   Zur Entwicklung des biographischen Gedächtnisses und des biographischen Erzählens vgl. Kotre (1998: 152 ff.), Bouecke et al. (1995), Nelson (1993, 1996), Bruner (1997, 2002), Straub (2000), Wolf (2001), Welzer (2002: 91 ff.).

Was und Wie des Erzählens (in der dreifachen Identitätsvermittlung im biographischen Selbstverhältnis, im psychisch-leiblichen Selbstverhältnis und im sozialen Selbst-Umwelt-Verhältnis) mehr oder minder kontrolliert auf den jeweiligen Anlass, die jeweilige soziale Situation und das jeweilige soziale Gegenüber ausgerichtet werden kann. Zur entwickelten kulturellen Kompetenz einer erwachsenen Person gehört es, dass sie das Was und Wie ihres lebensgeschichtlichen Erzählens unterschiedlich ausgestalten kann, je nachdem, ob sie auf einen Fremden im Flugzeug trifft, ob sie sich in einem Bewerbungsgespräch befindet, ob sie mit ihrem Therapeuten spricht, ob sie die Eltern als Gegenüber hat, ob sie mit ihrem Liebespartner zusammen ist oder im Zwiegespräch mit sich alleine ist. Diese Fähigkeit zur unterschiedlichen Ausgestaltung des biographischen Erzählens gehört zur Fähigkeit der ausdifferenzierten und spezifizierten Artikulation und Darstellung von Identität. Sie gehört zur Pluralität der Identität, die das notwendige personale Gegenstück zu dem ausdifferenzierten Lebenszusammenhang des Menschen in der Moderne bildet (vgl. Welsch 1993; Keupp et al. 2002; Schimank 2002).

6.   Gelebtes und erzähltes Leben

Das lebensgeschichtliche Erzählen nimmt ein spezifisches Verhältnis zum gelebten Leben ein. Dieses Verhältnis ist in den bisherigen Ausführungen durchgehend behandelt worden, bedarf aber noch einer grundlegenderen Klärung. Das soll nun geschehen. Bei der Beschäftigung mit dem biographischen Erzählen ist von entscheidender Bedeutung, wie das Verhältnis zwischen dem gelebten Leben und der Lebenserzählung vorgestellt wird. Das gilt für das Alltagsleben, in dem wir es ständig mit diesem Verhältnis zu tun haben, und es gilt für die wissenschaftliche Auseinandersetzung mit dem biographischen Erzählen.

Mit einer gewissen Vereinfachung lassen sich in der wissenschaftlichen Beschäftigung mit dem Verhältnis von Leben und Erzählen zwei konträre Positionen unterscheiden. In der einen Position wird davon ausgegangen, dass das Leben eine narrative Struktur aufweist und in diesem Sinne schon die Form einer Geschichte annimmt (vgl. Schapp 1957; Carr 1986; MacIntyre 1995). Deshalb ist auch das Erzählen der geeignete sprachliche Modus, um das Leben und die eigene Person sich selbst und anderen Personen gegenüber darzustellen und verständlich zu machen. In der anderen Position wird davon ausgegangen, dass erst im biographischen Erzählen die Zusammenhänge hergestellt und die Geschichte des Lebens hervorgebracht werden (vgl. Mink 1978; White 1991; Dennet 1994). Dabei wird entweder über das Leben jenseits des Erzählens keine Aussage gemacht oder das Leben wird als ein unzusammenhängendes Chaos vorgestellt, das erst durch das Erzählen eine Strukturierung erhält. In der hier vorgetragenen Argumentation wird – ähnlich wie dies Ricœur tut[12] – eine Zwischenposition zwischen diesen beiden Postionen eingenommen.

---

[12]   Ricœur hat in seiner theoretischen Konzeption der dreifachen Mimesis eine Wechselbeziehung zwischen Leben und Erzählen entworfen. Das Leben ist durch prä-narrative Strukturen des Erlebens und Handelns gekennzeichnet (Memisis I, Präfiguration), an die die gestaltenden Akte der Narration anschließen können (Memisis II, Konfiguration). Über die Rezeption der Narrationen (Mimesis III, Refiguration) können diese wiederum in das Erleben und Handeln der Menschen eingehen, vgl. Ricœur (1988).

Der Mensch lebt seine Lebensgeschichte. Auf der biologischen Grundlage seines Seins, in der Bewältigung seiner Lebens- (oder auch Überlebens-)Aufgaben, im Zusammenspiel mit dem Leben der Mitmenschen, in Auseinandersetzung mit den soziokulturellen Voraussetzungen und Regelungen seiner Existenz gibt der Mensch durch seine Lebenspraxis seinem Leben eine Gestalt. Der Lebensvollzug ist Lebensgestaltung. Die Dramen des Lebens (von der Zeugung des Kindes über das bestandene Examen und den Verkehrsunfall bis zu Krieg, Flucht und Vertreibung) werden erst gelebt, ehe sie in einer nachträglichen Vergegenwärtigung erzählt werden können. Das als menschliche Erfahrung gelebte Leben ist durch eine Struktur gekennzeichnet, die eine Verwandtschaft mit der Struktur des Erzählens aufweist. Deshalb aber von einer vorgängigen narrativen Struktur des Lebens zu sprechen, beruht auf einem folgenschweren Kategorienfehler. Die Narration ist eine Erzählung und das Leben ist keine Erzählung. Im Erzählen erfolgt eine erinnernde Verarbeitung des gelebten Lebens und der dabei gemachten Erfahrungen, bei der Verknüpfungen, Strukturierungen und thematische Relevanzsetzungen vorgenommen werden. Das biographische Erzählen ist eine konstruktiv-rekonstruktive Verarbeitung, Gestaltung und Darstellung des gelebten Lebens.

Das Verhältnis von gelebtem Leben und lebensgeschichtlichem Erzählen ist gekennzeichnet durch Differenz, Referenz, Transformation und Interdependenz. Gelebtes und erzähltes Leben sind durch eine grundlegende Differenz voneinander geschieden. Das Leben wird gelebt und die Erzählung wird erzählt. Der Mord, die Liebesnacht, das Fußballspiel sind von den Erzählungen über diese Ereignisse und Erfahrungen deutlich unterschieden. Der Lebensvollzug und die Lebenserzählung sind eigenständige Wirklichkeitsbereiche, die gleichwohl aufeinander bezogen sind. Für das biographische Erzählen bildet das gelebte Leben, das es in der sprachlichen Darstellung zu vergegenwärtigt gilt, die verbindliche Referenz. Diese Referenz ist verbunden mit der grundsätzlichen Möglichkeit einer Transformation, die es erlaubt, einerseits Gelebtes in Erzähltes zu überführen und andererseits zu überprüfen, ob das Erzählte das Gelebte angemessen wiedergibt. Diese verbindliche Referenz begründet den spezifischen Sinn des biographischen Erzählens (im Unterschied zu anderen Genres des Erzählens), der mit einer entsprechenden Verpflichtung des Erzählers und einer entsprechenden Erwartung des Zuhörers oder Lesers einhergeht, was Lejeune (1975) den „autobiographischen Pakt" genannt hat. Die grundlegende Differenz von Leben und lebensgeschichtlichem Erzählen steht allen Vorstellungen von einer einfachen Abbildung oder einfachen Repräsentanz der Lebensereignisse und Lebenserfahrungen in der sprachlichen Darstellung entgegen. Die Transformation von Lebensereignissen und Lebenserfahrungen in die Wirklichkeitsform des Erzählens ist ein überaus voraussetzungsvoller Verarbeitungs-, Gestaltungs- und Darstellungsvorgang. Die für das biographische Erzählen konstitutive verbindliche Referenz auf Lebensereignisse und Lebenserfahrungen grenzt dieses Erzählen grundsätzlich von dem fiktionalen Erzählen ab und ordnet es dem Bereich der „Wirklichkeitserzählungen" zu.

Gegen die Zuordnung des biographischen Erzählens zum Bereich der Wirklichkeitserzählungen wird vorgebracht, dass sich dieses Erzählen zum einen der sprachlich-ästhetischen Ausdrucksmittel bedient, die auch in fiktionalen Erzählungen verwendet werden und dass es zum anderen mit vielfältigen (mehr oder minder bewussten) Verzerrungen und Umdeutungen einhergeht und dass es zum dritten die bewusste und gezielte Erfindung einer (vom gelebten Leben abweichenden) Lebensgeschichte einschließen kann. Bei genauer Betrachtung zeigt sich, dass dies an der hier vertretenen Zuordnung nichts ändert. Die auch in fiktionalen Erzählungen verwendeten sprachlich-ästhetischen Ausdrucksmittel werden im biographischen Erzählen als Mittel eingesetzt, um das überaus schwierige Kunststück zu vollbringen, die Wirklichkeit der Ereignisse, des Erlebens und Handelns in die Wirklichkeit einer sprachlichen Darstellung zu transformieren und dabei Vergangenes zu vergegenwärtigen. Die damit einhergehenden Schwierigkeiten und Unsicherheiten, die Verzerrungen und Umdeutungen, die unbewusste und bewusste Lebenslüge setzen den Geltungsanspruch der verbindlichen und prinzipiell überprüfbaren (auch wenn dies faktisch oft nicht möglich ist) Referenz auf das gelebte Leben nicht außer Kraft. Nur vor dem Hintergrund dieses Geltungsanspruchs entsteht überhaupt erst (im Unterschied zu fiktionalen Erzählungen) die Problematik einer angemessenen erzählerischen Darstellung des vergangenen Lebens, mit der die erzählende Person konfrontiert ist und mit der sie sich im Erzählvorgang implizit, aber auch explizit auf unterschiedliche Weise auseinandersetzt. Das gilt ebenso für den Zuhörer und Leser, der unter der Voraussetzung, dass es sich um die Darstellung tatsächlich vorgekommener Ereignisse und tatsächlich gemachter Erfahrungen handelt, die biographische Erzählung aufnimmt und sie als glaubwürdig, weniger glaubwürdig oder als erfunden einschätzt. Dieser Geltungsanspruch ist vorausgesetzt, um überhaupt Verzerrungen, Umdeutungen, Unwahrscheinliches oder offensichtliche Lügen ausmachen zu können, Feststellungen, die bei fiktionalen Erzählungen unsinnig und unmöglich sind. Erst im Rahmen dieses Geltungsanspruchs kann von fiktionalen Zügen im lebensgeschichtlichen Erzählen gesprochen werden. Dabei ist allerdings immer zu berücksichtigen, dass sich wegen der grundlegenden Differenz zwischen Gelebtem und Erzähltem eine Orientierung an einem schlichten Abbild- und Repräsentationsverhältnis verbietet und dass es sich beim biographischen Erzählen um eine konstruktiv-rekonstruktive Verarbeitung, Gestaltung und Darstellung vergangener Ereignisse und Erfahrungen handelt.

Die Referenz des lebensgeschichtlichen Erzählens auf das gelebte Leben und die Transformation der Wirklichkeit des Gelebten in die Wirklichkeit des Erzählens stellen die eine Seite der Interdependenz zwischen Leben und Erzählen dar: Die Ereignis- und Erfahrungsgeschichte bildet den Stoff der Lebenserzählung und der narrativen Identitätsdarstellung. Die andere Seite der Interdependenz besteht darin, dass die Lebenserzählung und die damit erfolgte narrative Darstellung der biographischen Identität in einer umgekehrten Transformation wieder in die Wirklichkeit des Lebensvollzugs eingehen: Lebenserzählung und narrative Identitätsdarstellung bilden einen wichtigen Ausgangspunkt für die Gestaltung von Gegenwart und Zukunft. Diese Interdependenz macht den oben beschriebenen Zusammenhang zwischen Biographie als Lebensvollzug und Biographie als Lebenserzählung aus, der für die Biographie als Lebensform und für die biographische Identität konstitutiv ist.

7. Grenzen des lebensgeschichtlichen Erzählens

Zur Charakteristik des biographischen Erzählens gehören auch seine Grenzen, mit denen das Nicht-Erzählte und das Nicht-Erzählbare (vgl. Pollak 1988; Waldenfels 2002; Ryan 2005; Kraus 2007) aus der sprachlichen Darstellung ausgeschlossen sind. Vor dem Hintergrund der Ausführungen zum Verhältnis von Leben und Erzählen und unter Rückgriff auf die Ausführungen zur Struktur des biographischen Erzählens soll nun zum Abschluss dieses Artikels der Frage nach diesen Grenzen nachgegangen werden. Dabei muss manches noch einmal angesprochen werden, was in den vorangegangenen Abschnitten schon behandelt wurde.

Zunächst einmal muss man sich bewusst machen, dass das ganze Leben in seiner Totalität (im Hinblick auf Extension, Intensität und Vielschichtigkeit) nicht erzählt werden kann. In diesem Sinne ist der Mensch mit einer grundsätzlichen Nicht-Erzählbarkeit seines Lebens konfrontiert. Ein Erzählen des „Lebens an sich" ist nicht nur nicht möglich, sondern auch gänzlich unsinnig, weil es (im Lebensvollzug und in der reflexiven Zuwendung zu diesem) nie um das „Leben an sich" geht, und wer könnte schon sagen, was das ist, das „Leben an sich". Jedes lebensgeschichtliche Erzählen geht auf Distanz zum unmittelbaren Leben und ist ein selektiver und sinnsetzender Vorgang der Verarbeitung und Darstellung des unmittelbaren Lebens. Das Erzählen grenzt ein und damit zugleich aus, es setzt thematische und zeitliche Schwerpunkte, rückt Nebensächliches in den Hintergrund, arbeitet mit Auslassungen, mit unterschiedlichen Graden der Detaillierung, mit Verdichtungen, Zusammenfassungen und Verallgemeinerungen. So gehört zu jeder Lebenserzählung als notwendiges Gegenstück ein Universum des Nicht-Erzählten.

Die jeweilige Ausgestaltung des Erzählens, die über das Was und Wie des Erzählten immer zugleich auch das Nichterzählte ausgrenzt, ist abhängig (wie dargelegt wurde) von der situationsspezifischen Vermittlung zwischen Gegenwarts-Ich und Vergangenheits-Ich im zeitlich-biographischen Selbstverhältnis, zwischen den verschiedenen Instanzen der Person im psychisch-leiblichen Selbstverhältnis und zwischen Person und Gegenüber im sozialen Selbst-Umwelt-Verhältnis. Das lebensgeschichtliche Erzählen wird gesteuert durch spezifische Normen, die das Erzählwürdige und das Erzählnotwendige von dem Nicht-Erzählenswerten und Nicht-Erzählbaren abheben und die mit Scham-, Peinlichkeits- und Schicklichkeitsgrenzen des Erzählbaren verbunden sind. Diese (in starkem Maße kulturspezifischen) Normen wirken als innere Kontrollen der erzählenden Person und als äußere Kontrollen des sozialen Umfelds auf das Erzählen ein. Sie sorgen dafür, dass das Was und Wie des Erzählten und das Ausblenden des Nicht-Erzählten an den jeweiligen Anlass, an die jeweilige Situation und an das jeweilige Gegenüber angepasst werden. Die Erzählnormen dienen als Selbstschutz des Erzählers vor ungewollter Selbstoffenbarung und Selbstentblößung, sichern seine Integrität und sind Teil seines „Identitätsmanagements" (Goffman 1967) im Umgang mit anderen Personen. Sie dienen zugleich auch als Schutz des sozialen Gegenübers vor ungewollten Bekenntnissen, vor Peinlichkeiten und ungewollter Nähe. Diese Erzählnormen können aber auch in Verbindung mit einer entsprechenden generellen Beschränkung der Erzählfähigkeit zum einengenden Gefängnis werden, wodurch Selbsterfahrung und Selbstreflexion und die Beziehung zu den Mitmenschen in starkem Maße beeinträchtigt und behindert werden.

Das biographische Erzählen ist von einer Dynamik geprägt, die den impliziten oder auch expliziten Erzählnormen folgt, sie aber auch immer wieder durchbricht. Diese Dynamik steht in einer engen Wechselbeziehung zur eigenwilligen Dynamik des Gedächtnisses: Zum einen treibt das Erinnern den Vorgang des Erzählens an, zum anderen ruft der Vorgang des Erzählens das Erinnern hervor. Die Dynamik des Erzählens, mit der die Grenzen zwischen Erzähltem und Nicht-Erzähltem und zwischen Erzählbarem und Nicht-Erzählbarem gezogen werden, ist (ebenso wie die Dynamik des Gedächtnisses) nur teilweise einer bewussten Beeinflussung zugänglich. So entziehen sich bedeutsame Vergangenheitserfahrungen hartnäckig einer sprachlichen Vergegenwärtigung. Das Vergangenheits-Ich mit seinen Erfahrungen ist dem Gegenwarts-Ich nur teilweise zugänglich, sperrt sich gegen die Versuche einer widerbelebenden Vergegenwärtigung. An den Grenzen des Erinner- und Erzählbaren erfährt der Mensch die Grenzen der Verfügbarkeit über seine eigene Vergangenheit. Selbstentwurf, Ich-Ideal, Gewissen und Stolz, das Interesse, sein Gesicht und sein positives Selbstbild der Umwelt gegenüber zu bewahren, richten (wie schon angesprochen wurde) Schranken des Erinnerns und Erzählens auf und modifizieren das Erinnerte und Erzählte, ein Vorgang, den Friedrich Nietzsche treffend so beschrieben hat (1969: 625): „‚Das habe ich getan' – sagt mein Gedächtnis. ‚Das kann ich nicht getan haben' sagt mein Stolz und bleibt unerbittlich. Endlich – gibt das Gedächtnis nach."

Ebenso besteht aber auch eine gegenläufige Tendenz. Im Erzählen werden längst vergessen geglaubte oder verdrängte Ereignisse und Erfahrungen wieder wachgerufen, indem sich das Vergangenheits-Ich mit seinen Erfahrungen spontan und scheinbar ohne Zutun des Erzählers zu Wort meldet, diesen in Erstaunen versetzt und die Vorstellungen seiner selbst erweitert. Je mehr im Erzählen der Erinnerungsfluss freigesetzt wird, desto eher wird das Erzählen zu einer Reise ins Ungewisse und Unbekannte der eigenen Vergangenheit und der eigenen Person. Dabei werden gerade auch solche Ereignisse und Verhaltensweisen wachgerufen und (zum Teil ungewollt) ausgesprochen, die dem positiven Selbstentwurf und der moralischen Selbstvorstellung widersprechen, so dass der Erzähler sich plötzlich fremd wird und sich zur Modifikation seines Selbstbilds veranlasst sieht.

Die Selbstbehauptung und der Schutz vor Kontrolle und Überwachung durch gesellschaftliche und staatliche Instanzen und im privaten Leben begründen die Notwendigkeit, sich dem Erzählgebot, dem sich der moderne Mensch als „Geständnistier" (Foucault 1977: 77) ständig ausgesetzt sieht, zu entziehen und selbstbestimmte Grenzen des Erzählens zu setzen. Das Interesse, eine diskriminierende biographische Vergangenheit geheim zu halten, um sich den daraus resultierenden privaten, politischen und strafrechtlichen Folgen zu entziehen, begrenzt und lenkt das Erzählen. Das Bestreben, sich in einem allgemeineren Sinne aus den einengenden Fesseln der Vergangenheit zu lösen und dem Sog der Vergangenheit zu entgehen, um sich eine erweiterte biographische Zukunft und eine erweiterte Perspektive für die eigene Identität zu eröffnen, kann die Bereitschaft zum lebensgeschichtlichen Erzählen beschränken. Die Vergangenheit soll ruhen und nicht Gegenwart und Zukunft beherrschen. Umgekehrt kann gerade das biographische Erzählen zu einer Befreiung aus den Verstrickungen in die Vergangenheit beitragen, weil die halb- und unbewusste Wirkmacht der Vergangenheit auf Gegenwart und Zukunft erst in ihrer erzählerischen Vergegenwärtigung und Bearbeitung begriffen und gebrochen werden kann.

Jedes lebensgeschichtliche Erzählen hat die grundsätzliche Schwierigkeit zu bewältigen, Erlebtes in den sprachlichen Ausdruck des Erzählens zu transformieren, was als Grenze der Erzählbarkeit mit unterschiedlicher Deutlichkeit bewusst erfahren wird. Das biographische Erzählen fällt umso leichter, wie es sich an konventionellen Mustern des Lebenslaufs und der Lebensereignisse orientieren und sich eingeschliffener Sprachmuster bedienen kann. Mit dem Vordringen in den Bereich der intensiven Erfahrungsgeschichte und dem Versuch, diese genau wiederzugeben, beginnt die bewusste Konfrontation mit den Schwierigkeiten des Erzählens und mit dem Nicht-Erzählbaren. Vor allem das Hochbedeutsame und Außergewöhnliche, die überwältigenden Erfahrungen des Glücks, der Krisen und des Schreckens, des Unvertrauten und Fremden, alles das, was sich von der Routine des Alltagslebens abgesetzt, sperrt sich gegen die einfache Versprachlichung, so dass der Mensch die beschränkten Möglichkeiten seines sprachlichen Ausdrucksvermögens deutlich erfährt. Das lässt ihn schweigen oder stammeln oder veranlasst ihn zu Äußerungen wie „Das lässt sich nicht in Worte fassen, das muss man selbst erlebt haben." Das treibt ihn aber auch an, seine Fähigkeit des lebensgeschichtlichen Erzählens weiterzuentwickeln.

Bei außergewöhnlichen und besonders herausgehobenen Erfahrungen kann ein Widerstand gegenüber dem Erzählen oder auch eine Art Erzählverbot wirksam werden, und zwar aus zwei gegensätzlichen Gründen. Handelt es sich um faszinierende und beglückende Erfahrungen, so kann sich eine Scheu oder eine Zurückhaltung gegenüber ihrer erzählerischen Wiedergabe einstellen oder geboten erscheinen, weil dies als Trivialisierung, Verrat und Entweihung dieser Erfahrungen empfunden wird. Das Kostbare und Heilige soll im Unausgesprochenen bewahrt bleiben. Handelt es sich um problematische Erfahrungen, so kann die Angst vor deren Wiederbelebung zur Vermeidung des Erzählens führen. Die schlimmen Erfahrungen sollen im Schweigen ausgelöscht werden.

Besonders belastende und traumatische Erfahrungen entziehen sich oft einer bewussten Vergegenwärtigung, während sie gleichzeitig die Betroffenen und deren Leben auf schwerwiegende Weise beeinträchtigen (vgl. Hausmann 2006; Engelhardt 2010). Das Verdrängen solcher Erfahrungen und deren Abspalten von dem biographischen Gedächtnis – Mechanismen, mit denen sich die überforderte Psyche zu schützen sucht – bewirken, dass sie gar nicht, schwer oder nur als unverbundene Erinnerungsfetzen vergegenwärtigt werden können. Dem Erzählen kommt bei dem Umgang mit derartigen belastenden und traumatischen Erfahrungen eine ambivalente Rolle zu. Zum einen kann das Erzählen mit seiner das Erinnern freisetzenden Kraft einen Zugang zu den ausgegrenzten und abgekapselten Erfahrungen eröffnen und in der – von Freud (1963) entworfenen – Triade von Erinnern, Wiederholen und Durcharbeiten eine Heilung von den krankmachenden Folgen einleiten. Darin kommt die generell befreiende Macht des lebensgeschichtlichen Erzählens zum Ausdruck. Zum anderen kann das mit dem erinnernden Erzählen einhergehende Wiederbeleben der schlimmen Erfahrungen eine gefährliche Retraumatisierung der Betroffenen hervorrufen. Das verweist auf die generelle Schutzfunktion der Grenzziehung des Erzählten und Erzählbaren. Angesichts dieser Ambivalenz (und der Einsicht in die Schutzfunktion von Verdrängung und Abspaltung) wird in der neueren Traumatherapie nicht mehr in jedem Fall auf das wiederbelebende biographische Erzählen als Mittel der Heilung gesetzt, wie das früher sehr verbreitet war. Ob und wann dieses Mittel eingesetzt wird, wird von dem Trauma, der Gesamtsituation der Betroffenen und ihrer Belastbarkeit abhängig gemacht.

8. Schluss

Die vorangegangenen Ausführungen haben die grundlegende Bedeutung des biographischen Erzählens für den einzelnen Menschen und für die intersubjektive soziokulturelle Lebenswelt herausgearbeitet. In der für die Moderne charakteristischen Lebensform der Biographie bilden Biographie als Lebensvollzug und Biographie als Lebenserzählung zwei notwendig aufeinander bezogene Aspekte. Damit gewinnt auch die biographische Identität, die als narrative Identität zur Darstellung kommt, eine herausragende Bedeutung für die Menschen und ihr Zusammenleben.

Der Mensch ist Objekt lebensgeschichtlichen Erzählens, indem über ihn Geschichten erzählt werden. Und er ist Subjekt lebensgeschichtlichen Erzählens, indem er über andere Personen Geschichten erzählt. Im autobiographischen Erzählen ist der Menschen zugleich Subjekt und Objekt seines Erzählens, worin die den Menschen auszeichnende Fähigkeit zur Selbstreflexivität zur Anwendung kommt. Auf dieser Grundlage vollzieht sich das autobiographische Erzählen als Identitätsvermittlung zwischen Gegenwarts-Ich und Vergangenheits-Ich im zeitlich-biographischen Selbstverhältnis, in die die Identitätsvermittlung zwischen den verschiedenen Instanzen der Person im psychisch-leiblichen Selbstverhältnis und die Identitätsvermittlung zwischen Person und sozialem Gegenüber im sozialen Selbst-Umweltverhältnis eingebunden sind. In dieser dreifachen Vermittlung erfolgt im lebensgeschichtlichen Erzählen eine erinnernde Verarbeitung, Gestaltung und Darstellung gelebten Lebens. Das autobiographische Erzählen kommt nur im Plural vor und nimmt dabei sehr unterschiedliche Ausprägungen an.

In der Kindheit und im Jugendalter werden die grundlegenden kulturellen Fähigkeiten zum lebensgeschichtlichen Erzählen erworben, was einhergeht mit der Entwicklung einer biographischen Identität und der Ausgestaltung der biographischen Lebensform. Die Entwicklung dieser kulturellen Fähigkeiten, die weit über ein rein sprachliches Ausdrucksvermögen hinausgehen und wichtige psychosoziale Kompetenzen im Umgang der Person mit sich selbst und im Umgang mit anderen Personen einschließen, ist abhängig von der jeweiligen Erzählkultur und der jeweiligen Kultur der Selbstwahrnehmung und Selbstdarstellung, in der die Kinder und Jugendlichen heranwachsen. Diese Fähigkeit können in schulischen und außerschulischen Lernprozessen gezielt gefördert werden. Diese in der Kindheit und Jugend entwickelten kulturellen Fähigkeiten des biographischen Erzählens werden in den nachfolgenden Lebensphasen angewendet und auch weiterentwickelt, sie können sich aber auch zurückbilden und verkümmern.

Für das lebensgeschichtliche Erzählen ist ein spezifisches Verhältnis zwischen gelebtem und erzähltem Leben bestimmend, das sich als Differenz, Referenz, Transformation und Interdependenz charakterisieren lässt. Das biographische Erzählen weist eine Vielzahl von Grenzen auf, mit denen das Nicht-Erzählte und das Nicht-Erzählbare ausgeschlossen sind. Diese Grenzen sind zum einen grundsätzlicher Natur, sie sind zum anderen notwendige Begleiterscheinung der immer erforderlichen Spezifikation des Erzählens, sie erfüllen zum dritten wichtige Schutzfunktionen. Darüber hinaus bedeuten sie viertens eine gravierende Beschränkung für die erzählende Person im Verhältnis zu sich selbst und ihrer eigenen Geschichte und im Verhältnis zu den Personen ihrer Umwelt. Bei der Entwicklung der kulturellen Fähigkeit des biographischen Erzählens geht es darum, dass der Mensch möglichst weitreichende Mittel erwirbt, um das überaus voraussetzungsvolle Kunststück zu vollbringen, Erlebtes in Erzähltes zu transformieren. Die Entwicklung der Fähigkeit zum lebensgeschichtlichen Erzählen muss auf eine möglichst weitgehende Ausweitung des Erzählbaren ausgerichtet sein und muss zugleich die Fähigkeit zum differenzierten Erzählen einschließen, mit der das Was und Wie des Erzählens auf den jeweiligen Anlass, die jeweilige Situation und das jeweilige Gegenüber ausgerichtet werden kann. Die zu entwickelnde Fähigkeit zum ausgeweiteten und differenzierten Erzählen ist mit der Fähigkeit zu verbinden, möglichst selbstbestimmt die Grenzziehung des Erzählten und Nicht-Erzählten vornehmen zu können – zum Schutz der eigenen Person und zum Schutz anderer Personen.

Eine entwickelte kulturelle Fähigkeit des differenzierten biographischen Erzählens schließt die Fähigkeit zum Schweigen, Verschweigen und Nicht-Erzählen ein. Sie umfasst die Fähigkeit, zwischen wahren, mehr oder minder erfundenen, gelogenen, beschönigenden, negativ verzerrenden und einer Vielzahl weiterer Varianten des Erzählens zu unterscheiden und sich dieser Möglichkeiten bedienen und zwischen ihnen entscheiden zu können. Hierzu gehört auch, sich der Unsicherheit und Manipulierbarkeit des eigenen Gedächtnisses und der Abhängigkeit des eigenen Erzählens von Scham, Eitelkeit etc. bewusst zu sein und dennoch nicht den Geltungsanspruch der verlässlichen Referenz auf die behandelten Lebensereignisse und Lebenserfahrungen aufzugeben. Schließlich gehört zu einer entwickelten kulturellen Kompetenz des biographischen Erzählens das Wissen um die Kulturabhängigkeit dieses Erzählens und der sie leitenden Normen des Erzählbaren und Nichterzählbaren, deren Nicht-Berücksichtigung zu vielfältigen Missverständnissen und ungewollten Verletzungen führen kann.

Literatur

Blumenberg, Hans (1996): Die Legitimität der Neuzeit. Frankfurt/Main: Suhrkamp.

Bouecke, Dietrich et al. (1995): Wie Kinder erzählen. Untersuchungen zur Erzähltheorie und zur Entwicklung narrativer Fähigkeiten. München: Fink.

Bredel, Ursula (1999): Erzählen im Umbruch. Studien zur narrativen Verarbeitung der „Wende" 1989. Tübingen: Stauffenburg.

Bruner, Jerome S. (1987): Life as Narrative. In: Social Reseach 54 (1), 11-32.

Ders. (1991): The Narrative Construction of Reality. In: Critical Inquiry 18 (1), 1-21.

Ders. (1997): Sinn, Kultur und Ich-Identität. Zur Kulturpsychologie des Sinns. Heidelberg: Auer.

Ders. (2002): Wie das Kind sprechen lernt. Bern: Huber.

Bude, Heinz (1987): Deutsche Karrieren. Lebenskonstruktionen sozialer Aufsteiger aus der Flakhelfergeneration. Frankfurt/Main: Suhrkamp.

Carr, David (1986): Time, Narrative, and History. Bloomington: Indiana Univ. Press.

Danto, Arthur C. (1974): Analytische Philosophie der Geschichte. Frankfurt/Main: Suhrkamp.

Dennet, Daniel C. (1994): Philosophie des menschlichen Bewußtseins. Hamburg: Hoffmann & Campe.

Dülmen, Richard van (1997): Die Entdeckung des Individuums. 1500-1800. Frankfurt/Main: Fischer.

Ehlich, Konrad (Hg.) (1980): Erzählen im Alltag. Frankfurt/Main: Suhrkamp.

Engelhardt, Michael v. (1990): Biographie und Identität. Die Rekonstruktion und Darstellung von Identität im mündlichen autobiographischen Erzählen. In: Sparn, Walter (Hg.): Wer schreibt meine Lebensgeschichte? Biographie, Autobiographie, Hagiographie und ihre Entstehungszusammenhänge. Gütersloh: Gütersloher Verl.-Haus, 197-247.

Ders. (1996): Geschlechtsspezifische Muster des mündlichen autobiographischen Erzählens im 20. Jahrhundert. In: Heuser, Magdalene (Hg.): Autobiographien von Frauen. Beiträge zu ihrer Geschichte. Tübingen: Niemeyer, 53-76.

Ders. (1997): Generation, Gedächtnis und Erzählen. Zur Bedeutung des lebensgeschichtlichen Erzählens im Generationenverhältnis. In: Liebau, Eckart (Hg.): Das Generationenverhältnis. Über das Zusammenleben in Familie und Gesellschaft. Weinheim & München: Juventa, 53-76.

Ders. (2001): Lebensgeschichte und Gesellschaftsgeschichte. Biographieverläufe von Heimatvertriebenen. München: Judicium.

Ders. (2005): Biografien deutscher Flüchtlinge und Vertriebener des Zweiten Weltkriegs. In: Stiftung Haus der Geschichte (Hg.): Flucht, Vertreibung, Integration. Bielefeld: Kerber, 14-21.

Ders. (2006): Biographie und Narration. Zur Transkulturalität von Leben und Erzählen. In: Göhlich, Michael et al. (Hg.): Transkulturalität und Pädagogik. Weinheim & München: Juventa, 95-120.

Ders. (2010): Biographie und Trauma. In: Liebau, Eckart/Zirfas, Jörg (Hg.): Dramen der Moderne. Kontingenz und Tragik im Zeitalter der Freiheit. Bielefeld: transcript, 201-229.

Foucault, Michel (1977): Sexualität und Wahrheit. Bd. 1. Der Wille zum Wissen. Frankfurt/Main: Suhrkamp.

Freud, Sigmund (1963): Erinnern, Wiederholen und Durcharbeiten. In. Ders.: Gesammelte Werke. Bd. 10. Frankfurt/Main: Fischer, 126-136.

Fuchs-Heinritz, Werner (2000): Biographische Forschung. Eine Einführung in Praxis und Methoden. Opladen: Westdeutscher Verlag.

Goffman, Erving (1967): Stigma. Über Techniken der Bewältigung beschädigter Identität. Frankfurt/Main: Suhrkamp.

Habermas, Jürgen (1985): Der Philosophische Diskurs der Moderne. Zwölf Vorlesungen, Frankfurt/Main: Suhrkamp.

Hahn, Alois (1987): Identität und Selbstthematisierung. In: Ders./Kapp, Volker (Hg.): Selbstthematisierung und Selbstzeugnis. Bekenntnis und Geständnis. Frankfurt/Main: Suhrkamp, 9-24.

Hausmann, Clemens (2006): Einführung in die Psychotraumatologie. Wien: Facultas.

Keupp, Heiner et al. (2002): Identitätskonstruktionen. Das Patchwork der Identitäten in der Spätmoderne. Reinbek bei Hamburg: Rowohlt.

Klein, Christian/Martínez, Matías (Hg.) (2009): Wirklichkeitserzählungen. Felder, Formen und Funktionen nicht-literarischen Erzählens. Stuttgart et al.: J. B. Metzler.

Kohli, Martin (1985): Die Institutionalisierung des Lebenslaufs. Historische Befunde und theoretische Argumente. In: Kölner Zeitschrift für Soziologie und Sozialpsychologie 37 (1), 1-29.

Koselleck, Reinhart (1984): Vergangene Zukunft. Zur Semantik geschichtlicher Zeiten. Frankfurt/Main : Suhrkamp.

Ders./Stempel, Wolf-Dieter (Hg.) (1990): Geschichte, Ereignis, Erzählung. München: Fink.

Kotre, John (1998): Der Strom der Erinnerung. Wie das Gedächtnis Lebensgeschichte schreibt. München: dtv.

Kraus, Wolfgang (2000): Das erzählte Selbst. Die narrative Konstruktion von Identität in der Spätmoderne. Herbolzheim: Centaurus.

Ders. (2007): Das narrative Selbst und die Virulenz des Nicht-Erzählten. In: Joisten, Karen (Hg.): Narrative Ethik. Das Gute und das Böse erzählen. Berlin: Akademie Verlag

Lämmert, Eberhard (1993[8]): Bauformen des Erzählen., Stuttgart: J. B. Metzler.

Lejeune, Philippe (1975): Le pacte autobiographique. Paris: Éd. du Seuil.

Linde, Charlotte (1993): Life Stories. The Creation of Coherence. New York: Oxford University Press.

Lucius-Hoene, Gabriele/Deppermann, Arnulf (2002): Rekonstruktion narrativer Identität. Ein Arbeitsbuch zur Analyse narrativer Interviews. Opladen: Leske + Budrich.

MacIntyre, Alasdair (1995): Der Verlust der Tugend. Zur moralischen Krise der Gegenwart. Frankfurt/Main: Suhrkamp.

McAdams, Dan P. (1996): Personality, Modernity, and the Storied Self. A Contemporary Framework for Studying Persons. In: Psychological Inquiry 7 (4), 295-321.

Mead, George H. (1968): Geist, Identität und Gesellschaft. Aus der Sicht des Sozialbehaviorismus. Frankfurt/Main: Suhrkamp.

Meuter, Norbert (1995): Narrative Identität. Das Problem der personalen Identität im Anschluss an Ernst Tugendhat, Niklas Luhmann und Paul Ricœur. Stuttgart: M & P.

Middleton, David/Edwards, Derek (1990): Memory Development from 4 to 7 Years. A Social Psychological Approach. In: Middleton, David/Edwards, Derek (Hg.): Collective Remembering. London et al.: Sage, 23-45.

Mink, Louis O. (1978): Narrative Form as a Cognitive Instrument. In: Canary, Robert H./Kozicki, Henry (Hg.): The Writing of History. Literary Form and Historical Understanding. Madison: Univ. of Wisconsin Press, 128-149.

Nelson, Katherine (1993): The Psychological and Social Origins of Autobiographical Memory. In: Psychological Science 13 (4), 1-8.

Dies. (1996): Memory Development from 4 to 7 Years. In: Sinnroff, Arnold J./Haith, Marshall M. (Hg.): The Five to Seven Years Shift. Chicago: University Of Chicago Press, 141-60.

Niethammer, Lutz (Hg.) (1983): „Die Jahre weiß man nicht, wo man die hinsetzen soll." Faschismuserfahrungen im Ruhrgebiet. Berlin et al.: Dietz.

Nietzsche, Friedrich (1969): Werke. Bd. III. Jenseits von Gut und Böse. Frankfurt/Main et al.: Ullstein.

Ochs, Elinor/Capps, Lisa (2001): Living Narrative. Creating Lives in Everyday Storytelling. Cambridge: Harvard University Press.

Plessner, Helmut (1970): Philosophische Anthropologie. Frankfurt/Main: Fischer.

Polkinghorne, Donald E. (1988): Narrative Knowing and the Human Sciences. New York: State University of New York Press.

Ders. (1991), Narrative and Self-concept. In: Journal of Narrative and Life History 1 (2/3), 135-153.

Pollak, Michael (1988): Die Grenzen des Sagbaren. Lebensgeschichten von KZ-Überlebenden als Augenzeugenberichte und als Identitätsarbeit. Frankfurt/Main et al.: Campus.

Rehbein, Jochen (1980): Biographisches Erzählen. In: Lämmert, Eberhard (Hg.): Erzählforschung. Ein Symposium. Stuttgart: J. B. Metzler, 51-73.

Ricœur, Paul (1988): Zeit und Erzählung. Bd. I. Zeit und historische Erzählung. München: Fink.

Ders. (1991a): Narrative Identity. In: Philosophy Today 35 (1), 73-81.

Ders. (1991b): Zeit und Erzählung. Bd. III. Die erzählte Zeit. München: Fink.

Rosenthal, Gabriele (1990): „Als der Krieg kam, hatte ich mit Hitler nichts mehr zu tun." Zur Gegenwärtigkeit des „Dritten Reiches" in Biographien. Opladen: Leske + Budrich.

Dies. (1995): Erlebte und erzählte Lebensgeschichte. Gestalt und Struktur biographischer Selbstbeschreibungen. Frankfurt/Main: Campus.

Ryan, Marie-Laure (2005): Tellability. In: Herman, David et al. (Eds): Routledge Encyclopedia of Narrative Theory. London: Routledge, 589–591.

Schacter Daniel L. (2001): Wir sind Erinnerung. Gedächtnis und Persönlichkeit. Reinbek bei Hamburg: Rowohlt.

Schapp, Wilhelm (1953): In Geschichten verstrickt. Zum Sein von Mensch und Ding. Hamburg: Meiner.

Scharfenberger, Stefan (2011): Narrative Identität im Horizont der Zeitlichkeit. Zu Paul Ricœurs „Zeit und Erzählung". Würzburg: Königshausen & Neumann.

Schimank, Uwe (2002): Das zwiespältige Individuum. Zum Person-Gesellschaft-Arrangement der Moderne. Opladen: Leske + Budrich.

Schütze, Fritz (1984): Kognitive Figuren des autobiographischen Stegreiferzählens. In: Kohli, Martin/Robert, Günther (Hg.): Biographie und soziale Wirklichkeit. Neue Beiträge und Forschungsperspektiven. Stuttgart: J. B. Metzler, 78-117.

Straub, Jürgen (1998): Erzählen, Identität und historisches Bewußtsein. Zur psychologischen Konstruktion von Zeit und Geschichte. Frankfurt/Main: Suhrkamp.

Ders. (2000): Biographische Sozialisation und narrative Kompetenz. Implikationen und Voraussetzungen lebensgeschichtlichen Denkens in der Sicht einer narrativen Psychologie. In: Hoerning, Erika M. (Hg.): Biographische Sozialisation. Stuttgart: Lucius & Lucius, 137-163.

Ders./Renn, Joachim (Hg.) (2002): Transitorische Identität. Der Prozesscharakter des modernen Selbst. Frankfurt/Main: Campus.

Thomä, Dieter (2007): Erzähle dich selbst. Frankfurt/Main: Suhrkamp.

Waldenfels, Bernhard (2002): Unerzählbares. In: Trinks, Jürgen (Hg.): Möglichkeiten und Grenzen der Narration. Wien: Turia & Kant, 19-37.

Welsch, Wolfgang (1993): ICH ist ein anderer. Auf dem Weg zum pluralen Subjekt? In: Reigber, Dieter (Hg.): Frauen-Welten. Marketing in der postmodernen Gesellschaft. Ein interdisziplinärer Forschungsansatz. Düsseldorf et al.: Econ, 282-318.

Welzer, Harald (2002): Das kommunikative Gedächtnis. Eine Theorie der Erinnerung. München: C. H. Beck.

White, Hayden (1991): Metahistory. Die historische Einbildungskraft im 19. Jahrhundert in Europa. Frankfurt/Main: Fischer.

Wolf, Dagmar (2001): Zur Ontogenese narrativer Kompetenz. In: Rüsen, Jörn (Hg.): Geschichtsbewusstsein. Psychologische Grundlagen. Entwicklungskonzepte, empirische Befunde. Köln et al.: Böhlau, 137-149.

Historisches Erzählen: Was es ist, soll und kann

Michele Barricelli

Die Relevanz

Es gibt keinen Bereich unserer Alltagspraxis, in dem nicht erzählt wird:[1] Mit Geschichten taxieren wir unser Tagewerk, regeln wir unsere Beziehungen, bestimmen wir unseren gesellschaftlichen Status, verbinden wir die existentiellen Punkte des Lebens, machen wir aus Geburt, Ausbildung, Elternschaft, Karriere, Krankheit, Tod etwas Zusammengehöriges, Einheitliches, das wir dann, jeder für sich, ‚mein Leben' nennen. Im Vollzug dieses Lebens werden wir unaufhörlich in Geschichten verwickelt: Die genutzte Automarke, die gebuchte Hotelkette sagen, oft geflissentlich zu Werbezwecken, etwas über Ursprünge und Ausbreitung einer Firma her, im Lieblingsrestaurant oder der bevorzugten Boutique folgt man abwechselnden Moden von Küche und Kleidung, Staat bzw. Verwaltung stellen sich in eine Tradition und verkünden zugleich Reformen. In all diesen Handlungen steckt verlaufende Zeit, Bewegung, Erzählung. „Nach der Natur der Erzählung zu fragen, fordert zur Reflexion über die Natur der Zivilisation und womöglich gar zur Reflexion über die Humanität selbst heraus", urteilte daher weise der große Erzähltheoretiker Hayden White (1990: 11). Dementsprechend befassen sich, wovon dieser Band Zeugnis ablegt, im Grunde alle geistes- und kulturwissenschaftlichen Disziplinen mit dem Erzählen. Das trifft, sofern es einen Bezug zu den allgemeinbildenden Fächern der Schule gibt, gleichermaßen auf die Fachdidaktiken zu. Auch hier ist Erzählkompetenz als fachliche und sprachlich-diskursive Zielsetzung allgegenwärtig. Erzählen als kulturelles, tiefgründig menschliches, dazu pädagogisch verwertbares Faktum und Zeichen immaterieller Arbeit ist damit heute augenscheinlich unumstritten.[2]

Die Funktion

So wird man allerdings nicht bedingungslos sagen können, dass das *Erzählen generell* irgendetwas für die Spezialisierung einer universitären Disziplin, ihren methodischen oder erkenntnistheoretischen Apparat zu leisten vermag. Wie gezeigt, ist es als ubiquitäre Praxis nicht einmal geeignet, einen Unterschied zwischen Alltag, Wirtschaft oder Wissenschaft zu begründen. Und doch reklamiert die Geschichte auf diesem weiten Feld einen eigenen, umgrenzten Bezirk: Mit ‚Erzählen' versucht man heute sogar, das *Genuine und Besondere*

---

[1] Ich greife in diesem Aufsatz streckenweise ohne genauen Nachweis zurück auf Barricelli (2005, 2008a, 2008b, 2009, 2011a, 2011b). Dort auch weitere Literatur.

[2] Allgemein soll hier, wenn von Erzählung die Rede ist, nicht nach Mündlichkeit und Schriftlichkeit unterschieden werden, obwohl das diskutabel wäre. Die historische Erzählung ist gewiss hauptsächlich eine niedergeschriebene, wenn sie auch orale Praxen kennt – in der Schule z. B. seit jeher den Lehrervortrag.

von Geschichte als akademischer Übung zu bestimmen, also eine Aussage darüber zu treffen, was im Kontext von Forschung und Lehre nur die Geschichtswissenschaft *so* tut, *wie* sie es tut. Dies gelingt, indem behauptet wird, dass historisches Wissen immer in der *eigentümlichen* Form einer historischen Erzählung vorliegt und diese das spezifische Strukturmerkmal von Geschichte überhaupt darstellt. Doch was macht diese Eigentümlichkeit aus?

Das historische Geschäft beginnt mit dem *Zählen*, genauer dem *Auf*zählen, das heißt mit einer verbalen Wiedergabe von distinkten Vorkommnissen aus der Vergangenheit gemäß der Aufeinanderfolge ihres Erscheinens. Erst das *Erzählen*[3] jedoch setzt die in der Realität zusammenhanglosen Einzelereignisse in ein gewichtetes Verhältnis zueinander, schafft Kohärenz und fügt dem real Erfahrbaren etwas unten noch näher zu Bestimmendes (einen „surplus") hinzu. Das Protokoll dieser generativen Handlung ist ein Text. Zwar ist es angesichts der etymologischen Herleitung nicht verkehrt, den Ursprung der Geschichte in der Rationalität zu suchen, insofern lateinisch „ratio" das Verhältnis von Zahlen zueinander bezeichnet und das *Berechnende* des Erzählens ebenso in anderen europäischen Sprachen zum Ausdruck gebracht wird: englisch *to tell*, französisch *(ra)conter* (zu conter = rechnen aus lateinisch *computare* = zusammenzählen), gleichbedeutend italienisch *raccontare*. Jedoch sind die sprachlichen Gebilde, welche der Historiker oder die Historikerin als historische Erzählungen charakterisiert, seine oder ihre Texte der Geschichte, weit mehr als *rationale Reihungen*, wie sie etwa Annalen oder Chroniken typisieren. Die in die Erzählung aufgenommenen Sachverhalte (und das sind üblicherweise viel weniger als alle möglichen Dinge, die sich zum Berichtszeitpunkt ‚ereignet' haben) werden nämlich nicht mehr (nur) aneinandergefügt, sondern aufeinander und dazu auf ein genau ausgewähltes erzählerisches (soziales) Zentrum bezogen: So erhält das Geschehene als *Geschichte* Struktur und Gestalt und die Gestalt Bedeutung: Es hat jetzt plötzlich einen Grund, dass jenes Vorkommnis hier erwähnt wird und dieses nicht.

Für die *synthetisierende* Form der *Wahrnehmungsorganisation* vergangener Wirklichkeit prägte die analytische (amerikanische) Geschichtsphilosophie der 1960er Jahre mit ihrem Vordenker Arthur C. Danto die Fachtermini *narrativity* und *narrative* (aus lateinisch *narrare* = mündlich mitteilen, erzählen, zu *gnarus* = kundig, wissend – womit Ignoranten also ursächlich Nicht-Erzählende sind). Danto nahm weiter an, dass eine Historikerin oder ein Historiker zwei zeit- und zustandsdifferente Punkte (t_1 und t_3) im Geschehensverlauf auswählt, um sie auf eine nicht beliebige Art und Weise, nämlich durch Einfügung einer auf der Zeitachse sich vollziehenden ‚Entwicklung'[4] (t_2), *beschreibend* miteinander zu verknüpfen. Da der Logik folgend von den zwei Extrempunkten des Herganges immer mindestens einer in der Vergangenheit liegt, ist es nicht nur Anmaßung, wenn sich die Geschichtswissenschaft als genuine Verwalterin von Narrativität, das heißt von Veränderung

---

[3]   Interessant ist es, der Etymologie von mit er- ansetzenden Präfixverben nachzugehen. Im Allgemeinen wird das Herausheben aus einem früheren und damit das Geraten in einen höheren Zustand, das Erzielen eines Resultats angedeutet. „Erzählen" jedenfalls kam früh im Rechtswesen für das öffentliche mündliche Mitteilen oder Verkünden in Gebrauch. Überhaupt besitzt die Erzählung eine große (formale, auch funktionale) Nähe schon zur altrömischen Gerichtsrede mit ihrer Mischung aus Verhandlung, Versuch der Überzeugung, Bitten (um Gnade, milde Strafe – *oratio*, daraus allgemeiner *orator* = kunstmäßiger Redner).

[4]   Der metaphorische Gehalt dieses Allerweltsbegriffs wird nur noch selten wahrgenommen: „Entwickelt" wurden ursprünglich Schriftrollen und Garnknäuel. Impliziert wird zudem, dass das sich Entwickelnde im Keim bereits vor seiner Realisierung angelegt war, ebenso wie ein Fotopositiv aus dem Negativ entwickelt wird. Kann das eigentlich eine zutreffende Vorstellung von geschichtlichen Verläufen sein?

(in der Zeit) überhaupt ausgibt: *Historisches Wissen ist demnach immer narratives Wissen* (und vice versa!). Wenn Historikerinnen und Historiker Quellen – gleich ob Schriften, Bilder, Statistiken, Überreste – beschreiben, analysieren, interpretieren – fallbezogen, vergleichend oder seriell –, erzählen sie also Geschichten. Danto festigte darüber hinaus den Anspruch, dass die Historiographie mit der Erzählung außer über einen Modus der Beschreibung von Wandel prinzipiell auch über ein fachspezifisches *Erklärungsverfahren* und mit diesem über das wesentliche Merkmal von Wissenschaftlichkeit verfüge (ein Umstand, der seinerzeit noch umstritten war): Indem die Erzählung erfahrenes Geschehen „beschreibe", gebe sie genau an, was geschehen sei, und indem sie reale Einzelvorkommnisse durch *Narrativierung* in eine *bedeutungsvolle* Reihung bringe, erkläre sie dieselben, was in der klassisch-prägnanten Formel zum Ausdruck kommt: *A narrative describes and explains at once.*[5]

Grundsätzlich meint das „Erklärenkönnen" der historischen Erzählung, wie Danto es verstand, das Verstehenmachen von Kausalitäten, Motiven und intentionalen Zuständen, und zwar durch eine Kombination von idiographischen Zugriffen auf das Singuläre, allgemeinen Aussagen zur Wahrscheinlichkeit von Geschehensabläufen und gesetzesförmigem, ‚nomothetischem' Regelwissen („historische Theorien"). Diese zugestanden moderat modernistische Sicht verfolgte damals nicht das Ziel, die Erzählung als einzig verfügbare Methode der Erklärung zu verabsolutieren, sondern strebte die Analyse postulierter struktureller Bedingungszusammenhänge über die erklärende Erörterung mit Hilfe theoriegeleiteten, wissenschaftsförmigen Wissens an. Sie war im Übrigen nie konkurrenzlos, wenn man etwa an die Einsprüche aus den Reihen der französischen Annales-Schule einerseits und aus der noch unbefriedigten, rigorosen Semiotik andererseits denkt, wobei letztgenannte die Zeichenhaftigkeit der Narrativität nicht genügend expliziert sah. Erst als sich in den 1980er Jahren die Tendenzen einer kulturwissenschaftlichen Wende der Geisteswissenschaften verstärkten, wurde die Suche nach dem Erklärungspotenzial der historischen Erzählung quasi obsolet. Die postmoderne Geschichtsphilosophie nahm den nicht wegzudiskutierenden, im Tiefsten beunruhigenden Umstand, dass ein und derselbe Tatsachenbestand aus der Vergangenheit in der Regel viele, dazu unterschiedliche, gar einander widerstreitende, wie man nun sagte, präsumtiv ‚erklärende' *Repräsentationen* besitzt, zum Anlass, die Möglichkeit von ‚Wahrheit', ‚Objektivität', adäquater Lösung des Referenzproblems zu bestreiten. Demzufolge wurde aus der rationalen Erklärungsleistung der Erzählung eine nur mehr *subjektive Deutungsleistung*. Der Ehrgeiz von Wissenschaft überhaupt, das Verhalten von Menschen synchron (Soziologie, Psychologie, Politologie) oder diachron (Geschichte) ‚erklären' zu können, noch dazu aus der sicheren räumlichen und zeitlichen Distanz der Studierstube, wurde entweder als Wahn oder Hochmut zurückgewiesen.

Die Form

Bereits in den theoretisch bewegten Zeiten der 1970er Jahre und dann in den folgenden Jahrzehnten mussten solche Auffassungen auf Widerspruch stoßen, ja veritablen Streit pro-

---

[5] Vgl. zu diesem Abschnitt Danto (1980/1965, Zitat: 322): „In dieser Weise also bilden erzählende Beschreibung und historische Erklärung ein unauflösbares Ganzes."

vozieren. Zumindest läutete das ‚narrativistische Paradigma', begriffen als Maximalposition, gerade in der deutschen Geschichtswissenschaft eine Periode lang anhaltender Missverständnisse ein (unbeschadet dessen, dass sich die zünftigen Historikerinnen und Historiker gern des narrativen Arguments bedienten, um etwa ihr abwehrendes Verhältnis zu den konkurrierenden systematisierenden Sozialwissenschaften zu klären). Die hitzige Debatte, selbst schon wieder historisch, soll hier nicht nachgezeichnet werden. Ein Grund der Kontroversen mag gewesen sein, dass *Narration*[6] noch nicht als unbedingt notwendige Erweiterung des älteren, scheinbar überkommen, novellistischen Erzählbegriffes gesehen wurde – *Erzählung* war, insbesondere im Bewusstsein sich progressiv gebender, politisch eher links stehender oder der Sozialgeschichte deutscher Prägung verbundener Historiker nur *eine* Form von Geschichtsdarstellung neben anderen, und zwar eher eine tendenziell konservative, behäbige, kontemplativ-harmlose und fortschrittsfeindliche.[7] Erst die in Deutschland unter der Ägide von Jörn Rüsen sowie Hans-Michael Baumgartner bewusst vollzogene, postmodernistische, möglicherweise „irritierende Bedeutungserweiterung" des Erzählbegriffes könnte langsam der These zum Durchbruch verhelfen, dass die Erzählung die Form ist, „die eine Erkenntnis hat, wenn sie als historische angesprochen werden soll" (Rüsen 1994: 29; vgl. ders. 1982, 1990; vgl. Baumgartner 1997) und dass sich also Geschichte ganz und gar über die Erzählung konstituiert.[8] Soweit die historische Erzählung die einzige Art ist und bleibt, durch welche Vergangenheit für die Gegenwart in Betracht kommen kann, scheint das narrativistische Paradigma zweifellos geeignet, die gesamte historiographische Welt auf den Punkt zu bringen.

Im Deutungsgeschäft der Geschichte, das ganz wesentlich einen simplen *context of persuasion* darstellt, hängt daher die Durchschlagskraft, Akzeptanz oder Gültigkeit (regelmäßig nur für einige, ganz selten alle der miteinander verhandelnden Partner) der historischen Erzählung zunächst – obwohl, wie zu zeigen sein wird, nicht ausschließlich – von ihrer richtigen Form ab. Die Sprache der Historikerinnen und Historiker ist demgemäß stets auf der semantischen Suche nach einer *wohlgeformten*, man könnte synonym – nämlich in Anlehnung an die von Voltaire so genannten *fables convenues* – sagen: *fabelhaften* Erzählung. Diese zeichnet sich durch eine *Story Grammar* aus, welcher zukommen:

- *Anfang und Schluss* – In der Tat gehört es zu den wesentlichen Prinzipien historiographischer Willkür, die Extrempunkte von historischen Entwicklungen, ggf. als deren ‚Ursachen' oder ‚Folgen', festzulegen: Beginnt ‚Hitler' mit der ‚Machtergreifung 1933', der Weltwirtschaftskrise 1929, dem Versailler Vertrag 1919,

---

[6] Den gelehrten Terminus Technicus *narratio* hat im Übrigen der in Deutschland aufgrund weitgehend fehlender Übersetzungen (aus dem Niederländischen und Englischen) sträflich vernachlässigte niederländische Geschichtstheoretiker Frank R. Ankersmit entscheidend befördert, vgl. seine Hauptwerke Ankersmit (1983, 1993, 1994). Ankersmit hat eine phänomenale Entwicklung von einem ‚frühen' Strukturalismus zu einem scharfen Relativismus und neuerdings wieder eingeschränktem Konstruktivismus durchlaufen. In der Geschichtsdidaktik wird er neuerdings für die theoretische Grundlegung narrativer Urteilsbildung wieder interessant (vgl. Becker 2010).

[7] Erinnert sei nur an den paradigmatischen, streckenweise polemischen, aber blitzgescheit ausformulierten Streit zwischen Hans-Ulrich Wehler und Golo Mann, beide in: Kocka/Nipperdey (1979).

[8] Dass man Ähnliches schon bei Kant, Hegel, Ranke Droysen, womöglich sogar Thukydides und Quintilian gelesen hatte, zeigt nur an, dass es vieler Anläufe und eines extra langen Atems bedurfte, um die Erkenntnis reifen zu lassen.

64

Bismarck, Luther? Manchmal bestimmen aber einfach die Buchdeckel Anfang und Ende der historischen Erzählung;

- ein identifizierbares Referenzsubjekt, das die Erzählperspektive vorgibt;[9]
- eine seit Gustav Freytag als ‚Technik' bekanntes, auf Aristoteles zurückgehendes (fünfteiliges) *Geschichtenschema* mit Exposition, Komplikation, Höhepunkt (Peripetie), Problembewältigung, Auflösung (oder Scheitern, was dann aber Ausgangspunkt der nächsten, unausweichlich werdenden Geschichte ist);
- beigeschlossen eine *Dramatik*;
- *Redefiguren* als Tropen, d. h. Abweichungen vom wörtlichen, üblichen, ‚eigentlichen' Sprachgebrauch, die weder durch Gewohnheit noch durch Logik sanktioniert sind.

Damit jedoch ist zunächst nur bekundet, dass die literarische und historische Erzählung äußerlich nicht voneinander zu unterscheiden sind. Dieses Gleichnis führte der bereits erwähnte US-amerikanische vergleichende Literaturtheoretiker Hayden White im Schilde, als er auf dem ersten Höhepunkt der Erzähldebatte in seinem frühen Hauptwerk der „Metahistory" über „The historical imagination" (sic) „in Nineteenth-Century Europa" ausrief, alle Geschichtsschreibung sei „a verbal structure in the form of a narrative prose discourse" (White 1973: 3).[10] White, der sämtliche (vornehmlich europäische, oft philosophisch informierte) Stichwortgeber zum Komplex ‚Geschichte als Erzählung' besser studiert hatte als die meisten seiner Kontrahenten – darunter Kant, Hegel und Droysen, Benedetto Croce, Umberto Eco, Paul Ricœur, Roland Barthes –, war keineswegs, was ihm Unwissende, zumal deutsche Historiker sozialgeschichtlicher ebenso wie konservativer Prägung schnell vorwarfen, ein gewissenloser Zerstörer des Anspruchs von Geschichte auf Wahrhaftigkeit oder ein Befürworter ihrer Auflösung in Textualität und Diskurs. Schon sein „in the form" weist ja darauf hin, dass er der historischen Erzählung bei aller oberflächlichen Strukturgleichheit eine eigene, über das literarisch-belletristische hinausgehende Qualität zuerkennt, die sie von anderen fiktiven (alltäglichen oder künstlerischen) Erzählpraxen *dem Grunde nach* unterscheidet.

Als diese konstitutiven *inneren* Merkmale der historischen Erzählung bzw. historischer Narrativität möchten wir nun heute, nach Jahrzehnten der Diskussion, mit White und vielen anderen spekulativen Denkern[11] benennen (ergänzt nach Pandel 2010: 75 ff.):

- *Retrospektivität*: Das Vergangene wird von seinem Ausgang her bzw. aus der Gegenwart (des fragenden Historikers oder der fragenden Historikerin) heraus ‚erkannt'. Deswegen besitzt die historische Erzählung keineswegs ein möglicherweise sogar natürliches Ende, sondern einen (vom Erzähler) gesetzten *Abschluss*. Retrospektivität heißt aber gleichfalls, dass nicht die Vergangenheit die Gegenwart

---

[9]   In der historischen Erzähltheorie bisher nicht eingeführt ist der literaturtheoretische Begriff der „Fokalisierung" mit abweichender Bedeutung.

[10] An anderer Stelle sagt White (1991/1978: 131), der kleine Spitzen, versteckt in Nebensätzen, liebt: „Der Historiker – wie jeder, der einen Prosadiskurs verfasst – gestaltet sein Material."

[11] Vgl. etwa zusätzlich zu den soeben Genannten pauschal die Schriften von Jerome S. Bruner, Kenneth Gergen, Gérard Genette, Jürgen Straub.

erhellt, sondern es sich umgekehrt verhält – was Folgen für die Didaktik des historischen Lernens hat;

- *Selektivität*: Das Geschehen wird aus einer einzelnen oder wenigen bestimmten Perspektiven heraus betrachtet; Einzelheiten, die nicht im Interesse dieser Referenz liegen, werden ausgeblendet; dadurch gewinnt jede Geschichte ihren anstößigen Gegenstand oder ihr ‚Thema‘. Sicherlich ist jede Geschichte räumlich, zeitlich, thematisch begrenzt (Partialität); die dennoch bestehenden Totalitätsansprüche setzt die Anschlussfähigkeit der Teilgeschichte(n) des einen Historikers bzw. der einen Historikerin an jene aller anderen voraus – was sowohl durch Affirmation und Ergänzung als auch durch Kritik und Negation bzw. Konkurrenz (*competing stories*) erreicht werden kann;

- *Sequenzialität*: Das Geschehen wird als lineare bzw. chronologische Abfolge beschrieben (Temporalität, Linearität); es gilt das Postulat, dass das Spätere sich aus dem Früheren entwickele – was heißt: wäre das Frühere anders gewesen, wäre ebenso das Spätere anders ausgegangen. Durch Sequenzialität indes wird gerade nicht die verrinnende Naturzeit abgebildet, sondern zur Darstellung gehören Raffung, (seltener) Dehnung, Sprünge, Vor- und Rückgriffe; erzählerische Sequenzen sind dabei als Module wenn nicht beliebig im Fluss der Geschichte verschiebbar, so doch flexibel zu handhaben;

- *Konstruktivität* bzw. *Imagination*: Geschichten sind im Gegensatz zur sich vollziehenden Wirklichkeit etwas nachträglich Gemachtes. Weil die Vergangenheit selbst natürlich kein Text war (obwohl gesprochener und geschriebener Text in ihr eine große Rolle spielen konnte), ist ihre Überführung in ein Textprodukt unbedingt ein Medienwechsel und füglich eine Neugestaltung. Somit bleibt, was Historikerinnen und Historiker tun, immer *Konstruktion*, nie Rekonstruktion (denn welchen Text sollten sie ‚rekonstruieren‘?). Es ist darüber hinaus insofern Imagination bzw. imaginär, als die Vergangenheit nach dem Bilde allgemeiner Annahmen über menschliche Zustände bzw. durch figurative Rede konkret bildhaft gestaltet wird.

Anerkannt wird mit diesen Vereinbarungen freilich auch: Historische Texte sind und bleiben lediglich Interpretationen und also niemals ein Abbild oder, um in der malerischen Metapher fortzufahren, eine ‚Schilderung‘ der vergangenen Wirklichkeit; der Text ist kein vorgängig Anderes als seine Interpretation. Indem dies gilt, müssten, folgt man dem Gedanken bis zum Ende, die Texte der Historikerinnen und Historiker als *Er*findungen statt Findungen, mindestens als „Fiktionen" (s. u.), womöglich sogar als „Phantasien" angesprochen werden, die eben auf der Einbildungskraft des Historikers beruhen.[12] Die (scheinbare) Beliebigkeit der Textproduktion jedenfalls pflanzt sich in einer nicht festlegbaren Bedeutung der einzelnen Schrift fort: Kein Text bildet eine Bedeutungseinheit, nicht einmal von der

---

[12] Vgl. an altehrwürdigem Orte Fried (1996: 305): „Es gibt so viele Geschichten wie Darstellungen von der Vergangenheit, und Phantasie heißt ihrer aller Architekt." In der Einleitung zu ihrem Epoche machenden Werk über Martin Guerre führt die „postmoderne" Historikerin Natalie Zemon Davis (1989: 20) Ähnliches noch einmal in einer überraschenden Volte vor Augen, wenn sie im Anschluss an die penible Reflexion über ihr reichhaltiges Quellenmaterial resümiert: „Was ich hier meinem Leser vorlege, ist zum Teil Invention, jedoch sorgfältig gesteuert durch die Stimmen der Vergangenheit." Diese Bemerkung hat Davis viel Kritik aus der Historikerzunft eingebracht; wahrscheinlich wurde sie als Verrat gedeutet.

Seite der Verfertigenden her; im Gegenteil ist jede Erzählung vollständig autonom. Und schließlich kann auch die alte Diskussion um das letzte Bollwerk der Referentialität, das *historische Faktum*, nicht anders entschieden werden als mit dem Urteil, dass selbst das Faktum bereits vor seiner ‚Feststellung' aufgrund der inhärenten semantischen Aktivität narrativ organisiert ist. Oder einfacher: Wann immer eine Historikerin oder ein Historiker eines Faktums als Realitätspartikel ansichtig und bewusst wird, hat sie oder er bereits eine Erzählung im Kopf, in deren Zusammenhang jenes einzubauen ist oder in die es eben nicht passt, weshalb es ausgesondert wird.

Der Witz ist nun, dass für einen solchermaßen spezifizierten dramatischen Zweck die Zahl der zur Verfügung stehenden konzeptuellen Schemata, die sich in der Historie als *kulturell vermittelte* Erzählmuster niederschlagen, gar nicht besonders groß, mindestens beschränkt ist. Womöglich lassen sich alle historischen Erzählungen auf kaum mehr als zwanzig archetypische Verlaufsformen zurückführen, deren wichtigste sicher die Ursprungslegende bzw. der Gründungsmythos, das Heldenepos bzw. die Heiligenvita nebst Erweckungserlebnis, die Emanzipationssage, der Weltmoment, die stürmende und dann abgebrochene Fortschrittshoffnung, die Kreisbewegung,[13] der Verfallsbericht, die Geschichten von guten Absichten und bösen Folgen sowie von schlechten Absichten und gerechter Strafe, schließlich die typologisch sehr häufige *restitutio ad integrum* des geschichtlichen Flusses nach all seinen Anstrengungen, Irrungen, Verwerfungen sind. Dabei müssen die Erzählpläne gar nicht unbedingt vollständig ausgeführt werden: Viele historische Fachausdrücke zeigen bereits durch ihre Endung auf -ierung und -tion an, dass sie hauptsächlich den Ausdruck von Veränderung und Bewegung im Sinn führen (z. B. Romanisierung, Christianisierung, Reformation, Kolonisation, Entnazifizierung usw.). Zu solchen kontrahierten Geschichten *in adjecto* gehören desgleichen auf ein Wort gestutzte *narrative Abbreviaturen* (Jörn Rüsen) wie ‚Genesung', ‚Alter', ‚Landung' oder, spezifischer geschichtlich, ‚Reformator', ‚Eroberer', ‚Frauenrechtlerin'.

Die nur kleine verfügbare Zahl von narrativen Grundmustern führt im Übrigen dazu, dass, ähnlich wie bei der literarischen Erzählung, auch für die historische sich beim Rezipienten (womöglich ebenfalls Produzenten) relativ schnell ein imaginäres Gefühl der Vertrautheit mit den doch im Grunde ganz und gar fremden, unnahbaren vergangenen Dingen einstellt: Die drangvollen Wendungen im Leben Cäsars erinnern ohne Weiteres an den Werdegang Napoleons, die Schlacht von Salamis hat etwas von jener vor Lepanto, und die friedliche ostdeutsche Revolution von 1989 soll jetzt ein wenigstens ideelles Vorbild für die arabischen Freiheitsbewegungen des Jahres 2011 in Tunesien oder Ägypten abgeben. Ein anschauliches Beispiel für die stete Wiederkehr von Erzählplänen ist jener des Bescheidenheitstopos: Ein aus der dumpfen Masse bereits herausgehobener, aber noch (bzw. wieder) in der zweiten Reihe agierender Mann (Bürger, Beamter, Amtsträger) ergreift im Augenblick der großen inneren oder äußeren Gefahr in seinem Staatswesen oder Rechtsinstitut unter tumultuarischen Umständen, gedrängt von seinen entgeisterten Genossen, widerstrebend zwar, aber dann doch beherzt an der Spitze der Seinen, für eine begrenzte oder eben längere Zeit, jedenfalls bis zur Beseitigung der Krise, das Heft des Handelns. Diese schöne Erzählung bildet z. B. den Kern der Geschichten über Lucius Quinctus Cincinnatus (460 v.

---

[13]   Die prämoderne Auffassung sich zyklisch wiederholender Ereignisserien hat Gabrielle Spiegel als „liturgisch" bezeichnet und insbesondere auf die traumatischen Erlebnisse des jüdischen Volkes bezogen.

Chr.), den (Heiligen) Bischof Martin von Tours im Gänsestall, Heinrich I. am Vogelherd, die Erhebung von Papst Gregor VII. (des Gegenspielers von Heinrich IV. in Canossa), die Ausrufung der ersten deutschen Republik durch Philipp Scheidemann. Nicht also ‚Geschichte' wiederholt sich, sondern die Geschichten, die (über sie) standardmäßig erzählt werden – wobei die eigentliche Aussageintention dann in der Variation des Archetyps liegt („wie in solchen Situationen üblich …", „… doch diesmal kam es anders."). Die durch die strukturelle bzw. serielle Ähnlichkeit möglich werdende *Vergleichbarkeit* ursprünglich unzusammensehbarer Vorgänge in der Vergangenheit ist ein wesentliches Erkenntnisinstrument der Geschichtswissenschaft – unabhängig davon, dass zu Recht Historikerinnen und Historiker immerzu vor leichtfertigen Gleichsetzungen oder Analogien warnen.

Die Bedeutung

Wie mehrfach angedeutet, tritt bei der historischen Erzählung eine nicht-formale Qualität hinzu, um sie erst vollgültig zu machen: Die gestaltete (‚refigurierte') Erfahrung zeitlicher Differenz muss nämlich jenen Akt der *Sinnbildung* enthalten, der mittlerweile zum Spezifikum der historischen Erzählung avanciert ist.[14] ‚Sinn' ist hier in seiner ursprünglichen Bedeutung als ‚Richtung' (wie z. B. noch im Wort ‚Uhrzeigersinn') zu verstehen, das heißt, der Sinn einer Geschichte meint den Vorschlag, in welche Richtung der Historiker oder die Historikerin seine oder ihre Erzählung verstanden wissen möchte. Sinn vereint *uno actu* forschendes und analytisches Erkennen mit Darstellung und Diskursabsicht; oder anders: Kognition, Emotion, Expression, oder noch anders: Verifikation, Ästhetisierung und Evaluation, oder schließlich: die Orientierung an subjektiven, sozialen und ethischen Normen (vgl. dazu Pandel 2011). Das heißt, die historische Erzählung macht niemals nur Aussagen darüber, *was* einmal geschehen ist, sondern *wie* dieses Geschehene und vorliegend Beschriebene (d. h. vor Augen Gestellte und derart zum ‚Ereignis' Mutierte) zu sehen ist und *warum* es überhaupt heute noch erzählt wird. Sie rechtfertigt also ihren eigenen Erzählzweck.

Für die große Aufgabe der Sinnbildung stehen Historikerinnen und Historikern erstens wiederum die oben bezeichneten linguistischen bzw. rhetorischen Mittel zur Verfügung, insbesondere die Metapher (‚Aufstieg und Fall Wallensteins', ‚Zenit der Macht', ‚Blüte des Römischen Reiches'), daneben Metonymien (Zerlegung komplexer Sachverhalte bei Verabsolutierung von Einzelteilen: ‚Missstände', ‚Krise', ‚Revolution') und Synekdochen (Heraushebung eines exemplarischen Teils zur Kennzeichnung des Ganzen: ‚Zeitalter der Industrialisierung', ‚viktorianische Epoche'). Durch den Gebrauch der sprachlichen Tropen wird die Erzählung anerkanntermaßen in den Bereich des *Poetischen* (oder: Demagogischen) gerückt. Zweitens existieren vorherrschende *Logiken der Sinnproduktion*, die aus der mutwilligen Zuweisung von Beziehungsstrukturen (zwischen den Erzählgegenständen zum einen, zum anderen zwischen den Erzählinstanzen und den Rezipienten) resultieren: Jörn Rüsen nennt hier das traditionale, exemplarische, kritische und genetische Erzählen

---

[14] Im Übrigen kann das philosophische Wort der ‚Sinnbildung' wie viele Tiefgründigkeiten der deutschen Geistessprache nur unvollständig in das eher pragmatische Englische übersetzt werden: *sense making, construction of meaning.*

(Rüsen 1982 u. ö.), i. e. den Transport von verpflichtendem Ursprungswissen oder aber beispielhaften Regelmäßigkeiten, das Infragestellen von Kontinuität sowie die Herstellung von Identität als Synthese von Dauer und Wandel durch und mit Geschichten. Hans-Jürgen Pandel fügt dem das zyklische und telische Prinzip hinzu, d. i. die ewig wiederkehrende (Heils-)Geschichte und das Erzählen auf einen imaginären, außerhalb der Erlebniszeit liegenden, aber unausweichlichen Zielpunkt hin (vgl. Pandel 2002: 44). Bei Hayden White finden sich die wiederum der Literaturtheorie entlehnten inszenatorischen ‚plots‘ der Romanze (‚Drama der Selbstfindung‘), Komödie (Erzählung mit versöhnlich-festlichem Ausgang), Tragödie (Scheitern des handelnden Subjekts, aber mit der Hoffnung auf Klugheit für ein andermal), Satire (der Mensch als Gefangener in böser, sinnloser Endlichkeit) (vgl. White 1973: 21 ff.) – womit er, einer persönlichen Präferenz folgend, Geschichte theatralisch modelliert. Jerzy (Jeretz) Topolski führt sieben narrativ fundierte „fundamental myths“ der Geschichtsschreibung an – den Mythos „of evolution, of revolution, of the sublime, of coherence, of causality, of the human creation of history, of determinism“ (Topolski 2000: 20) – wobei „myth“ bei ihm keineswegs die kritikwürdige Falschaussage meint, sondern eben jenes Schema von Erzählung, das gewählt wird, um kulturelle Anschlussfähigkeit herzustellen. Die Problematik all dieser Denkfiguren ist erschöpfend diskutiert worden; nur teilweise haben sie empirische Unmissverständlichkeit für sich. Doch selbst wenn die Geschichtstheoretiker weit davon entfernt sind, abschließend über die Vielfalt des erdenklichen Sinns von historischen Erzählungen urteilen zu können, scheint sicher zu sein, dass es einerseits nur eine begrenzte Zahl von möglichen Beziehungslogiken und somit Bedeutungskonstruktionen geben kann. Und dass andererseits, allein weil sozial vereinbart, es doch nicht vollständig in das autonome Belieben des Historikers oder der Historikerin gestellt ist, uns etwa den Holocaust als Komödie oder die Friedliche Revolution als Satire ‚anzusinnen‘. Diese Beschränktheiten der zulässigen Sinngebung lassen erkennen, dass historische Erzählungen weit entfernt sind von ‚postmoderner Beliebigkeit‘.

Gerade weil Historikerinnen und Historiker permanent *Sinnentscheidungen* fällen, müssen sie andauernd bemüht sein, ihren Elaboraten Gehör und Glauben zu verschaffen. Es war abermals Jörn Rüsen, der an diesem Punkt, um den *Rationalitätsanspruch* der Geschichte zu sichern, das Kriterium der „Triftigkeit“ (allgemeiner: Plausibilität) einführte, die jede historische Erzählung wahren muss, um eine solche zu sein, das heißt also um *Geltung* im gesellschaftlichen Umgang mit erzählter Vergangenheit („Geschichtsdiskurs“) zu erlangen. Triftigkeit bildet sich ihm zufolge auf drei Ebenen ab (vgl. Rüsen 1997 u. ö.): der *empirischen*, *normativen* und *narrativen*, was verkürzt mit Quellentreue, Transparenz der Darstellungsabsichten und Einhaltung eines kulturell überkommenen Geschichtenschemas wiedergegeben werden kann. Indessen sind diese Richtschnüre viel weniger nahtlos geknüpft, als es anfänglich scheinen mag: Da kein einzelnes Kriterium absolut gesetzt werden kann,[15] genießen in alternativen Geschichten die verschiedenen Triftigkeiten ungleiches Gewicht, ohne dass der jeweilige Vorrang zwingend zu begründen wäre; ob und wie ein Kriterium der Triftigkeit erfüllt ist, bleibt selbst Ergebnis von widerspruchsfähiger Interpretation; letztlich scheint der alleinige Maßstab der verstandesmäßigen Plausibilität für

---

15 Auch nicht jenes des „Vetorechts der Quellen“ – denn abgesehen davon, dass Quellen nicht selbst reden und damit kein eigenes Veto einlegen können, sind sie in aller Regel widersprüchlich: Es wäre unmöglich, eine historische Erzählung zu verfassen, die tatsächlich *alle* erreichbaren Quellen gleichermaßen achtet.

die Bestimmung der Güte einer historischen Erzählung zu einseitig an Rationalität interessiert zu sein – die affektiven Anteile finden in dieser Hinsicht nicht genügend Beachtung.

Zur Bedeutung der Narrativität für die Geschichte gehört schließlich auch, dass sie es uns ermöglicht, das überhaupt Historische – das also der Geschichtswissenschaft und ihr allein zusteht – vom zufällig oder grundsätzlich Nichthistorischen zu scheiden:

- ‚Historisch' ist alles, was auf Zeiterfahrung (oder besser: Zeitdifferenzerfahrung) beruht und sich in Form einer Erzählung repräsentieren lässt (und alles andere – also was nicht auf Zeitunterschieden und Erfahrung beruht oder sich nicht oder nicht nur in Form einer Geschichte darstellen lässt – eben nicht). Wenn wir sagen, wir wissen, wie etwas in der Vergangenheit gewesen sei, oder wir hätten etwas aus der Geschichte „gelernt", heißt das also genau dies: Wir können eine (triftige) Geschichte über diesen Sachverhalt erzählen (oder behaupten es oder bilden es uns ein).
- Ein historischer *Begriff* enthält immer eine Erzählung. Demzufolge sind z. B. ‚Verfassung' (weil ebenso politisch wie medizinisch), ‚Widerstand' (physikalisch), ‚Menschenrechte' (juristisch, politisch) keine historischen Begriffe; sie werden es erst durch ihre *Auserzählung*: Die Weimarer Reichsverfassung (die eine bedingende Vorgeschichte, einen Autor, eine Wirkungsgeschichte, ein Ende besaß) – der Widerstand gegen den Nationalsozialismus (der nacheinander von verschiedenen gesellschaftlichen Gruppen und Einzelpersonen getragen wurde) – die Menschenrechte der UN-Konvention von 1948 (die in einer konkreten historischen Situation von gesellschaftlichen Akteuren mit ganz bestimmten Zielsetzungen formuliert wurden).
- Eine historische *Frage* ist immer mit einer Erzählung zu beantworten.
- Ein historisches *Argument* besteht aus einer (prägnanten) Erzählung – die meist eine vom bereits Bestehenden abweichende Sinnbildung anbietet. Eine historische *Analyse* seziert die Bestandteile bzw. Bauteile von Erzählungen. Konkurrierende historische Deutungen (Interpretationen) sind nichts anderes als voneinander abweichende, oft zudem ideologisch unterschiedlich ausgerichtete Erzählungen. Ein historischer *Diskurs* ringt um die Produktion der (schlechterdings nicht vorstellbaren, s. u.) *single best historical narrative*.

Narrative Fiktionen

Alles was bisher gesagt wurde, läuft darauf hinaus, dass die historische Erzählung, wenn sie auch von etwas Erfahrbarem, will sagen: Tatsächlichem handelt (den *res factae*), selbst jedoch *Fiktion* (*res ficta*) ist.[16] Das ist so, weil

- die Vergangenheit, wie Johann Gustav Droysen sowie vor und nach ihm viele andere wussten, unwiederbringlich vergangen, nicht mehr zuhanden ist, während die

---

[16] Es besteht nota bene ein Unterschied zwischen der *Fiktion durch historische Narration* und *fiktionalem Erzählen auf Grundlage von Geschichte*, z. B. im historischen Roman (vgl. jetzt Pandel 2010: 94).

Historikerinnen und Historiker doch so tun, als könnten sie dieses komplett Verschwundene anschaulich machen (Fiktion der *Präsenz*);

- Vergangenheit, um verfügbar zu werden, in die Form eines hoch- und verkehrssprachlichen Textes gegossen und dadurch ein strikt geregeltes, jetztzeitiges Zeichensystem auf eine frühere Wirklichkeit appliziert wird, die sich einst selbstredend ohne Rücksicht auf Grammatik und Syntax vollzog (Fiktion der formalen *Repräsentation*);
- historisches Erzählen unbenennbar zahlreiche vergangene Vorkommnisse auf einige wenige überlieferungswürdige beschränkt (Fiktion der *Reduktion*);
- historisches Erzählen Ordnung, Wille und regelhafte Abfolge in eine durcheinander geschüttelte, verwickelte, chaotische Realität bringt. Es hat den Anschein, als *musste* alles, was erzählt wird, so kommen, wie es dann kam (Determinismus, Tunnelblick). Der Befund wird um so problematischer, als die harmonisierende Tilgung von Kontingenz selbst dann wirkt, wenn die Historikerin oder der Historiker dies mit guten Gründen bewusst vermeiden möchte: Es ist eben nicht möglich, triftige ('wahre') Geschichten über nicht-geschehenes Geschehen zu erzählen[17] (Fiktion der *Folgerichtigkeit*);
- Geschichte durch verträgliches Abwägen tendenziell versöhnlichen Sinn für ein eigentlich sinnloses, oft unanständiges Geschehen anbietet (Fiktion der *Integrität*);
- die Historikerinnen und Historiker, um zu überzeugen, mit ihren Rezipienten einen Vertrag über die Gewissenhaftigkeit sowie Unvoreingenommenheit ihrer Arbeit abschließen, für den sie persönlich einstehen, während sie für die Verständlichkeit ihrer Sprechakte auf gemeinsame Erfahrungen und Interessen setzen müssen. Hierdurch schaffen sie eine von Intentionen gesteuerte soziale Vertrautheit mit den historisch Lernenden. Erhebliche Erkenntnisfortschritte werden hingegen oft erst erzielt, wenn Kultur, Kontext und Individuum einander fremd sind[18] (Fiktion der *Intimität*).

Pointiert lässt sich zusammen mit Frank Ankersmit resümieren: „Historical narrative shows the past in terms of what is not the past" (Ankersmit 1994: 38).

Nachfragen

Wenn bisher, in sehr verknappter Form, dem Wesen der narrativistischen Geschichtswissenschaft, die sich ihre Würde als Erzählveranstaltung *sui generis* bewahrt, auf den Grund gegangen ist, bleiben doch Nachfragen, die im Folgenden in Auswahl beantwortet werden sollen:

---

[17] Kontrafaktische (in England: *What-if-*)Geschichten weisen, obwohl eindeutig irreal, einen Ausweg.

[18] Man denke etwa an die dem ,Westen' Augen und Ohren öffnenden Werke von Edward W. Said oder Dipesh Chakrabarty (Stichworte Orientalismus – Europa als Provinz).

Ist alle Geschichte Text?

Wenn wir einmal akzeptiert haben, dass Geschichte Narration bedeutet, lassen sich anhand von funktionalen, formalen, semantischen Kriterien die ,Texte der Geschichte' pragmatisch klassifizieren: Ein Diskurs ist anders organisiert als eine ,durchgeschriebene' Monographie, das Narrativ einer historischen Ausstellung kennt andere Ansprüche als das Drehbuch eines Historienfilms oder eine didaktische Darstellung im Schulbuch. Zeitzeuginnen und Zeitzeugen bedienen sich spezifischer Zurichtungen von Triftigkeit, bei ihnen ist Retrospektion stets mit dem prekären Anspruch von Authentizität verbunden, was durch eigene Erzählformen gesichert wird. Der Mythos wiederum besitzt eine im Grunde a-historische Struktur des ,So war es und so ist es'. Nicht-textuelle Überlieferungen der Vergangenheit – Gemälde, Fotographien, Objekte – sind zwar in ihrer Gegenständlichkeit Erkenntnisobjekte vor allem der Kunst- und Medienwissenschaften, welche Perspektiven, Lichtverhältnisse, Farbgebung, Wirkung, Konsum, Verfremdung untersuchen. Sie können aber genauso gut als nicht-kontinuierende Texte angesprochen werden, die ihre Narration in sich tragen und als historische Quellen verfügbar werden, indem mit ihnen und über sie erzählt wird. Die Existenz von Überresten und Bildern aus der Vergangenheit tut dem Postulat der reinen Narrativität von Geschichte keinen Abbruch.

Was ist eine wahre historische Erzählung?

Im Grunde kreisten die hier angestellten Überlegungen, und seit Thukydides die gesamte Selbstreflexion der Geschichtsschreibung, um die Frage nach, wie es abwechselnd hieß, Objektivität, Referentialität, Repräsentation, Gültigkeit. Dahinter steckt die Einsicht, dass das Erkennen von Vergangenheit niemals voraussetzungslos ist. Der Theoretiker Keith Jenkins meint dazu: „Vorausgesetzt, es gibt keine voraussetzungslose Interpretation der Vergangenheit, und unter der Voraussetzung, dass Interpretationen der Vergangenheit in der Gegenwart konstruiert werden, scheint die Möglichkeit des Historikers, seine Gegenwart von sich abschütteln zu können, um irgendjemand anderes Vergangenheit in seinen Begriffen zu erfassen, in weiter Ferne." (Jenkins 1991: 40, übersetzt) Doch es ist nicht nur die Unmöglichkeit der Einnahme eines planetarischen Beobachtungspunktes, der historischer ,Wahrheit' entgegensteht, sondern auch die Wankelmütigkeit von ,Wahrhaftigkeit', die dem historischen Betrieb etwas Verzweifeltes gibt. Denn es unterscheiden sich ja nicht nur die advokatorischen Standpunkte (Präkonzepte, Erfahrungswissen, ideologische Zuneigung) und damit die ,Perspektiven' verschiedener Historikerinnen und Historiker in Richtung eines vergangenen Geschehens zur selben Zeit voneinander, sondern auch die Einstellungen, Auffassungen und Sichtweisen ein und derselben historisch arbeitenden Person können sich innerhalb kurzer Zeit wandeln: aufgrund gewiss von Quellenfunden oder Überzeugungsarbeit durch Kolleginnen und Kollegen, viel eher noch im Kontext des allgemeinen Wandels gesellschaftlicher Konventionen, kultureller Normen und alltäglicher Praxen. Man vergleiche nur, was etwa Gerd Koenen und Wolfgang Kraushaar im Abstand von jeweils einigen Jahren oder wenigen Jahrzehnten zum eigenen Erleben und zur Deutung der Ereignisse um 1968 in der Bundesrepublik Deutschland geschrieben haben.

Was ist wenigstens eine gute historische Erzählung?

Dass es keine *single best narrative* geben kann, die Suche nach ihr einem Aberglauben gleichkommt, wurde bereits deklamiert. Vom idealen Standpunkt aus lässt sich dagegen sagen, die beste historische Erzählung ist die komplizierteste; das ist, der ursprünglichen Bedeutung des Wortes folgend, nicht die am schwersten zu verstehende, sondern jene, welche die meisten Perspektiven, Stimmen, Deutungen, Sinngebungen miteinander verwickelt – und dies dann dem Leser nachvollziehbar präsentiert. Solches ist eine große Kunst: Sie beruht auf profunder Quellenkenntnis, lebendiger Erzählfähigkeit, konsequenter Haltung. Und auf der demütigen Einsicht in die Vorläufigkeit aller historischen Erkenntnis, wiewohl wir seit Max Weber ohnedies wissen, dass es unser Schicksal, ja Auftrag als Forschende ist, von der Forschung dereinst überholt zu werden. Eine gute historische Erzählung weist also Deutungsvorbehalte im Vorhinein aus, markiert Sollbruchstellen und legt ihre eigene Verbesserungsbedürftigkeit offen. Dass man solches bereits im Geschichtsunterricht vermitteln kann, macht der britische *history educator* Denis Shemilt deutlich:

> „First we say that there is no single right answer to the really significant questions in history and that pupils must work out for themselves. Then we say: ‚But not any answer will do. Some answers are indefensible even if no one answer is clearly right! And some admissible answers are not as good as other admissible answers.‘ Pupils then spend considerable time and effort learning how to determine which answers and accounts are better than others. If they succeed we say: ‚But even though some accounts are better because more valid or coherent or parsimonious than others, there is no one best account, since we find it useful to vary questions, assumptions and perspectives.‘“ (Shemilt 2000: 98)

Wenn Erzählen, wie eingangs gesagt, eine anthropologische Universalie ist, warum sollten dann nur Historikerinne und Historiker Geschichte erzählen können?

Diese Frage rührt an den Kern des professionellen Selbstverständnisses von Geschichte als akademischer Disziplin. Aber sie lässt im Grunde nur eine Antwort zu: Geschichte ist eben nur unter anderem Wissenschaft. Denn ganz unstrittig ist doch, dass historische Erzählungen außer von Historikerinnen und Historikern genauso von vielen anderen berufenen Fachleuten (z. B. Journalisten, Juristen, Medizinern, Theologen, Lehrern), von geübten künstlerischen Erzählern (Schriftstellern, Regisseuren), von historischen ‚Laien‘ (Zeitzeugen) verfasst werden. Das ist so, weil ihnen allen gleichermaßen die Voraussetzungen zu Gebote stehen: die Fähigkeit zum Erinnern, zum Texten, der gleichberechtigte Zugang zu Argumentation und Kommunikation. Infolgedessen ist historisches Erzählen keineswegs lediglich ein Beruf, sondern vor allem anderen eine *kulturelle Praxis*. Was wäre das für ein Mensch, der nur die Geschichten der professionellen Historikerzunft kennte und nicht auch seine eigenen?

Doch die Rede von der Geschichte, die so vielstimmig erzählt wird, hat überhaupt nur dann Berechtigung, wenn sie sich auf die Historizität der Ereignisse, also ihre Vergangenheit und Vergänglichkeit, verlassen kann. Das war freilich immer schon schwierig und im Grunde von vielen Erzählinstanzen gar nicht gewollt, denn gleichzeitig mit einer Vorstellung von abgelebter Historie wurde bereits ganz zu Beginn der Zwilling der ‚lebendigen Geschichte‘ zur Welt gebracht: Die Simulation siegreicher Seeschlachten in den Arenen des

Alten Roms, historische Kostümbälle am Hofe des Sonnenkönigs, die Hannoveraner Wormsfeier des Jahres 1921 mit ihrer Nachstellung von Szenen aus dem Leben Luthers (vgl. Schmid 2010) oder die sommerliche Verlockung, nach der schweißtreibenden Teilnahme am Roskilde-Rockfestival vom Hafen der schönen dänischen Stadt aus auf ‚mittelalterlichen Wikingerschiffen‘ in die kühle See zu stechen, zeugen gleichermaßen von dieser Sehnsucht nach einer Vergangenheit, die nicht vergehen soll, an die man sich *erinnern will*. Historizität diente dabei lange dazu, den trennenden Graben zwischen moderner ‚Geschichte‘ und vermeintlich prä-moderner ‚Erinnerung‘, die ja an der Vergänglichkeit ihrer Objekte und dem Vergehen von Zeit gar kein Interesse hat, sondern die Kontinuität der Präsenz bewirken will, nicht zu schmal werden zu lassen. Allerdings hat nun gerade der gesellschaftlich omnivore Einsatz des schillernden Erinnerungsbegriffs zu der Vernebelung seines metaphorischen Charakters und folglich seiner quasi-Objektivierung geführt, so dass seit den 1970er Jahren die gemeine Erinnerung ‚Geschichte‘ als Definition dafür ablöst, was wir tun, wenn wir uns unverfügbare Vergangenheit verfügbar machen wollen. Auch Erinnerungen – geäußerte sowieso – sind jedoch nichts anderes als entlang konstruktiver Kontexte verfertigte, an tradierten Wahrnehmungsmustern geschulte und im Rahmen eines gesellschaftlichen Wertgefüges angängige narrative Sinndeutungen. Entfalten sie sich unreflektiert im erlebenden Empfinden des Einzelnen oder eines Kollektivs, bilden sich jene ungeschützt authentischen, in einer Formulierung des historisch arbeitenden Sozialpsychologen Harald Welzer (2001) „opportunistischen“ sozialen Gedächtnisse heraus, die maßgeblich die „Parallelgesellschaften“ unserer *Einen Welt* verantworten. Die zugehörigen Geschichten lauten etwa so: Wie wir Westler die Menschenrechte in die Welt brachten (an die sich nun gefälligst alle Völker der Erde zu halten haben) – wie wir Männer die Demokratie zu unserem Ding machten (bei dem wir Frauen erst spät und gezwungenermaßen mitmachen ließen) – wie wir Manager den Kapitalismus durchgesetzt und den *homo oeconomicus* als einen freien Menschen geformt haben (so dass nur die kapitalistische Lehre annehmen muss, wer im *pursuit of happiness* bestehen will). Es sind dies Beispiele jener berühmt-berüchtigten *Meister- oder Meta-Erzählungen*, die mithin zweifellos viel mehr und ansonsten komplexere gesellschaftliche Konzepte etablieren als lediglich nationale Herkunftsmythen. Derart sind sie vor allem Instrumente von *Herrschaftskontrolle*: So wie z. B. der gute männliche preußische Untertan im späten 19. Jahrhundert seine Identifikation mit dem Kaiserreich und der Hohenzollerndynastie unter anderem durch Barttracht und Unerschütterlichkeit in der borussischen Geschichtsschreibung anzeigte, ist desgleichen der noch nicht ausgestandene Streit darum, ob man die DDR als ‚Unrechtsstaat‘ apostrophieren dürfe, eine Angelegenheit der (De-)Legitimation durch Erzählen. Und weil Geschichte, wie zu sehen, eben auch eine Waffe sein kann, ist es zulässig, dass wir uns alle, solange allgemeine Abrüstung nicht zu erwarten ist, mit vielfältig alternativen Geschichten munitionieren, indem wir das selbstständige Erzählen lernen.

Was ist schließlich mit den nicht erzählten Geschichten der Geschichte?
Wir müssen uns stets bewusst machen, dass der weit überwiegende Teil all dessen, was einmal geschehen ist, niemals erzählt worden ist oder werden wird (weshalb dieser Aufsatz, würde er die Proportionen wahren, als ‚historische Nicht-Erzählung‘ betitelt sein müsste). Dies ist aus sehr unterschiedlichen Gründen so. Zunächst besteht das Problem der Mittel:

Es fehlt uns an Zeit, die möglichen Geschichten zu verfassen oder zu lesen, oder es fehlen die Quellen, weil sie verloren gegangen oder nie entstanden sind: So gibt es quasi keine Selbstzeugnisse der des Schreibens unkundigen Bäuerinnen und Bauern des europäischen Mittelalters und von den allermeisten der mehr als 12.000 namentlich bekannten Menschen, die allein in der Reichshauptstadt Berlin Widerstand gegen das NS-Regime leisteten (durch Anfertigung und Schmuggel von Flugschriften, Sabotage, Verstecken Verfolgter, Attentatsvorbereitungen etc.), verfügen wir nur über eine kurze Notiz in Polizei- oder Gerichtsakten. Sehr häufig verhindern politische Opportunitätsgründe die historische Erzählung: Dänische Schulkinder erfahren aus ihren Büchern kaum etwas über die gewalttätige westindische Kolonialvergangenheit ihres Königreichs ab dem 17. Jahrhundert, das sich heute lieber klein und friedliebend gibt, italienische wenig bis nichts über die Giftgasangriffe und das KZ-System der vom ‚Duce' geführten Armee ihres Landes während der völkerrechtswidrigen Invasion Abessiniens 1935/36. Manch andere Geschichten ‚passen' einfach nicht in die liebgewonnene *great occidental novel* des steten und bewusst herbeigeführten Fortschritts der Menschheitsentwicklung: Wir erfreuen uns derzeit an opulenten archäologischen Ausstellungen mit ihren gewaltigen Schaustücken besonders aus Regionen Vorderasiens – während meist unerwähnt bleibt, dass Archäologie und Orientwissenschaft, welche bis weit in das 20. Jahrhundert hinein die Magazine unserer Museen zu füllen halfen, wenn nicht Raub-, so doch Propagandafeldzüge europäischer Staaten untereinander oder gegen das Osmanische Reich im Kampf um arabische Verbündete, Land und Ressourcen waren;[19] das Aufkommen der Zuckerrübe hat wahrscheinlich mehr zur Abschaffung der (mit dem Anbau von Rohrzucker direkt in Verbindung stehenden) Sklaverei in der Karibik, Lateinamerika und dem Süden der USA beigetragen als die ehrenwerten abolitionistischen Bewegungen seit dem 18. Jahrhundert; waren die Nürnberger Kriegsverbrecherprozesse 1945/46 nicht recht eigentlich eine Maskierung der erschreckenden Gleichgültigkeit der Alliierten gegenüber den eklatanten Verbrechen der Nationalsozialisten?; jedenfalls wurde die Allgemeine Erklärung der Menschenrechte 1948 eben nicht auf alleinige Initiative westlicher Nationen, sondern unter dem Druck lateinamerikanischer (vor allem in der Frauenrechtsfrage) und muslimisch geprägter Staaten sowie Chinas (!) durchgesetzt, während die USA sowie Großbritannien und andere Herren über damals noch weiträumige Kolonialreiche sich manche Privilegien zu wahren versuchten; und zum langsamen Mentalitätswandel im Spanien unter Franco, durch welchen nach dem Tod des Despoten die Tilgung der Diktatur möglich wurde, hat seit den 1950er Jahren wohl nicht in erster Linie die erlahmende Opposition beigetragen, sondern der Zustrom von Touristen gerade auch aus Deutschland, die sich ihrerseits um die politischen Verhältnisse nicht scherten und das von Franco persönlich an manchen Stränden erlaubte Tragen freizügiger Badekleidung genossen. In Summe wird offenbar, dass die erzählten Geschichten sich gegenüber den nicht (so häufig) tradierten außer durch Formung, Sinnreichtum und Poetik durch Schicklichkeit ausweisen. Ein Extremfall der Nicht-Erzählung ist indes der trotz Bemühens *vergebliche* Versuch der Sinnbildung: So

---

[19]   So war die Zeitschrift „El Dschihad" eine Gründung des zuletzt wieder hoch gelobten deutschen Ausgräbers Max von Oppenheim während des Ersten Weltkrieges. Mit diesem Organ der „Nachrichtenstelle für den Orient" wollte und sollte Oppenheim zur religiösen Aufstachelung von Arabern in den Frankreich und Großbritannien unterstellten Territorien beitragen. Dass also das scheinbar Islamischste des Islamischen – der Heilige Krieg – eine europäische Tradition besitzt, daran wird heute fast nicht mehr gedacht.

können Holocaust-Überlebende und andere Gewaltopfer systematischer Menschenrechtsverbrechen keine bedeutungsvolle Geschichte über ihre ‚Zeiterfahrung' erfinden, können ihr Leben nicht wie wir fast alle als adrette Erzählung zuschneiden, die Ordnung schafft und hinterlässt – diese *Sinndefizienz* führt zum *Trauma*.

Lernen durch Erzählen

Dass die bisherigen Abschnitte eine mehr als beiläufige Bildungsrelevanz so wie didaktische Implikationen besaßen, muss wohl nicht eigens betont werden. Denn immerhin heißt Geschichte erzählen oder schreiben immer schon Geschichte vermitteln und lehren (wollen). Insofern können gesonderte Überlegungen zu institutionellen Bildungsprozessen weniger konzeptueller als methodischer Art sein. Selbstverständlich repräsentiert Narrativität das organisierende Prinzip der von der Geschichtsdidaktik im Hinblick auf ihre Lernwürdigkeit und Lernbarkeit zu reflektierenden Gegenstände sowie die Struktur der im Geschichtsunterricht verhandelten historischen Themen, Phänomene und Kategorien. Folgerichtig müssen Lernleistungen im schulischen Unterricht so organisiert werden, dass sie das Prinzip der Narrativität bewusst machen. Sobald man nämlich davon ausgeht, dass Verstehensvorgänge (und ebenso Erkennens-, Erinnerungsvorgänge) von strukturellen Merkmalen narrativer Darstellungen abhängig sind, wird man in einer anwendungsorientierten Theorie der Narrativität, wie sie in der Geschichtsdidaktik interessiert, die *Bauformen der Erzählung* als solche diskutieren müssen. Daher gilt, seit nunmehr mindestens 25 Jahren und damit lange vor dem Einsetzen einer Nach-PISA-Kompetenzdebatte, als vereinbart, dass *narrative Kompetenz* eine wesentliche, wenn nicht *die* Zielbestimmung historischen Lernens ausmacht.[20] Die meisten aktuellen, erzähltheoretisch informierten Lehrpläne bzw. Kerncurricula, kultusministeriellen Richtlinien wie die EPA und geschichtsdidaktischen Kompetenzmodelle bestätigen das eindrücklich, jeweils in unterschiedlicher Gewichtung.[21]

Nach der langen Zeit stringenter Theorieentwicklung liegen darüber hinaus inzwischen lohnenswerte Leitfäden für das Lehren des historischen Erzählens im Unterricht vor, die oft zudem empirische Fundierung bieten. Als Autoren zu nennen sind unter anderen Rolf Schörken (1999), Josef Memminger (2007), Olaf Hartung (2010), der Verfasser und vor allem Hans-Jürgen Pandel (2010: 127 ff.), der zuletzt einen umfangreichen Katalog der Komponenten von narrativer Kompetenz zusammen mit operationalisierten Beispielen des Lehrens und Lernens vorgelegt hat. Zielführend werden in der betreffenden Literatur verschiedene Erzählhandlungen (Nach-, Umerzählen, ursprüngliches Erzählen; zeitgestaffeltes, identifizierendes, opponierendes Erzählen), der Einbezug erzählsteuernder Medien (z. B. im visuellen Erzählen), narrative ‚settings' (z. B. Rollenspiel) und der Umgang mit unmittelbar erzählenden Vorlagen (Traditionsquellen, Lehrererzählung, Verfassertexte in Schulbü-

---

[20] Vgl. früh und bündig Pandels (1986: 392) Feststellung, der zufolge „die formale und jenseits politischer und pädagogischer Intentionalitäten liegende Zielsetzung des Geschichtsunterrichts *narrative Kompetenz*" ist. (Hervorhebung im Original).
[21] Besonders hervorgetan haben sich hierbei die Rahmenlehrpläne in Berlin und Brandenburg.

chern[22], Jugendliteratur, Belletristik, narrative Zeitzeugeninterviews) (vgl. zusf. Barricelli et al. 2008) ebenso methodisiert wie die mögliche Narrativierung von Bildern (Fotographien, Karten, Karikaturen) illustriert (vgl. Hamann 2001). Ohne Frage gehört aber zur Ausbildung *narrativer Eloquenz* neben der sozusagen ganzheitlichen Herangehensweise genauso ein grundständiger Aufbau von Erzählfähigkeit: Gemeint ist die reflektierte Kenntnis von *narrative frameworks* und *colligatory patterns* (vgl. Shemilt 2000), Übungen in Wortschatz und Stilistik, generative Beherrschung von Metaphorik, überhaupt ein Sinn für den Formenreichtum unserer und anderer Sprachen (weshalb sich bilinguale Bildungsgänge hierfür besonders anbieten), am Ende – idealerweise – die Fähigkeit zur theoriekontrollierten Konstruktion eigener triftiger Narrationen. Erst der Erwerb narrativer Kompetenz sorgt für die Abkehr vom unproduktiven *Wiederholungszwang* (nämlich von vorgefertigten Erzählungen) in der mentalen Beengtheit des Klassenzimmers.

Vor und neben allem anderen ist in einem narrativitätstheoretisch orientierten Unterricht das Verständnis auszubilden dafür, dass es die eine gute, richtige, wahre Geschichte nicht nur nicht gibt, sondern nicht geben *darf*; dass einer pluralistischen Demokratie nichts anderes als Multiperspektivität, Auseinandersetzung, nie endende Deutungsvielfalt würdig sind; dass das Schlagen von Purzelbäumen (s. o.) dem historischen Lernen eignet und dieses insofern anstrengender als Sport und schwerer als Mathematik empfunden werden kann. In direktem Anschluss daran reift in der Geschichtsdidaktik die Gewissheit, dass Geschichte heute, nach den Verirrungen der Moderne mit ihren großen Vereinheitlichungstendenzen und dem Zugriff aufs Ganze, dorthin zurückkehrt, woher sie gekommen ist: Der Kollektivsingular ,die Geschichte' beginnt sich wieder aufzulösen in den Plural ,Geschichten' (*historiae*), wie er in der Vormoderne immer nur verwendet wurde. Konsequent wandelt sich die zentrale Kategorie der Geschichtsdidaktik, das Geschichtsbewusstsein, langsam in Richtung eines Geschicht*en*bewusstseins (das übrigens wahrscheinlich viel leichter unterrichtstechnisch operationalisierbar und forschungstechnisch überprüfbar sein wird als sein theoretischer Vorgänger). Schließlich soll daran erinnert werden: Mehr als in vielen anderen gesellschaftlichen Bereichen geht es in der Geschichte, im Geschichtsunterricht besonders, um die Rechtgläubigkeit an die ,Tatsachen', da diese selbst doch immer nur in der Evidenz des Beobachters bestehen. In der heutigen Multioptions- oder Risikogesellschaft, wie wir sie unseren Jugendlichen unentwegt predigen, muss es daher auch erlaubt sein, sich selbst von guten Argumenten ohne Schaden nicht überzeugen zu lassen.

Schluss

Menschliche Zeitlichkeit ist narrative Zeitlichkeit, menschliche Identität narrative Identität, das ist jetzt eingehend untersucht und möglichst plausibel begründet worden.[23] Trotzdem lässt sich sogar bei Respektierung dieser Maximen als Welterklärungsformeln die auch eminent didaktische Frage durchaus nicht leicht beantworten, warum wir heute, egal ob in

---

[22] Besonderes Erstaunen bei den Lernenden lösen die mittlerweile nicht mehr ganz seltenen Selbsthistorisierungen von Schulbüchern aus nach dem Muster: So haben wir das Thema (Versailler Vertrag, 8.5.1945 ...) vor zehn, 25, 50 Jahren dargestellt.

[23] Vgl. jetzt aus Sicht der Philosophie Sandkühler (2010).

akademischen, massenmedialen oder familiär-individuellen Räumen, immer noch oder, nach den Tendenzen zur Abschaffung des Schulfaches in den 1970er Jahren, schon wieder so hoffnungsfroh Geschichte betreiben, ja sogar ein echter *memory boom* und eine Erzählflut ringsum zu verzeichnen sind. Ein unmittelbarer Gegenwartsnutzen von Geschichte ist immerhin nicht zu erkennen, wird ja auch von der universitären Geschichtswissenschaft mehrheitlich in Abrede gestellt.

Der Vernunftcharakter der historischen Erzählung steht damit nicht zur Disposition. Obwohl sie weder wahr noch objektiv sein oder im naturwissenschaftlichen Sinne etwas „erklären" kann, selten ausgewogen, oft parteiisch ist, auch wenn zuweilen rätselhaft bleibt, warum wir eigentlich an der einen besiegelten Erzählung und einhergehend an dieser und keiner anderen Version von Welt festhalten, schöpft Geschichte ihre Kraft und Bedeutung gerade daraus, dass sie, wie ganz zu Anfang festgestellt wurde, Zahlen – aber Zahlen mit Affekt – verhandelt. Dadurch besteht wenigstens die Möglichkeit, Verstand und Anstand zu paaren. Aufklärung, Orientierung, Humanität – alles Dinge, die von der Befassung mit Geschichte erwartet oder erhofft werden – sind grundsätzlich nur als Produkt einer *moralisierenden Erzählung* vorstellbar. „Können wir jemals Geschichten erzählen, ohne zu moralisieren?", fragte schon listig Hayden White (1990: 38. Im Orig.: „Could we ever narrativize without moralizing?"). Zumindest die deutsche Geschichte mit ihrer quälenden Vergangenheitsbewältigung und mehrfachen Diktatur-Aufarbeitung, aber genauso die europäischen Nationalgeschichten in ihren nunmehr postnationalen und postkolonialen Konstellationen künden davon: Weil es die vergangene Wirklichkeit selbst nicht kann, sollten wenigstens historische Erzählungen, zumal jene in didaktischer Absicht erdachten, Heimstätten gesellschaftlicher Vernunft sein.

Geschichte als großes *Identitätsprojekt* – nie war sie etwas anderes – wird jedenfalls, zu Zeiten von Globalisierung als massiver Ökonomisierung, Individualisierung als zugebilligter Multireferentialität der Lebenskontexte, Diversität als unaufhaltsamer Vervielfachung von kulturellen Bezugssystemen (Stichwort: *race, class, gender*) vor Herausforderungen gestellt, an denen sie auch scheitern kann, da sie ja eigentlich etwas so ganz anderes will: normalisieren, temperieren, sympathisieren. Mithin wird das letzte Ziel des historischen Erzählens in der Transzendenz liegen. Narrativität wäre dann so etwas wie eine geraunte *Erlösungsformel* der menschlichen Existenz, die in letzter Konsequenz, so paradox das hier klingen mag, von Sinnfragen befreit. Dem Verfasser wurde dies zuletzt wieder deutlich, als er kürzlich auf dem Stuttgarter Dornhaldenfriedhof, für einen Moment hilf- und sprachlos, vor dem Gemeinschaftsgrab von Gudrun Ensslin, Andreas Baader und Jan-Carl Raspe stand, das sich am Rande, aber nicht außerhalb des gepflegten Gräberfeldes befindet. Der damalige Stuttgarter Oberbürgermeister Manfred Rommel hatte 1977 die ordentliche Bestattung der vermutlich durch eigene Hand aus dem Leben geschiedenen RAF-Mitglieder an diesem außergewöhnlich ruhigen Ort unter Eichen und Akazien, nicht weit entfernt von den Weinberghängen der Landeshauptstadt, gegen den lauten Protest der Bürgerschaft durchgesetzt und wird dazu mit den Worten zitiert: „Mit dem Tod muss alle Feindschaft aufhören".[24] Diese kurze historische Erzählung mag vielleicht besser als jene hier stattge-

---

[24]   Vgl. http://www.stuttgarter-weinwanderweg.de/content/view/59/121/lang,german/. Wird dieses Argument auch auf die nationalsozialistische Terroristenclique angewandt, offenbart sich womöglich ein weiterer, besonderer Sinn der Rede vom „Zivilisationsbruch".

fundene papierene Deliberation um Form und Funktion, Gestaltung und Färbung von Erinnerung, genauer als ein Nachsinnen über aufgestellte und wieder abgerissene Denkmäler, Bewältigung, Verdrängung und Vergessen durch und mit Historie, überzeugender als alle Ideologie, Propaganda, Skandal, Schlamperei und Unmöglichkeit, unsägliches Gezänk und anstößiges Geschrei, was Geschichte immer auch ist – nur sein kann –, belegen, dass es bei ihr am Ende vermutlich allein um eines geht: das Heimkommen.

Literatur

Ankersmit, Frank R. (1994): History and Tropology. The Rise and Fall of Metaphor. Berkeley: University of California Press.

Ders./Mooij, Jan J. A. (Hg.) (1993): Metaphor and Knowledge. Dordrecht: Kluwer Academic Publishers.

Ders. (1983): Narrative Logic. A Semantic Analysis of the Historian's Language. Den Haag: Nijhoff.

Barricelli, Michele (2008³): Schüler erzählen Geschichte. Narrative Kompetenz im Geschichtsunterricht (= Forum historisches Lernen). Schwalbach/Ts.: Wochenschau Verlag.

Ders. (2008a): Historisches Wissen ist narratives Wissen. In: Ders. et al.: Historisches Wissen ist narratives Wissen. Aufgabenformate für den Geschichtsunterricht in den Sekundarstufen I und II. Potsdam & Berlin: LISUM, 7-12.

Ders. (2008b): „The story we're going to try and tell". Zur andauernden Relevanz der narrativen Kompetenz für das historische Lernen. In: Zeitschrift für Geschichtsdidaktik 7 (19), 140-153.

Ders. (2009): Narrativität, Diversität, Humanität. Vielfalt und Einheit im Prozess des historischen Lernens. In: Jörn Rüsen/Henner Laass (Hg.): Interkultureller Humanismus. Menschlichkeit in der Vielfalt der Kulturen. Schwalbach/Ts.: Wochenschau Verlag, 280-299.

Ders. (2011a): Narrativität. In: Ders./Martin Lücke (Hg.): Handbuch Praxis des Geschichtsunterrichts. Schwalbach/Ts.: Wochenschau Verlag. (im Erscheinen)

Ders. (2011b): Vielfältiges Erinnern und kreatives Vergessen. Geschichte, Geschichtsbewusstsein und historisches Lernen in gebrochenen Zeiten. In: Ders./Becker, Axel/Heuer, Christian: Jede Gegenwart hat ihre Gründe. Geschichtsbewusstsein, historische Lebenswelt und Zukunftserwartung im frühen 21. Jahrhundert. Festschrift für Hans-Jürgen Pandel zum 70. Geburtstag. Schwalbach/Ts.: Wochenschau Verlag. (im Erscheinen)

Ders. et al. (Hg.) (2008): Historisches Wissen ist narratives Wissen. Aufgabenformate für den Geschichtsunterricht in den Sekundarstufen I und II. Potsdam & Berlin: LISUM.

Baumgartner, Hans-Michael (1997⁵): Narrativität. In: Klaus Bergmann et al. (Hg.): Handbuch der Geschichtsdidaktik. Seelze-Velber: Kallmeyer'sche Verlagsbuchhandlung, 157-160.

Becker, Axel (2010): Urteilsbildung im Geschichtsunterricht aus erzähltheoretischer Sicht. In: Handro, Saskia/Schönemann, Bernd (Hg.): Geschichte und Sprache. Berlin: Lit Verlag, 131-138.

Danto, Arthur C. (1980): Analytische Philosophie der Geschichte. Frankfurt/Main: Suhrkamp (engl. Orig.: Analytical Philosophy of History. Cambridge 1965).

Davis, Natalie Zemon (1989): Die wahrhaftige Geschichte von der Wiederkehr des Martin Guerre. Frankfurt/Main: Wagenbach (frz. Orig.: Le retour de Martin Guerre. Paris 1982).

Fried, Johannes (1996): Wissenschaft und Phantasie. Das Beispiel der Geschichte. In: Historische Zeitschrift 263, 291-316.

Hamann, Christoph (2001): Bilderwelten und Weltbilder. Fotos, die Geschichte(n) machten. Berlin: Hentrich & Hentrich.

Hartung, Olaf (2010): Geschichte schreiben und lernen. Eine empirische Studie. In: Handro, Saskia/Schönemann, Bernd (Hg.): Geschichte und Sprache. Berlin: Lit Verlag, 61-77.

Jenkins, Keith (1991): Re-thinking History. London: Routledge.

Kocka, Jürgen/Nipperdey, Thomas (Hg.) (1979): Theorie und Erzählung in der Geschichte (= Beiträge zur Historik Bd. 3). München: dtv.

Memminger, Josef (2007): Schüler schreiben Geschichte. Kreatives Schreiben im Geschichtsunterricht zwischen Fiktionalität und Faktizität. Schwalbach/Ts.: Wochenschau Verlag.

Pandel, Hans-Jürgen (1986): Visuelles Erzählen. In: Ders./Gerhard Schneider (Hg.): Handbuch Medien im Geschichtsunterricht. 2. Aufl. Düsseldorf, 389-408.

Ders. (2002): Erzählen und Erzählakte. Neuere Entwicklungen in der didaktischen Erzähltheorie. In: Demantowsky, Marko/Schönemann, Bernd (Hg.): Neue geschichtsdidaktische Positionen. Bochum: Projekt-Verl., 39-55.

Ders. (2010): Historisches Erzählen. Narrativität im Geschichtsunterricht. Schwalbach/Ts.: Wochenschau Verlag.

Ders. (2011): Geschichtskultur. In: Barricelli, Michele/Lücke, Martin (Hg.): Handbuch Praxis des Geschichtsunterrichts. Schwalbach/Ts.: Wochenschau Verlag. (im Erscheinen)

Rüsen, Jörn (1982): Geschichtsdidaktische Konsequenzen aus einer erzähltheoretischen Historik. In: Quandt, Siegfried/Süssmuth, Hans (Hg.): Historisches Erzählen. Formen und Funktionen. Göttingen: Vandenhoeck & Ruprecht, 129-170.

Ders. (1990): Geschichtsschreibung als Theorieproblem der Geschichtswissenschaft. Skizze zum historischen Hintergrund der gegenwärtigen Diskussion. In: Ders.: Zeit und Sinn. Strategien historischen Denkens. Frankfurt/Main: Fischer, 135-152.

Ders. (1994): Historisches Lernen. Grundlagen und Paradigmen. Köln et al.: Böhlau.

Ders. (1997[5]): Historisches Erzählen. In: Bergmann, Klaus et al. (Hg.): Handbuch der Geschichtsdidaktik. Seelze-Velber: Kallmeyer'sche Verlagsbuchhandlung, 57-63.

Sandkühler, Thomas (2010): Narration. In: Hans-Jörg Sandkühler: Enzyklopädie Philosophie. Bd. 2. Hamburg: Meiner.

Schmid, Hans-Dieter (2010): Die Wormsfeier von 1921 in Hannover. In: Historisches Museum Hannover (Hg.): Deutungen – Bedeutungen. Beiträge zu Hannovers Stadt- und Landesgeschichte. Hannover: Historisches Museum, 174-199.

Schörken, Rolf (1999): Das Aufbrechen narrativer Harmonie. Für eine Erneuerung des Erzählens mit Augenmaß. In: Rohlfes, Joachim et al. (Hg.): Geschichtsunterricht heute. Grundlagen – Probleme – Möglichkeiten (Sammelband: GWU-Beiträge der neunziger Jahre). Seelze-Velber: Kallmeyer'sche Verlagsbuchhandlung, 90-98.

Shemilt, Denis J. (2000): The Caliph's Coin. The Currency of Narrative Frameworks in History Teaching. In: Stearns, Peter N. et al. (Hg.): Knowing, Teaching and Learning History. National and international Perspectives. New York: New York University Press, 83-101.

Topolski, Jerzy (Jeretz) (2000): The Structure of Historical Narratives and the Teaching of History. In: Voss, James F./Carretero, Mario (Hg.): Learning and Reasoning in History (International Review of History Education, vol. 2). London: Routledge, 9-22.

Welzer, Harald (Hg.) (2001): Das soziale Gedächtnis. Geschichte, Erinnerung, Tradierung. Hamburg: Hamburger Ed.

White, Hayden (1973): Metahistory: The Historical Imagination in Nineteenth-Century Europe. Baltimore: J. Hopkins Uni. Press.

Ders. (1990): Die Bedeutung der Form. Erzählstrukturen in der Geschichtsschreibung. Frankfurt/Main: Fischer.

Ders. (1991): Auch Klio dichtet oder Die Fiktion des Faktischen. Studien zur Tropologie des historischen Diskurses. Stuttgart: Klett-Cotta (engl. Orig.: The Tropics of Discourse. Essays in Cultural Criticism. Baltimore 1978).

Konstellation, Diagrammatologie, Dialektisches Bild: Lehren narrativer Visualisierungen

Ronja Tripp

Für Renate Brosch

„Our business is visualization" schreibt Aldous Huxley (2000: 154) in einem Essay mit dem Titel „Fashions in Visual Imagery" (1924). Wer sich das Thema dieses Beitrags so prägnant auf die eigenen poetologischen Fahnen schreibt, ist als Fallbeispiel für die folgenden Überlegungen geradezu prädestiniert. So sollen die Kurzgeschichte „Fard" (1922) zusammen mit einigen Essays Huxleys, der sich wie kein anderer seiner Zeitgenossen mit „The Art of Seeing" (1943), visueller Kultur und intermedialen Poetiken auseinandersetzte,[1] als Referenzpunkt für die theoretische Argumentation dienen. Der Beitrag möchte ausgehend von Wolfgang Isers Aussage „Sinn hat Bildcharakter" (1976: 20), *bildliche*, d. h. nicht-diskursive Sinnstrukturen narrativer Texte auf ihre „Konfigurationen" (vgl. Brosch 2007: 19 ff., 182 ff.) hin thematisieren. Aus der dynamischen Dialektik von Visualisierungsprozessen und konfigurierender Rahmung, so das Argument, ergeben sich durch bestimmte Strategien *diagrammatische Konstellationen*. Diese ,Sinn-Bilder' eignen einen besonderen Appell, der auf ein ,neues Sehen' abzielt und diese Konstellationen gleichzeitig erinnerbar macht – *die Lehren* der Visualisierungsstrategien. Mit der folgenden Diskussion an der Schnittstelle von narratologischen, rezeptions- und bildtheoretischen Ansätzen soll ein Beitrag zu einer kognitiven, auf die Leseerfahrung ausgerichteten Narratologie geleistet werden. Dieser Ansatz bietet sich gleichermaßen für *das Lehren*, die Literaturdidaktik an, da die Konstellationen das Bindeglied zwischen lebensweltlicher und ästhetischer (visueller) Erfahrung, zwischen Lektüre und Interpretation darstellen und an ihnen diese Thematiken aufgezeigt und diskutiert werden können.

---

[1] Kenneth Clark nannte Huxley „one of the most discerning lookers of our time" (zit. in Riedel 1992: 7; vgl. Marovitz 1973: 173 f.). Wenngleich Huxleys Beschäftigung mit visueller Kultur und visueller Wahrnehmung für das gesamte Werk relevant ist und sich in sämtlichen Textsorten und Genres findet, gibt es nur wenige explizite Auseinandersetzungen; diese beschränken sich zudem auf seine essayistischen Äußerungen zu bildender Kunst und die Rolle der bildenden Kunst für seine Romane (etwa in ekphrastischen Passagen), vgl. insbesondere Riedel (1990, 1992) und Marovitz (2008). Eine systematische Untersuchung von Visualitätskritik (Horlacher) und „narrativen Visualisierungsstrategien" (Tripp 2007, 2010, vgl. unten) in den Werken Huxleys blieb bislang aus. Gleiches gilt für seine *short stories*: Wie Nünning (1999) feststellt, wurden die Kurzgeschichten Huxleys bislang wenig beachtet, was umso mehr für die einzelnen Geschichten gilt. Nünnings Analyse von „Fard" ist die einzige mir bekannte.

1. Visualisierungen und ein Fallbeispiel

> „It is when you stop trying to see that seeing comes to you".
> Huxley, „The Art of Seeing" (1943: 73)

Was sieht man, wenn man liest? In jedem Fall die Buchstaben. Doch um „semiotisch" zu *lesen*, darf man gerade nicht auf das Zeichen *starren* (vgl. Assmann 1998).[2] Das wusste auch Huxley, der sich mit dem obigen Paradox auf zwei Modi des Sehens bezieht – „starring" und dem antithetischen „flashing" (vgl. Huxley 1943: 69-74; 124-129). Doch *flashing* ist mehr als Bedingung der Möglichkeit zu lesen: es beruht auf der Annahme, dass wir über Nach- und Erinnerungsbilder wahrnehmen, die je nach Kontext aktualisiert, d. h. imaginativ ergänzt werden. Deshalb gehört es zur Technik des *flashing*, immer wieder die Augen zu schließen und damit den Versuch zu sehen ,loszulassen' (vgl. ebd.). So besehen scheint gerade die *Blindheit* des ,losgelösten' Lesers eine gute Voraussetzung, um in der Lektüre etwas wahrzunehmen – nur was?

Der Verstehensprozess ist gebunden an unbewusste *Visualisierungen*. Unter Visualisierungen werden nach Tripp (2007) die dynamischen Prozesse im Lektüreakt verstanden, die als Teil der „passiven Synthesen" (Iser 1976: 219 ff.) im „Modus des Bildes" (ebd.: 220) die leserseitige Vorstellungsbildung als „stereoskopische" (ebd.: 313) Überblendung prägen. Diese Visualisierungen sind „weder in der Sprachlichkeit des Textes manifest, noch [...] reines Phantasma der Einbildungskraft" (ebd.), sondern bezeichnen gerade die dynamische Interaktionen zwischen diesen beiden Polen. In Anlehnung an Monika Fluderniks Konzepte der „Narrativierung" (*narrativization*) und der „Erfahrungshaftigkeit" (*experientiality*) und ihres kognitionslogischen Ansatzes einer „natural narratology" (vgl. Fludernik 1996, 2003) wurde die *literarische Visualität* definiert als die

> „lebensweltlich determinierte, narrativ evozierte visuelle Erfahrung [...], welche reale visuelle Wahrnehmung und Wahrnehmungssituationen suggeriert. Diese Suggestionen rufen den Visualisierungsprozess auf, [...] in welchem die realen visuell geprägten Erzähl-, Wahrnehmungs- oder Erfahrungsparameter und deren zugrunde liegenden kognitiven Schemata an den Text angelegt werden, um diese abzugleichen."
> (Tripp 2007: 27)

Dieser *bottom-up/top-down*-Prozess liegt der ganzen Lektüre zugrunde und ist vom Textverstehen nicht zu trennen. Die damit verbundenen *Bildlichkeiten* sind flüchtig und können nur durch bestimmte narrative Strategien, die eben auf diesen Visualisierungsprozess zielen, *wahrnehmbar* gemacht werden (vgl. Tripp 2010, 2011). Diese Strategien sind Gegenstand der folgenden Überlegungen zur Frage nach der Indienstnahme literarischer Visualität und Visualisierungen für Sinnstiftungsprozesse – und damit zurück zu Huxley.

---

[2]   Vgl. „looking at" und „looking through" als die zwei „Modi der Sichtbarkeit" – Transparenz und Störung – sprachlicher Zeichen bei Jäger (2004: 60 f.). Wie auch der unten diskutierte Ansatz Mitchells andeutet, spielen typographische und „schriftbildliche" (Krämer) Aspekte sehr wohl eine Rolle beim Textverstehen und werden zunehmend Gegenstand literatur- bzw. textwissenschaftlicher Betrachtungen, z. B. als mediale Strategien (vgl. Tripp 2011). Dieser materiale Aspekt kann hier nicht berücksichtigt werden.

Huxleys Kurzgeschichte verweist bereits mit ihrem Titel auf die Relevanz visueller Phänomene. „Fard" (von frz. *farder*) ist eine besondere Art von weißer Schminke, die von Theaterschauspielern als Maske benutzt wurde.[3] Thematisch wird dieser Aspekt am Ende der Geschichte aufgegriffen, als die Herrin, „Madame", ihrer alten, überarbeiteten Dienerin Sophie befiehlt, die Ermüdungserscheinungen mit Lippenstift und Rouge zu kaschieren, da ihr Anblick für Madame unerträglich geworden ist. Gleich zu Beginn der Geschichte, die auf Handlungsebene wie auch hinsichtlich der Bewusstseinsdarstellung dreigliedrig ist (vgl. Nünning 1999: 153), erfährt der Leser von Sophies körperlicher Erschöpfung, die sich hauptsächlich in Sehstörungen manifestiert (vgl. Huxley 1984: 251). Hingegen wird ihre Herrin explizit durch Erzählerkommentare und Zuschreibungen anderer Figuren wie auch implizit durch ihre eigene, ausschließlich visuelle Wahrnehmung mit Visualität (Spiegel, Sehen, Fenster, körperliche und vestimentäre Aspekte) und visueller Kultur (Rubens, Louvre, Theatralität) korreliert. Gleichzeitig verschließt sie aber buchstäblich die Augen vor den Bettlerinnen (vgl. ebd.: 254) und Sophies „anklagendem" Gesicht (vgl. ebd.: 255), bis diese sich geschminkt hat. Mithin beruht die Figurenkonstellation auf der komplementären Opposition von Nicht-Sehen-Können und Nicht-Sehen-Wollen. Auf der Ebene erzählerischer Vermittlung zeigt sich diese Dichotomie in einer offenen Perspektivstruktur der zwei Fokalisierungsinstanzen Herrin und Dienerin: im Falle Sophies ist die Wahrnehmung, die den ersten Teil der Geschichte bestimmt, durch Hören, Fühlen, Riechen geprägt, z. B. wenn Madame metonymisch als „furious wasp-like buzzer" (ebd.: 251) wahrgenommen wird; gesehen werden nur der migräneartige „bright yellow worm" und die „[coloured] stars" (ebd.: 251, 252). Hingegen ist die Wahrnehmung Madames ausschließlich auf das Visuelle und auf Oberflächenphänomene konzentriert. Das Thema des despotischen Herrschaftsverhältnisses, das sich als roter Faden durch die Geschichte zieht, findet somit ebenso in der Blickhierarchie der Geschichte seine Entsprechung.[4] Madames Stellung zeigt sich ebenfalls in der Analyse der Figurenrede. Sie ‚beherrscht' gewissermaßen den Diskurs, indem ihre Perspektive nicht nur in erlebter Rede, sondern auch im mimetischeren Modus des Gedankenzitats und inneren Monologs repräsentiert wird. Während so Madames Wahrnehmungen die leserseitigen Visualisierungen ‚unvermittelter' prägen und einen tiefen Einblick in ihre Figur gewähren, ist es auf der anderen Seite für Sophie wie für den Leser „difficult to see round the worm" (ebd.: 251), der sich störend zwischen sie und ihre Näharbeit schiebt. Die intensiv evozierte visuelle Erfahrungshaftigkeit fungiert sowohl als Mittel der Figurencharakterisierung, als auch der Sympathielenkung – Abschreckung bei der oberflächlichen, herzlosen Madame, Mitleid für die völlig erschöpfte Sophie.

Das „Fehlen einer übergeordneten Integrationsinstanz", welche dem Leser überlässt, die „Werte und Normen gegeneinander abzuwägen" (Nünnung 1999: 158), wird so durch spezifische narrative Strategien der Visualisierung kompensiert. Die offensichtliche Kontrastierung der Figuren zeigt sich zudem in entgegengesetzten Positionen: Madame denkt permanent darüber nach, Sophie ins Bett zu schicken, Sophie träumt hingegen vom Bett

---

[3] Zur leitmotivischen Verwendung von Theatermetaphorik vgl. Nünning (1999: 157 f.), leider ohne auf den visuellen Aspekt einzugehen.

[4] Das Konzept des fixierenden „gaze", im Unterschied zum flüchtigen „glance", ist spätestens seit Laura Mulveys Konzeptualisierung des „male gaze" als machtpolitische Praktik diskutiert worden. Zur Begriffsgeschichte dieses Theorems und für eine Überblicksdarstellung der unterschiedlichen theoretischen Kontexte, vgl. Belting (2006).

Madames (vgl. Huxley 1984: 251, 253, 254; Nünning 1999: 158). Diese Gegensätze, so Nünning (ebd.), würden durch die „leitmotivischen" Wiederholungen noch verstärkt. Ein visuelles Beispiel hierfür ist Madames Wahrnehmung Sophies und „[her] yellow face and blue teeth" (Huxley 1984: 254-255), die nicht nur durch die *fünffache* Wiederholung, sondern auch durch die ungewöhnlich ‚krankhaften' Farbzuschreibung auffällt. Diese Auffälligkeit sorgt zum einen dafür, dass der Leser Sophie in dieser Beschreibung gewissermaßen *wiedererkennt*. Auffällig ist aber auch, dass sich die Farbgebung in Sophies „worm" und „stars" widerspiegelt, genau wie die obigen Haltungen spiegelverkehrt sind. Wollte man überhaupt von einem Leitmotiv sprechen, dann ist es der Spiegel. Dies zeigt sich darüber hinaus deutlich formal in den drei Teilen (erst fokalisiert Sophie, dann beide, dann ausschließlich Madame) und vor allem thematisch: die im zweiten Teil größtenteils unvermittelte, „kontrapunktische" (Nünning 1999: 159) Gegenüberstellung der figuralen Wahrnehmung kulminiert signifikanterweise in einem Spiegelbild, welches den erzähltechnischen, handlungsorientierten, vor allem aber wirkungsästhetischen Wendepunkt der Geschichte markiert:

> „[Madame] got up again and began to wander aimlessly about the room. ‚I won't stand it, though,' she burst out. She had halted in front of the long mirror, and was admiring her own splendid tragic figure. No one would believe, to look at her, that she was over thirty. *Behind the beautiful tragedian she could see in the glass a thin, miserable, old creature, with a yellow face and blue teeth, crouching over the trunk.* Really, it was too disagreeable. Sophie looked like one of those beggar women one sees on a cold morning, standing in the gutter. Does one hurry past, trying not to look at them? [...] That was what came of walking. If one had a car [...] one wouldn't, rolling along behind closed windows, have to be conscious of them at all. She turned away from the glass." (Huxley 1984: 254; Hervorhebung R. T.)

In dieser kurzen Spiegelszene greift eine Visualisierungsstrategie, die eine ausschließlich leserseitige Revidierung der Figurenkonstellation auslöst. Ausschließlich leserseitig, denn der Augenblick der buchstäblichen Selbstreflexion in dieser zentralen Passage ist gerade nicht durch eine epiphane Selbsterkenntnis Madames bestimmt. Sie versucht im Gegenteil über die distanzierendes Wegblicken und Augenverschließen (vgl. ebd.: 255) sowie die Konzentration auf die Oberfläche („You look much less tired now", ebd.: 256), sich einer transzendentalen Einsicht zu verschließen.

Die erste, auf Kontrastierung beruhende Lesart dieser Szene ist, dass sich Madame noch nicht einmal mehr in ihrem ganz eigenen Medium – dem Spiegel als *vanitas*-Symbol – ihrer sozialen Verantwortung und damit ihrem schlechten Gewissen entziehen kann. Dieses Gefühl wie auch die spiegelbildliche Medialisierung ihres Blickes weckt Erinnerungen an ähnliche (Blick-)Situationen. Und mehr noch: die Vision im Spiegel sorgt für Nachbilder (vgl. ebd.: 255). Der Spiegel ermöglicht in diesem Augenblick keinen narzisstischen Eskapismus, sondern nur ‚ungeschminkten' Realismus, der Madame in Form von nachhaltigen Erinnerungsbildern verfolgt.

Doch die Szene zeigt mehr, denn Madame fokalisiert nicht von Beginn an. Die erzählerische Vermittlung wechselt erst nach einer ironischen Passage der „Ansteckung" (Stanzel) zu einer personalen Erzählsituation im inneren Monolog. Es ist nicht Madame selbst, die gleichzeitig „the beautiful tragedian" und die „thin miserable old creature" wahrnimmt. Madames selbstmitleidige Bespiegelung wird im Gegenteil gestört durch Sophies Erscheinung. Sie blickt erst sich, dann Sophie an – anders ist das gar nicht möglich – und in diesem *Nach*eineinander der „Selbst- und Fremdwahrnehmung" (vgl. Nünning 1999: 156) zeigen sich Madames Verblendungszusammenhänge deutlich. Das *Neben*einander im Bild wird allerdings durch den Leser visualisiert.

Dem hierarchischen *Diskurs*, der an Madames Blick gekoppelt ist, läuft die *Visualisierung* als egalitäre Reflexion beider Figuren im Spiegel zuwider. Als Teil der oberflächlichen Spiegelung werden beide Figuren medial auf gleiche Stufe gestellt. Das bisherige kontrastive Verhältnis wird zu einer korrespondierenden Konstellation, das sich im ambigen, deiktischen „behind" spiegelt. Indem der Spiegel beide Charaktere zu einem gemeinsamen Bild rahmt, wird eine kontige Relation zwischen den beiden Figuren hergestellt. Im Moment des Innehaltens vor dem Spiegel kommt es zu einer irritierenden Konstellation kontrastiver Elemente, irritierend, da gleichzeitig eine Ähnlichkeitsbeziehung suggeriert wird. In diesem unaufgelösten, asymmetrischen Spannungsfeld des Spiegelbildes erscheint eine zusätzliche Bedeutungsebene, die sich durch andere Textelemente in einer Relektüre und Interpretation stützen lassen.

Doch welche ist dies? Was sieht der Leser, was Madame nicht sehen *will*? Denn eine Irritation empfindet sie allemal, als die Ikonographie des *memento mori* – Sophie wird von Madame als „death's head" (ebd.: 253) und „walking corpse" (ebd.: 255) bezeichnet – in das Symbol der *vanitas* eindringt. Madame, die wiederholt bei den Gedanken an alte Menschen erschaudert (vgl. ebd.: 253, 255), um ihr jugendliches Aussehen besorgt und vor allem von begehrenden Blicken Anderer abhängig ist,[5] fürchtet sich schlichtweg vor dem Verlust dessen, worüber sie sich definiert und was ihre Stellung begründet – ihre Jugend und Schönheit. Der Kontrast alt-jung, der bisher unerwähnt blieb, wird im Spiegelbild als zwei Seiten eines Ganzen lesbar und damit nivelliert. Hier kommt eine andere ‚Ähnlichkeit' ins Spiel, denn Madame hat ebenfalls große Angst, ein „Sklave" der Männer zu sein bzw. zu werden, wie schon in ihrer ersten direkten Rede betont wird (ebd.: 251, vgl. ebd.: 253-255). Ist dies in einer kontrastiven Lesart Ausdruck von Madames Blindheit und damit von bitterer Ironie, suggeriert das Spiegelbild eine korrespondierende Versklavung Madames: diese besteht in ihrer Fokussierung der Oberfläche und ihrer Abhängigkeit vom Spiegelbild als Blicke der Anderen. Sie braucht für ihr Selbstverständnis die kategoriale Trennung von Sophie, die sich am sichersten in der sozialen Kluft offenbart. Realisiert sie die Ähnlichkeiten – Vergänglichkeit, Frauen in abhängigen Positionen – grenzt dies an Selbstverlust, was ihre extreme Reaktion erklärt („it was with difficulty that she prevented herself screaming", ebd.: 255).

Der Leser sieht eben nicht ‚mit den Augen einer Figur': Visualisierungen sind *bottom-up* durch Fokalisierungen bestimmt, die gleichermaßen prozessuale *Rahmung* wie *Gezeigtes* sind (vgl. Tripp 2007: 38, 42). In der obigen Szene wurde im „Deutungsrahmen" (Assmann 1996: 537) einer Figur, d. h. in der Wahrnehmungslogik genau diese vor Augen geführt. Es zeigt sich ausgerechnet im und mit dem Spiegel etwas, das für den von mir vorge-

---

5   Die Blicke der Anderen werden gerade deshalb im Spiegel zu antizipieren versucht; dazu Lenk (1976: 85): „Das Verhältnis der Frau zu sich läßt sich zeigen am Spiegel. Der Spiegel, das sind die Blicke der anderen, die vorweggenommenen Blicke der anderen".

schlagenen rezeptionstheoretischen Ansatz der narrativen Visualisierungsstrategien von Belang ist: Madame *kann* die Äquivalenz des Nebeneinander gar nicht selbst wahrnehmen und ihre Wahrnehmungsprämissen, ihr „Horizont" bleibt ihr blinder Fleck. Hingegen gewinnt genau hier der „Leserblickpunkt seine eigentümliche stereoskopische Qualität; er vermag auf das zu blicken, worin er ist" (Iser 1976: 313).

Insofern ist es für das folgende Argument eine glückliche Fügung, dass die sinnbildliche Konstellationen beider Figuren gerade im Spiegel erscheint, denn hier fallen poetologisches Programm und Visualisierungsstrategie in eins. Die traditionelle poetologische Metapher des „mimetischen" Spiegels ist deutlich erweitert um ein entscheidendes Moment, nämlich das einer „expressiven" Logik.[6] Die aufgerufene lebensweltliche „Spiegelerfahrung" ist nicht nur genuin visuell, das Spiegelbild steht zusätzlich an der „Schwelle zwischen Wahrnehmung und Bedeutung" (Eco 2001: 38) und verweist auf die konjekturale und damit ambivalente Qualität der Wahrnehmung (vgl. ebd.: 39). Es ist eine „absolute Ikone", ein Bild „ohne Inhalt" (ebd.: 47), das zunächst nicht repräsentiert, sondern nur sichtbar ist. Dieses „Bildobjekt" (Husserl, vgl. Wiesing 2009) muss erstens als solches wahrgenommen werden (d. h. die Zuschreibung, dass es ikonisch *bedeutet*, vgl. Tripp 2010: 199 Anm. 35) und zweitens *gedeutet* werden. Zudem verweist das zeitliche *Nacheinander* und räumliche *Nebeneinander* in der Spiegelwahrnehmung, die in der Geschichte explizit mit Erinnerungserfahrungen korreliert wird, auf eine komplementäre Logik von *Erinnerungs-* und *Gedächtnis*bildern (vgl. Kregel 2009: 208-215), die für die abschließenden Überlegungen relevant wird.

Fassen wir zusammen: Diese Kurzgeschichte wurde ausgewählt, da sie besonders anschaulich die Thematik dieses Beitrags aufzeigt. Sie kann geradezu als paradigmatisch gelten, da die Visualisierungsstrategien mit dem visuellen Appell des Spiegels und dessen ikonographische und poetologische Metaphorik sowie gedächtnistheoretischen Aspekten eng geführt werden. Doch auch ohne konkrete Markierung von Visualität und Indienstnahme (inter-)medialer Referenzen zeigen sich in den dieser Szene und ihrer Wirkung zugrunde liegenden Strategien wesentliche Aspekte, die im Folgenden näher beleuchtet werden sollen: eine extra-propositionale Bedeutungsebene, die sich durch eine verräumlichte, asymmetrische Konstellation eröffnet.

2. Konstellationen erfahren und Sinn be/deuten

> „A representational picture is one that tells a story".
> Huxley, „Variations on a Philosopher" (1950: 178)

Doch zunächst stellt sich die Frage nach dem Verhältnis von Erzählen und Bild(lichkeiten), und noch grundsätzlicher nach dem „Bildcharakter" von Sinn, wie ihn Wolfgang Iser konstatiert. Das letzte Zitat Huxleys soll erneut als Impulsgeber fungieren, denn beide Aspekte – „bildliches" Be/deuten und Erzählen – laufen hier zusammen. Auch wenn in diesem Zitat ein Gemeinplatz anklingen mag, der die Paragone-Tradition und das beredte Bild unmittel-

---

[6] Vgl. die Diskussion der Interaktion der beiden poetologischen, antithetischen Metaphern „Spiegel" und „Lampe" in Tripp (2010: 205-207).

bar aufruft, so verweist es doch darüber hinaus auf etwas anderes. Es war Huxleys Absicht, „to examine art works for their literary content" (LeGates, zit. in Riedel 1990: 88), und dieser literarische Gehalt ist manifest in einem „image of human life" (ebd.). Unterscheidet Huxley implizit zwischen „picture" und „literature", treffen sich beide in einem „image", in dem sich die Erfahrungshaftigkeit (*experientiality*) kristallisiert. Dieses Bindeglied zu bestimmen, ist Ziel der folgenden Überlegungen.[7]

Es dürfte aus den obigen Ausführungen deutlich geworden sein, dass es beim Konzept der Visualisierung und Bildlichkeit weder auf das ankommt, was Northrop Frye als „opsis" (vgl. Mitchell 1980: 547) bezeichnet hat, noch was gemeinhin als ‚literarische Bildlichkeit‘ verstanden wird; weder um besonders ‚anschauliche‘ Deskriptionen, noch um Metaphern soll es gehen (vgl. Tripp 2007: 41). Auch die Frage nach der Gleichsetzung von Visualisierung und figuraler Fokalisierung wurde ausführlich problematisiert (vgl. ebd.). Damit ist das, was Mieke Bal (2005) unter „visual narrativity" fasst – Deskription, Metapher, Perspektive –, zunächst als Frage der textuellen *Techniken* ausgeklammert. Die Aspekte der Deskription und Perspektive tragen zwar zur *Visualität* des Textes bei, sind aber Teil der „Konfiguration" (*Mimesis II*, Ricœur). Der Visualisierungsprozess stellt nun gerade das Zusammenspiel aller Ebenen – Präfiguration, Konfiguration, Refiguration – dar. Um diesen Prozess genauer zu bestimmen, bietet sich das von Monika Fludernik (1996) entwickelte Vier-Ebenen-Modell an, wie bereits meine obige Analogiebildung zu ihrem Begriff der *narrativization* nahelegt. Damit werden Visualisierungsprozesse im engen Zusammenhang zur Narrativität gesehen,[8] und narrative *Strategien* der Visualisierung gerade dort vermutet, wo die Narrativierung am stärksten gefragt ist: In jenen *kritischen* Momenten, in denen literarische Texte „nur schwer in Einklang mit den lebensweltlichen Erfahrungen der Leserinnen zu bringen sind" (Zerweck 2000: 226 f., vgl. Tripp 2007: 42). Diesen Momenten liegen, so meine These, visuelle, *asymmetrische* Relationen zugrunde. Diese Relationen sollen im Folgenden als Konstellationen bezeichnet werden. Sie sind „asymmetrisch" *erstens* in dem Sinne, dass diese aus dem bisherigen Deutungsrahmen des Lesers fallen, damit auf die konstitutive Asymmetrie zwischen Text und Leser verweisen (vgl. Iser 1976: 257-267): Der „Mangel [ist] ein Antrieb" (ebd.: 263) für eine Zuweisung von Bedeutung und Ausdeutung. Noch wichtiger, *zweitens*, ist die Asymmetrie im Sinne einer „Deformierung" (ebd.: 351), einer „Entstellung" (Freud) zu verstehen: wie Iser im Rekurs auf Merleau-Ponty (und Rodin) anführt, würde die Deformation – etwa die Stellung der Glieder, die „nach der Logik des Körpers [...] unvereinbar ist" (Merleau-Ponty, zit. in. Iser 1976: 351; 1975: 531 f.) – erst die Möglichkeit eröffnen, in einem „virtuellen Brennpunkt" (ebd.) etwas zur Darstellung zu bringen. Die asymmetrischen Konstellationen folgen keiner konventionalisierten

---

[7]   Eine verwandte Diskussion findet sich in Tripp (2011) mit Bezug auf die visuelle Ästhetik eines Zeitgenossen Huxleys, Evelyn Waugh. Dort ist es die Ideation als blitzartiges Erkennen, die als drittes, „stereoskopisches" Moment zwischen Bild und Wort vermittelt.

[8]   Das vermutet auch Brosch (2009) im Anschluss an Herman (2002), die versucht, Mieke Bals Begriff der „Visual Narrativity" intermedial tragfähig zu machen. Dabei geht Brosch ausführlich, etwa im Rekurs auf Mark Turner (4), auf das elementare Verhältnis von Erzählen und Visualität ein. Darüber hinaus ist dies ein elementarer Bestandteil ihrer short story-Theorie (2007), da Brosch zufolge Kurzgeschichten aufgrund der größeren Unbestimmtheit höhere Anforderungen an die Visualisierungsleistung stellen.

Repräsentationslogik und werden Anlass zur „transkriptiven Weiterverarbeitung" (Jäger 2004) und Interpretation.[9]

Die Rede von „disfigurierten" (Iser 1987: 332), also *entstellten* Schemata ist hierbei aufschlussreich. Denn die Strategie der „invertierten" (ebd.) *frames*, die nicht mehr angepasst und abgeglichen werden können, zielen genau auf ein solches asymmetrisches Nebeneinander ab: „it permits the coexistence of the mutually exclusive. It also turns the text into a generative matrix for the production of something new" (ebd.). Dies geschieht an Stellen, die „montageartig" unvereinbare, „interferierende ‚Bilder'" (Iser 1966: 383) nebeneinander stellen, die sich „gegenseitig bremsen" (Gehlen, zit. ebd.). Was „gebremst" wird, ist vor allem das „transparente", d. h. *ungestörte* Lesen (vgl. Jäger 2004). Der Visualisierungsprozess wird unterbrochen und in diesen „[s]törungsindizierte[n] Time-out-Phasen" eröffnet sich die „semantische Aushandlungsbühne für die sprachliche Sinnkonstitution" (ebd.: 46, vgl. ebd.: 47 f.). Doch sind die Effekte von Störung nicht nur Voraussetzung für kulturelle Sinnstiftungsprozesse, sondern auch für die Ausstellung von Referenzrahmen und medialer Performativität: „Erst ‚Normenwechsel' (Goodman), also Effekte von Störungen, erst die Erosion habitualisierter Bezugsrahmen, lassen […] das symbolische Repräsentationssystem selbst als ‚Weise der Welterzeugung' wieder sichtbar werden" (ebd.: 61 f.).

Die Störfall- bzw. Unfallmetaphorik im Zusammenhang mit Strategien, die das „Unerwartete am Bekannten" (Iser 1976: 145) aufdecken sollen, ist frappant: Wie Virilio (1986: 115) konstatiert, kann nur der „Unfall" eine andere „Sichtweise" hervorbringen, Iser (1984: 394 f.) spricht von einer „disruptive force", und Lotman (2010) sieht durch die unberechenbare „Explosion" die sinnstiftenden kulturellen Prozesse überhaupt erst angestoßen. Der Unfall als Motiv figuriert als *emphatische* Leerstelle der Narration;[10] gleiches gilt für die zugrunde liegende Logik der obigen Visualisierungsstrategien. Im Unfall und seiner traumatischen Folge zeigt sich gleichermaßen, dass die kulturellen Narrative und Deutungsrahmen nicht mehr ausreichen, um die Erfahrungen in einen Sinnzusammenhang zu bringen (vgl. Trotter 1999: 77). Der Unfall fällt nicht einfach aus dem Rahmen, er sprengt diesen. Der damit verbundene Schock – ein erster Hinweis auf den affektgeladenen Appell der Konstellationen – hängt nicht nur mit der *Plötzlichkeit* oder Heftigkeit zusammen, sondern auch damit, in diesen Momenten nicht verstehen und wahrnehmen zu können: der Unfall ist permanenter Sinnaufschub (vgl. Mülder-Bach 2002: 202). Dies ruft wiederum narrative Bewältigungsstrategien auf den Plan, transkriptive Weiterverarbeitung, die die sinnstiftende Funktion, ihre Nachträglichkeit, vor allem aber die Rolle der Narration für die Wahrnehmung verdeutlichen.

Versteht man die asymmetrischen Konstellationen als Ergebnis dieser „Logik des Unfalls", dann haben sie – zumindest in Oesterles intermedialer Relektüre (vgl. Oesterle 2008; Tripp 2011) – einiges mit dem Punctum Barthes zu tun: Oesterle schlägt vor, das Punctum

---

[9] Der Freudsche Begriff der Entstellung ist hier insofern angebracht, erstens, da Iser selbst in der Rhetorik des Erwachens und der psychoanalytischen Traumdeutung argumentiert, wenn es um den Unterschied zwischen Lektüre und Interpretation geht (vgl. Iser 1976: 219 f.; 1975: 533); zweitens wird unten der Versuch unternommen, diese rezeptionstheoretischen Ansätze mit den Benjaminschen Überlegungen zum Erinnerungsbild zusammen zu denken, in denen dieser Begriff ebenfalls eine große Rolle spielt, vgl. Weigel (1994: 10, 52 f.); Zumbusch (2004: 290).

[10] Vgl. hierzu und im Folgenden auch Mülder-Bach (2002: 204); zum Begriff der emphatischen Leerstelle Tripp (2010: 203).

an der Schnittstelle zwischen Bild und Text, am „Kipppunkt vom Bildmaximum des Mediums Photographie und dem Bildminimum imaginärer meditativer Lektüre" (ebd.: 341) zu verstehen. Dabei tritt das Punctum genau an die Leerstelle der Narration, die durch eine Logik des Unfalls verursacht wurde, denn „[d]ie Unmöglichkeit einer narrativen Aufklärung und die Schwierigkeit eine Situation zu ‚benennen' ist die Bedingung der Möglichkeit des photographischen ‚Punctum'" (340 f.). Doch wenn die Konstellation an der Schnittstelle von Bild und Text zu finden ist, inwieweit ist sie dann ein „image"?

Das Konzept des ‚Sinn-Bilds', wie es im Folgenden verkürzt genannt wird, ist von den Überlegungen zur ikonischen Qualität literarischer Texte nicht loszulösen. Iser selbst stellt die Verbindung zwischen textuellem Bedeuten und Wahrnehmungsakten direkt her. Er diskutiert Positionen der „imitierenden" Qualität literarischer Rede (u. a. Austins Gedanke des „Parasitären") und zeigt, dass diese Imitation nur eine sein kann, die die „Vorstellungs- und Wahrnehmungsbedingungen" abbilde (vgl. ebd.: 104-107). Das ikonische an literarischen Texten – und hier argumentiert er mit Cassirers *symbolischer Form* sowie Ecos *ikonischem Zeichen* – ist die *Homologie* zwischen „Wahrnehmungs*beziehungen*" (Eco 1972: 213) innerhalb und außerhalb des Textes. Gleichzeitig erlauben diese textuellen Gefüge „Aufschlüsse darüber, in welcher Form Vorstellungs- und Wahrnehmungsdispositionen des [Lesers] beansprucht werden" (ebd.: 107).

Diese Wahrnehmungsmodelle und -relationen hat Mitchell lange vor seiner einflussreichen Studie „Picture Theory" (1994) und dem erneuertem Interesse an Raumtheorien seit dem *spatial turn* als „Spatial Form" (vgl. Mitchell 1980) bezeichnet. Er hat schon früh die medienkritische Bestimmung von Text und Bild angezweifelt und diese im Kontext seiner ideologiekritischen *Iconology* zu revidieren versucht (vgl. Mitchell 1980, 1981, 1986: 95-149). Viele Aspekte der „spatialization" (vgl. Herman 2002, Friedmann 1993), ein Konzept, das mittlerweile in der kognitiven Narratologie Hochkonjunktur hat,[11] haben sich bei Mitchell bereits lange zuvor angedeutet. In einem Vorschlag zu einer „Diagrammatology" (Mitchell 1981), welche die Repräsentation und Interpretation von Relationen untersuchen soll (vgl. ebd.: 622 f.), schreibt er, der literarische Text sei ein Bild („image", ebd.: 627), da er neben dem „referential discourse", der „temporal shape" und dem „typographic artefact" eben auch das „semantic icon"[12] beinhalte. Und in diesem Sinne sei das materiale Bild („picture") auch Text: beides ist Bild, weil die Relation der Textelemente „diagrammatisch" ist und somit, könnte man noch hinzufügen, im Sinne Charles Sanders Peirce „ikonisch".[13]

---

[11] In den letzten zwei Dekaden wurde die Rolle der „Spatialisation" und des cognitive mapping für die mentalen Repräsentationen von Erzählungen betont. Hauptvertreter sind Herman (z. B. 2002, 2003) und Ryan (z. B. 2003). Diese Vermutungen sind längst von der kognitiven Linguistik bestätigt wurden (vgl. die Diskussion in Tripp 2007: 21) und basieren auf der noch grundsätzlicheren Annahme, dass *kein* Verstehen einer sprachlichen Äußerung möglich ist, ohne eine gewisse verräumlichende Vorstellung des Gehörten bzw. Gelesenen. Brosch (2009: 10) hat diesen Aspekt griffig auf den Punkt gebracht: „No imagination without spatialization".

[12] Auch wenn Mitchell an dieser Stelle nicht explizit das „semantic icon" erklärt, geht aus seinen anderen Schriften hervor, dass es sich dabei entgegen imagistischer und formalistischer Tradition wiederum um ein relationales Gefüge handelt, das sich aus dem propositionalen („semantischen") Gehalt ergibt, aber damit nicht identisch ist. Damit entspricht das „semantic icon" der Visualisierung.

[13] Peirce unterscheidet bekanntermaßen drei ikonische Zeichen: Bild, Diagramm und Metapher. Vgl. Mitchells Diskussion des „verbal image" bei Wittgenstein, das er auch mit dem Diagrammatischen bei Peirce kurzschließt (1986: 25 f., 26 Anm. 31). Das heißt allerdings nicht, dass diese „ikonischen" Strukturen statisch wären. Mitchell (1980: 543) betont selbst, dass er Raum in Rekurs auf Leibniz als grundsätzlich relational und

Das „semantic icon" als Teil dieses diagrammatischen Gefüges ist allerdings nicht gleichzusetzen mit der „spatial form". Für Mitchell (1981: 628) ist Form bereits interpretiertes Diagramm: „the image or diagram has not earned the value of form until it has been interpreted or explained in some verbal or propositional expression". Ein Beispiel für eine „spatial form" wäre dann „Baum" als einem Diagramm zugrunde liegende Relation der Elemente (vgl. Mitchell 1980: 540 Anm. 2), die zumindest nach *meiner Interpretation* gegeben ist. Damit wird die „spatial form" auf das Gefüge „projiziert" (Mitchell 1981: 625), und dieses „Sehen-in" macht die ikonische Zuschreibung der Geltung deutlich.[14] Diese Form entspricht der *Bedeutung* im Gegensatz zum *Sinn* bei Ricœur bzw. Iser (vgl. Iser 1976: 244). Wenn das Bildliche am Sinn zum einen darin besteht, erstens, ohne Entsprechung eines propositionalen Gehalts im „virtuellen Brennpunkt" zu erscheinen, zweitens, diese Bildlichkeit auf eine Homologie von diagrammatischen Wahrnehmungsrelationen verweist, und drittens, vom Leser erst die Zuschreibung einer Geltung „Bild"[15] die Interpretation ermöglicht, dann entspricht dem zum anderen, „dass das Ergebnis der ikonischen Kategorisierung ein Bestandteil des Sinns ist" (Blanke 2003: 190).

Als Zwischenbilanz soll noch einmal die terminologische Trennschärfe in den Blick genommen werden. Denn in dem Versuch, das kurze Erzählen rezeptionsästhetisch zu bestimmen, hat Renate Brosch (2007) in Anlehnung an Brown (1989) für sehr ähnliche Phänomene den Begriff der „Konfiguration" in Anschlag gebracht.[16] Brosch definiert hier[17]

---

kinematisch versteht und macht deutlich, dass die „spatial form" weder a-historisch ist noch von Erfahrungsprozessen losgelöst wäre. Das ist wichtig zu betonen, denn für die Erzähltheorie war die Frage nach dem Zusammenspiel bzw. kategorialen Trennung von räumlichen und zeitlichen Kategorien zum Zwecke gattungstheoretischer Überlegungen stets aktuell. Die zwei bekanntesten Vertreter sind Michail Bachtin, dessen *Chronotopos* auf ein Zusammenspiel abhebt, und Paul Ricœur, der wie kein anderer die Zeitlichkeit von Erzählen und Erzählungen betont. Zwei sehr interessante Ansätze für die Frage nach Räumlichkeit (und Visualisierungen) stammen aus den 1990er Jahren von Susan Hunter Brown (1989) und Susan Stanford Friedman (1993), die komplementär Bachtins (Friedman) bzw. Ricœurs (Brown) Ansatz weiterentwickeln. Vgl. hierzu vor allem die jüngsten Arbeiten von Renate Brosch, die wiederum die genannten Ansätze für die short story-Theorie fruchtbar macht

[14] Zu diesem pragmatischem Aspekts des „Sehen-in" als strukturellem Kennzeichen von Ikonizität vgl. Mitchell (1980), Blanke (2003: 190), die Diskussion von Seel (2003, „Dreizehn Sätze über das Bild", insbesondere Satz 10, 284-287). Vgl. auch die Diskussionen um die Konventionalität von ikonischen Zeichen bei Eco und Goodman, zusammenfassend diskutiert bei Blanke (2003: 14-21). Seel (2003: 281) behauptet, dass damit zwischen „phänomenologischer und semiotische Bildtheorie [...] kein echter Widerstreit" besteht und fordert einen integrativen Zugang, der beide Ansätze vereint (vgl. ebd.: 284) – wie auch hier vorgeschlagen.

[15] Mit Husserl ist die Geltung das *Zuschreiben* einer Zeichenfunktion, die sich nicht aus der Ähnlichkeitsbeziehung zwischen „Bildobjekt"/Sinn und „Bildsujet"/Bedeutung herleiten lässt, vgl. die Diskussion in Tripp (2010: 199 Anm. 35).

[16] „Mit Konfiguration ist eine *statische* Bildvorstellung gemeint, ein *bedeutungsvoller*, aber *nicht unbedingt distinkter* Bildzusammenhang, in dem Teile eines Textes *figurieren*. Konfigurationen werden *von bestimmten Textstrategien begünstigt* und durch eine mentale Operation vom Leser erstellt. Konfiguration ist nach Herman die *Relation von Figuren und Objekten im narrativen Raum* der fiktionalen Welt, die im *Prozess der Erstlektüre vom Leser visualisiert* wurden, jedoch erst *am Ende* der Erstlektüre in einem *interpretativen Akt* (und durch Relektüre) mithilfe von *signifikanten Bildeinstellungen* erstellt werden [...]. Sie besitzen eine *integrationsfördernde* oder *synthetisierende* Funktion, die die dem Verständnis eines Erzähltextes dient und für *erinnerbare Bilder* sorgt. [...] Konfigurationen sind nicht nur visuell vorstellbar, in ihnen konzentrieren sich auch entscheidende Bedeutungselemente des Textes. Aufgrund ihrer Kürze werden short stories oftmals als eine *Gesamtkonfiguration* interpretiert." (Brosch 2007: 180; Hervorhebung R. T.)

[17] Brosch hat seit dieser Studie die Termini mehrfach und auf unterschiedliche Weise definiert (vgl. z. B. 2007: 182-184; 2008: 196, 2011), was darauf verweist, dass diese Diskussionen noch nicht abgeschlossen sind, mehr

die Konfigurationen im *Gegensatz* zu den flüchtigen, unbewussten dynamischen Visualisierungsprozessen als statisch und nachhaltig. Sie sind – im Gegensatz zum semantic icon – auf diegetische Elemente beschränkt[18] und sollen eine synthetisierende Funktion übernehmen – im Gegensatz zu asymmetrischen Konstellationen. „Konfigurationen" werden nach Brosch zwar rückblickend „erstellt" und als relationale Figuration von textuellen Elementen interpretiert, sollen aber schon während der Erstlektüre visualisiert worden sein. Es wird zudem zwischen Konfigurationen und Gesamtkonfigurationen unterschieden. Auf der einen Seite, so Brosch (2007: 182), sorgt ein emotionaler Affekt für eine „gesteigerte […] Visualisierbarkeit". Auf der anderen Seite soll die „Bildlichkeit" selbst emotional aufgeladen sein und somit im „größeren Maße für eine anhaltende, nachhaltige Wirkung eines literarischen Textes" (Brosch 2007: 181 Anm. 2) sorgen. Gerade bei letzterem Aspekt ist genauer nachzufragen, in welchem Verhältnis textuelle Bildlichkeiten und Affektpoetik stehen und auf welcher Ebene bzw. an welcher Stelle im Lektüreprozess diese Interaktion stattfindet.[19]

Aufgrund der obigen Vorüberlegungen einerseits, andererseits wegen der doch sehr unterschiedlichen Phänomene, die mit nur einem Terminus benannt werden, schlage ich vor, zwischen den Begriffen Visualisierung, Konfiguration und Konstellation zu unterscheiden. Das relationale, ikonische Verhältnis, das den „Sinn" konstituiert, kann (auch in Analogie zu den Beschreibungskategorien der Figurenanalyse) als *Konstellation* bezeichnet werden. Diese (abstraktere) Konstellationen, ein diagrammatisches Textbild mit Mitchell, stellen das Verhältnis z. B. von Figuren, Blickverhalten (Stichwort „Blickkonstellation") oder abstraktere verräumlichte Relationen dar. Während des Leseprozesses entstehen die „passiven Synthesen" der Visualisierungen, die durch die Dynamik von Protention und Retention einerseits (*bottom-up*) und den Abgleich von Schemata und Skripten (*top-down*) *konfiguriert* werden. In diesem Sinne soll von Konfigurationen gesprochen werden: diese sind mit ihrer „synthetisierenden" Funktion der relativ statische „Deutungsrahmen" (Assmann), der gemäß dem „primacy effect" (vgl. Jahn 1997) so lange aufrechterhalten wird bis widersprüchliche Information zu einer Korrektur, einem *Rahmenwechsel*, zwingen. Somit sind Konfigurationen Teil des Verstehensprozesses, die auf die Visualisierungen, auf das „semantic icon" einwirken. Das Zusammenspiel beider Aspekte, Visualisierung und Konfi-

---

noch, dass diese Begriffe elementar für eine literarische Visualität sind. Im Folgenden soll ein Vorschlag zur terminologischen Klärung dieser Begriffe gemacht werden.

[18] Herman (2002: 263) und ihm folgend Brosch reduzieren Konfigurationen auf deren räumlichen Aspekt und auf die diegetische Ebene (Figuren, Objekte im Raum), wohingegen Mitchell diese unter „semantic icon" subsumiert und somit nur als ein Element im diagrammatischen Textbild (unsere Konstellationen) neben anderen fasst.

[19] Vgl. unten. Interessanterweise sind die Diskussionen über den Zusammenhang von short stories und visuellen „Konfigurationen", wie sie Brown (1989) angestoßen hat, unmittelbar an die Frage geknüpft, *was* wir *wie* von den gelesenen Geschichten in Erinnerung behalten (vgl. ebd.: 217). Browns Argument läuft darauf hinaus, dass die Kurzgeschichte „konfigurierendes Lesen" begünstigt, da dieses „special demands on memory" (1989: 242) bedeutet und die Informationsverarbeitung beim Lesen einer Kurzgeschichte weniger anspruchsvoll ist (vgl. ebd.: 242-245). Demgegenüber sieht Brosch (2007, 2011) durch diese Unbestimmtheiten den Leser stärker gefordert und in der Konfiguration die leserseitige, synthetisierende Kompensation dieser Leerstellen. Inzwischen versteht Brosch (2011: 3) die „Konfiguration"– ähnlich wie hier – als Ergebnis subversiver Strategien. Ihre Argumentation überzeugt, und ggf. müssen die narrativen Visualisierungsstrategien, die hier zu asymmetrischen Konstellationen führen, als typische Techniken und Schreibweisen kurzen Erzählens bezeichnet werden, die auch in längeren Texten vorkommen können. Dies gilt allerdings nicht für die Visualisierungen, Konfigurationen und Konstellationen im Allgemeinen, die dem Lesen von Erzähltexten immer zugrunde liegen.

guration, müssen mithin als Dialektik von statischen und dynamischen Elementen gedacht werden (vgl. Tripp 2011). Dieses Verständnis von Konfiguration ist auch besser in Einklang zu bringen mit anderen (narratologischen) Verwendungen dieses Begriffs[20] wie auch der Begriff der Konstellation mit dem folgenden Konzept. Denn um die bisher ungeklärte Frage nach der Nachhaltigkeit dieser Konstellation zu theoretisieren, benötigen wir noch ein konzeptuelles Relais zwischen Bild, Affekt und Erinnerung.

3.   Das „Dialektische Bild"

> „[T]he terms, however remote from one another, must be made
> to come together in the reader's mind with, so to speak, a smart click."
> Huxley, „Where are the Movies Moving?" (2000: 172)

Das Kapitel „Metapictures" (Mitchell 1994) beginnt mit einem Zitat Walter Benjamins, ohne dass Mitchell das Konzept in Dienst nimmt. Das soll hier nachgeholt werden, denn dieses Benjaminische Konzept stellt eine Verknüpfung dar von statischen und dynamischen Prozessen, Vergangenem und Gegenwärtigen, Absenz und Präsenz, Räumlichkeit und Temporalität sowie Plötzlichkeit und Erinnerung – apropos Unfall – und erscheint damit für unser Argument überaus fruchtbar. Die Rede ist vom „dialektischen Bild":

> „Bild ist dasjenige, worin das Gewesene mit dem Jetzt *blitzhaft* zu einer *Konstellation* zusammentritt. Mit anderen Worten: Bild ist die *Dialektik im Stillstand* [...] Das gelesene Bild, will sagen das Bild im Jetzt der Erkennbarkeit trägt im höchsten Grade den Stempel des *kritischen, gefährlichen Moments*, welcher *allem Lesen* zugrunde liegt". (Benjamin 1981 f.: V/578; Hervorhebung R. T.)

Das Bild bei Benjamin ist eine „Zäsur" im Verstehensprozess, denn „[z]um Denken gehört ebenso die Bewegung wie das Stillstellen der Gedanken" (Benjamin 1981 f.: V/595). Voraussetzung für Erkenntnis ist, dass „das Denken selbst anhält" (Zumbusch 2004: 122 f.). Anders als bei stereoskopischen Überblendung von Protention und Retention werden die beiden Pole nicht synthetisiert, sondern – das macht das dialektische des Bildes aus – stehen sich „wechselseitig erhellend" nebeneinander (vgl. ebd.: 297). An einem *kritischen* Punkt der Gegenwart wird ein vergangener Aspekt *aktualisiert* und beide Aspekte fügen sich zu einer polarisierenden Konstellation zusammen. Aus dieser Polarität gewinnt das Bild nun den affektgeladenen Charakter. Denn diese Pause liegt gerade an einem Um-

---

[20]   Vgl. Ricœurs Begriff der „configuration" im Gegensatz zur „succession" (1980) oder Konfiguration als Mimesis II. Auch Benjamins Gebrauch der Configuration – apropos „Wahrnehmung ist Lesen" (1981 f.: VI/ 32) –, die er zudem in einem engen Verhältnis zur Wahrnehmung sieht, lässt sich mit unserem Gebrauch besser vereinbaren: Benjamin beschreibt Wahrnehmung als „configurierte absolute Fläche" im Gegensatz zu Zeichen als „Configuration in der absoluten Fläche" (vgl. ebd.). Das diagrammatische Textbild wäre Teil der „Configuration in der Fläche," der wir die „Bedeutung ihrer Bedeutbarkeit zuordnen" (vgl. ebd.: 33). Zum „Lesen in „Configurationen der Fläche", vgl. Costa (2010: 220-223).

schlagspunkt einer oszillierenden Bewegung, was erklärt, warum im vermeintlichen Ruhepunkt „die Spannung zwischen den Gegensätzen am größten ist" (Benjamin 1981 f.: V/595). Produktivität dieses Spannungsfelds, dieses „paradoxalen Sowohl-als-auch" (Zumbusch 2004: 127) entsteht aus dieser Asymmetrie: das dialektische Bild ist eben keine Kipp-Figur, kein Entweder-oder, wie die syntagmatische Leerstelle, die durch passive Synthesen abgeglichen wird.[21]

Wie die oben beschriebenen asymmetrischen Konstellationen zeichnet sich das dialektische Bild gerade durch Sinnfülle im Gegensatz zum permanenten Sinnaufschub aus. Es steht damit zwischen Lektüre und Interpretation. Bezeichnenderweise greift Benjamin hier auf die gleiche Metaphorik wie Iser (1975: 532 f.) zurück: das dialektische Bild soll nämlich „zwischen Traum und Wachzustand aufblitzen" (Zumbusch 2004: 125), zwischen Sinn erscheinen und verstehen, könnte man hinzufügen: „Das Jetzt der Erkennbarkeit ist der Augenblick des Erwachens" (Benjamin 1981 f.: V/1250 f.).[22] Es steht damit zwischen Lektüre und Interpretation.

Das Bild als *Zäsur* ist auf zweifache Weise zeitlich gebunden: Erstens vollzieht es sich im Modus des Augenblicks, zweitens ist es flüchtig. Die „Frage, wie diese Erinnerung hervorgerufen und wie sie fixiert werden kann, ist dabei für die Fassung des dialektischen Bildes als Erinnerungsbild von entscheidender Bedeutung" (Zumbusch 2004: 121). Es sei ein „Schock", der das Bild fixiert im „kritische Moment des Zustoßens" (vgl. ebd.: 122 f.). Hier schließt sich die Augenblicksästhetik und „zeitliche Modalität der ‚*Plötzlichkeit*‘" (Bohrer 1989: 7) an, die die „ästhetische Grenze als ein *reines* Wahrnehmungsereignis markiert". Diese Plötzlichkeit zusammen mit dem überraschenden Rahmenbruch bewirkt einen wirkungsästhetischen Affekt, der auch in anverwandten Begriffen des *Blitzartigen*, des *Unfalls*, des *gefährlichen Augenblicks* etc. in den (zumeist phänomenologischen) Theorien zum Ausdruck kommt (vgl. Tripp 2010: Anm. 79). Dieser besondere „disruptive" (Iser) Appell macht die Konstellation erinnerbar.

Noch signifikanter ist jedoch die wahrnehmungstheoretische Grundierung dieser Erkenntnis. In der *überraschenden Konstellation* soll „die Idee *en passant* sichtbar" (Zumbusch 2004: 293) werden. Diese visuellen Kategorien sind mehr als bloße Metaphorik, wie Zumbusch (ebd.: 292 ff.; vgl. Costa 2010) herausgestellt hat. Im Gegenteil, die Aspekte der Sichtbarkeit und der Anschauung, der sinnliche Anteil des Erkenntnisprozess, sind für die zu realisierende symbolische Bedeutung elementar. Nicht nur ist diese „im hohen Maße von einem besonders eingestellten Betrachterblick abhängig" (ebd.: 292), das Symbol bzw. das dialektische Bild ist das *Gesehene* im Gegensatz zum künstlich hergestellten Zeichen (vgl. ebd.: 297),[23] mithin das nur sichtbare Bildobjekt, das eine „artifizielle Präsenz" (Wiesing 2009) eignet.

Und hier kommt auch die „Zäsur", mit Wiesing (2009) die „Pause" als konstitutives Merkmal von Bildwahrnehmung ins Spiel. Die „Partizipationspause" ist keine Unterbrechung: anders als das Schlafen, eine Vollnarkose, etc. wird weiterhin wahrgenommen. Wovon wird also pausiert? Dem Wahrnehmenden widerfährt nicht das, „was ihm seine Wahr-

---

21 Zum Zusammenhang der epistemologischen und wahrnehmungstheoretischen Metapher der Kippfigur und der Rezeptionsästhetik Isers bzw. der Visualisierungen, vgl. Tripp (2010: 198-202).
22 Zum Zusammenhang der Rede vom Erwachen und der „Poetik des Unfalls", vgl. Mülder-Bach (2002: 204).
23 Zur Verbindung von Symboltheorie und dialektischem Bild bei Benjamin, vgl. Zumbusch (2004: 209).

nehmung ansonsten zumutet: die leibliche Teilnahme am wahrgenommenen Geschehen" (ebd.: 199). Das ist signifikanterweise genau das, was Huxley (1943: 131) bzw. Roger Fry, den er zitiert, über das Kino als dem Ort schreibt, an dem man besonders gut ‚sehen üben' kann: „the conative part of our reaction to sensations, that is to say, the appropriate resultant action is cut off. [...] The result is that [...] we see the event much more clearly". Die Strategien und ihre zugrunde liegende „Logik des Unfalls" ermöglichen eine solche Partizipationspause, in der für eine kurze Zeit der Fluss der Narration aussetzt, um ein bildliches Erkennen an die entsprechende emphatische Leerstelle treten zu lassen.

5. Erinnerungen – ein Ausblick

> „No power can make us visualize things of which we are absolutely ignorant."
> Huxley, „Fashions in Visual Imagery" (2000: 155)

Leerstellen sind „Erinnerungsanlässe" (Matussek 2004) während der Lektüre. Emphatische Leerstellen, so kann man aus den obigen Ausführungen folgern, die durch bestimmte narrative Strategien zu einer *asymmetrischen, diagrammatischen, dialektischen Konstellation* führen und ‚Sinn bedeuten', fordern ebenfalls zu einem Erinnerungsakt auf. In diesem Fall geht es um die Zuschreibung einer „spatial form", um die Be/deutung dieser „unsinnlichen Ähnlichkeit" (Benjamin 1981 f.: II/213), die auf einer Erinnerung an ähnliche Formen vorgenommen wird. Diese Formen sind *präfiguriert* als symbolische Formen im kulturellen Gedächtnis, die im individuellen Erinnerungsanlass neu aktualisiert werden (vgl. Matussek 2004). Doch können diese Konstellationen selbst, *rekonfiguriert*, Eingang in das kulturelle Gedächtnis finden und damit von anderen Texten durch Visualisierungsstrategien aufgerufen werden? Kann das „*visuelle Gedächtnis der Literatur*" (Schmeling/Schmitz-Emans 1999) auch ein genuin intertextuelles sein?

Mithin zielt die zugrunde liegende Fragestellung auf die Erinnerung *an* Literatur. In Astrid Erlls Kategorisierungen des Verhältnisses von Literatur und Gedächtnis- bzw. Erinnerungskulturen wären die erinnerbaren Konstellationen an der Schnittstelle von Intertextualität als „Gedächtnis *der* Literatur I" (Erll: 2010: 288; 290-92) und „Literatur und die Medialität des Gedächtnisses" (ebd.: 289; 296-298) anzusiedeln. Wenn man wie oben diskutiert die asymmetrischen Konstellationen als dialektisches Bild versteht, dann ergeben sich daraus wesentliche Anhaltspunkte zur Beantwortung dieser Fragen. Diese Punkte sollen abschließend kurz angerissen werden, um einer vertiefenden Diskussion an anderer Stelle den Weg zu ebnen.

Die asymmetrischen Konstellation, die durch Strategien der Visualisierungen hervorgerufen werden, sind durch eine temporale Diskontinuität, ein plötzliches Aufscheinen gekennzeichnet, das zwar an Erkennen gebunden ist, jedoch eher als ihre Bedingung denn als Erkenntnis selbst zu verstehen ist. Im *Jetzt der Erkennbarkeit* entsteht plötzlich eine Konstellation, ein Zusammentreten von Vergangenheit und Gegenwart, wobei diese Lektürepraxis – und das ist entscheidend – „das Gewesene überhaupt erst konstituiert, indem sie es als Bild hervorbringt. Hier geht es nicht mehr um ein Gedächtnis *der* Bilder oder um eine Erinnerung in, an und mit Bildern, sondern die *Struktur der Erinnerung selbst* ist in einen

Bildraum [d. h. in einen Vorstellungsraum, der bildlich konstruiert ist] hinein verlagert" (Weigel 1994: 54; Hervorhebung R. T.). Was diesen Vorstellungsraum diagrammatisch aufspannt, d. h. was in diesem Momenten das dialektische Bild oder die asymmetrische Konstellation prägt, ist eine Erinnerungslogik, bei der, so meine These, intra- und intertextuelle Bezugnahmen eine besondere Rolle spielen.

Die diagrammatischen ‚Sinn-Bilder‘, die Konstellationen, werden erst in der Lektüre hervorgebracht und finden nur durch unser Wiedererkennen entsprechender Formen nachhaltig Eingang in unsere Erinnerung. Auch Weigel (1994: 10) meint, dass Verfahren der Intertexualität für diese „Bilder, die wir nie sahen, ehe wir uns ihrer erinnerten" (Benjamin, zit. nach ebd.) ein besonderes Gewicht zukommt. Weigel stellt im Zusammenhang mit Aby Warburgs Mnemosyne-Bilderatlas und der Pathos-Formel „als eine symbolische Form, deren Bedeutung sich nicht in einer Übersetzung in Sprache erschließt" (Weigel 1994: 45) fest: „Der Vorgang des Zitierens, Aneignens und der Umformulierung einer überlieferten Formen- und Symbolsprache, den man heute als Intertextualität bezeichnen würde, wird dabei als Sichwiedererinnern an vorgeprägte Formen und darin niedergelegten Erfahrungen verstanden" (ebd.). Und nichts anderes wird im Be/deuten, in der Interpretation der diagrammatischen Konstellationen mit der „spatial form" getan.

Führt man die obigen Überlegungen zur sinn-bildlichen Konstellation mit diesen kulturwissenschaftlichen Ansätzen und weiteren Gedächtnis- und Intertextualitätstheorien eng, dann ließe sich – Genettes Metapher des *Palimpsest* wörtlich genommen – ein bildliches Durchscheinen anderer Texte konzeptualisieren, das nicht in den bisher beschriebenen Modi der intertextuellen Bezugnahmen aufgeht. Dieses Unterfangen würde vielleicht auch die oft bemerkte Enttäuschung über eine Romanverfilmung näher beleuchten, denn das *Überraschende* daran ist nicht (nur), dass der Schauspieler anders aussieht, als ich mir die Figur vorgestellt habe (wie auch schon Huxley weiß, vgl. 2000: 155-157), sondern vielmehr, dass ich mich offensichtlich an meine Vorstellung erinnere.

Literatur

Assmann, Aleida (1988): Die Sprache der Dinge. Der lange Blick und die wilde Semiose. In: Gumbrecht, Hans U./Pfeiffer, Karl L. (Hg.): Materialität der Kommunikation, Frankfurt/Main: Suhrkamp, 237-251.

Dies. (1996): Im Dickicht der Zeichen. Hodegetik – Hermeneutik – Dekonstruktion. In: Deutsche Vierteljahresschrift für Literaturwissenschaft und Geistesgeschichte 70 (4), 535-551.

Bal, Mieke (2005): Visual Narrativity. In: Herman, David/Jahn, Manfred/Ryan, Marie-Laure (Hg.): Routledge Encyclopedia of Narrative Theory. London/New York: Routledge, 629-633.

Belting, Hans (2006): Der Blick im Bild. Zu einer Ikonologie des Blicks. In: Hüppauf, Bernd/Wulf, Christoph (Hg.): Bild und Einbildungskraft. München: Fink, 121-144.

Benjamin, Walter (1981 f.). Gesammelte Schriften. 7 Bde., hgg. Rolf Tiedemann/Hermann Schweppenhäuser. Frankfurt/Main: Suhrkamp.

Blanke, Börries (2003): Vom Bild zum Sinn. Das ikonische Zeichen zwischen Semiotik und analytischer Philosophie. Wiesbaden: DUV.

Bohrer, Karl Heinz (1998²): Plötzlichkeit. Frankfurt/Main: Suhrkamp.

Brosch, Renate (2007): short story. Textsorte und Leseerfahrung. Trier: WVT.

Dies. (2008): The Secret Self. Reading Minds in the Modernist Short Story. Virginia Woolf's „The Lady in the Looking Glass". In: REAL 24, 195-213.

Dies. (2009): Visual Narrativity: Visualizing Story with the Help of Images. unveröff. Ms.

Dies. (2011): Reading Short Story as a Postcolonial: Jhumpa Lahiri's „This Blessed House". In: Göbel, Walter/Schabio, Saskia (Hg.): Postcolonial Narrative Genres. Amsterdam: Rodopi. (im Erscheinen)

Brown, Suzanne Hunter (1989): Discourse Analysis and the Short Story. In: Lohafer, Susan/Clarey, Jo Ellyn (Hg.): Short Story Theory at the Crossroads. Baton Rouge: LSU Press, 217-248.

Costa, Maria Teresa (2010): Aspekte von Bildlichkeit in Walter Benjamins Denken: Denkbild und Dialektisches Bild. In: Neuber, Simone/Veressov, Roman (Hg.): Das Bild als Denkfigur. München: Fink.

Eco, Umberto (1972): Einführung in die Semiotik. München: Fink.

Ders. (2001⁶): Über Spiegel und andere Phänomene. München: dtv.

Erll, Astrid (2010): Literaturwissenschaft. In: Gudehus, Christina/Eichenberg, Ariane/Welzer, Harald (Hg.): Gedächtnis und Erinnerung. Stuttgart: J. B. Metzler, 288-298.

Fludernik, Monika (1996): Towards a „Natural" Narratology. London: Routledge.

Dies. (2003): Natural Narratology and Cognitive Parameters. In: Herman, David (Hg.): Narrative Theory and the Cognitive Sciences. Stanford/Californien: CSLI, 243-267.

Friedman, Susan (1993): Spatialization: A Strategy for Reading Narrative. In: Narrative 1 (1), 12-23.

Herman, David (2002): Story Logic. Problems and Possibilities of Narrative. Lincoln: University of Nebraska Press.

Ders. (Hg.) (2003): Narrative Theory and the Cognitive Sciences. Stanford/Californien: CSLI.

Huxley, Aldous (1994 [1943]): The Art of Seeing. London: Flamingo.

Ders. (1950): Themes and Variations. London: Chatto & Windus.

Ders. (1984 [1922]): Fard. In: The Gioconda Smile and other stories. London: Triad/Panther.

Ders. (2000): Complete Essays, Volume I: 1920-1925, hgg. Robert Baker, James Sexton. Chicago: Ivan R. Dee.

Iser, Wolfgang (1966): Image und Montage. In: ders. (Hg.) (1966/1983): Immanente Ästhetik. Ästhetische Reflektionen. München: Fink, 361-393.

Ders. (1975). Negativität als *tertium quid* von Darstellung und Rezeption. In: Weinrich, Harald (Hg.): Positionen der Negativität. München: Fink, 530-533.

Ders. (1976/1994[4]): Der Akt des Lesens. München: Fink.

Ders. (1984): The Interplay between Creation and Interpretation. In: New Literary History 15 (2), 387-395.

Ders. (1987). The Play of the Text. In: Budick, Sanford/ders. (Hg.): Languages of the Unsayable The Play of Negativity in Literature and Literary Theory. New York: Columbia University Press, 325-339.

Jäger, Ludwig (2004): Störung und Transparenz. Skizze zur performativen Logik des Medialen. In: Krämer, Sibylle (Hg.): Performativität und Medialität. München: Fink, 35-74.

Jahn, Manfred (1997): Frames, Preferences, and the Reading of Third-Person Narratives: Towards a Cognitive Narratology. In: Poetics Today 18 (4), 441-468.

Kregel, Ulrike (2009): Bild und Gedächtnis. Berlin: Kadmos.

Lenk, Elisabeth (1976): Die sich selbst verdoppelnde Frau. In: Ästhetik und Kommunikation 7 (25), 84-87.

Lotman, Jurij M. (2010): Kultur und Explosion. Frankfurt/Main: Suhrkamp.

Marovitz, Sanford (2008): A New Look at *The Art of Seeing*. In: Aldous Huxley Annual 8, 109-124.

Matussek, Peter (2004): Leerstellen als Erinnerungsanlässe. Interkulturelle, intermediale und interdisziplinäre Dimensionen eines literaturwissenschaftlichen Theorems. In: Lee, Jie-Oun et al. (Hg.): Das 11. Sorak-Symposium; Seoul 2004. URL: http://www.peter-matussek.de/Pub/A_53.pdf (letzter Zugriff am 02.04.2011), 1-19.

Mitchell, W. J. Thomas (1980): Spatial Form in Literature. Toward a General Theory. In: Critical Inquiry 6 (3), 539-567.

Ders. (1981): Diagrammatology. In: Critical Inquiry 7 (3), 622-633.

Ders. (1986): Iconology. Image, Text, Ideology. Chicago/London: University of Chicago Press.

Ders. (1994): Picture Theory. Essays on Verbal and Visual Representation. Chicago/London: University of Chicago Press.

Mülder-Bach, Inka (2002): Poetik des Unfalls. In: Poetica 34, 193-221.

Nünning, Ansgar (1999): Aldous Huxley: *Fard*. In: Borgmeier, Raimund (Hg.): Englische Short Stories von Thomas Hardy bis Graham Swift. Stuttgart: Reclam, 150-160.

Ricœur, Paul (1980): Narrative Time. In: Critical Inquiry 7 (1), 169-190.

Riedel, Elisabeth (1990): „The Best Picture": Aldous Huxley's Aesthetic Ideals in Pictorial Art. In: Hogg, James/Hubmayer, Karl/Steiner, Dorothea/Truchlar, Leo (Hg.): English Language and Literature: Positions and Dispositions. Salzburg: Universität Salzburg, 83-90.

Dies. (1992): „Variations on Art". Aldous Huxley's Reflections on the Visual Arts. Lewiston, NY: Edwin Mellen Press.

Ryan, Marie-Laure (2003): Cognitive Maps and the Construction of Narrative Space. In: Herman, David (Hg.): Narrative Theory and the Cognitive Sciences. Stanford/Californien: CSLI, 214-242.

Schmeling, Manfred/Schmitz-Emans, Monika (Hg.) (1999): Das visuelle Gedächtnis der Literatur. Würzburg: Königshausen & Neumann.

Seel, Martin (2003): Ästhetik des Erscheinens. Frankfurt/Main: Suhrkamp.

Tripp, Ronja (2007): „Wer visualisiert? Narrative Strategien der Visualisierung als Gegenstand einer leser-orientierten kognitven Narratologie. In: Renate Brosch/Dies. (Hg.): Visualisierungen. Textualität – Deixis – Lektüre. Trier: WVT, 21-46.

Dies. (2010): unsichtbares lesen. Strategien der Visualisierung als mediale Krise der Literatur um 1900. In: Susanne Scholz/Julika Griem (Hg.): Medialisierungen des Unsichtbaren um 1900. München: Fink, 193-219.

Dies. (2011): „The Balance" of Mobile Imaging and Moving Viewpoints: Evelyn Waugh's Visual Imagination and Reception Aesthetics. In: Renate Brosch (Hg.): Moving Images – Mobile Viewers. 20th Century Visuality. Berlin: Lit Verlag. (im Erscheinen)

Virilio, Paul (1986): Ästhetik des Verschwindens. Berlin: Merve.

Trotter, David (1999): The Modernist Novel. In: Levenson, Michael (Hg.): The Cambridge Companion to Modernism. Cambridge et al.: Cambridge UP, 70-99.

Weigel, Sigrid (1994): Bilder des kulturellen Gedächtnisses. Beiträge zur Gegenwartsliteratur. Dülmen-Hiddingsel: tende.

Wiesing, Lambert (2009): Das Mich der Wahrnehmung. Eine Autopsie. Frankfurt/Main: Suhrkamp.

Zerweck, Bruno (2002): Der cognitive turn in der Erzähltheorie: Kognitive und 'natürliche Narratologie'. In: Nünning, Ansgar/Nünning, Vera (Hg.): Neue Ansätze in der Erzähltheorie. Trier: WVT, 219-242.

Zumbusch, Cornelia (2004): Wissenschaft in Bildern. Symbol und dialektisches Bild in Aby Warburgs Mnemosyne-Atlas und Walter Benjamins Passagen-Werk. Berlin: Akademie Verlag.

Schnittstellen: Lernen und Erzählen

Narrative Empathie: Zum Zusammenhang von Lernen und Erzählen aus literatur- und kulturwissenschaftlicher sowie didaktischer Perspektive

Ivo Steininger und Michael Basseler

„Let me tell the story straight on"[1]

1. Einleitung: Gegenstand und Ziel des Beitrags

Nicht wenige der in diesem Band versammelten Beiträge stellen voran, dass die ursprüngliche Domäne von Erzählungen, Erzählen und Erzähltem eine literaturwissenschaftliche, eine poetologische gewesen ist. Aus literaturwissenschaftlicher Sicht eröffnet jedoch besonders das Begriffspaar *Lernen* und *Erzählen* einen Problemraum, der vor allem durch die zahlreichen Kontroversen um die Formen und Funktionen von Erzähl(ung)en innerhalb der Literatur- und Kulturwissenschaft gekennzeichnet ist. Denn so einheitlich der Blick von außen auf die Literaturwissenschaft, Kulturwissenschaft und deren Didaktik(en) auch anmuten mag, einig war und ist man sich nicht, *was* man aus Erzählungen lernen kann, *wie* Erzählen zu lernen ist und wie man *durch* Erzählen lernen kann. So geradeheraus, wie das Zitat zu Beginn unseres Beitrags suggeriert, ist die Geschichte dann doch nicht zu erzählen. Viel zu voraussetzungsreich ist der eigentliche Gegenstand. Denn was Erzählungen zu Erzählungen macht, wie man dies analytisch fassen kann, wie sich insbesondere literarische von alltäglichen Erzählungen unterscheiden, aber auch was sie verbindet, welchen kulturellen Stellenwert man ihnen und ihren Wechselwirkungen beimisst, wird abhängig vom jeweiligen Ansatz ganz unterschiedlich gewichtet und ausgelegt. Gleiches gilt für den Umgang mit den symbolischen und mentalen Repräsentationen, die ihnen innewohnen, sowie den Fragen danach, welche individuellen und sozialen Dimensionen das Erzählen umfasst, wie dabei die Erzählgemeinschaft auf das, was erzählt wird, einwirkt, was sich überhaupt zu erzählen lohnt und wie Erzählungen die Wahrnehmung und die Wahrnehmung Erzählungen beeinflussen.

Was dieser Beitrag leisten möchte, ist ebenfalls im Titel angelegt.[2] Es soll zunächst ein Überblick der unterschiedlichen Annäherungen an Erzähltexte, Erzählungen und an das Erzählen innerhalb der Literatur- und Kulturwissenschaften geboten werden. Dabei soll zum einen die wissenschaftsgeschichtliche Entwicklungslinie nachgezeichnet werden, indem da-

---

[1]   Aus George Eliot, *Middlemarch*. London: Penguin (2003 [1874]: 245).
[2]   Was im Titel nicht enthalten ist, die Argumentation im Beitrag aber immer wieder lenkt, ist die Tatsache, dass es sich bei der angesetzten Perspektive um eine anglistisch-amerikanistische handelt. Auf die Auseinandersetzung mit den Begriffen Erzählen und Erzählung wirkt dieser Umstand jedoch nicht in gleichem Maße ein, wie dies bei der Auseinandersetzung mit dem Bildungspotenzial fremdsprachlicher Erzählungen und fremdsprachlichen Erzählens der Fall sein wird.

nach gefragt wird, wie narrative Texte – also Erzählungen aus literaturwissenschaftlicher Sicht – kategorisiert, charakterisiert und schließlich untersucht worden sind. Ausgehend von dieser Basis soll zudem eine kulturwissenschaftliche Perspektive auf Erzählen und Erzählungen umrissen werden, die im Beitrag primär als Erweiterung narratologischer Ansätze verstanden wird. Im Anschluss daran soll anhand des noch sehr neuen Konzepts der ‚narrativen Empathie' exemplarisch erörtert werden, welches bildungsrelevante und didaktische Potenzial sich aus den kulturwissenschaftlichen Erweiterungen der Erzählforschung ergibt. Es gilt also zu untersuchen, welche bislang unausgeschöpften Möglichkeiten Erzählungen dem Lernen bieten, und dieses Potenzial immer wieder auf eine institutionalisierte Form der lernenden Auseinandersetzung mit literarischen Erzählungen zu beziehen. Welche Ableitungen daraus für die Unterrichtspraxis gewonnen werden können, soll sodann an einem Beispiel aus dem fremdsprachlichen Literaturunterricht aufgezeigt werden.

2. Literaturwissenschaftliche Erzählforschung und kulturwissenschaftliche Erweiterungen: Ein knapper Überblick

Der begrifflichen Klarheit halber ist es zunächst sinnvoll, die zahlreichen und mitunter synonym gebrauchten Begriffe zu differenzieren, die zur Beschreibung der wissenschaftlichen Auseinandersetzung mit Erzähl(ung)en im Umlauf sind. Der Begriff ‚Erzählforschung' ist als Oberbegriff aller Ansätze zu verstehen, die sich mit dem Erzählen auseinandersetzen (also auch für alle in diesem Band vertretenen Disziplinen). Im Gegensatz dazu sollte der Begriff Erzähltheorie für jene Ansätze reserviert sein, die sich innerhalb der Literaturwissenschaft herausgebildet haben. Hierzu zählt besonders die strukturalistisch geprägte Narratologie, die eine Vielzahl von Kategorien zur Analyse der konstitutiven Elemente von Erzähltexten hervorgebracht hat. Der Begriff ‚Erzähltextanalyse' wiederum bezeichnet die interpretatorische Praxis im Umgang mit Erzähltexten, die narratologisch bzw. erzähltheoretisch fundiert sein kann, aber nicht muss.[3]

Die innerhalb der Literatur- und Sprachwissenschaft entstandene Erzähltheorie lässt sich, trotz aller *de facto* bestehenden Unterschiede,[4] zunächst vereinfacht als eine Theorie begreifen, die sich der systematischen Erfassung der für Erzähltexte konstitutiven textuellen Merkmale widmet. Grob lassen sich drei Phasen der Erzähltheorie unterscheiden: 1. Die prä-strukturalistischen Anfänge bis etwa Mitte der 1960er Jahre (z. B. Eberhard Lämmert, Käte Hamburger, Günther Müller), 2. die strukturalistische Hauptphase bis in die 1980er Jahre sowie 3. die zunehmende Pluralisierung in *narratologies* seit den 1990er Jahren, die neben textuellen Aspekten zunehmend auch die Rezeption von Erzählungen in den Blick nimmt (vgl. Nünning/Nünning 2002a). Die im deutschsprachigen Raum entstandene erzähltheoretischen Ansätze rückten v. a. die Kommunikationssituation narrativer Texte in den

---

[3] Eine hervorragende Übersicht hierzu bieten Nünning/Nünning (2002a: 19).

[4] Die begriffliche Zusammenfassung der verschiedenen Ansätze unter dem *umbrella term* ‚Erzähltheorie' stellt bereits eine starke Vereinfachung dar, zeichnet sich dieses Forschungsfeld doch durch „erhebliche Unterschiede und Phasenverschiebungen zwischen den einzelnen Ländern und Wissenschaftskulturen" (Nünning/ Nünning 2002a: 4) aus. In diesem Sinne ist es daher wichtig zu erwähnen, dass „jede Geschichte der Narratologie […] lediglich einen der ‚countless possible plots' in einem zunehmend unübersichtlichen Feld" (ebd.: 5) erzählt.

Mittelpunkt: „Erzählen, das der unmittelbaren dramatischen Präsentation entgegengesetzt wurde, war an die Gegenwart einer vermittelnden Instanz, des ‚Erzählers‘, gebunden" (Schmid 2008: 1). Als repräsentatives Beispiel hierfür kann die von Franz K. Stanzel eingeführte Unterscheidung der drei typischen Erzählsituationen gelten (auktoriale Erzählsituation, Ich-Erzählsituation, personale Erzählsituation, vgl. Stanzel [1979] 1995), die trotz aller Probleme und Unschärfen bis heute die analytische Praxis an Schulen und Universitäten mitbestimmt. Die strukturalistische Erzähltheorie, die besonders in Frankreich ihren Anfang nahm (z. B. Roland Barthes, Gérard Genette, Tzvetan Todorov) fokussiert dagegen

> „nicht mehr die Präsenz einer vermittelnden Darstellungsinstanz, sondern vielmehr einen bestimmten Ausbau des darzustellenden Materials. Texte, die im strukturalistischen Sinne narrativ genannt werden, präsentieren, im Gegensatz zu deskriptiven Texten, eine temporale Struktur und stellen *Veränderungen* dar" (Schmid 2008: 2; Hervorhebung im Original).

Somit rückt also insbesondere die Kategorie der Zeit in den Mittelpunkt, etwa in Genettes Differenzierung in *Dauer*, *Ordnung* und *Frequenz* in seinem Standardwerk *Die Erzählung* (1998 [1972/1983]). Erzählen bzw. eine Erzählung wird ganz wesentlich als ein zeitliches Phänomen begriffen, das sich grundsätzlich durch ein Nacheinander von Geschehen auszeichnet, darüber hinaus jedoch ganz unterschiedlich temporal strukturiert sein kann.

Aus strukturalistischer Perspektive unumgänglich war zudem eine Eingrenzung der Begrifflichkeiten Erzählen und Erzählung. Genette schlägt in diesem Zusammenhang vor, „das Signifikat oder den narrativen Inhalt *Geschichte* zu nennen […], den Signifikanten, die Aussage, den narrativen Text oder Diskurs *Erzählung* im eigentlichen Sinne, während *Narration* dem produzierenden narrativen Akt […] vorbehalten sein sollte" (1998: 16; Hervorhebung im Original). Die temporale Struktur und damit den Ort der Veränderung, den es zu untersuchen gilt, stellt aus strukturalistischer Sicht die Erzählung dar. Für Genette konstituiert somit die „*Erzählung* im eigentlichen Sinn" die einzige Ebene, „die sich direkt einer textuellen Analyse unterziehen läßt" (ebd.) – sie ist es, die im Zuge der strukturalistischen Narratologie in den Mittelpunkt rückt.

Eine weitere grundlegende Unterscheidung der ‚neueren‘ erzähltheoretischen Forschung ist die zwischen *story* (Was wird erzählt?) und *discourse* (Wie wird erzählt?), wie sie von Seymour Chatman (1978: 19) eingeführt wurde. Während *discourse*-orientierte Ansätze „die erzählerische Vermittlung als konstitutives Kennzeichen von Narrativität" begreifen und so der Tatsache Rechnung tragen, dass eine Erzählung etwa durch „sprachliche Gestaltung sowie Wahl der Perspektive und bestimmter Erzählmuster ganz unterschiedlich erzählt werden kann" (Nünning/Nünning 2003: 5), beschäftigen sich *story*-orientierte Ansätze mit den Elementen der Handlung, den erzählten Welten sowie den Bedeutungen von Erzählungen (vgl. Martínez/Scheffel 2007). Die bereits angesprochenen Veränderungen – oder auch *trouble* als das Außergewöhnliche, das den Fortgang der Erzählung vorantreibt (Bruner/Lucariello 1989: 77) – können sich auf die repräsentierten Ereignisse (*events*), sprich die beschriebenen Handlungen und Geschehnisse, oder die Phänomene (*existents*) beziehen, die wiederum unterteilt werden können in literarische Charaktere (*characters*) und den Schauplatz als Rahmen (*setting*) (vgl. Chatman 1978: 19).

Besonders „wegen ihrer Lehr- und Lernbarkeit, ihrer plastischen Modelle und ihres weitgefächerten Anwendungspotenzials" (Jahn 1995: 29) dominierten strukturalistisch geprägte erzähltheoretische Ansätze lange Jahre den wissenschaftlichen Diskurs.[5] Sie wurden auch in jüngerer Vergangenheit weiterentwickelt (vgl. Martínez/Scheffel 2007) und üben einen nicht unwesentlichen Einfluss auf die Kategorienbildung anderer an Erzählungen interessierter Disziplinen aus.

Gleichzeitig ist im Zuge der tiefgreifenden Veränderungen innerhalb der Literaturwissenschaften der letzten Jahrzehnte auch die Erzählforschung um zahlreiche wichtige Impulse bereichert worden. Narrativität ist längst nicht mehr allein Sache der Literaturwissenschaften, sondern zählt zu den zentralen Forschungsbereichen solch unterschiedlicher Disziplinen wie der Psychologie, Philosophie, Soziologie, Anthropologie, Geschichtswissenschaft, Theologie, Ethnologie, Pädagogik sowie der Rechtswissenschaften (vgl. auch die Auflistung in Nünning/Nünning 2002b: 3). Inzwischen ist es daher – selbst unter strukturalistisch geprägten Narratologen – *common sense*, dass sich Erzählungen nicht erschöpfend beschreiben lassen, indem man sich ausschließlich auf ihre formalen Strukturmerkmale beschränkt. Im Folgenden seien daher einige wichtige kulturwissenschaftliche Erweiterungen der Erzähltheorie skizziert. Dass diese Skizze mitunter etwas holzschnittartig ausfällt, hängt mit der Zielsetzung dieses Beitrags zusammen, der vor allem um einen Überblick der Ansätze und Modelle zur Erforschung von Erzählen und Erzählungen in den Literatur- und Kulturwissenschaften sowie der Didaktik bemüht ist.

Zunächst einmal ist festzuhalten, dass die erzähltheoretische Forschung in den letzten ein bis zwei Jahrzehnten einen enormen Wandel durchlaufen hat, der vielfach auch als ‚Renaissance' der Erzähltheorie (vgl. Herman 1999; Richardson 2000; Nünning/Nünning 2002a) bezeichnet worden ist. Diese Renaissance verdankt sich Ansgar und Vera Nünning (ebd.: 2) zufolge in erster Linie vier miteinander verknüpften Aspekten: 1. dem gesteigerten interdisziplinären Interesse am Erzählen infolge des ‚narrative turn' (Isernhagen) innerhalb der Kulturwissenschaften, 2. der Erkenntnis des Leistungs- und Anwendungspotenzials erzähltheoretischer Analysekriterien und Modelle, 3. der gleichzeitigen Erkenntnis der methodologischen Schwachstellen sowohl strukturalistischer als auch poststrukturalistischer Theorien sowie 4. den fruchtbaren „Allianzen mit anderen einflußreichen Ansätzen der zeitgenössischen Literatur- und Kulturtheorie" (ebd.). Während sich die ‚klassische' literaturwissenschaftliche Erzähltheorie also nahezu ausschließlich mit den so genannten Erzählgattungen (Roman, Novelle, Kurzgeschichte, etc.) beschäftigte, ist die neuere erzähltheoretische Forschung durch transgenerische, inter- und transmediale sowie interdisziplinäre Ansätze geprägt: Transgenerisch ausgerichtete Ansätze beschäftigen sich mit narrativen Formen in traditionell nicht als narrativ eingestuften Gattungen (Lyrik, Drama, etc.), inter- und transmediale Ansätze untersuchen narrative Ausprägungen über die Mediengrenzen der Li-

---

[5] Problematisch ist jedoch die ‚verführerische' Abgeschlossenheit solcher Konzeptionen aus kulturwissenschaftlicher, aber besonders aus der literaturdidaktischen Perspektive. Denn fragt man nach dem Lernen, dann sind Erzählungen den skizzierten Ansätzen folgend vor allem aufgrund ihrer Ästhetik bzw. ihrer formalistischen Struktur bildungsrelevant. Im Vordergrund steht die Form der Darstellung sowie der Vermittlung, die es mit systematischen Analysekriterien zu untersuchen gilt und die mittels Bestandteilen bzw. Bausteinen der Formgebung beschrieben werden. Nicht gefasst werden kann damit allerdings das, was Genette als „das Signifikat oder den narrativen Inhalt" bezeichnet (1998: 16). Es bleibt also auf der Strecke, was Erzählungen über die Ästhetik der Darstellung hinaus bildungsrelevant macht.

teratur hinweg (besonders in Film und anderen visuellen Medien, aber z. B. auch in der Musik), interdisziplinäre Ansätze schließlich untersuchen das Narrative, indem sie z. B. nach der Bedeutung von Narrativen für die Konstitution von Identität (insbesondere in der narrativen Psychologie), für die Geschichtsschreibung oder für den Bereich der Rechtsprechung fragen.

Allen der angesprochenen transgenerischen, transmedialen und interdisziplinären Erweiterungen der Erzähltheorie ist gemein, dass sie die vielfältigen Erscheinungsformen und die enorme Bedeutung von Narration(en) weit über den traditionellen Gegenstandsbereich der Literaturwissenschaft hinaus betonen.[6] Grundsätzlich lässt sich für die Entwicklung von der strukturalistischen zur ‚postklassischen‘ Erzähltheorie festhalten, dass die wesentlichen Unterschiede aus einer Umstellung des Erkenntnisinteresses sowie der fokussierten Analyseebene resultieren: Statt für eine semiotisch-formalistische Beschreibung textueller Strukturen sowie für systematische Modellbildung und Klassifikationen interessieren sich die neueren kulturwissenschaftlich orientierten erzähltheoretischen Ansätze primär für die *Bedeutungen* von Erzählungen und Erzählen sowie die daraus ableitbaren *Handlungsmodelle* (vgl. Martínez/Scheffel 2007: 145 f.) in bestimmten kulturellen, historischen und medialen Kontexten.

Darüber hinaus wurde in jüngster Zeit aus unterschiedlichen theoretischen und disziplinären Perspektiven heraus vermehrt auch die universale, transkulturelle und transhistorische Bedeutung von Narration(en) betont: Besonders die Erkenntnisse der Kognitionspsychologie sowie der narrativen Psychologie haben zu einer enormen Aufwertung von Narration(en) geführt, die in der Folge nicht mehr bloß als unterhaltsame Geschichten gelten.[7] Mit Hilfe von Erzählungen konstituieren wir überhaupt erst das, was wir ‚Leben‘ nennen: „In the end, we *become* the autobiographical narratives by which we ‚tell about‘ our lives" (Bruner 2004: 694). Demnach spielen Erzählen und Erzählungen eine ganz zentrale Rolle bei der Verarbeitung von Lebenserfahrung, der Konstruktion von Identität (vgl. Neumann/Nünning/Petterson 2008), aber auch allgemeiner bei der alltäglichen Prozessualisierung von Informationen und der Herstellung von Sinn. Michael Hanne zufolge sind Erzählungen deshalb so etwas wie …

> „the radar-like mechanism we constantly use to scan the world around us, by which we give order to, and claim to find order in, the data of experience. If we cannot narrate the world in this everyday manner, we are unable to exercise even the slightest degree of control, or power, in relation to the world." (Hanne 1996: 8)

Somit wird die Narrationsfähigkeit des Menschen auf ganz grundlegender Ebene mit Bewusstsein sowie der Konstitution und Organisation von Wissen verknüpft, eine Annahme, die sich inzwischen durchaus auf kognitionswissenschaftliche Studien stützen kann. Unter dem Stichwort „narrative intelligence hypothesis" firmiert etwa die Vorstellung, dass Nar-

---

[6] Kritisch ist die Verzweigung der kulturwissenschaftlichen Ansätze mit ihren Vorsilben *inter* und *trans* aber aus didaktischer Perspektive zu sehen, denn zu akademisch, zu differenziert, zu voraussetzungsreich können sie für den (fremdsprachlichen) Literaturunterricht erscheinen. Insofern fehlt ein integrierendes Moment, mit dem das Nebeneinander der Ansätze zu einem Miteinander gewandelt werden kann.

[7] Vgl. hierzu besonders die Arbeiten von Jerome Bruner (z. B. Bruner 1991, 2004; Bruner/Lucariello 1989) und Donald Polkinghorne (1996, 1998).

ration so etwas wie die „natürlichste und erfolgreichste Art und Weise der Gedankenfüh-rung" ist (Breithaupt 2009: 123). Aus evolutionsgeschichtlicher Perspektive werden Narrationen dieser und ähnlichen Hypothesen zufolge wichtige Funktionen bei der Kodierung und Übertragung sozial relevanter Informationen sowie bei der Kooperation und der Entwicklung von Kreativität zugeschrieben (vgl. auch Boyd 2009). Das Interessante an solchen Thesen ist freilich ihre enorme Tragweite: Wenn es stimmt, dass Menschen jegliches Geschehen und Verhalten durch eine Art ‚narrativen Filter' wahrnehmen, dann bildet ‚Narration' bzw. ‚Narrationsfähigkeit' ohne Zweifel die Grundlage menschlicher Erkenntnis: „Narrative knowing is a fundamental mode of understanding by which people make sense of their own and others' actions and life events" (Polkinghorne 1996: 77). Im Zuge solcher Erweiterungen der interdisziplinären Erzählforschung ist es offensichtlich, warum Narration als „ein phänomenologischer und kognitiver Modus der Selbst- und Welterkenntnis" (Nünning/Nünning 2002b: 2), und nicht mehr allein als literarische bzw. literaturwissenschaftliche Domäne aufgefasst werden kann. Gleichzeitig wirken diese Erweiterungen auch in die literaturwissenschaftliche Erzähltheorie zurück, die sich zunehmend mit komplexen Fragen nach den vielfältigen psychologischen, kulturellen, sozialen und historischen Funktionen von Erzähl(ung)en befasst.[8]

Bereits an dieser Stelle wird also sichtbar, dass eine lediglich auf die Beschreibung der formalen und strukturellen Merkmale von Erzählungen angelegte, ‚klassisch-strukturalistische' Erzähltheorie nicht ausreicht, um die lebensweltliche, kulturelle und persönliche Relevanz von Erzählen und Erzählungen in den Blick zu nehmen. Dies ist natürlich besonders hinsichtlich der didaktischen Potenziale von Erzähl(ung)en von Belang, die ja bereits in dem für diesen Band zentralen Begriffspaar ‚Lernen und Erzählen' implizit angesprochen sind. Es stellt sich nun die Frage, wie sich diese Potenziale ausloten lassen, welche Ansätze also dafür geeignet sind, die kulturellen Aspekte der Erzählung zum Gegenstand der Auseinandersetzung zu machen.

3. Die Bildungsrelevanz kulturwissenschaftlicher Erzählforschung am Beispiel des Konzepts der ‚Narrativen Empathie'

Es erscheint uns an dieser Stelle zunächst sinnvoll, noch einmal ganz kurz zusammenzufassen, welche Folgerungen sich aus den in der Einleitung und dem vorangehenden Abschnitt skizzierten Entwicklungen und Fragestellungen aus didaktischer Perspektive ableiten lassen, und zwar entlang der Gemeinsamkeiten und Unterschiede zwischen literarischen und alltäglichen Narrationen. Als maximal verschieden im Vergleich zu Alltagserzählungen ist die Komposition literarischer Erzählungen zu werten, werden sie doch durch spezifisch literarische Mittel generiert. Diese Mittel analytisch zu fassen, ist Gegenstand der (klassischen) Erzähltheorie, die auf konstitutive, einheitliche Elemente von Erzähltexten fokussiert. Minimal verschieden hingegen ist der Stellenwert der Erfahrung, oder anders gesagt: das, was Erzählungen erzählenswert macht. Dies in der Erzähltextanalyse zu fassen und zu ergründen, kann vor allem mit Ansätzen der kulturwissenschaftlich orientierten Narratolo-

---

[8] Vgl. stellvertretend für die Vielzahl neuerer, kulturwissenschaftlich orientierter erzähltheoretischer Arbeiten A. Nünning (2000a), Erll/Roggendorf (2002), Helms (2003), Basseler (2008).

gie realisiert werden. Dabei ist der Grundgedanke leitend, dass literarische Erzählungen zwar bedingt durch ihre Fiktionalisierung über ganz eigene Spielräume verfügen, sich aber immer auf die außerliterarische Realität beziehen. Von diesem Standpunkt aus betrachtet ist nicht nur der Bezug einend, liegt doch in der Anerkennung der Narrationsfähigkeit als Grundlage menschlicher Erkenntnis nicht nur die individuelle und soziale Dimension von Erzähl(ung)en begründet, sondern auch die Interdependenz von literarischen und alltäglichen Narrationen.

Hinsichtlich des Zusammenhangs von Lernen und Erzählen soll im folgenden Abschnitt am Beispiel des Konzepts der ‚Narrativen Empathie' ausgelotet werden, welches Potenzial die kultur- und kognitionswissenschaftlichen Erweiterungen der traditionellen literaturwissenschaftlichen Erzähltheorie für den (fremdsprachlichen) Unterricht bereitstellen. Narrative Empathie bietet sich deshalb besonders an, weil sie geradezu paradigmatisch für das veränderte Erkenntnisinteresse seit dem ‚cultural turn' steht: Im Vordergrund stehen nicht mehr Fragen nach dem Aufbau und den Konstituenten von Erzählungen, sondern deren interdisziplinär zu erforschenden Bedeutungen, Funktionen und Handlungsmodelle in gesellschaftlichen, kulturellen und lebensweltlichen Kontexten. Wohlgemerkt bedeutet dies nicht, dass die Kriterien und Kategorien, die wir der strukturalistischen Narratologie verdanken, obsolet werden; ganz im Gegenteil liefert die Narratologie die terminologische Grundlage, auf der sich solche Prozesse und Funktionen von Erzähl(ung)en beschreiben lassen. Der Unterschied ist jedoch – und dies ist bei aller Geringfügigkeit ein bedeutsamer –, dass die Analysekriterien der verstehenden inhaltlichen Auseinandersetzung nachgelagert sind. Sie besitzen aus kulturwissenschaftlicher, vor allem aber aus didaktischer Sicht sozusagen dienende Funktion. Und zwar in dem Sinne, dass damit die in der Erzählung enthaltene Lenkung thematisiert und reflektiert werden kann.

Beim Konzept der ‚Narrativen Empathie'[9] handelt es sich zweifellos um eines der ‚heißen' Themen der jüngeren interdisziplinären Forschung, und besonders neuere Ergebnisse aus dem Bereich der *neurosciences* untermauern die entscheidende Rolle von Empathie im zwischenmenschlichen Miteinander (vgl. Keen 2006). Im weitesten Sinne lässt sich Empathie begreifen als „Einfühlung oder das In-die-Haut-des-anderen-Schlüpfen" (Breithaupt 2009: 8). Wer die Fähigkeit zur Empathie besitzt, hat es leichter, mit anderen zu kommunizieren und sie zu verstehen. Darüber hinaus wird Empathiefähigkeit inzwischen als wichtige Kompetenz bzw. als *soft skill* in beruflichen Kontexten geschätzt, und zwar längst nicht nur in solchen Bereichen wie Pädagogik, Seelsorge, oder Pflege. Empathische Menschen bauen schneller Vertrauen zu ihren Mitmenschen auf und können sich und andere leichter motivieren.

---

[9] Dem Empathiebegriff kann ebenfalls eine Funktion als *umbrella term* zugeschrieben werden, da damit ganz unterschiedliche Konzepte gemeint sein können. Daniel Batson (2009: 3-15) listet insgesamt acht verschiedene Konzepte auf, die er als „related but distinct phenomena" bezeichnet (ebd.: 3): 1. die innere Verfassung einer Person nachvollziehen, 2. die Haltung einer beobachteten Person einnehmen oder neuronal auf die Beobachtung reagieren, 3. wie eine andere Person fühlen, 4. sich in die Situation einer anderen Person projizieren, 5. sich vorstellen, wie eine andere Person denkt oder fühlt, 6. sich vorstellen, wie man selbst in der Situation der anderen Person denken oder fühlen würde, 7. stellvertretend Leiden bei der Beobachtung des Leidens einer anderen Person fühlen, 8. für eine leidende Person fühlen. All diesen Konzepten ist gemein, dass sie von einer Zweierszene der Empathie ausgehen. Das hier vorgestellte Konzept der narrativen Empathie, wie es Breithaupt (2009) entwirft, unterscheidet sich in diesem Punkt.

Doch wie hängen Empathie und Narration zusammen? In seiner 2009 erschienenen Studie *Kulturen der Empathie* vertritt Fritz Breithaupt die These, dass Empathie ganz wesentlich narrativ geprägt ist, dass wir nämlich „andere Menschen (und uns selbst) verstehen, indem wir sie in kleine gedankliche Erzählungen verwickeln. Wir verstehen, indem wir erzählen" (Breithaupt 2009: 10).[10] Das Narrative hat deshalb so eine große Bedeutung für unser Empathievermögen, weil es die zeitliche Dimension des Aufeinanderfolgens von Handlungen und Situationen zu erfassen vermag. Erzählungen sind, zumindest laut den meisten gängigen Definitionen, wesentlich durch Situationsveränderungen im (zeitlichen) Handlungsverlauf geprägt. Gerade diese temporale Dimension, die also ein ganz wesentliches konstitutives Merkmal von Narration(en) ist (vgl. Genette 1998), entscheidet auch mit darüber, ob bzw. in welchem Maß wir Empathie empfinden können:

> „Dort, wo es nichts vorherzusagen oder rückwirkend zu rekonstruieren gibt, also in stagnierenden Situationen, ebenso wie in vollkommen abrupten, willkürlichen oder unübersichtlichen Situationen, versagt unsere Einfühlung […]. Wenn jemand einfach leidet, ohne dass wir wissen oder ahnen, was passiert ist, ist unser Mitfühlen in der Regel wohl deutlich geringer als dort, wo wir ein Ereignis wahrnehmen oder hinzudenken, welches den Schmerz des anderen erklärt." (Breithaupt 2009: 11)

Darüber hinaus ist Breithaupt zufolge narrative Empathie dadurch gekennzeichnet, dass sie „nicht zwei, sondern drei Individuen involviert" (ebd.: 12), also eine „Dreierszene" (ebd.) impliziert: „Der Beobachter beobachtet den Konflikt oder zumindest eine Meinungsverschiedenheit von zwei anderen und spekuliert über die möglichen Ursachen, Motivationen, Intentionen und Folgen" (ebd.: 13). Neben dem o. g. Moment der Verzeitlichung und dem Vorhandensein einer „empathie-induzierende[n] Situation" (ebd.: 16) bildet die beschriebene Dreierszene das dritte wesentliche Element, um Empathie zu evozieren. Dies gilt selbst dann, wenn ein ‚Dritter' nicht unmittelbar präsent ist: Beobachten wir, wie eine Person unter einer bestimmten Situation leidet oder in einen Konflikt gerät, imaginieren wir immer auch ein drittes Individuum als möglichen Auslöser hierfür.

Entscheidend für das Konzept der narrativen Empathie ist neben den Aspekten der Verzeitlichung, der konflikthaften Situation und dem Prinzip der ‚Dreierszene' zudem die Reziprozität von Erzählen und Parteinahme: „Narration verlangt Parteinahme – und Parteinahme begünstigt Narration" (ebd.: 172). Das Besondere an dieser Form der ‚narrativen Parteinahme' ist jedoch der Umstand, dass sie im Gegensatz zu anderen Formen der Parteinahme (Breithaupt benutzt als Beispiel das Miteinander und Loyalität in der Familie) klare Grenzen, also einen Anfangs- und einen Endpunkt hat, der durch die Erzählung selbst gegeben ist. Am Ende steht, ganz im aristotelischen Sinn, ein kathartischer Höhepunkt, welcher „ein Ende der Implikation des Hörers/Zuschauers/Beobachters" (ebd.: 173) erlaubt. Demzufolge liegt in dieser klaren zeitlichen Begrenzung der empathischen Anteilnahme das besondere Privileg von Narrationen: „Man lässt sich auf Empathie ein, weil man bereits ahnt, dass ein Ende kommt" (ebd.). Formelhaft lässt sich mit Breithaupt der Zusammenhang von empathischer Anteil- bzw. Parteinahme und Erzählen also wie folgt zusammenfassen:

---

[10] Vgl. auch die Studien von Suzanne Keen (2006, 2010), die narrative Empathie noch stärker mit psychologischen und neurobiologischen Theorien und Erkenntnissen in Anschlag bringt.

„Empathie ist eine Entscheidung zur Parteinahme für den einen (und nicht den anderen),
die durch narrative Strategien emotional und rational legitimiert wird" (ebd.: 175; Hervorhebung im Original).

Es fällt nicht schwer, an dieser Stelle bereits das Potenzial von (literarischen) Erzäh-
lungen im Unterricht zu erahnen, schließlich ist es gerade eine solche oben beschriebene
„Dreierszene", die in der Interaktion zwischen Leser und Text entsteht. Fiktionale narrative
Texte erlauben es dem Leser, einen Konflikt von (mindestens) zwei anderen Figuren bzw.
Charakteren[11] zu beobachten, sich in die Charaktere hineinzuversetzen, für einen dieser
Charaktere Partei zu ergreifen und sich ein eigenes Urteil zu bilden. Voraussetzung hierfür
ist die menschliche Grundfähigkeit „zu fiktivem Denken und zur Erschaffung elaborierter
imaginärer Welten" (ebd.: 14). Literatur hat demnach einen „wohl nicht unwesentlichen
Anteil in dem Einüben von Mustern der Empathie. Dieses Einüben der Muster öffnet einen
Raum, in dem zugleich auch variierende Formen von Empathie erprobt werden können, die
wiederum Rückwirkungen auf die Fähigkeit zur Empathie haben können." (Ebd.: 14) Im
folgenden Abschnitt sollen nun anhand ganz konkreter Überlegungen und Beispiele die
didaktischen Potenziale von Erzähl(ung)en im (fremdsprachlichen) Unterricht weiter ausgelotet werden.

4. Lernen und Erzählen in der Fremdsprachendidaktik: ‚Narrative Empathie' als Motor für Lernprozesse

Erzählungen sind elementarer Bestandteil unseres Lebens. Erzählen ist eine elementare
Handlungsform. Sie stellt eine wesentliche Kulturtechnik des Menschen dar und erfüllt
überdies zahlreiche wichtige Funktionen, die von der allgemeinen Sinnstiftung über die
Identitätsbildung bis hin zum Empathievermögen reichen. An (literarischen) Erzählungen
lässt sich weit mehr lernen als ,nur' das Wissen über bestimmte literarische Techniken und
erzählerische Strukturen. Dies sei am Beispiel einer *Mini-Saga* verdeutlicht. Das Besondere
an dieser Erzählung ist neben der Tatsache, dass es trotz ihrer extremen Kürze (50 Wörter)
gelingt, Veränderungen zu narrativieren, *trouble* zu integrieren und beim Rezipieren zu erzeugen, auch, dass es sich um eine Erzählung eines Fremdsprachenlernenden handelt.

Butterflies

Johnny's parents never took him to the zoo or
circus. They told him that all animals should
roam free. On the morning of his first day at
school Johnny was found covered in blood. He'd
slit his own stomach. Somehow he recovered. „I
had butterflies in my tummy", he explained.

ANONYMOUS EFL LEARNER

(In: Proges 2007: 32)

---

[11] Im Sinne des fokussierten Lernziels – der parteinehmenden Anteilnahme – erscheint es angebracht, von Charakteren statt von Figuren zu sprechen.

Legt man nun an die *Mini-Saga* die Kategorien *story* und *discourse* an, so kann man mit ihnen zwar die Struktur und Kommunikationsebene beschreiben: Es handelt sich um eine stark geraffte, aus der Perspektive eines auktorialen Erzählers vermittelte Geschichte eines Jungen, der sich aus einem Missverständnis heraus den Bauch aufschlitzt, um die vermeintlich darin gefangenen Schmetterlinge freizulassen. Man stellt jedoch auch fest, dass die beiden Kategorien – besonders unter den Gesichtspunkten der unterrichtlichen Auseinandersetzung – an ihre Grenzen stoßen. Denn bedeutsam sind *story* und *discourse* nur in Zusammenhang mit der empathie-induzierenden Situation, mit dem Außergewöhnlichen, das diegetisch präsentiert wird. Es ist „die Möglichkeit von Erzählungen, durch ihre narrative Struktur menschliche Erfahrungen zum Ausdruck bringen zu können" (Nünning/Nünning 2003: 5), die ihre Bildungsrelevanz ausmacht. Das, was die Erzählung erzählenswert macht, ist erst dann in den Blick zu bekommen, wenn man anerkennt, dass dem Lernen über literarische Erzählungen (*knowledge about literature*) auch einen Lernen von literarischen Erzählungen (*knowledge of literature*) zur Seite steht (vgl. Carter/Long 1991: 4).

Hinzu kommt, dass der Rezipient der Erzählung aktiv werden muss, um dem Erzählten auf die Spur zu kommen. Es muss ein Rahmen aufgespannt werden, in den das Erzählte einzubinden ist, um Bedeutungsebenen aufzuzeigen. Denn ohne den Inhalt wäre die Komposition der narrativen Struktur nicht vorstellbar. Umschreiben lässt sich diese dialektische Verflechtung von Form und Inhalt mit dem Begriff der *experientiality* des Narrativen (Fludernik 1996). Das im Narrativen Dargestellte ist stets auch auf kognitive Schemata (Fludernik 2003) angewiesen, um Geltung entfalten zu können. Und zwar in der Weise, als der Rezipient selbst narrativ aktiv werden muss, um die angelegten Bedeutungsebenen zu erschließen. Die Rezipienten müssen eigene Erzählungen über den Inhalt bilden, die Bestandteil der Interpretationsleistungen bzw. der Sinnstiftung sind. Diese umfassen wiederum nicht nur kognitive Aspekte, sondern auch emotional-affektive, wie etwa die Einschätzung der Beziehung zwischen Johnny und seinen Eltern, der ihm von ihnen vermittelten Werte und Normen, der ethischen Fragen sowie das Nachzeichnen und Nachvollziehen der Gemütslage von Johnny und seiner Handlung sowohl als Konsequenz der Aussagen der Eltern als auch im Hinblick auf die Kumulierung der Darstellung zum pointierten Spiel mit Sprache und sprachlichen Bildern.

Experientiality wird hier auf den beiden Ebenen des Textes und der Konstruktionsleistungen der Rezipienten wirksam. Oder anders gesagt: *experientiality* wird als ein Hinein- und Hinauswirken realisiert. Nicht nur, dass sich das Erzählte auf Erfahrungen beruft, die trotz aller Fiktionalisierung gar nicht anders können, als „sich auf eine außerliterarische Welt zu beziehen" (Bredella 2002: 366; vgl. Iser 1991). Derjenige, der die narrative Erfahrung rezipiert, macht dabei zugleich eine eigene Erfahrung. Während des Rezeptionsvorgangs „muss der Betrachter Schöpfer seiner eigenen Erfahrung sein" (Dewey 1980: 68), d. h. das Wahrgenommene kann erst dann zu einer narrativ vermittelten Erfahrung werden, wenn eine „Umwandlung von Widerständen und Spannungen, von an sich zur Zerstreuung verleitender Erregung, in eine Bewegung, die auf einen umfassenden, erfüllenden Abschluß hinzielt", überführt wird (ebd.: 70). Es liegt am Rezipienten, die dargestellte Erfahrung zu rekonstruieren und sie in die eigene Erfahrungswelt zu integrieren. Erst aus der Zusammenführung der Teile zum Ganzen kann dann etwas entstehen, das Erzähl(ung)en über den Unterhaltungswert hinaus zum Anlass für Lernprozesse werden lässt.

Darüber hinaus lässt sich am Beispiel der Geschichte um Johnny exemplarisch darlegen, wie literarische, aber auch Alltagserzählungen beim Leser/Zuhörer Empathie evozieren und auf welche Weise dies geschieht. Die ‚empathie-induzierende Situation' der *Mini-Saga* besteht freilich in der dramatischen Szene, die in der Mitte der Kurzerzählung geschildert wird: Johnny liegt blutend am Boden, nachdem er sich selbst (mit einem Messer?) verletzt hat. Unsere Anteilnahme an seinem Leid wird, folgt man Breithaupts These, vor allem dadurch evoziert, dass wir etwas über das Vorher und das Nachher der Situation erfahren, und damit die bloße Situation in einen zeitlichen Horizont stellen können: Erst dadurch, dass wir als Leser wissen bzw. selbst narrativieren, wie die Ansichten Johnnys Eltern sein Handeln beeinflussen, wenn wir hinzudenken, welche Reaktionen durch welche Aktionen hervorgerufen werden, kann es zu Einfühlung kommen. Diese muss dann nicht auf die beschriebene Situation beschränkt bleiben, sondern macht es möglich, viele weitere potenzielle Situationen narrativ hinzuzufügen. Auch das von Breithaupt genannte Kriterium der Dreierszene trifft hier zu: Ohne seine Eltern wäre Johnny nie in den Konflikt der Geschichte geraten. Als Leser bzw. Zuhörer befinden wir uns in einer Beobachterposition, von der aus wir uns ein Urteil über den ‚Konflikt' zwischen Johnny und seinen Eltern bilden und – in aller Regel – Partei für Johnny ergreifen. (Natürlich können wir auch mit Johnnys Eltern mitfühlen, die angesichts des Unfalls sicher sehr besorgt sind, Angst um ihren Sohn haben und sich womöglich Vorwürfe machen. Auch dies wäre ein Beleg für die narrative Struktur von Empathie, die sich in diesem Fall in weiteren, eigenen Erzählungen bzw. Spekulationen über die Hintergründe und Folgen manifestiert).

Die drei bisher genannten zentralen Aspekte des Konzepts der narrativen Empathie – Situationsveränderung, Dreierszene und Parteinahme – lassen sich um eine vierte ergänzen: die Legitimierung. Anders nämlich als in neurobiologischen Konzepten von Empathie (vgl. Roth 2003; Iacoboni 2008) muss bei narrativer Empathie davon ausgegangen werden, dass „unsere emotionale Aufmerksamkeit anderen gegenüber gestaut, blockiert und gefiltert" (Breithaupt 2009: 12), also *von uns selbst gelenkt* wird. Mit der willentlichen Lenkung von Empathie geht auch einher, dass innerhalb der Narration „das Verhalten zumindest eines der Handelnden legitimiert oder eben nicht legitimiert" erscheint (ebd.: 127). Dabei ist die Parteinahme innerhalb der Dreierszene auf eben diese Legitimierung angewiesen. In narrativen Zusammenhängen heißt das, „dass ich mich für jemanden entscheide, weil ich mit ihm mitfühlen *kann*" (ebd.: 157; Hervorhebung im Original).

Nun ist es genau diese Legitimierung, die zum Lernen einlädt, und zwar in zweierlei Hinsicht: Erstens müssen Legitimierungen verbalisiert werden. Und beim fremdsprachlichen Lernen bedeutet dies, Legitimierungen in der Fremdsprache anzubieten. Es geht darum, eigene Entscheidungen zu thematisieren, zu problematisieren und zu erklären. Sprache dient dann dazu, thematisch und situativ zu handeln, eine Fähigkeit, die Hans-Eberhardt Piepho (1974, 1979) als Diskurstüchtigkeit bezeichnet und die in Verbindung mit dem kommunikativen Handeln das übergeordnete Bildungsziel der *kommunikativen Kompetenz* beschreibt, die den Fremdsprachenunterricht über Jahrzehnte hinweg in Deutschland maßgeblich prägte. Das in der Narration Enthaltene kann dabei sowohl hinsichtlich der Inhalts- als auch der Ausdrucksseite als Modell dienen. Zweitens können die Erzählkonventionen zur Legitimierung genutzt werden, indem beispielsweise die Erzählperspektive identifiziert wird, die einen wesentlichen Bestandteil bei der Lenkung von Empathie besitzt, und die damit spielt, Legitimierungen zu evozieren, zu revidieren und vielleicht zu verwerfen.

Mit Blick auf den Legitimierungsaspekt bietet es sich an, den Begriff der Dreierszene erneut hinzuzuziehen und zu erweitern. Denn in der Dreierszene wirkt neben den Handelnden und dem Leser eine weitere Kraft, vor deren Folie der repräsentierte Konflikt Kontur erhält. Diese Kraft steht u. a. mit dem Erziehungsstil in Zusammenhang, der uns in der *Mini-Saga* um Johnny begegnet. Hier werden Fragen nach den ideologischen Einstellungen der Eltern aufgeworfen, die – bindet man sie in einen gesellschaftlichen Zusammenhang ein – immer auch Aufschluss über kulturelle Konflikte und Auseinandersetzungen geben können. Um auch diese subtilen Aspekte zu durchschauen, benötigen die Rezipienten soziokulturelles Orientierungswissen, müssen kulturelle Werte und Normen erkannt und ethische Fragen gestellt werden, die alle darauf hinauslaufen, den Konflikt von Wertvorstellungen zu thematisieren. Nicht nur ist anzunehmen, dass Narration „durch kulturelle Muster geformt werden" (Breithaupt 2009: 122), vielmehr gilt auch, dass das, was Erzähl(ung)en erzählenswert macht, selbst kulturell relevant ist (vgl. Hallet/Nünning 2007). Hier zeigen sich Berührungspunkte zur Didaktik des Fremdverstehens (vgl. Bredella/Christ 1995; Bredella/ Meißner et al. 2000), indem die Erzählungen Lernanlässe bieten, in denen die Lernenden nachvollziehen können, was kulturell verhandelt wird. Dafür müssen sie sich auf die fremde Sichtweise einlassen und eine Innenperspektive einnehmen, durch die das repräsentierte kulturspezifische Denken und Handeln sowie die dabei zugrunde liegenden Einstellungen, Werte und Normen nachgezeichnet werden können. Setzen die Lernenden das Erfahrene in Bezug zu ihren eigenen Erfahrungen und nehmen sie eine Außenperspektive ein, so können sie Standpunkte kritisch hinterfragen, diese mit den eigenen abgleichen und gegebenenfalls in ihre Wertewelt integrieren. Dadurch verringert sich die Trennschärfe zwischen Eigenem und Fremden und die Lernenden können ein interkulturelles Bewusstsein entwickeln, so dass sie Kulturen nicht als monolithisch verstehen, sondern als perspektiviert und heterogen begreifen (vgl. Bredella 2002).

In Zusammenhang mit narrativer Empathie und mit der Koordinierung von Innen- und Außenperspektive sind Fragen nach der Identifikation bzw. nach der Teilhabe der Lesenden/Hörenden an Erzählungen zu stellen. Im Extremfall beinhaltet Identifikation „die imaginäre Verschmelzung der Perspektiven von Beobachter und Beobachtetem bis hin zur vollständigen Ersetzung des einen durch den anderen" (Breithaupt 2009: 165). Hinsichtlich des Lernpotenzials einer Narration ist Identifikation aber weder Voraussetzung noch in jedem Fall wünschenswert; „notwendig ist allein, dass der Horizont des anderen, seine Intention verständlich wird" (ebd.: 168). Narrative Empathie bietet den Vorteil, Mechanismen „des Rückrufs zu sich selbst und der Differenzierung von ich und anderem" zu erhellen (ebd.: 169). Die aktive Teilhabe der Lernenden am Verstehen der Narration kann an genau diesem Punkt der Differenzierung ansetzen.

Dass die Lernenden im fremdsprachlichen Literaturunterricht diese Prozesse selbst als zentral erachten, soll hier mittels eines Beispiels nur angedeutet werden. Dem Ausschnitt aus einem Schülerinterview ging die Frage voraus, wie sich die Schülerinnen und Schüler einer Schreibaufgabe zur Perspektivenübernahme nähern, wie sie sich also in die Lage der

Charaktere versetzen, um Leerstellen in der Narration zu füllen und Handlungen auszuge-stalten:[12]

S[15]	Ja, man muss einfach den Hintergrund, den man dann da hat, also gegeben – so, dann muss man sich so vorstellen, dass man genau diese Charakterzüge hat – und dann, dass man halt genau in dieser Situation ist und sich so – also, wie in nem Traum soll das dann vorstellen.
I	Mhm.
S[15]	Und dann – halt, was man dann machen würde. Also, so'n stückweit, was man selber machen würde und halt – nur mit den anderen Charakterzügen.
I	Mhm.
S[15]	Und die vielleicht manchmal übereinstimmen mit den eigenen. Und dann schreibt man. **§ 270 – 274/G10 II**

Den Aussagen der Schülerin kann man entnehmen, wie wichtig ihr das eigene narrative Hinzufügen bei der Perspektivenübernahme ist. Sie verweist auf den Text als Hintergrund und auf die gegebenen Informationen, die als Lenkungsmechanismen angesehen werden müssen. Eine „Vorstellung, dass Empathie ein Akt allein des Beobachters ist", würde dem-nach zu kurz greifen (Breithaupt 2009: 161). Die Schülerin reagiert auf die Lenkung des Textes, nutzt die Perspektive des Charakters als „Resonanzkörper des Ereignisses" und ist als „Beobachter[in] mit dieser Perspektive verbunden" (ebd.: 146). Darüber hinaus imagi-niert sie die Handlungen, wie es die Aufgabenstellung im Literaturunterricht bedingt. Es ist die „Affizierbarkeit der Perspektive", an der die Schülerin teilhat, die sie „plausibel macht und narrativiert" (ebd.: 148). Dies bleibt dann nicht länger auf den Text beschränkt, son-dern lebt davon, dass die Schülerin die Situation auf sich selbst und den Charakter bezieht.

Von hier aus bietet es sich an, den Bogen zurück zur Kategorie der Erfahrung zu schlagen, die bereits eingeführt wurde. Im Kontext der narrativen Empathie sind Erfahrun-gen „ausgewählte Episoden, die auf eine je bestimmte ‚subjektive' Art und Weise aufge-nommen und erzählt werden" (Breithaupt 2009: 118). Lernen bedeutet in diesem Sinne dann auch, die narrative Struktur der eigenen Erfahrungen anzuerkennen, und zu reflektie-ren, wie Narrationen als Sekundärerfahrungen individuell und gemeinschaftlich geteilt auf-genommen werden und welche Wirkpotenziale sie entfalten. Zentral ist dabei der reflek-tierte Umgang mit den Aspekten Parteinahme und Legitimierung, wie der erste Satz der fol-genden Interviewsequenz verdeutlicht:

---

[12] Dieser und der folgende Interviewausschnitt stammen aus einer qualitativ-empirischen Studie im fremd-sprachlichen Literaturunterricht der Sekundarstufe I. Zum Erkenntnisinteresse, den zentralen Fragestellungen, dem methodischen Vorgehen, den Analyseinstrumenten und den Datensätzen siehe Steininger (2010).

S$_3$	Und so was halt in Geschichte zu finden, find ich – eigentlich mit am Wichtigsten. Weil – man wird dann eigentlich durch ne andere Person in die Situation reinversetzt, in die man selbst eigentlich nie kommen könnte.
I	Mhm.
S$_3$	Und so kann man halt doch was lernen, denke ich.

§ 501 – 504/G10 I

Weil es prinzipiell möglich ist, die Partei eines Charakters zu ergreifen, diese Parteinahme zu legitimieren und narrativierend auf sich selbst zu beziehen, können die Lernenden an Situationen teilhaben und diese dann verändern, aus- und umgestalten. Denn „jede narrative Abfolge *ist* diese eine Abfolge *und* trägt zugleich bereits die Möglichkeit einer anderen Abfolge in sich" (Breithaupt 2009: 136; Hervorhebung im Original). Die Vorhersage ist „ein Grundzug der Narration" (ebd.: 137) und wird durch narrative Empathie entlang der damit in Verbindung stehenden Kategorien beschreibbar. Wie die Schülerin bereits sagte: „so kann man halt doch was lernen".

5. Fazit

Wenn man die Annahme teilen mag, dass das „narrative Vermögen" nicht „schlicht ein Register" ist, das „bisweilen ein- und ausgeschaltet wird, sondern ein Filter, durch den wir *alle* Ereignisse und *alles* Verhalten wahrnehmen" (Breithaupt 2009: 125; Hervorhebung im Original), dann sollte der (fremd-)sprachliche Unterricht vor allem Aufgabenstellungen und Ziele formulieren, die weit über die traditionelle ‚Interpretation' literarischer Texte hinaus gehen. Gerade im Kontext der kulturwissenschaftlich erweiterten Erzählforschung bieten Rezeptions- und Produktionsprozesse von Erzählungen – die, wie die rezeptionsästhetische Forschung zeigt, ohnehin Hand in Hand gehen – ein enormes Potenzial für den Unterricht. *An Erzählungen lernen, aus Erzählungen lernen* sowie *Erzählen lernen* sind wichtige Schlüsselkompetenzen, die die Schülerinnen und Schüler auf die komplexen Anforderungen heutiger Alltags- und Berufswelten vorbereiten. Dies gilt in besonderem Maße für den Fremdsprachenunterricht, dem in der Regel noch die interkulturelle Dimension von Erzähl(ung)en eigen ist.

Insbesondere das Konzept der narrativen Empathie eröffnet Möglichkeiten einer integrativen Annäherung an Erzähl(ung)en. Mit integrativ ist gemeint, dass neben den Wirkmechanismen beim Rezipieren von Narrationen auch die anthropologische Dimension der Produktion eingebunden wird. Wir erzählen, weil „narratives Denken nicht nur als Fähigkeit, sondern auch als (unfreiwillige) *Form* des menschlichen Bewusstseins zu denken" ist (ebd.: 126; Hervorhebung im Original). Durch die Kategorien Situationsveränderung, Dreierszene, Parteinahme und Legitimierung können die Mechanismen beim Hervorrufen von Empathie im Leser/Hörer reflektierend beschrieben werden. In diesem Zusammenhang lässt sich das Konzept der narrativen Empathie sehr gut mit solchen literaturdidaktischen Ansätzen in Einklang bringen, die die große Bedeutung der leserseitigen Teilhabe betonen. Hier ist besonders die Rezeptionsästhetik zu nennen (vgl. Rosenblatt 1981; Jauß 1982; Goodman 1984), die im Fremdsprachenunterricht als rezeptionsästhetische Literaturdidaktik eine wichtige Position innehat (vgl. Caspari 1994; Bredella/Burwitz-Melzer 2004; Bredella 2010).[13] Aber die leserseitige Teilhabe allein ist hier nicht das Innovative. Neu und anders ist, dass durch die Parteinahme der Fokus von der Zweier- auf die Dreierszene verlagert wird und somit die eigene produktive Leistung der Lesenden beim narrativen Hinzufügen nicht nur eine didaktische, sondern auch eine literatur- und kulturwissenschaftliche Aufwertung erfährt.

Narrative Empathie kann im literaturdidaktischen Setting deshalb als Bereicherung verstanden werden. Und zwar dann, wenn man die Parteinahme in Dreierszenen als Ausgangspunkt der lernenden Auseinandersetzung begreift – sowohl im Hinblick auf die Ausdrucksseite als auch auf die Inhaltsseite bei der fremdsprachlichen Kommunikation –, dies gilt auch auf der Stufe der Manipulation. Damit ist gemeint, dass der Zusammenhang von lebensweltlicher Erfahrung und literarischer Präsentation eben dadurch zugänglich gemacht werden kann, dass beide auf einen im holistischen Sinne gedachten Resonanzkörper treffen. D. h. dass die Lesenden die eigenen Erfahrungen dafür nutzen, die vermittelten Erfahrungen in ein Bedeutung tragendes Gewebe einzubinden, und eben auch zu ergründen, mit welchen narrativen Techniken diese Wirkmechanismen erzielt werden können.

Somit lassen sich die einzelnen Fäden zusammenführen, die im Beitrag aufgespannt wurden: Die strukturalistisch geprägte Erzähltheorie liefert die terminologischen und analytischen Grundlagen, mittels derer sich die formale Gestaltung von Erzählungen untersuchen lässt. Diese formalen Aspekte – das ‚Wie‘ der Erzählung – haben einen wesentlichen Einfluss auf die Lenkung und somit das Empathieverhalten der Leser: Zu wissen, warum man, unabhängig von rein inhaltlichen Aspekten, mit einem bestimmten Charakter mitfühlt (und eben nicht mit einem anderen), ist eine wichtige reflexive Fähigkeit, die es im Umgang mit Erzählungen zu erwerben gilt. Diese Kompetenzen im Umgang mit Erzähl(ung)en sind jedoch nur dann sinnvoll anzuwenden, wenn sie nicht zum Selbstzweck verkommen. Ohne das Bildungspotenzial von Erzählungen zu überschätzen, bieten sie vor dem Hintergrund ihrer kulturellen Dimensionen und Funktionen wertvolle Anlässe zum Erlernen und Einüben grundlegender Fähigkeiten. Und da Erzählungen auch in der Alltagswelt der Schülerinnen und Schüler allgegenwärtig sind – im Fernsehen und im Internet etwa – ist es wichtig, die Lernenden auch für die manipulative Macht von Erzählungen zu sensibilisieren.

Im Kontext des möglichen Mehrwerts, den das Konzept der narrativen Empathie in didaktischen Zusammenhängen bieten kann, ist noch hinzuzufügen, dass die eingangs erwähnten Vorbehalte gegenüber den kulturwissenschaftlichen Erweiterungen narratologischer Ansätze mit ihren *inter* und *trans* Vorsilben durch den Rahmen der empathie-in-

---

13   Empathievermögen ist auch in der rezeptionsästhetischen fremdsprachlichen Literaturdidaktik eine zentrale Kategorie für die Koordinierung der im Text enthaltenen Perspektiven (vgl. Nünning 2000: 110). In der Fremdsprachendidaktik und damit auch in der fremdsprachlichen Literaturdidaktik wird Empathievermögen v. a. aus heuristischen Zwecken hinsichtlich der affektiven und kognitiven Dimensionierung unterschieden: Affektiv realisiert sich Empathievermögen als ein Einfühlen (vgl. Ropers 1990: 115) der Lernenden in die literarisch repräsentierten Motive, Einstellungen und Empfindungen; „dahingegen bedeutet Empathie im kognitiven Konzept das *Sich-Eindenken* in den Anderen" (Abendroth-Timmer 1997: 82; Hervorhebung im Original). Kognition und Emotion sind also weniger als getrennt zu betrachten, vielmehr muss beim Fremdsprachenlernen und bei der Auseinandersetzung mit fremdsprachlichen narrativen Texten von „einer wechselseitigen Beeinflussung ausgegangen werden" (House 1998: 91), denn „Affekte lenken das Interesse des Individuums auf bestimmte Sachverhalte und regulieren damit die kognitiven Handlungen des Menschen" (Wolff 2004: 91).

duzierenden Situation abgefangen werden können. Von dem hier vorgestellten Standpunkt aus betrachtet geht es nämlich nicht darum, einen Gegenstand – oder genauer gesagt, den literarischen Text – dadurch lernend zugänglich zu machen, indem man ihn in seine Bestandteile zerlegt und für heuristische Zwecke reduktionistisch aufschlüsselt. Vielmehr, und darin liegt der besondere Wert des Ansatzes begründet, kann mittels narrativer Empathie der Lernprozess als Ganzes zum Thema werden, der immer auch im Plural zu denken ist, und dem eine ganz eigene Emergenz innewohnt, die ihn für das Individuum zu mehr macht als die Summe seiner Teile. Es ist auch diese allgemeinpädagogische Dimension, die hinzutritt und mit kulturellem Lernen umschrieben werden kann, welche die Narrationsfähigkeit der Lernenden im rezeptiven wie produktiven Kontinuum als Bildungsziel im Blick behält.

Literatur

Abenroth-Timmer, Dagmar (1997): Zum Potential von Lehrwerken für das Verstehen anderer Kulturen. In: Bredella, Lothar/Christ, Herbert/Legutke, Michael K. (Hg.): Thema Fremdverstehen. Arbeiten aus dem Graduiertenkolleg Didaktik des Fremdverstehens. Tübingen: Narr, 76-100.

Basseler, Michael (2008): Kulturelle Erinnerung und Trauma im zeitgenössischen afroamerikanischen Roman. Theoretische Grundlegung – Ausprägungsformen – Entwicklungstendenzen. Trier: WVT.

Batson, Daniel C. (2009): These Things Called Empathy: eight Related but Distinct Phenomena. In: Decety, Jean/Ickes, William (Hg.): The Social Neuroscience of Empathy. Cambridge, Mass. The MIT Press, 3-15.

Boyd, Brian (2009): On the Origin of Stories. Evolution, Cognition, and Fiction. Cambridge, MA/London: Harvard UP.

Bredella, Lothar (2010): Das Verstehen des Anderen. Kulturwissenschaftliche und literaturdidaktische Studien. Tübingen: Narr.

Ders. (2002): Literarisches und interkulturelles Verstehen. Tübingen: Narr.

Ders./Burwitz-Melzer, Eva (2004): Rezeptionsästhetische Literaturdidaktik. Mit Beispielen aus dem Fremdsprachenunterricht Englisch. Tübingen: Narr.

Ders./Meißner, Franz-Joseph/Nünning, Ansgar/Rösler, Dietmar (Hg.) (2000): Wie ist Fremdverstehen lehr- und lernbar? Vorträge aus dem Graduiertenkolleg „Didaktik des Fremdverstehens". Tübingen: Narr.

Ders./Christ, Herbert (Hg.) (1995): Didaktik des Fremdverstehens. Tübingen: Narr.

Breithaupt, Fritz (2009): Kulturen der Empathie. Frankfurt/Main: Suhrkamp.

Bruner, Jerome (1991): The Narrative Construction of Reality. In: Critical Inquiry 18, 1-21.

Ders. (2004): Life as Narrative. In: Social Research 71 (3), 691-710.

Ders./Lucariello, Joan (1989): Monologue as Narrative Recreation of the World. In: Nelson, Katherine (Hg.): Narratives from the Crib. Cambridge, Mass. & London: Harvard UP. 79-98.

Carter, Ronald/Long, Michael (1991): Teaching Literature. New York: Longman.

Caspari, Daniela (1994): Kreativität im Umgang mit literarischen Texten im Fremdsprachenunterricht. Theoretische Studien und unterrichtspraktische Erfahrungen. Frankfurt/Main: Lang.

Chatman, Seymour (1978): Story and Discourse. Narrative Structure in Fiction and Film. Ithaca & London: Cornell UP.

Dewey, John (1980): Kunst als Erfahrung. Frankfurt/Main: Suhrkamp.

Eakin, Paul John (1999): How Our Lives Become Stories: Making Selves. Ithaca & London: Cornell UP.

Erll, Astrid/Roggendorf, Simone (2002): Kulturgeschichtliche Narratologie: Die Historisierung und Kontextualisierung narrativer Texte. In: Nünning, Ansgar/Nünning Vera (Hg.): Neue Ansätze in der Erzähltheorie. Trier: WVT, 73-113.

Fludernik, Moinka (1996): Towards a ‚Natural' Narratology. London: Routledge.

Dies. (2003): Natural Narratology and Cognitive Parameters. In: Herman, David (Hg.). Narrative Theory and the Cognitive Sciences. Stanford: CSLI Publications. 243-267.

Goodman, Nelson (1984): Weisen der Welterzeugung. Frankfurt/Main: Suhrkamp.

Groeben, Norbert (2002): Zur konzeptuellen Struktur des Konstrukts ‚Lesekompetenz'. In: Groeben, Norbert/Hurrelmann, Bettina (Hg.): Lesekompetenz. Bedingungen, Dimensionen, Funktionen. Weinheim & München: Juventa, 11-24.

Hanne, Michael (1996 [1994]): The Power of the Story: Fiction and Political Change. Providence, RI: Berghahn.

Helms, Gabriele (2003): Challenging Canada. Dialogism and Narrative Technique in Canadian Novels. Montreal: McGill-Queen's UP.

Hutcheon, Linda (2007): Traveling Stories: Knowledge, Activism, and the Humanities. In: Gibson, John/Huemer, Wolfgang/Pocci, Luca (Hg.): A Sense of the World. Essays on Fiction, Narrative, and Knowledge. New York & London: Routledge, 206-216.

Genette, Gérard (1998[2]): Die Erzählung. München: Fink.

Hallet, Wolfgang/Nünning, Ansgar (Hg.) (2007). Neue Ansätze und Konzepte der Literatur- und Kulturdidaktik. Trier: WVT.

House, Juliane (1998): Kognition und Emotion beim Lehren und Lernen fremder Sprachen. In: Bausch, Karl-Richard/Christ, Herbert/Königs, Frank G./Krumm, Hans-Jürgen (Hg.): Kognition als Schlüsselbegriff bei der Erforschung des Lehrens und Lernens fremder Sprachen. Tübingen: Narr, 89-97.

Iacoboni, Marco (2008): Mirroring People. The new Science of how we Connect With Others. New York: Farrar, Strauss & Giroux.

Iser, Wolfgang (1991): Das Fiktive und das Imaginäre. Perspektiven literarischer Anthropologie. Frankfurt/Main: Suhrkamp.

Jahn, Manfred (1995): Narratologie: Methoden und Modelle der Erzähltheorie. In: Nünning, Ansgar (Hg.): Literaturwissenschaftliche Theorien, Modelle und Methoden. Eine Einführung. Trier: WVT. 29-50.

Jauß, Hans R. (1982): Ästhetische Erfahrung und literarische Hermeneutik. Frankfurt/Main: Suhrkamp.

Keen, Suzanne (2006): A Theory of Narrative Empathy. In: Narrative 14 (3), 207-36.

Dies. (2010): Empathy and the Novel. Oxford /New York: Oxford UP.

Martínez, Matías/Scheffel, Michael (2007[7]): Einführung in die Erzähltheorie. München: C. H. Beck.

Neumann, Birgit/Nünning, Ansgar/Petterson, Bo (Hg.) (2008): Narrative and Identity. Theoretical Approaches and Critical Analyses. Trier: WVT.

Nünning, Ansgar (2000): ‚Intermisunderstanding'. Prolegomena zu einer literaturdidaktischen Theorie des Fremdverstehens: Erzählerische Vermittlung, Perspektivenwechsel und Perspektivenübernahme". In: Bredella, Lothar/Meißner, Franz-Joseph/Nünning, Ansgar/Rösler, Dietmar (Hg.): Wie ist Fremdverstehen lehr- und lernbar? Vorträge aus dem Graduiertenkolleg „Didaktik des Fremdverstehens". Tübingen: Narr, 84-133.

Ders. (2002a): „Towards a Cultural Narratology: A Survey of Diachronic Approaches, Concepts, and Research Projects." In: Reitz, Bernhard/Rieuwerts, Sigrid (Hg.): Proceedings Anglistentag 1999. Mainz. Trier: WVT, 345-74.

Ders./Nünning, Vera (2002a): Von der strukturalistischen Narratologie zur ‚postklassischen' Erzähltheorie: Ein Überblick über neue Ansätze und Entwicklungstendenzen. In: Dies. (Hg.): Neue Ansätze in der Erzähltheorie. Trier: WVT, 1-34.

Ders./Nünning, Vera (2003). Narrative Kompetenz durch neue erzählerische Kurzformen. In: Der Fremdsprachliche Unterricht Englisch 37 (61), 4-10.

Nünning, Vera/Nünning, Ansgar (2002b): Produktive Grenzüberschreitungen: Transgenerische, intermediale und interdisziplinäre Ansätze in der Erzähltheorie. In: Dies. (Hg.): Erzähltheorie transgenerisch, intermedial, interdisziplinär. Trier: WVT.

Piepho, Hans-Eberhard (1974): Kommunikative Kompetenz als übergeordnetes Lernziel im Englischunterricht. Dornburg-Frickhofen: Frankonius.

Ders.: Kommunikative Didaktik des Englischunterrichts Sekundarstufe I. Theoretische Begründung und Wege zur praktischen Einlösung eines fachdidaktischen Konzepts. Limburg: Frankonius.

Polkinghorne, Donald E. (1996): Narrative Knowing and the Study of Life. In: Birren, James E. et al. (Hg.): Aging and Biography: Explorations in Adult Development. New York: Springer, 77-99.

Ders. (1998): Narrative Psychologie und Geschichtsbewußtsein: Beziehungen und Perspektiven. In: Jürgen Straub (Hg.): Erzählung, Identität und historisches Bewußtsein: Die psychologische Konstruktion von Zeit und Geschichte. Frankfurt/Main: Suhrkamp.

Proges, Wilfried (Hg.) (2007): Mini-Sagas. An Anthology of Fifty-Word Short Stories. Stuttgart: Reclam.

Ropers, Norbert (1990): Vom anderen her denken. Empathie als paradigmatischer Beitrag zur Völkerverständigung. In: Steinweg, Reiner/Wellmann, Christian (Hg.). Friedensanalysen. Band 24. Die vergessene Dimension internationaler Konflikte. Frankfurt/Main: Suhrkamp, 114-150.

Rosenblatt, Louise M. (1981): On Aesthetic as the Basic Model of the Reading Process. In: Garvin, Harry R. (Hg.): Theories of Reading, Looking and Listening. Lewisburg: Bucknell UP, 17-31.

Roth, Gerhard (2003): Fühlen, Denken, Handeln. Wie das Gehirn unser Verhalten steuert. Frankfurt/Main: Suhrkamp.

Schmid, Wolf (2008): Elemente der Narratologie. Berlin: de Gruyter.

Stanzel, Franz K. ([1979]1995). Theorie des Erzählens. Stuttgart: UTB.

Steininger, Ivo (2010): Modellierung literarischer Kompetenz im Fremdsprachenunterricht der Sekundarstufe I. In: Altmayer, Claus et al. (Hg.). Grenzen überschreiten: sprachlich-fachlich-kulturell. Baltmannsweiler: Schneider-Verlag Hohengehren, 383-390.

Todorov, Tzvetan (2007): What is Literature For? New Literary History 38 (1), 13-32.

Wolff, Dieter (2004): Kognition und Emotion im Fremdsprachenerwerb. In: Börner, Wolfgang/Vogel, Klaus (Hg.): Emotion und Kognition im Fremdsprachenunterricht. Tübingen: Narr, 87-106.

Erzählen als Bildungserfahrung.
Zeitlichkeit und ‚Bildungsbedeutsamkeit‘ lebensgeschichtlicher Erzählungen

Thorsten Fuchs
unter Mitarbeit von Mitra Keller

1. Einleitung

Der Zusammenhang von Lernen und Erzählen lässt sich auf ganz verschiedenen Ebenen thematisieren. Eine fundamentale Ebene dürfte die der Zeit und Zeitlichkeit sein, denn Lernen und Erzählen sind ganz offensichtlich Phänomene, die sich in der Zeit ereignen und insofern zeitlich sind. Wenn von Lernen die Rede ist, dann ist damit – so lässt sich vielleicht trotz der unterschiedlichen disziplinären Zugriffe auf dieses Themenfeld formulieren – ein Prozess bezeichnet, bei dem auf bislang gemachte Erfahrungen rekurriert wird und bei dem es darum geht, diese bisherigen Erfahrungen in einem bestimmten zeitlichen Verlauf mit gewisser Nachhaltigkeit zu verändern. Lernen wird deshalb auch über ein „Nacheinander in der Zeit" (Prange 2005: 114) beschrieben. Das zur bildungspolitischen Leitformel geronnene lebenslange Lernen erweitert diese Perspektive sogar. Demnach ist das ganze Leben ein Erfahrungen akkumulierender Lernprozess, der es dem Individuum *dauerhaft* ermöglicht, sich in der Welt zu orientieren. Der Gesellschaft wiederum sichert die uneingeschränkte Bereitschaft der Individuen zum lebenslangen Lernen *zukünftig* wirtschaftliche Prosperität. Auch beim Erzählen wird eine solche unmittelbare Bindung an die Zeit deutlich. Mehr noch: Zeit ist gewissermaßen das Charakteristische des Erzählens. Jedes Erzählen entfaltet sich in der Zeit. Auch stellt es – indem *vergangene* Erfahrung rekapituliert wird – selbst Zeit dar. Erst Ereignisse in zeitlicher Perspektive lassen eine verbale Folge von Teilsätzen zur Erzählung werden. Deshalb sind Erzählungen durch ihre grundsätzliche Anlehnung an die chronologische Abfolge in der Wiedergabe von Ereignissen charakterisiert:

> „Erzählungen führen die Darstellung von Ereignissen über minimal eine, in der Regel über mehrere zeitliche Schwellen zwischen einem Vorher-Zustand und einem Nachher-Zustand hinweg. Ein einzelner Erzähltext weist minimal einen Veränderungskern – das neue Ereignis bzw. eine neue Phase in einem in der Darstellung bereits begonnenen Ereignis – auf, der ein zeitliches Gefälle hat." (Schütze 1987: 60)

Sowohl für das Lernen als auch das Erzählen – so lassen diese knappen Ausführungen schon erkennen – kann damit eine ‚eigentümliche‘ Gemeinsamkeit diagnostiziert werden: Diese liegt „in der Veränderung, ihrem Weg-Charakter, der sich dadurch bestimmt, daß sich die Sachverhalte [...] in ihren Zeitbezügen und zu einer bestimmten Zeit gestalten" (Meder 1989: 13). Lernen und Erzählen sind folglich nur mit Bezug auf Zeitlichkeit darstellbar, nicht aber an sich oder aus sich selbst heraus. Sie sind überhaupt nur ‚vermöge eines Dritten d. i. Zeit' zur Entfaltung zu bringen, wie in Anlehnung an eine Formulierung Wilhelm von Humboldts gesagt werden kann (vgl. von Humboldt 1969: 235).

Eine derart enge Bindung an Zeit und Zeitlichkeit gilt auch für einen Parallel- bzw. Komplementärbegriff zum Terminus ‚Lernen': nämlich für ‚Bildung'. Als Verhältnis zu sich selbst, zu anderen Menschen und zu Dingen und Themen der Welt ist Bildung durch einen Prozesscharakter gekennzeichnet, der als „dynamische, stets konkrete und individuelle Bewegung, ein ständiges Sich-Überschreiten, das jeden vorgegebenen Zustand und Bestand hinter sich lässt" (Pleines 1989: 22), beschrieben werden kann. Auch hier ist es der Zeitbezug, der als wesentliches Moment der Charakterisierung fungiert, weshalb der bildungstheoretische Diskurs mit der Explikation zahlreicher Verweisungszusammenhänge von „Bildung in der Zeit" (Nieke/Masschelein/Ruhloff 2001) aufwartet. Bildungsprozesse zielen auf eine Entschleunigung und haben „den Index der Verzögerung" (Dörpinghaus 2005: 568); verzögerte Erfahrungen sind für Bildungsprozesse unverzichtbar. Halbbildung wiederum ist als eine Schwäche im Verhältnis zur Zeit aufzufassen, was im Umkehrgedanken besagt, dass Bildung Zeit benötigt (vgl. Adorno 1959: 116). Auch andere gängige Umschreibungen für Bildung, wie etwa die selbst verantwortete Eigenentwicklung, die Aneignung von Welt und der Weg zur Emanzipation, machen auf die „temporale vergangenheitsbezogene, gegenwartsbestimmte und zukunftsoffene Grundstruktur" (Bilstein/Miller-Kipp/Wulf 1999: 10) aufmerksam, die diesem Schlüssel- und Grundbegriff der Bildungswissenschaften inhärent ist. Dass Bildung ebenso wie Lernen und Erzählen ein Prozess in der Zeit ist, zeigt sich deshalb gerade auch, wenn mittels autobiographischer Erzählungen nach konkreten Anlässen und Herausforderungen von Bildungsprozessen Ausschau gehalten wird. In lebensgeschichtlichen Horizonten eingebettet wird dabei etwa deutlich, dass Bildungsprozesse in der Konfrontation mit ungewohnten, krisenhaften Situationen hervorgebracht werden, sie eng an Spontaneität geknüpft sind oder durch transformative Adjustierungen von Selbst und Welt zu neuartigen Figuren der individuellen Wahrnehmung, Deutung und Problembearbeitung führen (vgl. Marotzki 1990; Koller 1999; Nohl 2006). Generalisierende Betrachtungen zur Beschaffenheit von Bildungsprozessen im Allgemeinen und biographischen Bildungsprozessen im Besonderen stellen insofern *nolens volens* die Verbindung zu Zeit und Zeitlichkeit heraus (vgl. Bilstein 1999; Koller 2009).

Diesem explizierten Zusammenhang zwischen Erzählen, Zeit und Bildung widmet sich der vorliegende Beitrag. Dazu wird versucht, Erzählungen lebensgeschichtlicher Provenienz und Strukturen der Zeitgestaltung in einen bildungstheoretisch fundierten Zusammenhang zu bringen. Zuerst werden entscheidende Schnitt- bzw. Gelenkstellen zwischen lebensgeschichtlichen Erzählungen und Zeitlichkeit herausgearbeitet (2.). Anschließend erfolgt die Konzentration auf die Konturierung der ‚Bildungsbedeutsamkeit' von lebensgeschichtlichen Erzählungen (3.). Eine Betrachtung von Narrationen des gelebten Lebens verleiht den entfalteten theoretischen Ausführungen dann Konkretion und erlaubt die Rekonstruktion von Bildungsprozessen im Kontext von unterschiedlichen Strukturen der *Zeitgestaltung*: Auf der Basis von zwei narrativ-autobiographischen Interviews, die zwar unterschiedlichen Forschungsarbeiten[1] entstammen, allerdings unter Berücksichtigung ähnlicher

---

[1] Die einer intensiveren Betrachtung zugeführten ‚Fallbeispiele' sind den Dissertationen von Mitra Keller (2007) und Thorsten Fuchs (2011) entnommen. In beiden Arbeiten werden – darin liegt die Gemeinsamkeit –

Grundsätze erhoben wurden und zudem inhaltliche Gemeinsamkeiten aufweisen, wird zuerst deutlich gemacht, inwiefern es im *vergangenen* Leben bzw. – im erzähltheoretischen Jargon – in der erzählten Zeit zu Bildungsprozessen kommt (4.). Daraufhin wird aufgezeigt, in welcher Weise im *aktuellen* Deutungsprozess der eigenen Lebensgeschichte, also jenem, der in der konkreten Interviewsituation und damit gewissermaßen auf der Ebene der „Erzählzeit" (Lämmert 1955: 257; Müller 1948) vollzogen wird, Bildungsprozesse erfolgen (5.). Die qualitativ-empirischen Analysen halten damit einen zweifachen Ertrag bereit: Sie informieren nicht nur über „doppelte temporale Sequenz" (Genette 1994: 21) biographischer Bildungsprozesse, sondern geben auch und gerade eine Antwort auf die hochaktuelle Frage, wie Bildung eigentlich möglich ist (6.).

2. Lebensgeschichtliche Erzählungen und Zeitlichkeit

Um – wie angekündigt – lebensgeschichtliche Erzählungen und Zeitlichkeit in einen bildungstheoretisch fundierten Zusammenhang zu bringen, gilt es, mit grundsätzlichen Bestimmungen zu beginnen: Was ist also gemeint, wenn von lebensgeschichtlichen Erzählungen, von Zeitlichkeit und insbesondere dem Ineinandergreifen von beidem die Rede ist? Um das zu klären, empfiehlt es sich, Konzepte und Einsichten der Erzähl- und Biographieforschung zu bemühen. Denn beide Disziplinen nehmen für sich in Anspruch, das hier im Mittelpunkt Stehende in seinem Werden, d. h. in Auseinandersetzung mit Zeit und Zeitlichkeit zu betrachten – zum einen das gelebte Leben, zum anderen die Erzählung.

Die Biographieforschung versucht, die „Bewegung eines einzelnen Menschen" (Schulze 2006a: 39) im soziokulturellen und -historischen Kontext zu durchdringen, um auf diese Weise das „Allgemeine im Besonderen und das besondere Allgemeine" (Schulze 1997) zu erkennen. Dazu bemüht sie sich um empirisches Wissen über Lebensverläufe und -geschichten, das sie vorzugsweise autobiographischem Material entnimmt: lebensgeschichtliche Erzählungen in mündlicher oder schriftlich-textueller Gestalt – etwa Aufzeichnungen von biographischen Interviews, Tagebücher, Briefe usw. In der Analyse solchen Materials geht es ihr darum, das menschliche Leben in seiner Gesellschaft und in seiner Zeit zu betrachten (vgl. Schulze 1979): Sie richtet zum einen den Blick auf die rekonstruierte Darstellung des jeweiligen gelebten Lebens und zum anderen auf die objektiven gesellschaftlichen Strukturen, die diese Lebensentwürfe beeinflussen. Die Reflexion lebensgeschichtlicher Erzählungen ist hier daher an der Schnittstelle von Subjektivität und gesellschaftlicher Objektivität angesiedelt (vgl. Fuchs 2009: 388).

Die Erzählforschung wiederum blickt auf die Bedingungen, Merkmale, Intentionen, Verwendungszusammenhänge und Entwicklungslinien des Erzählens. Sie interessiert sich für die erzählerische Kommunikation in ihren unterschiedlichen historischen und gegenwärtigen Formen. Dabei wird auch das lebensgeschichtliche Erzählen zum Thema und explizitem Forschungsgegenstand gemacht (vgl. Lehmann 1983, 1996; Pankau 1994). In der Perspektive der Erzählforschung sind lebensgeschichtliche Erzählungen Alltags- bzw. Wirklichkeitserzählungen, da sie auf ‚Faktualität' Bezug nehmen und eine unmittelbare

---

narrative Interviews in kritischer Auseinandersetzung mit dem von Fritz Schütze vorgelegten Verfahren biographietheoretisch ausgewertet. Vgl. Keller (2007: 122-140); Fuchs (2011: 261-274).

Verankerbarkeit in der außersprachlichen Wirklichkeit aufweisen (vgl. Bausinger 1977; Klein/Martínez 2009). Sie erheben den Geltungsanspruch, dass die dargestellten Ereignisse tatsächlich stattgefunden haben, stattfinden sollten bzw. stattfinden werden (vgl. ebd.: 6).

Die Affinitäten und Verweisungszusammenhänge, die es zwischen der Erzähl- und Biographieforschung gibt, sind in dieser Hinsicht manifest (vgl. Appelsmeyer 1996; Hengartner/Schmidt-Lauber 2005). Beide betonen in der Betrachtung lebensgeschichtlicher Erzählungen nämlich die Bezugnahme auf konkrete Gegebenheiten und eine ‚außerindividuelle Wirklichkeit'. Von je besonderer Bedeutung für die Erzähl- und Biographieforschung ist, dass die in lebensgeschichtlichen Erzählungen geäußerte „Mitteilung über innere Zustände und Vorgänge in der Regel verknüpft ist mit äußeren Umständen und Begebenheiten, die in reale Kontexte eingebunden sind, die mit anderen Menschen geteilt werden" (Schulze 2002a: 135). In dieser Referenz auf reale Sachverhalte und Ereignisse liegt der gemeinsam geteilte Horizont beider Disziplinen, so dass sich lebensgeschichtliche Erzählungen in biographie- und erzähltheoretischer Perspektive gerade auch als ‚Interaktionen' in den Dimensionen der Beziehung zu sich selbst, zu anderen Menschen und zur Welt betrachten lassen. In lebensgeschichtlichen Erzählungen spiegelt sich nämlich zuallererst eine selbstbezügliche Haltung. In der Erzählung der eignen Lebensgeschichte tritt das „autobiographische Ich" (Bittner 2011: 51-65) sich selbst gegenüber, indem es das gelebte Leben erinnernd betrachtet und beurteilt, erzählend ordnet, deutet und rechtfertigt (vgl. Schulze 2002b: 31; Lehmann 1980). Dabei werden Selbstbetrachtungen vorgenommen; das von seinem Leben erzählende Ich stellt dar, „wie es selbst sich sieht, was es sein möchte oder könnte und was tatsächlich aus ihm geworden ist" (Schulze 2006a: 45).

> „Es ist das Ich, das erzählt, aber auch das Ich, das erlebt hat, was es erzählt. Es ist das Ich, das sich erinnert und das seine Erinnerungen reflektiert. Es ist das Ich, das lebt und das sich zu seinem Leben verhält, entwerfend und erinnernd, das etwas von seinem Leben erwartet und sich in ihm zurechtzufinden und zu behaupten sucht".
> (Schulze 2002a: 138)

Doch darüber hinaus treten in lebensgeschichtlichen Erzählungen immer auch Fremd- und Weltverhältnisse hervor, die ebenfalls reflektiert, erinnert und präsentiert werden. Denn das „autobiographische Ich ist kein autonomes, unabhängiges, isoliertes und selbstherrliches Individuum, und in einer autobiographischen Erzählung geht es auch nicht allein oder vorwiegend um das Selbst, um Selbstvergewisserung, und Selbstdarstellung, um Persönlichkeitsbildung und Identitätsfindung" (Schulze 2010: 34). Lebensgeschichtliche Erzählungen sind also nicht nur und nicht ausschließlich narrative Formen der Selbstthematisierung, wie es zuweilen heißt. Vielmehr werden etwa auch soziale Begebenheiten, Familienkonstellationen, Freundeskreise, aber auch Lebensverhältnisse, Sozialisationsbedingungen sowie die Struktur von Bildungs- oder Beschäftigungssystemen kenntlich gemacht. Lebensgeschichtliche Erzählungen repräsentieren auf diese Weise die Überwindung der Isolation und die Konstitution der Teilhabe an Diskurswissen, mit dessen Hilfe die gesellschaftliche Praxis realisiert wird (vgl. Pankau 1994; Ehlich 1980: 20).[2] Beispielsweise können im Rahmen le-

---

[2] Überhaupt wird man wohl auch sagen können, dass Menschen erst durch die sukzessive Teilhabe an der Praxis lebensgeschichtlichen Erzählens ein eigenes biographisches Bewusstsein ausprägen. Die Vorstellung vom

bensgeschichtlicher Erzählungen soziale Beziehungen beschrieben werden wie etwa „die Konstellation in einer Familie oder in einer Betriebsgruppe und die in ihnen vorherrschenden Interaktionsmuster, die Stellung in der Geschwisterreihe, die signifikanten Anderen im näheren und weiteren Umfeld, das Netz der sozialen Kontakte, der Freunde und Anreger" (Schulze 2002b: 39). Auch Generationen- und Familienthemen sowie Verortungen in der gesellschaftlichen Generationenfolge lassen sich wahrnehmen. Auf diese Weise zeigt sich, dass das autobiographische Ich gerade auch Träger von ‚Strukturen' ist, da mittels der lebensgeschichtlichen Erzählung individuelle, soziale und historische Lebenswelt miteinander vernetzt werden (vgl. Alheit 2007: 82): Es wird nicht nur ersichtlich, wie jemand die Welt erlebt und was sie ihm bzw. ihr bedeutet. Auch zeigt sich in einer lebensgeschichtlichen Erzählung, wie die Welt, in der ein Mensch lebt, beschaffen ist.

> „Mit seinem Geburtsdatum ist jeder Mensch einem bestimmten Jahrgang, einer Kohorte, einer Generation und einem Zeitalter zugeordnet und zugewiesen, und in jeder autobiographischen Erzählung spiegelt sich auch der Geist der Epoche. Zeittypische Lebensverhältnisse und Lebensformen, Sozialisationsbedingungen und Erziehungseinrichtungen werden beschrieben. Nähere und entferntere historische Ereignisse werden erwähnt und kommentiert oder auch aus unmittelbarer Anschauung vergegenwärtigt." (Schulze 2002b: 41)

Mit ihrem referentiellen Anspruch auf Wirklichkeitswiedergabe sind lebensgeschichtliche Erzählungen in der Darstellung von Selbst-, Fremd- und Weltverhältnissen insofern immer zeitlich konturiert und kontextualisiert – und das sowohl auf der Ebene der ‚histoire' als auch auf der Ebene des ‚discours': sei es, dass Anfangs- und Endpunkt die Narrationen rahmen, dass die einzelnen lebensgeschichtlichen Episoden in eine zeitliche Reihenfolge gebracht, bestimmte Ereignisse als vergangen oder auch als noch andauernd beschrieben oder Ereignisverläufe und Entwicklungen geschildert werden. Die Zeitlichkeit lebensgeschichtlicher Erzählungen ergibt sich zwangsläufig durch den Gegenstand: die Biographie bzw. die Erzählung des gelebten Lebens. Dabei ist einerseits von einer Kontinuität und Kohärenz des gelebten Lebens auszugehen, und zwar insofern, als die Ereignisse in Form der Erinnerung von Situationen und Szenen, von bildhaften Eindrücken und sprachlichen Wendungen, von Gefühlen, Geräuschen, Gerüchen usw. usf. in einen konzisen Zusammenhang gebracht werden. Die Herstellung eines solchen Zusammenhangs erfolgt, indem aus der Fülle vergangener Ereignisse ganz bestimmte miteinander verbunden und mit einer Bedeutung für das eigene Leben belegt werden.[3] Andererseits wird in lebensgeschichtlichen Erzählungen aber auch Kontingenz zum Ausdruck gebracht (vgl. Pfeiffer 2007: 51). Die inhaltlichen Darstellungen ergeben sich nämlich keineswegs zwangsläufig aus den ihnen zugrunde liegenden

---

eigenen Leben gestaltet sich so als „ein Prozess allmählich wachsender Bewusstheit, die sich nur langsam und in kleinen Ausschnitten […] aus einer selbstverständlich hingenommenen Umweltzugehörigkeit und Wachstumsbewegung herauszulösen scheint" (Schulze 2006b: 39). Im Verlauf des Heranwachsens erfährt das biographische Bewusstsein dann eine Ausweitung, wobei auch die Geschichten der Familie und die der Gesellschaft – etwa in Form von historischen Großereignissen, Kriegen, Wirtschaftskrisen, politisch-kulturellen Umbrüchen usw. – über Erzählungen angeeignet werden.

3 Jene Form der bedeutungsordnenden, Sinn herstellenden Leistung des Subjekts in der Besinnung auf das eigene gelebte Leben wird im biographietheoretischen Diskurs unter dem Stichwort „Biographisierung" behandelt (vgl. Marotzki 2003, 1990: 102-104).

lebensgeschichtlichen Erfahrungen. Was und wie erzählt wird, ist „nicht schon prästabilisiert [...] durch eine narrative Vorlage des Gegebenen" (Thomä 1998: 95), also den Erzählgegenstand selbst. Stattdessen ist die biographische Gestaltung vom rück- und vorausblickenden Um- und Neuerzählen des Lebens begleitet. Die bewusste Anstrengung, biographische Perspektiven zur Darstellung zu bringen, setzt die Sicht auf sich selbst, auf die Mitmenschen und auf Dinge und Themen der Welt jeweils neu in ein Verhältnis. Lebensgeschichtliche Erzählungen sind – so gelesen – Konstruktionen, die immer dann, wenn jemand vom eigenen Leben erzählt, neu arrangiert werden.

Der Doppelcharakter lebensgeschichtlicher Erzählungen, einerseits Wiedererinnerung von biographisch bedeutsamen Entwicklungen und entsprechenden Ereignisverstrickungen des autobiographischen Ich zu sein, andererseits aber zugleich von einer kreativen Offenheit und ‚Nicht-Prästabilisierung‘ durch diese Ereignisse und biographischen Erfahrungen gekennzeichnet zu sein, führt dazu, dass konkrete Narrationen des gelebten Lebens ständig und auf irgendeine Art und Weise von beiden Momenten durchdrungen sind. In der Erzählung der eigenen Lebensgeschichte werden sedimentierte Lebenserfahrungen und Ereignisverkettungen präsentiert; die verstrichene Zeit zwischen Erlebnis- und Erzählsituation ermöglicht dabei eine verdichtete Betrachtung von sich, anderen sowie den Dingen und Themen der Welt. Indem Ereignisse rekapituliert und Erinnerungen rekonstruiert werden, kommt es während des lebensgeschichtlichen Erzählens darüber hinaus jedoch auch zur abermaligen Reflexion von Bedingungen, Voraussetzungen, Ansprüchen und Problemen des eigenen Lebens. Details und Erlebniszusammenhänge werden aus heutiger Sicht interpretiert. Das lebensgeschichtliche Erzählen *in actu* ist somit „das Erzählen von neuen Handlungskapazitäten, [...] der Bewertung neuer Erfahrungs- und Handlungsmöglichkeiten, der Erfahrung mit entsprechenden Kreativitätsschüben" (Ecarius 2006: 98). Beide Momente bieten „Chancen für das Selbst- und Fremdverstehen" (Rosenthal et al. 2006) und sind daher auch bildungstheoretisch betrachtet von Bedeutung. Das soll im Folgenden ausgeführt und begründet werden.

3. Zur ‚Bildungsbedeutsamkeit‘ von lebensgeschichtlichen Erzählungen

In lebensgeschichtlichen Erzählungen werden Subjekt-Welt-Verhältnisse präsentiert; es handelt sich bei solchen Narrationen demnach um Thematisierungen des ‚gelebten Lebens‘, die individuelle Erfahrungen, Aspekte der Selbstkonstituierung und Sozialität sowie Momente der Weltkonstruktion bereithalten (vgl. Ecarius 2003: 535). Lebensgeschichtliche Erzählungen sind daher auch – weil und insofern Bildung den „reflexiven Modus des menschlichen In-der-Welt-Seins" (Marotzki 2006: 61) zum Gegenstand hat – prädestiniert, um sie einer bildungstheoretischen Analyse zuzuführen. Die in lebensgeschichtlichen Erzählungen geschilderten Aufbauten, Aufrechterhaltungen und Veränderungen der Selbst-, Fremd- und Selbstreferenzen von Menschen lassen sich unter Zuhilfenahme bildungstheoretischer Entwürfe und Theoreme erfassen.

Entsprechende grundlagentheoretisch und empirisch differenzierte Konzepte zur Betrachtung lebensgeschichtlicher Erzählungen unter einem bildungstheoretischen Fokus werden vor allem von der so genannten bildungstheoretisch orientierten Biographieforschung

bereitgestellt. Als spezifische Variante einer an Lebensgeschichten interessierten Erziehungswissenschaft, wie sie in den letzten 30 Jahren durch Dieter Baacke und Theodor Schulze (1979), Werner Loch (1979) und Jürgen Henningsen (1981) vorangetrieben wurde, verbindet sie die autobiographische Erkenntnisabsicht mit der Erforschung von Bildungsprozessen. Sie richtet in der Betrachtung lebensgeschichtlicher Erzählungen ihr Augenmerk also gleichsam auf zwei Fragen, die sie miteinander kombiniert: „Wie ist ein autobiographisches Subjekt zu dem geworden, was es heute ist?" und „Wie ist Bildung möglich?".
Der bildungstheoretisch orientierten Biographieforschung geht es dabei darum, „Prozesse der Bedeutungs- und Sinnkonstitution als Prozesse der Konstruktion von Selbst- und Weltbildern zu untersuchen" (Marotzki 1990: 86) und so Bildungsprozesse in ihren lebensgeschichtlichen Zusammenhängen zu analysieren. Auf diese Weise verspricht sie sich Aufklärung über die Anlässe und Problemlagen, typische Erfahrungskonstellationen und Bedingungen sowie die Verlaufsformen von Bildungsprozessen (vgl. Koller 2010: 291).

Solche, in lebensgeschichtlichen Horizonten angesiedelten Bildungsprozesse werden dabei in Erweiterung und Ergänzung zu Lernprozessen verstanden. Lernen – so die wichtige Differenzierung – erfolgt auf der Basis eines individuellen Verarbeitungsmodus' von Erfahrung, der sich im Verlauf der Konfrontation mit verschiedenen lebensgeschichtlichen Situationen entwickelt hat. Die Aneignung neuer Inhalte und der Erwerb von Wissen folgen Schemata und Mustern, die dem Erfahrungsverarbeitungsmodus inhärent sind und sich zur lebensweltlichen Problembearbeitung biographisch bewährt haben. Bildungsprozesse hingegen beziehen „sich auf die Veränderung von Interpunktionsprinzipien von Erfahrung und damit auf die Konstruktionsprinzipien" (Marotzki 1990: 41) des elementaren Selbst-, Fremd- und Weltverhältnisses. Im Kontext von Bildungsprozessen kommt es also gerade zu einer Veränderung der lebensgeschichtlich ausgebildeten und bislang als probat erwiesenen Lernschemata und -muster. Während Lernen demnach dem Muster des sukzessiven Aufbaus innerhalb eines Rahmens folgt, findet bei Bildung eine grundlegende Veränderung des Rahmens statt. Insofern vollzieht sich die Differenzierung zwischen Lernen und Bildung also um die Modalität der Voraussetzungen herum. „Bildungsprozesse stellen Lernprozesse auf höherstufigen Niveaus dar" (ebd.: 52); mit ihnen wird nicht die Aneignung neuen Wissens erreicht, sondern „die Art und Weise, in der Menschen sich zur Welt, zu anderen Menschen und zu sich selbst verhalten" (Koller 2010: 290) verändert.

Der Vorteil einer solchen, von der bildungstheoretisch orientierten Biographieforschung vorgelegten und auf strukturtheoretischen Überlegungen beruhenden Unterscheidung von Lern- und Bildungsprozessen für die Analyse lebensgeschichtlicher Erzählungen liegt darin, dass sie Herausforderungen für Bildungsprozesse begründen und diesen auch noch in konkreten biographischen Zusammenhängen nachgehen kann, so dass sie empirisch gesättigte Antworten erhält auf die Frage, „wodurch solche Bildungsprozesse ermöglicht oder verhindert, begünstigt oder erschwert werden" (Koller 1999: 156). Doch in der Beschreibung von Bildung als ein Transformationsgeschehen von Selbst-, Fremd- und Weltreferenzen zeigen sich durchaus auch analytische Grenzen (vgl. Straub 2001; Fuchs 2010, 2011). Denn ohne die Angabe von *inhaltlichen* Differenzierungen und gegenstandsspezifischen Bestimmungen lässt sich das bildungstheoretische Potenzial nicht vollends ausschöpfen. Für die bildungstheoretische Analyse lebensgeschichtlicher Erzählungen bedarf es weiterer Kriterien und zusätzlicher Bedingungen. Schließlich ist evident, dass nicht jede

Transformation von Selbst-, Fremd- und Weltverhältnissen bereits den Namen ‚Bildung' verdient; nicht alles, was den Lebenslauf modelliert oder ereignishaft verbiegt, kann und sollte sogleich als Bildung interpretiert werden (vgl. Ruhloff 1996: 153; Koller 2009: 186 Anm. 2).[4]

In Anbetracht dieses Problembefundes ist es deshalb von zentraler Bedeutung, den um die Unterscheidung von Lernen und Bildung angesiedelten Systematisierungsversuch zu erweitern. Dazu bietet es sich an, in der Analyse lebensgeschichtlicher Erzählungen den Fokus vor einem konkreten bildungstheoretischen Hintergrund auf den jeweiligen Modus der Darstellung zu legen. Wenn nämlich Bildungstheorie die Personwerdung unter dem Gesichtspunkt der Eigenaktivität der sich Bildenden betrachtet und dabei „eine konsequente Wende von der intentio recta zur intentio obliqua" (Marotzki 2006: 61) intendiert, d. h. eine dezidiert reflektierte Blickstellung einzunehmen versucht, dann heißt dies, in der bildungstheoretisch motivierten Betrachtung lebensgeschichtlicher Erzählungen zu prüfen, wie das autobiographische Ich die Erzählung seines gelebten Lebens nicht in *unmittelbarer* Bindung an die Erlebnisse gestaltet und Ereignisverkettungen schildert, sondern inwiefern dabei etwa Selbstverständlichkeiten infrage gestellt und Wahrnehmungen, Auffassungen, Deutungen oder auch Handlungen unter dem Aspekt ihrer Konsistenz und Konsequenz problematisiert werden.[5] Zu untersuchen, auf welche Weise das autobiographische Ich ein „selber ermessendes und insofern freies, nämlich nicht an absolut geltende Vorstellungen, Bedürfnisse, Interessen oder Selbstverständlichkeiten gebundenes Dasein" (Ruhloff 1979: 188) auf den Weg bringt und ob bzw. wie die eigenen Lebensvollzüge in die Grenzen der Frage zurückgenommen, sie unter dem Aspekt ihrer Berechtigung betrachtet und damit der Reflexion auf Gründe, fragwürdige Bedingungen und Änderungsmöglichkeiten ausgesetzt werden, gehört zur Spezifität und inhaltlichen Kontur von Bildung (vgl. Ruhloff 1997, 2006). Von Bildung in lebensgeschichtlichen Horizonten lässt sich demnach dort sprechen, wo jemand – sei es im Verhältnis zu anderen, zur Welt oder zu sich selbst – nach dem Grund sowie der Geltung fragt und scheinbar Selbstverständliches auf die Ebene des Bedenkenswerten bringt, um auf diese Weise neue Blickweisen und Möglichkeitsräume zu eröffnen.[6] So wird Bildung nicht ausschließlich mit einem Transformationsgeschehen in Zusammenhang gebracht, sondern ist mitunter auch dort zu bestimmen, wo Neuentdeckungen, Weiterentwicklungen oder auch Tilgungen eines zuvor ‚Fürwahrgehaltenen' oder unproblematisch Empfundenen erfolgen.

Wird eine solche Betrachtungsweise bei der bildungstheoretisch motivierten Analyse lebensgeschichtlicher Erzählungen eingeschlagen, dann kann – den Einsichten zum tempo-

---

[4] Dass man zur Markierung von Bildungsprozessen auf inhaltlich-sachbezogene Aspekte angewiesen ist, zeigt sich dann gerade auch, wenn berücksichtigt wird, dass die Verantwortlichkeit des Einzelnen gegenüber dem „Menschentum" (Petzelt 1965: 262 u. 1997: 24) und die „Idee der Menschlichkeit" (Ruhloff 2000: 119) als ‚bildungsbedeutsame' Bezugspunkte nicht sinnvoll ausgeklammert werden können. Siehe dazu auch Lippitz (2008) sowie generell zur Diskussion um eine Erweiterung und inhaltliche Konkretisierung der bildungstheoretisch orientierten Biographieforschung Stojanov (2006), Müller (2009), Fuchs (2011).

[5] In dieser Hinsicht zeigen sich Parallelen zur Narratologie, insbes. bei Genette (1994), wenngleich im bildungstheoretischen Verständnis die Distanz zur Erzählung zusätzlich eine normative Komponente erfährt. Denn nur die distanziert-mittelbare Auseinandersetzung gilt im eigentlichen Sinne als ‚bildungsbedeutsam'.

[6] „Möglichkeiten sind dabei nicht zu verstehen als fiktive Eventualitäten in dem Sinne, daß jederzeit alles auch ganz anders sein könnte, sondern als aufzuspürende tatsächliche Lücken im Raum des geschichtlich Gegebenen, Gedachten oder Angestrebten." (Ruhloff 1996: 150 f.)

ralen Doppelcharakter von Narrationen folgend (vgl. Genette 1994: 21-24) – zum einen danach Ausschau gehalten werden, inwiefern sich eine Auseinandersetzung mit den Voraussetzungen und Grenzen der eigenen Selbst-, Fremd- und Weltverhältnisse im Verlauf des gelebten Lebens, d. h. gleichsam auf der Ebene der erzählten Zeit vollzieht. Als leitende Frage kann dazu formuliert werden: Auf welche Weise macht das autobiographische Ich in seiner lebensgeschichtlichen Erzählung und den hierbei geschilderten biographisch bedeutsamen Entwicklungen und entsprechenden Ereignisverstrickungen auf Abschnitte und Momente aufmerksam, in denen das Verhältnis zu sich selbst, zu anderen Menschen und zur Welt so zur Disposition stand, dass über diese Problematisierungen ,folgenreiche' Schlüsse gezogen wurden? Während damit das erzählte Leben in den Blick genommen wird, kann zum anderen geprüft werden, in welcher Hinsicht die Reflexion der eigenen Lebensvollzüge und -bezüge in *intentio obliqua* während des lebensgeschichtlichen Erzählens – und somit auf der Ebene der Erzählzeit – akut wird. Auch hier in Frageform: Inwiefern erfolgen während des ,Narrativierens' kritisch-skeptische Überlegungen zu den Voraussetzungen, Gültigkeiten und Konsequenzen, die – etwa aufgrund textinterner Signale – deutlich machen, dass sie nicht schon Einsichten früherer Tage darstellen, sondern während des Erzählens zu Bewusstsein kommen.[7]

Beide Varianten, in denen ein gleichsam „problematisierender Vernunftgebrauch" (Ruhloff 1996) dargeboten wird, sollen nun exemplarisch im Rahmen der Interpretation lebensgeschichtlicher Erzählungen konkretisiert werden: Zuerst wird anhand der lebensgeschichtlichen Erzählung der 17-jährigen Natalie deutlich gemacht, inwiefern es im *vergangenen* Leben durch die Akzentuierung einer Wert- und Geltungsproblematik zu Bildungsprozessen kommt. Daraufhin wird im Kontext der autobiographischen Erzählung der 27-jährigen Sara aufgezeigt, in welcher Weise im *aktuellen* Deutungsprozess der eigenen Lebensgeschichte Bildungsprozesse im skizzierten Verständnis erfolgen.

4. *„Und ich konnt's halt nicht verstehen, weil ich nicht wusste warum"* – Die lebensgeschichtliche Erzählung der 17-jährigen Natalie: Erzählen über vergangene Bildungserfahrung

Natalie wird 1990 in einer rheinland-pfälzischen Kleinstadt geboren. Sie ist zum Interviewzeitpunkt 17 Jahre alt. Die Mutter Natalies ist als Industriekauffrau tätig, der Vater ist Werkstattleiter einer Behinderteneinrichtung. Ihre Schwestern Nina, zehn Jahre älter als Natalie, und Alexandra, sieben Jahre älter, wohnen nicht mehr im Elternhaus. Auch Natalie wohnt nicht bei ihren Eltern. Stattdessen hat sie ihr Zimmer bei den Großeltern mütterlicherseits, die allerdings unmittelbar nebenan wohnen. Bereits in frühen Kindheitsjahren verbringt Natalie viel Zeit bei ihnen, denn die Eltern gehen zuweilen sehr intensiv beruflichen Beschäftigungen nach und können in dieser Zeit auf die Großeltern im Rahmen familialer Unterstützungsleistungen zählen. Womöglich hat Natalie gerade deshalb auch keinen Kindergarten besucht, so dass sie mit öffentlichen Bildungsinstitutionen erstmals in der

---

[7]   Es ist in diesem Sinne zu verstehen, wenn der Linguist Konrad Ehlich sagt, dass Erzählen das Potenzial illustriert, Menschen aus der Passivierung herauszuführen und ihnen dabei verhilft, ihre eigenen Fähigkeiten zur Veränderung einzusetzen (vgl. Ehlich 1980: 20).

Grundschule in Berührung kommt. Bis in diese Jahre hinein schildert Natalie ihre Kindheit als eine sehr glückliche Zeit. Gerne und gut erinnert sie sich gerade an die wöchentlichen Schwimmbadbesuche, die etwa bis zu ihrem zehnten Lebensjahr stattfinden und mit dem Vater sowie den beiden Schwestern Nina und Alexandra, nicht aber unter Beteiligung der Mutter erfolgen. Die Schwimmbadbesuche stellen für Natalie dabei regelmäßige und insofern routinierte Beschäftigungen dar, die mit positiven Gefühlen verbunden werden. Sie sorgen gewissermaßen für Sicherheit und schaffen aufgrund ihrer Regelmäßigkeit Orientierung.

Mit dem Übergang in die Realschule setzt allerdings ein Lebensbruch ein, welcher der gelebten Unbeschwertheit ein plötzliches Ende versetzt und eine krisenhaft verlaufende Ereigniskaskade mit sich bringt. Denn Natalie fällt nicht nur der Übergang in die Realschule aufgrund höherer schulischer Anforderungen schwer. Sie versteht sich fortan auch nicht mehr mit ihren Eltern. Sie sagt: „Und dann kam halt so die Realschulzeit und da hab ich mich dann mit meinen Eltern gar nicht verstanden das war ganz schlimm muss ich sagen". Beinahe parallel dazu erkrankt sie an einer Schuppenflechte, mit der starke Hänseleien und Spott durch die Klassenkameraden verbunden sind und sie psychisch unter Druck setzen. Weder bei ihren Eltern noch bei ihren Großeltern und Schwestern findet Natalie jedoch Zuflucht und emotionale Wärme. Was sie im engsten Kreis der Familie nicht findet, sucht Natalie deshalb bei einer Nachbarin, die sie wiederum bereitwillig ‚aufnimmt' und ihr das geben kann, was Natalies Eltern nicht zu geben imstande sind: Aufmerksamkeit und intensive Gespräche. Natalie besucht diese Nachbarin, die sie ihre „zweite Mama" nennt, über geraume Zeit nahezu täglich und hält auch zu ihr, als diese aufgrund eines stationären Aufenthalts in einer Psychiatrischen Klinik zur Behandlung ihrer Depression über Monate hinweg nicht anzutreffen ist.

Etwa zur selben Zeit kommt es auch zu Streitigkeiten zwischen ihren Eltern und Schwestern, welche bei Natalie den psychischen Druck intensivieren und die Therapie der Schuppenflechte erschweren. Alexandra, ihre sieben Jahre ältere Schwester, wird nämlich im Alter von 18 Jahren schwanger, treibt das ungeborene Kind – nicht zuletzt aufgrund der Ausübung eines massiven Konformitätsdrucks der Eltern – ab und wird einige Zeit danach von diesen des Hauses verwiesen. Nina, die zehn Jahre ältere Schwester hat nach dem Offenbaren ihrer Homosexualität mit fehlender Anerkennung durch die Eltern zu kämpfen. Als Natalie mit 14 Jahren, wie sie sagt, „praktisch durch nen Zufall" dann auch noch erfährt, dass der Vater aus einer früheren Beziehung eine Tochter hat, wovon sie als einziges Familienmitglied keine Kenntnis hat, erschüttert sie das kolossal. Vor allen Dingen aber belastet dieser Umstand ihr Vertrauensverhältnis zu den Eltern. Denn Natalie kann ihren Eltern diesen Verschweigensakt nicht verzeihen und versucht fortan, Licht in die Obskurität der Ereignisse zu bringen. Sie stellt selbsttätig Kontakt zu ihrer 15 Jahre älteren Halbschwester Tanja her. Diese lernt sie als nette Frau kennen, die ihr in gewissem Sinne als Vorbild dient. Denn Tanja ist als Erzieherin in jenem sozialen Berufsfeld tätig, in dem auch Natalie einmal arbeiten möchte. Ihren Eltern gegenüber verheimlicht sie jedoch dieses erste Treffen. Nina, Natalies älteste Schwester, die diesem Treffen nicht beiwohnt und den Kontakt zur Halbschwester auch nicht sucht, tadelt sie deshalb und macht ihr klar, dass die Eltern über die Kontaktaufnahme in Kenntnis zu setzen seien. Dieser ‚Aufforderung' kommt Natalie nach. Die Eltern lassen sich bei der Unterredung aber nicht auf Natalies Argumentation ein und wehren das Thema ab, so dass die Aussprache „irgendwann halt eskaliert" und Natalie den Entschluss fasst, sich mit ihrer Halbschwester weiterhin heimlich zu treffen. Das wiederum bemerken die Eltern alsbald und reagieren „ziemlich sauer", so dass im weiteren Verlauf sogar ein Auszug Natalies zur Disposition steht. In dieser Situation sind es die Großeltern, die gleichsam mediatorisch wirken und darauf hinarbeiten, dass Natalie und ihre Eltern wieder zusammenfinden, was auch gelingt, da sich das Verhältnis zwischen Natalie und ihren Eltern in der Tat bessert. Zum Zeitpunkt des Interviews möchte sie nämlich nicht mehr schleunigst ausziehen, sondern das Beziehen einer eigenen Wohnung zusammen mit ihrem Freund nach dem Abschluss einer noch ungefähr ein Jahr dauernden Ausbildung zur Sozialassistentin in Ruhe angehen.

Wird nun ein Blick auf Natalies lebensgeschichtliche Erzählung geworfen, so fällt auf, dass Natalie diese vorrangig über die narrative Präsentation mitmenschlicher Beziehungen gestaltet. Es sind gerade Fremdverhältnisse in Form ihrer Familienstrukturen, mittels derer sie ihr gelebtes Leben verdeutlicht. Diese Familienstrukturen nimmt sie im Bewusstsein von Gründen jedoch kritisch in den Blick. Das wird gerade in dem Versuch deutlich, ihre Familie aufzustellen und die ihrer Auffassung nach unbefriedigenden sozialen Interaktionen zwischen den Angehörigen zu verändern. Dazu befragt sie, geht auf die Spur und hält Widerstände aus. Sie versucht, aktiv die Sozialkontakte der Familienmitglieder zu steuern.

Eine Episode, an der dies gleichsam symptomatisch zum Ausdruck kommt, soll etwas ausführlicher dargestellt werden, um so den bildungstheoretischen Gehalt zu veranschaulichen.[8] In einem exponierten Abschnitt ihrer lebensgeschichtlichen Erzählung schildert Natalie, wie ihre zehn Jahre ältere Schwester Nina am Vorabend eines gemeinsamen Skiurlaubs den Eltern offenbart, homosexuell zu sein. Gerade anhand dieser biographischen Episode der erzählten Zeit wird auch das ‚Management' der Sozialbeziehungen sehr deutlich, und so lässt sich dabei der zentrierende Blick auf die Vehemenz richten, mit der Natalie ihre Eltern und ihre lesbische Schwester zum offenen, unbornierten Dialog auffordert. Natalie erzählt:

> „Bevor se in Urlaub gefahren sind (I: mhm) is meine Schwester halt hergekommen wollt bei uns schlafen und dann hab ich halt die Tür aufgemacht weil se geklingelt hat und da hab ich schon gesehen dass sie geweint hat (I: mhm) und dann bin ich halt mit ihr in die Küche hab gefragt was denn los is und da hat se nur gemeint tja ich muss es Mama und Papa endlich sagen und dann ähm haben wir noch ein bisschen dadrüber geredet und hab ich ihr bin ich mit ihr zusammen ins Wohnzimmer und hab bin auch bei ihr geblieben und dann ähm hat se aber gemeint ich soll lieber hoch gehen und sie möcht mit meinen Eltern alleine reden und da hat sie's ihnen wohl gesagt".

Natalies Schwester Nina wird in diesem Gespräch mit zweierlei Reaktionen konfrontiert. Von ihrer Mutter wird sie massiv diskreditiert, denn für diese stellt die Homosexualität eine abnorme Eigenschaft, ein Stigma, dar. Ninas Vater wiederum enthält sich einer Aussage. Beide Stellungnahmen verurteilt Natalie. Die Aussage ihrer Mutter weist sie zurück, weil sie nicht nur unreflektiert („losgelassen" und falsch („ist doch heilbar") ist, sondern weil

---

8   Zur gesamten Fallanalyse siehe Fuchs (2011: 305-332).

diese die Schwester emotional so sehr verletzt, dass sie weint. Die gleichsam lethargisch-paralytische Reaktion des Vaters lehnt sie ab, da dieser sich einer qualifizierten Aussage gänzlich enthält, obwohl die Situation es erfordern würde, sich zu positionieren. Insofern stellt für Natalie keine der beiden elterlichen Stellungnahmen eine beispielhafte Reaktion dar. Ein Gespräch, in dem offen und vorbehaltlos über Ninas Homosexualität gesprochen wird, kommt deshalb auch nicht zustande. „Dann ähm bin ich später wieder dazu gestoßen und ähm hab halt gefragt was denn jetzt los ist un dann hat meine Schwester nur gesagt dass sie nach Hause fahren will und dass sie nicht mit meinen Eltern in Urlaub fahren will weil das Quatsch wäre". Zwar fahren Nina und die Eltern dann einen Tag darauf doch gemeinsam in den Skiurlaub. Doch über die abendliche Situation und die Thematik im Allgemeinen wird nicht gesprochen. Das erfährt Natalie, indem sie ihre Eltern im Urlaub anruft und sich über das Befinden der Familienmitglieder erkundigt: „Ähm wenn ich dann mal angerufen hab und gefragt hab wie's denn so läuft wurde immer nur gesagt is alles in Ordnung aber es wird halt nicht über diese Sache geredet". Als Nina und die Eltern nach einigen Tagen vom Urlaub zurückkehren, wird Natalie daher aktiv und versucht, das permanente Schweigen zu brechen. Dazu sucht sie eine Unterredung mit den Eltern und verlangt nach Begründungen für die unterlassene Aussprache:

> „Und ähm als se dann wieder zu Hause waren hab ich halt ähm auch mit meinen Eltern da drüber geredet und gefragt warum sie nich ma irgendwie im Urlaub mit meiner Schwester da drüber geredet haben warum das so is und ob se das nicht verstehen können . mein Vater sich wieder zurückgehalten (I: mhm) und ähm meine Mutter hat nur gesagt dass sie das nicht versteht und dass das nicht normal wäre und ähm dass sie's nicht einsieht warum se ähm warum se halt Frauen liebt".

Ihre Ambition, überzeugende Begründungen zu erhalten und die Eltern womöglich zu Offenheit und Toleranz zu bringen, scheitert allerdings. Denn der Vater sagt abermals nichts, und die Mutter verleiht lediglich ihrem Unverständnis Ausdruck. Ninas Homosexualität erscheint ihr abnormal. Sie kann auch kein Verständnis für die gleichgeschlechtliche Liebe ihrer ältesten Tochter entwickeln. Von dieser Haltung grenzt sich Natalie deutlich ab, wenn sie sagt: „Also für mich is se immer noch meine Schwester und ob sie nun nen Mann oder ne Frau liebt das is mir völlig egal". Die Mutter verharrt also gewissermaßen in ihrer Meinung und kann auch über Natalies Versuche nicht bewegt werden, ihre Haltung zu überdenken. Natalie lässt sich dadurch allerdings nicht entmutigen, sondern versucht weiterhin in selbsttätigen Bemühungen die Familie zu ‚managen‘ und zueinander zu führen. So trifft sie sich etwa nicht nur regelmäßig mit ihrer Halbschwester, mit der die Eltern keinen Kontakt möchten und sogar trotz eines Vaterschaftstests jegliche verwandtschaftliche Beziehung negieren. Sie verlangt auch, dass sich ihre Eltern in unmittelbarer Auseinandersetzung mit den Dingen und Themen ihre Meinung bilden sollen. Ernsthafte Auseinandersetzungen erfordern – so weiß Natalie aus eigener Erfahrung – das unmittelbare Gespräch mit den Familienmitgliedern, da auf diese Weise ein Rahmen geschaffen wird, der es ermöglicht, Geschehnisse aus erster Hand zu erfahren. Nur indem man die Aussprache mit Familienmitgliedern sucht, Begründungen liefert und Informationen austauscht, können Zusammenhänge erkannt und Probleme überhaupt gelöst werden. Wenn das nicht erfolgt, dann – so hebt Natalie hervor – belastet dies den sozialen Zusammenhalt. Die zur Schaffung familialer Integration notwendigen Einsichten werden ihr dabei nicht ermöglicht: „und ich konnt's halt nicht verstehen, weil ich nicht wusste warum".

Selbst wenn Natalie ihr Leben vorrangig als Aneinanderreihung krisenhafter Konstellationen erzählt, so wird deutlich, dass sie angesichts der ihr gegebenen Umstände nicht resigniert. Aus der unbefriedigenden Familiensituation zieht sie etwa keineswegs – höchstens im Rahmen ihrer vorübergehenden Intention eines Auszugs, die durch das gleichsam mediatorische Einwirken der Großeltern letztendlich fallen gelassen wird – den Schluss, sich von ihrer Familie zu distanzieren und den Kontakt zu vermeiden. Ihre Sehnsucht nach einer ‚intakten' Familie und Zusammenhalt treibt sie vielmehr an. So stellt sie in der lebensgeschichtlichen Erzählung heraus, wie sie die Verbindungen zwischen den Familienmitgliedern aufrechterhält: Sie geht zur Mutter, zum Vater, zu ihrer Schwester Nina, zur Halbschwester, transportiert Informationen zwischen ihnen und versucht, sie als Familie zueinander zu bringen. Ihre Sehnsucht nach familialem Zusammenhalt treibt sie dabei an. Natalie zeigt enormes Widerstandspotenzial und Mut. Sie wagt – um mit dem bildungstheoretischen Vokabular zu sprechen – neue Deutungen, eröffnet neue Möglichkeitsräume und versucht, etablierte Ordnungsmuster zu ändern. Sie bestimmt nämlich den Status und den Wert ihrer Halbschwester Tanja anders als ihre Eltern. Sie erkennt die Chancen der Vergemeinschaftung, die aus einer Verständigung zwischen den Familienmitgliedern erwachsen. Und sie erachtet die Homosexualität ihrer Schwester Nina nicht als abnormal oder abstoßend, sondern generiert ihre eigenen Wertvorstellungen, wenn sie sagt, dass es ihr völlig egal ist, ob ihre Schwester Nina nun Frauen oder Männer liebt. Natalie ist folglich keineswegs durch ihre äußeren, d. h. hier elterlichen Einflüsse determiniert. Ihr Fremdverhältnis richtet sie nicht an der elterlichen Sicht aus. Vielmehr verfügt sie über eine Aktivität, die sich den erzieherischen und sozialisatorischen Einflüssen widersetzt und bildungswirksame Kraft entfaltet. Diese äußert sich bei Natalie in dem Verlangen nach ‚Wahrheit' und Begründungen, dem Einordnen und Verstehen sowie dem Befragen und selbsttätigen ‚Auf-die-Spur-gehen'.

Die lebensgeschichtliche Erzählung Natalies demonstriert insofern geradezu die Kreativität und Beharrlichkeit des Ich, weshalb ihr Fall auch zum Einspruch gegen eine allzu harsch formulierte Prägung durch soziale Bedingungen verhilft. Sie verdeutlicht gleichsam *par excellence*, dass sich Individuen nicht zwangsläufig jeglichen sozialen Strukturen unterwerfen und sich von diesen in ihren Handlungsmöglichkeiten limitieren lassen, auch wenn sie fraglos ihre Wirkung entfalten. Von einer notgedrungenen sozialen ‚Vererbung' lässt sich allerdings keineswegs sprechen. Natalies Verlangen nach ‚Wahrheit' und Begründungen, das Befragen und selbsttätige ‚Auf-die-Spur-gehen' wird von ihr trotz familialer Widerstände nämlich nicht aufgegeben. Sie will in ‚intakten' Familienverhältnissen aufwachsen, die Mitglieder der Familie zueinander führen und sie gerade nicht, wie es die Eltern tun, stigmatisieren. Permanent befragt sie dabei deren Handlungen, tritt in reflektierend-problematisierender Haltung zu ihnen in Opposition und klärt innerfamilial verschwiegene, bisweilen auch verdrängte Sachverhalte auf. In der Betrachtung der lebensgeschichtlichen Erzählung Natalies lassen sich auf der Ebene der erzählten Zeit damit Bildungsprozesse rekonstruieren, die nicht bloß einen nicht weiter inhaltlich konkretisierten Vorgang der Wandlung verdeutlichen, sondern aufzeigen, wie Lebensvollzüge reflexiv in

Bezug auf Gründe, fragwürdige Bedingungen und Änderungsmöglichkeiten in Augenschein genommen werden.

Auch bei der 27-jährigen Sara, deren lebensgeschichtliche Erzählung im Folgenden ebenfalls vor dem Hintergrund der entfalteten bildungstheoretischen Perspektive ‚inspiziert' wird, tritt eine solche reflexiv-kritische Auseinandersetzung hervor – jedoch unter anderen Vorzeichen und in anderer temporaler Sequenz: nämlich im Moment des Erzählens.

5. „Das fällt mir eben noch mal ganz deutlich auf" – Die lebensgeschichtliche Erzählung der 27-jährigen Sara: Erzählen als Bildungserfahrung *in actu*

Zum Zeitpunkt des Interviews ist Sara 27 Jahre alt und lebt in einer festen Partnerschaft mit ihrer Freundin. Nach dem Erlangen des Diploms im Fach Psychologie arbeitet sie in einer großen Gemeinschaftspraxis als Kinder- und Jugendpsychotherapeutin. Parallel dazu lässt sie sich zur Verhaltenstherapeutin weiterbilden, um zusätzlich die Kassenzulassung für die Behandlung von Erwachsenen zu bekommen. Saras Vater ist Ungar, ihre Mutter Deutsche. Außerdem hat sie noch einen drei Jahre jüngeren Bruder. Mit diesem und ihren Eltern wächst sie in einem kleinen Dorf innerhalb ihrer ‚Sippe' auf. Die Männer dieser ‚Sippe' sind traditionelle Ungarn-Deutsche, die Frauen Ungarinnen, die mit dem Einmarsch der Russen während des Zweiten Weltkriegs aus ihrer Heimat fliehen mussten und in Deutschland eine neue Existenz aufbauten. Sara weiß als Familien- bzw. Generationengeschichte hierbei auch zu erzählen, dass ihr Opa, dessen Brüder und ein Schwager je ein Haus in derselben Straße bauten und allmählich immer mehr Familienmitglieder nachkamen, um sich auf diese sowie weitere nach und nach errichtete Häuser in der Straße zu verteilen. In Saras Kindheit leben daher bereits eine – von ihr nicht genauer in einer Zahl ausgedrückte – ‚Unmenge' von Familienmitgliedern auf engstem Raum, von denen jede Person jederzeit Zutritt zu den verschiedenen Räumen und Bereichen hatte, was ihren Angaben zufolge kaum Privatsphäre ermöglichte. Erschwerend kommt für Sara in ihrer Kindheit hinzu, dass sie zu dieser Zeit das einzige Mädchen in der ‚Sippe' ist und somit eine besondere Position einnimmt. Schon immer litt sie sehr unter dem von den vielen Familienmitgliedern verursachten ‚Trubel' und der Tatsache, dass ihr von Geburt an nicht das geringste Recht auf Intimsphäre eingeräumt wurde. Ihre schulische Ausbildung wird von den ihr gegebenen Umständen allerdings nicht negativ beeinflusst: Sara erreicht im Alter von 18 Jahren das Abitur. Kurz darauf folgt infolge eines heftigen Streits mit ihrer Mutter ihr Auszug aus dem Dorf und damit der Bruch mit der Familie.

Von Anfang an – so macht Sara in ihrer lebensgeschichtlichen Erzählung deutlich – fühlt sie sich ihrer Großfamilie nicht zugehörig: Sie ist sowohl „ganz alleine" als auch „ganz anders", was auf eine Art dreifache Sonderstellung zurückgeführt wird, da Sara in der Lebensgemeinschaft der ‚Sippe' nicht nur die Tochter der einzigen deutschen Mutter und das einzige Mädchen ist, sondern auch schon relativ früh, am Ausgang der Grundschule, ein Bewusstsein für ihre homosexuelle Orientierung entwickelt. Beide Gefühle werden im Verlauf der lebensgeschichtlichen Erzählung thematisch aufgegriffen, miteinander verbunden und narrativ zur Entfaltung gebracht. Das Gefühl, immer „ganz alleine" zu sein, bezieht sich dabei – wie Sara illustriert – nicht etwa auf eine Einsamkeit im eigentlichen Sinne; sie ist durch die vielen Familienmitglieder auf engstem Raum nicht existent. Das ganz Alleinsein ist vielmehr auf den Umstand bezogen, dass sich Sara innerhalb ihrer Großfamilie nicht akzeptiert fühlt. Für ihre Vorstellungen und Wünsche gibt es keine Entfaltungsmöglichkeiten. Saras Aufwachsen ist maßgeblich durch starre geschlechtsspezifische Rollenmuster geprägt, die genau vorschreiben, wie sich Mädchen zu verhalten haben und wie nicht. Sara schildert in ihrer lebensgeschichtlichen Erzählung, wie sie sich gegen diese Rollenerwartungen gewehrt hat, wie sie von den Erziehungsnormen und Verhaltensvorgaben abwich und dass ihre sehr traditionell und wertkonservativ ausgerichtete Familie darauf mit Unverständnis und Misstrauen reagierte. Und immer wieder berichtet Sara in ihrer Erzählung auch von extrem übergriffigen Handlungen ihrer Familie, die intensiver wurden, je mehr sie sich zurückzog und den Verhaltensvorgaben verwehrte. Türen, auch die zum Kinder- und Badezimmer, durften nicht abgeschlossen werden; ständig musste sie damit rechnen, dass Familienangehörige den Raum betreten – unangekündigt und ohne Achtung auf Intimität. Von ihr auf Kassetten gesprochene Phantasiegeschichten wurden ohne Zustimmung ‚einkassiert' und abgespielt, das Tagebuch wurde gelesen. Mehrfach auch betraten Familienmitglieder mit einem großen Müllsack ihr Zimmer, um sämtliche Gegenstände anzusehen und über Saras Kopf hinweg zu entscheiden, was noch behalten werden durfte. Derartige Situationen führten dazu, dass Sara als Kind lernte, Dinge, die ihr wichtig sind, gut zu verstecken.

Im Verlauf des lebensgeschichtlichen Erzählens schildert Sara die Gegebenheiten, die ihr als Kind und Heranwachsende innerhalb der Großfamilie widerfuhren, aus ihrer heutigen Perspektive. In mehreren Hinsichten hat sie zwischenzeitlich Abstand zu den damaligen Geschehnissen gewonnen: Sie ist älter, sie lebte zum Interviewzeitpunkt seit fast zehn Jahren nicht mehr in der familialen Gemeinschaft, und im Rahmen ihrer Therapieausbildung musste sie sich selbst einer psychoanalytischen Behandlung unterziehen und hat die Geschehnisse dabei aufgearbeitet. Sara bringt ihre Lebensumstände insofern nicht zum ersten Mal zur Sprache, sondern hat diese durch entsprechende vorherige Anlässe bereits hinlänglich gedeutet und eingeordnet. Das spiegelt sich in ihrer Erzählung wider: Ihre Geschichte wirkt rund und schlüssig, das Geschehene wird zumeist aus einem emotionalen Abstand heraus dargelegt.

Obwohl Sara die Ereignisse und Erfahrungen in der lebensgeschichtlichen Erzählung sehr distanziert wiedergibt, diese mit starken Anteilen an Resümees vorträgt und auf bewährte Deutungsmuster sowie eigentheoretische Wissensproduktionen zurückgreifen kann, so ist ihre Erzählung nicht frei von abermaligen Reflexionen und erneuten Interpretationen. Gerade diese *in actu* vorgenommenen Ausführungen sind aufschlussreich zur Untersuchung, auf welche Weise während des ‚Narrativierens' Bildungsprozesse im Sinne kritisch-skeptischer Überlegungen zu den Voraussetzungen, Gültigkeiten und Konsequenzen des Lebensverlaufs auftreten und inwiefern die Reflexion der eigenen Lebensvollzüge in *intentio obliqua* während des lebensgeschichtlichen Erzählens, also auf der Ebene der Erzählzeit, akut wird. Auch hierzu wird auf ein Erzählsegment der gesamten lebensgeschichtlichen Erzählung rekurriert, um dieses genauer zu betrachten und den bildungstheoretischen Gehalt herauszustellen.[9] Sara schildert in einer längeren Passage ihrer Erzählung vom Umgang mit

---

[9] Die Gesamtanalyse wird vorgestellt in Keller (2007: 141-150 sowie 262-275).

Geheimnissen und deren lebensgeschichtlicher Bedeutung. Während ihren Ausführungen, in denen sie vergangene Situationen und Praktiken des Geheimhaltens darstellt, kommt es zu einem narrativen Perspektivwechsel. Sara geht von der Schilderung der Geschehensabläufe und Ereignisverkettungen über auf die Vorstellung von Einsichten, die ihr während des Erzählens zu Bewusstsein kommen. Hier setzt die folgende Textpassage ein:

„Also ähm … es sind ja eigent- (schnell bis*) mir fällt gerade auf das sind ja so zwei Teilbereiche der eine ist das Lesbisch-Sein und das andere ist dieses Ganz-Anders-Sein innerhalb dieser Familie also dieses Lesbisch-Sein war ja ein Geheimnis und ich wusste sehr früh dass ich lesbisch bin und das andere war dieses dass ich halt als Mädchen dieser Familie völlig verloren war (I: mhm) und das ist wirklich unabhängig voneinander also ich bin jetzt nicht lesbisch weil ähm da irgendwelche komischen Männer Schnaps getrunken haben … (I: mhm) … oder so was ja* überhaupt nicht sondern das war einfach immer da und es ähm hat nichts miteinander zu tun und jetzt wo Du das so sagst fällt mir gerade auf die hatten schon auch'n Bewusstsein dafür nämlich als ich dann immer Fußball spielen ging und so was … (I: mhm) … ne oder also gebrüllt und geschrien hab wenn ich Röcke anziehen mu- äh sollte äh oder musste dann ich hab's ja ab und zu angezogen ähm dann haben sie schon immer gesagt zu meiner Mutter (im Flüsterton mit Dialekt bis*) ei Du musst schon uffpasse net dass die Du weißt schon* also die haben's dann auch nie angesprochen ja und meine Mutter hat dann immer gesagt also jetzt macht Euch doch was denkt Ihr denn und so was aber es war schon so ich kann mich daran erinnern also beim Fußball spielen war's eigentlich am krassesten also ich durfte Fußball spielen so bis ich sieben acht war aber als ich dann immer noch Fußball spielte mit zwölf dreizehn war's dann schon so dass dass es sie sehr mit Sorge erfüllt hat also ähm immer so dann auch mit den blauen Knien und so läuft doch kein Mädchen rum und ich soll doch mal gerade gehen und so o-beinig und so ich hatte überhaupt keine O-Beine (Stimme hebend) ja das stimmte überhaupt nicht dass ich o-beinig (lachend bis*) gegangen bin aber sie haben dann halt* irgendwie das fällt mir jetzt grade auf sie haben schon ein Bewusstsein dafür gehabt (I: mhm wahrscheinlich auch so ne Angst) ja wahrscheinlich also ich mein das deutete alles darauf hin (Stimme hebend) ja also es war so klar mit zwölf dreizehn das war so klar dass ich ne Lesbe bin […] aber das ist weil ich das eben grade so gesagt hab also das sind wirklich so zwei Bereiche das fällt mir eben noch mal ganz deutlich auf“.

Die während des Erzählens zu Bewusstsein kommende Einsicht, dass zwischen dem Lesbisch-Sein und dem Ganz-Anders-Sein eine deutlich Differenz besteht, entfaltet eine Eigendynamik und veranlasst eine Rekapitulierung vergangener Erfahrung unter anderen Voraussetzungen. Nicht die abermalige Ausführung der Ereignisse in – wie an vielen anderen Stellen der lebensgeschichtlichen Erzählung – abstrakt-distanzierter Manier und die resümierende Darstellung des gelebten Lebens erfolgen. Sara betrachtet vor dem Hintergrund der erkannten Unterscheidung zwischen dem Lesbisch-Sein einerseits und dem Ganz-Anders-Sein andererseits stattdessen Erlebnisse in neuem Licht und kommt auf diese Weise zu neuen Einschätzungen. Im Erzählvorgang wird ihr nämlich bewusst, dass ihr immer schon vorhandenes Gefühl der Andersartigkeit über zwei Dimensionen verfügt. Sie rekonstruiert insofern nicht nur ihre früheren Empfindungen und Erlebnisse. Vielmehr verfolgt sie eine neue, bis dato nicht von ihr erkannte und ermittelte Spur. Dass es sich dabei um Einsichten handelt, die nicht schon zu einem früheren Zeitpunkt bestanden und zum Kern ihres Deutungsschemas gehören, wird durch die textinterne Signale „mir fällt gerade auf" am Eingang der wiedergegebenen Passage sowie „fällt mir eben noch mal ganz deutlich auf" am Ausgang präzisiert. So kann die im Rahmen des Interviews verfolgte, durch die erzählgenerierende Frage evozierte Narration des gelebten Lebens eine neue Sicht auf sich selbst, auf andere und auf Welt hervorbringen, also einen Bildungsprozess initiieren. Bewährte Interpretationsmuster werden durchbrochen und zugunsten neuer Blickrichtungen bei Seite geräumt: Ihr Eindruck des Andersseins („Ich bin irgendwie anders"), der sich schon in ihren Kindheitstagen gefestigt hat, bezieht sich sowohl auf die Nicht-Zugehörigkeit zur Familie als auch auf ihre Homosexualität. Im Erzählen ihrer Lebensgeschichte realisiert Sara nun, dass sie in doppelter Hinsicht keine Passung zu ihrer Herkunftsfamilie aufwies. Auch die Eltern schienen dies – zumindest was das Lesbischsein anbelangt – bemerkt zu haben. Beide Faktoren sind aber, wie Sara betont, unabhängig voneinander zu betrachten; bedingen sich also nicht wechselseitig und sind nicht voneinander ableitbar. Vor dem Hintergrund dieser Feststellung ermöglicht ihr die im Erzählvorgang gewonnene Einsicht, die Hintergründe des Umgangs ihrer Familie angemessener zu verstehen und scheinbar Selbstverständliches auf die Ebene des Bedenkenswerten zu holen. Aus diesem Verständnis heraus wird die Bedingung der Möglichkeit dafür geschaffen, Erkenntnisse für Saras heutiges und zukünftiges Leben zu gewinnen: Kann sie ihrer Familie ihr Handeln verzeihen? Führt das dazu, dass sie wieder Kontakt mit ihnen aufnimmt? Oder kann sie die Erlebnisse ihrer Kindheit so etwa besser verarbeiten und für sich beschließen?

Unter bildungstheoretischen Gesichtspunkten verdient die Betrachtung der lebensgeschichtlichen Erzählungen von Sara deshalb besondere Beachtung, da sich im Erzählvorgang ein Zurücknehmen etablierter Deutungen abzeichnet und somit Raum für neue Blickweisen geschaffen wird. Sara verfolgt insofern ein dezidiert ‚kritisches Geschäft', als sie im Bewusstsein von Gründen ihrer Andersartigkeit nachgeht und Ursachen von Entwicklungen bedenkt. Wenn mit ‚Bildung' nicht bloß in der inhaltlichen Ausgestaltung beliebige Transformationen bezeichnet sind, sondern solche Konstellationen von Selbst-, Fremd- und Weltverhältnissen, in denen eine Reflexion auf Gründe, fragwürdige Bedingungen und Änderungsmöglichkeiten erfolgt, so dass das Fragen, Zweifeln und Problematisieren einen zentralen Stellenwert einnimmt, dann lässt sich über die lebensgeschichtliche Erzählung von Sara deutlich machen, dass derartige Bildungsprozesse gerade auch auf der Ebene der Erzählzeit rekonstruiert werden können. Die detaillierter in den Blick genommene Textstelle aus Saras Interview bietet insofern auch eine empirische Veranschaulichung, die mehr als nur Illustration ist, sondern auf ein theoretisches Programm zur bildungstheoretischen Analyse lebensgeschichtlicher Erzählungen unter Berücksichtigung einer doppelten temporalen Sequenz verweist.

6. Ausblick

In ihrem Verhältnis zu Zeit und Zeitlichkeit finden Bildung als ein Parallel- bzw. Komplementärbegriff zu Lernen einerseits und Erzählen andererseits eine Gemeinsamkeit. In der

Darstellung von Bildung – und vor allen Dingen Bildung*prozessen* – ist eine spezifische Variante von Dynamik und Überschreitung eines gegebenen Zustands unmittelbar angesprochen. Beim Erzählen geht es um „die sprachliche Darstellung eines Geschehens, also einer zeitlich organisierten Abfolge von Ereignissen" (Klein/Martínez 2009: 6). In der bildungstheoretischen Betrachtung lebensgeschichtlicher Erzählungen wird diese Bindung an Zeit und Zeitlichkeit in besonderem Maße manifest. Mit den „Reflexionsebenen von Gegenständlichkeit, Sozialität und Subjektivität" (Poenitsch 2004: 120), also Welt-, Fremd- und Selbstverhältnissen, wird in lebensgeschichtlichen Erzählungen nämlich ein Spektrum von Bezügen markiert, das zum einen insofern Wirklichkeitswiedergabe beansprucht, als tatsächlich stattgefundene und von einem autobiographischen Ich selbst erlebte Entwicklungen der Vergangenheit rekapitulierend geschildert werden, so dass hierüber Bildungsprozesse ‚identifiziert' werden können. Zum anderen werden Selbst-, Fremd- und Weltverhältnisse im Erzählen entsprechend arrangiert, detailliert, kondensiert und in ihrer Gestalt geschlossen, so dass Narrationen des gelebten Lebens eine Offenheit aufweisen, die es ermöglicht, während des ‚Narrativierens' einen Bildungsprozess zu initiieren.

Bildungsprozesse, sowohl wenn sie im *vergangenen* Leben als auch wenn sie im *aktuellen* Deutungsprozess der eigenen Lebensgeschichte ausgemacht werden, sind durch ein inhaltliches Fundament zu bestimmen, damit tragfähige Perspektiven gewonnen werden, mit denen Bildung im Kontext lebensgeschichtlicher Erzählungen erfasst und empirisch beschrieben werden kann – oder m. a. W.: „Wer ‚Bildung' sagt, ist zur Begriffsauslegung genötigt" (Miller-Kipp 2004: 379). Wenn und insofern „Bildung konsequent auf Reflexivität" (Marotzki 2006: 61) setzt und den Weg der *intentio obliqua* verfolgt, dann sind in der Betrachtung lebensgeschichtlicher Erzählungen unter einem bildungstheoretischen Fokus Fragen nach der Rechtmäßigkeit beanspruchter Geltungen in den Blick zu nehmen. Von Bildungsprozessen lässt sich dann dort sprechen, wo Selbst,- Fremd- und Weltverhältnisse nicht etwa ‚bloß' transformiert werden, sondern wo Behauptungen, Urteile, Ansichten und dergleichen kritisch betrachtet und einer Begründungsreflexion ausgesetzt werden, so dass das Denken auf diese Weise gegen die Gefahr verteidigt wird, vom ‚Zauber' der scheinbaren Letztgültigkeit des Gedachten gefangen zu werden (vgl. Ruhloff 1996, 2006).

Die beiden intensiver vorgestellten lebensgeschichtlichen Erzählungen von Natalie und Sara zeigen, wie biographische Bildungsprozesse dabei erfasst, beschrieben, auf einen Begriff gebracht und in doppelter temporaler Sequenz in den Blick genommen werden können.[10] Im Kontext der lebensgeschichtlichen Erzählung von Natalie werden innerfamiliale Geschehnisse aus der Kindheit und Jugend geschildert. Natalie geht es immer wieder um die Klärung der sozialen Beziehungen, die in ihrer Familie vorherrschen. Vor allen Dingen aber will sie verstehen, wie es zu bestimmten Entwicklungen in ihrer Familie kommt. Sie sucht nach Aufklärung und geht den Dingen auf den Grund. Sie sucht angesichts der elterlichen Strategie des Verheimlichens und Nicht-Akzeptierens auch und gerade nach ‚Wahr-

---

[10] Dabei müssen nicht nur in er Darstellung der Fallanalysen deutliche Komplexitätsreduktionen in Kauf genommen werden. Es erfolgt auch kein mikroanalytisch exakter Vergleich der beiden lebensgeschichtlichen Erzählungen und der Hinweis auf minimale oder maximale Kontraste, indem beispielsweise deutlich gemacht wird, dass Natalie trotz widriger Umstände an ihrer Familie festhält und sie Mitglieder zueinanderführen möchte, während Sara ihre Familie verlässt und sich von ihr dauerhaft distanziert. Auch werden keine Analyse vorgelegt, in denen *sowohl* die Ebene der erzählen Zeit *als auch* die Ebene der Erzählzeit im Vordergrund stehen. Zu einem solchen Vorgehen siehe u. a. Koller (1999) und von Felden i. d. Band.

heit', was eine kritische, das elterliche Handeln dezidiert in Frage stellende Positionierung mit sich bringt. Bei ihr lassen sich Bildungsprozesse auf der Basis ihrer Erzählung vergangener Ereignisse kenntlich machen. Bei Sara verhält es sich vor dem Hintergrund der gewählten Perspektive anders. Während der Erzählung erschließt sie bestimmte Zusammenhänge für sich und kann sie auf eine Weise einordnen, die sie zuvor nicht erlangen konnte. Durch das Erzählen kommt es überhaupt erst zu Reflexionsprozessen, die Ursachen und Konstellationen in neuem Licht betrachten und ihr wiederum neue Handlungsperspektiven für die Zukunft ermöglichen. Bei ihr wird ein Bildungsprozess in Gang gesetzt – *in actu*, d. h. während des lebensgeschichtlichen Erzählens.

Mit der inhaltlichen Konturierung von Bildung als das reflektierend-problematisierende Verhältnis zu sich selbst, zu anderen und den Dingen und Themen der Welt sowie der Berücksichtigung unterschiedlicher temporaler Sequenzen lassen sich Analysen bewerkstelligen, die es nicht bei der Beantwortung der Frage belassen, was Bildung sein soll, sondern darüber hinausgehen und den Sachverhalt beleuchten, wie Bildung eigentlich möglich ist (vgl. Tenorth 2003; Wigger 2009). Sie beziehen sich damit auf ein Feld, das versucht, konkrete Bedingungen von Bildungsprozessen aufzuklären und empirische Anschlüsse herzustellen. Der Frage nach Sinn und Maß von Bildung wird auf diese Weise sowohl eine theoretische Fundierung zur Seite gestellt, als auch eine konkrete Anschauung im Biographischen verschafft.

Literatur

Adorno, Theodor W. (1959): Theorie der Halbbildung. In: ders.: Gesammelte Schriften Band 8. Soziologische Schriften I. Frankfurt/Main: Suhrkamp, 93-121.

Alheit, Peter (2007): Geschichten und Strukturen. Methodologische Überlegungen zur Narrativität. In: Zeitschrift für Qualitative Forschung 8 (1), 75-96.

Appelsmeyer, Heide (1996): Zur Struktur lebensgeschichtlicher Erinnerungsformen. In: Psychologie und Geschichte 7 (3) 230-244.

Baacke, Dieter/Schulze, Theodor (Hg.) (1979): Aus Geschichten lernen. Zur Einübung pädagogischen Verstehens, München: Juventa.

Bausinger, Hermann (1977): Alltägliches Erzählen. In: Ranke, Kurt et al. (Hg.): Enzyklopädie des Märchens. Handwörterbuch zur historischen und vergleichenden Erzählforschung. Bd. 1. Berlin et al.: de Gruyter, 323-330.

Bilstein, Johannes (1999): Bildungszeit in Bildern. In: Ders./Miller-Kipp, Gisela/Wulf, Christoph (Hg.): Transformationen der Zeit. Erziehungswissenschaftliche Studien zur Chronotopologie. Weinheim: Deutscher Studien Verlag, 241-275.

Ders./Miller-Kipp, Gisela/Wulf, Christoph (1999): Einleitung. In: Dies. (Hg.): Transformationen der Zeit. Erziehungswissenschaftliche Studien zur Chronotopologie. Weinheim: Deutscher Studien Verlag.

Bittner, Günther (2011): Das Leben bildet. Biographie, Individualität und die Bildung des Proto-Subjekts. Göttingen: Vandenhoeck & Ruprecht.

Dörpinghaus, Andreas (2005): Bildung als Verzögerung. Über Zeitstrukturen von Bildungs- und Professionalisierungsprozessen. In: Pädagogische Rundschau 59 (5), 563-574.

Ecarius, Jutta (2003): Biografie, Lernen und Familienthemen in Generationsbeziehungen. In: Zeitschrift für Pädagogik 49 (4), 534-549.

Dies. (2006): Biographieforschung und Lernen. In: Krüger, Heinz-Hermann/Marotzki, Winfried (Hg.): Handbuch erziehungswissenschaftliche Biographieforschung. 2., überarbeitete und aktualisierte Auflage. Wiesbaden: VS Verlag für Sozialwissenschaften, 91-108.

Ehlich, Konrad (Hg.) (1980): Erzählen im Alltag. Frankfurt/Main: Suhrkamp.

Fuchs, Thorsten (2009): Erziehungswissenschaft. In: Klein, Christian (Hg.): Handbuch Biographie. Methoden, Traditionen, Theorien. Stuttgart & Weimar: J. B. Metzler, 388-393.

Ders. (2010): Theorieentwicklung bildungstheoretisch orientierter Biographieforschung oder: Was sind die Probleme und Perspektiven einer qualitativen Bildungsforschung mit bildungstheoretischem Zuschnitt? In: Ecarius, Jutta/Schäffer, Burkhard (Hg.): Theoriegenerierung und Typenbildung. Aktuelle methodische Herausforderungen an die Biographie- und Bildungsforschung. Opladen/Farmington Hills: Barbara Budrich, 169-186.

Ders. (2011): Bildung und Biographie. Eine Reformulierung der bildungstheoretisch orientierten Biographieforschung. Bielefeld: transcript.

Genette, Gérard (1994): Die Erzählung. München: Fink.

Hengartner, Thomas/Schmidt-Lauber, Brigitta (Hg.) (2005): Leben – Erzählen. Beiträge zur Erzähl- und Biographieforschung. Berlin/Hamburg: Reimer.

Henningsen, Jürgen (1981): Autobiographie und Erziehungswissenschaft. Fünf Studien, Essen: Neue Deutsche Schule.

Humboldt, Wilhelm von (1969): Theorie der Bildung des Menschen (1793). In: Flitner, Andreas/Giel, Klaus (Hg.): Wilhelm von Humboldt. Bd. 1. Darmstadt: WBG, 234-240.

Keller, Mitra (2007): Geheimnisse und ihre lebensgeschichtliche Bedeutung. Eine empirische Studie. Münster: Lit Verlag.

Klein, Christian/Martínez Matías (Hg.) (2009): Wirklichkeitserzählungen. Felder, Formen und Funktionen nicht-literarischen Erzählens. Stuttgart: J. B. Metzler.

Koller, Hans-Christoph (1999): Bildung und Widerstreit. Zur Struktur biographischer Bildungsprozesse in der (Post-)Moderne. München: Fink.

Ders. (2009): Zur Zeitstruktur biographischer Bildungsprozesse. In: King, Vera/Gerisch, Benigna (Hg.): Zeitgewinn und Selbstverlust. Folgen und Grenzen der Beschleunigung. Frankfurt/Main & New York: Campus, 183-201.

Ders. (2010): Grundzüge einer Theorie transformatorischer Bildungsprozesse. In: Liesner, Andrea/Lohmann, Ingrid (Hg.): Gesellschaftliche Bedingungen von Bildung und Erziehung. Eine Einführung. Stuttgart: Kohlhammer, 288-300.

Lämmert, Eberhard (1955): Bauformen des Erzählens. Stuttgart: J. B. Metzler.

Lehmann, Albrecht (1980): Rechtfertigungsgeschichten. Über die Funktionen des Erzählens eigener Erlebnisse im Alltag. In: Fabula 21, 56-69.

Ders. (1983): Erzählstruktur und Lebenslauf. Autobiographische Untersuchungen. Frankfurt/Main & New York: Campus.

Ders. (1996): Lebensgeschichte. In: Brednich, Rolf W. et al. (Hg.): Enzyklopädie des Märchens. Handwörterbuch zur historischen und vergleichenden Erzählforschung. Bd. 8. Berlin et al.: de Gruyter, 825-833.

Lippitz, Wilfried (2008): Bildung und Alterität. In: Mertens, Gerhard et al. (Hg.): Handbuch der Erziehungswissenschaft. Bd. 1. Paderborn et al.: Schöningh, 273-288.

Loch, Werner (1979): Lebenslauf und Erziehung, Essen: Neue deutsche Schule.

Marotzki, Winfried (1990): Entwurf einer strukturalen Bildungstheorie. Biographietheoretische Auslegung von Bildungsprozessen in hochkomplexen Gesellschaften. Weinheim: Deutscher Studien Verlag.

Ders. (2003): Biografieforschung. In: Bohnsack, Ralf/Marotzki, Winfried/ Meuser, Michael (Hg.): Hauptbegriffe Qualitative Forschung. Ein Wörterbuch. Opladen: Leske + Budrich, 22-24.

Ders. (2006): Bildungstheorie und Allgemeine Biographieforschung. In: Krüger, Heinz-Hermann/Ders. (Hg.): Handbuch erziehungswissenschaftliche Biographieforschung. 2., überarbeitete und aktualisierte Aufl., Wiesbaden: VS Verlag für Sozialwissenschaften, 59-69.

Meder, Norbert (1989): Kognitive Entwicklung in Zeitgestalten. Eine transzendal-philosophische Untersuchung zur Genesis des Zeitbewußtseins. Frankfurt/Main: Peter Lang.

Miller-Kipp, Gisela (2004): ‚Allgemeine Erziehungswissenschaft' – Begriffsspiel und paradigmatische Variation in der Kontinuität disziplinärer Verunsicherung. In: Bildung und Erziehung 57 (4), 375-386.

Müller, Günther (1948): Erzählzeit und erzählte Zeit. In: Festschrift für Paul Kluckhohn und Hermann Schneider gewidmet zu ihrem 60. Geburtstag. Hg. von ihren Tübinger Schülern. Tübingen: Mohr, 195-212.

Müller, Hans-Rüdiger (2009): Bildungsprozesse in biografischer Erfahrung. In: Melzer, Wolfgang/Tippelt, Rudolf (Hg.): Kulturen der Bildung. Beiträge zum 21. Kongress der Deutschen Gesellschaft für Erziehungswissenschaft, Opladen/Farmington Hills: Barbara Budrich, 252-254

Nieke, Wolfgang/Masschelein, Jan/Ruhloff, Jörg (Hg.) (2001): Bildung in der Zeit. Zeitlichkeit und Zukunft – pädagogisch kontrovers. Weinheim & Basel: Deutscher Studien Verlag.

Nohl, Arnd-Michael (2006): Bildung und Spontaneität. Phasen biographischer Wandlungsprozessen in drei Lebensaltern – Empirische Rekonstruktionen und pragmatistische Reflexionen. Opladen: Barbara Budrich.

Pankau, Johannes G. (1994): Erzählen. In: Ueding, Gert (Hg.): Historisches Wörterbuch der Rhetorik. Bd. 2. Tübingen: Niemeyer, 1432-1438.

Petzelt, Alfred (1965[5]): Kindheit – Jugend – Reifezeit. Grundriß der Phasen psychischer Entwicklung. Freiburg im Breisgau: Lambertus.

Ders. (1997): Subjekt und Subjektivität. Hg. von Jürgen Rekus. Weinheim & München: Juventa.

Pfeiffer, Ursula (2007): Kontinuität und Kontingenz. Zeitlichkeit als Horizont systematischer Überlegungen in der Erziehungswissenschaft. Bad Heilbrunn: Klinkhardt.

Pleines, Jürgen-Eckardt (1989): Studien zur Bildungstheorie. Darmstadt: WBG.

Poenitsch, Andreas (2004): Bildung und Relativität. Konturen spätmoderner Pädagogik. Würzburg: Königshausen & Neumann.

Prange, Klaus (2005): Die Zeigestruktur der Erziehung. Grundriss der Operativen Pädagogik. Paderborn et al.: Schöningh.

Rosenthal, Gabriele/Köttig, Michaela/Witte, Nicole/Blezinger, Anne (2006): Biographisch-narrative Gespräche mit Jugendlichen. Chancen für das Selbst- und Fremdverstehen. Opladen: Barbara Budrich.

Ruhloff, Jörg (1979): Das ungelöste Normproblem der Pädagogik, Heidelberg: Quelle & Meyer.

Ders. (1996): Bildung im problematisierenden Vernunftgebrauch. In: Borrelli, Michele/Ders. (Hg.): Deutsche Gegenwartspädagogik. Bd. 2. Baltmannsweiler: Schneider Verlag Hohengehren, 148-157.

Ders. (1997): Bildung heute. In: Pädagogische Korrespondenz 11 (21), 23-31.

Ders. (2000): Wie ist ein nicht-normativer Bildungsbegriff zu denken? In: Cornelie Dietrich/Hans-Rüdiger Müller (Hg.): Bildung und Emanzipation. Klaus Mollenhauer weiterdenken. Weinheim & München: Juventa, 117-125.

Ders. (2006): Bildung und Bildungsgerede. In: Vierteljahrsschrift für wissenschaftliche Pädagogik 82 (3), 287-299.

Schulze, Theodor (1979): Autobiographie und Lebensgeschichte. In: Baacke, Dieter/Ders. (Hg.): Aus Geschichten lernen. Zur Einübung pädagogischen Verstehens. München: Juventa, 51-98.

Ders. (1997): Das Allgemeine im Besonderen und das besonders Allgemeine. In: Hansen-Schaberg, Inge (Hg.): „etwas erzählen". Die lebensgeschichtliche Dimension in der Pädagogik. Baltmannsweiler: Schneider Verlag Hohengehren, 176-188.

Ders. (2002a): Allgemeine Erziehungswissenschaft und erziehungswissenschaftliche Biographieforschung. In: Zeitschrift für Erziehungswissenschaft, 1. Beiheft, 129-146.

Ders. (2002b): Biographieforschung und Allgemeine Erziehungswissenschaft. In: Kraul, Margret/Marotzki, Winfried (Hg.): Biographische Arbeit. Perspektiven erziehungswissenschaftlicher Biographieforschung. Opladen: Leske + Budrich, 22-48.

Ders. (2006a): Biographieforschung in der Erziehungswissenschaft – Gegenstandsbereich und Bedeutung. In: Krüger, Heinz-Hermann/Marotzki, Winfried (Hg.): Handbuch erziehungswissenschaftliche Biographieforschung. 2., überarbeitete und aktualisierte Aufl. Wiesbaden: VS Verlag für Sozialwissenschaften, 35-57.

Ders. (2006b): Bildung, Bewusstheit und biographischer Prozess. Reflexionen im lebensgeschichtlichen Lernen. In: Fröhlich, Volker/Göppel, Rolf (Hg.): Bildung als Reflexion über die Lebenszeit. Gießen: Psychosozial-Verlag, 28-49.

Ders. (2010): Von Fall zu Fall. Über das Verhältnis von Allgemeinem, Besonderem und Individuellem. In: Ecarius, Jutta/Schäffer, Burkhard (Hg.): Typenbildung und Theoriegenerierung. Methoden und Methodologien qualitativer Biographie- und Bildungsforschung. Opladen/Farmington Hills: Barbara Budrich, 29-46.

Schütze, Fritz (1987): Das narrative Interview in Interaktionsfeldstudien I, Teil 1. Kurs 3755 der Fernuniversität-Gesamthochschule in Hagen. Hagen: o. V.

Stojanov, Krassimir (2006): Philosophie und Bildungsforschung: Normative Konzepte in qualitativ-empirischen Bildungsstudien. In: Pongratz, Ludwig A./Wimmer, Michael/ Nieke, Wolfgang (Hg.): Bildungsphilosophie und Bildungsforschung, Bielefeld: Janus, 66-85.

Straub, Jürgen (2002): Was ist ein Widerstreit, und was Bildung? Bildungstheorie und Bildungsforschung auf neuen Wegen. In: Handlung, Kultur, Interpretation 11 (1), 154-190.

Tenorth, Heinz-Elmar (2003): ‚Wie ist Bildung möglich?' Einige Antworten – und die Perspektive der Erziehungswissenschaft. In: Zeitschrift für Pädagogik 49 (3), 422-430.

Thomä, Dieter (1998): Erzähle dich selbst. Lebensgeschichte als philosophisches Problem. München: C. H. Beck.

Wigger, Lothar (Hg.) (2009): Wie ist Bildung möglich? Bad Heilbrunn: Klinkhardt.

Lernprozesse in narrativen Kontexten

Bedeutung und Ausgestaltung des narrativen Lernens in der Entwicklung von Kindern mit Körperbehinderungen

Marion Wieczorek

Erzählen und reale Erfahrungen

Ausgangspunkt von Geschichten in früher Kindheit sind konkrete Erfahrungen, die mit zunehmendem Erfahrungshintergrund durch Phantasie, Spiel, Gestaltung und Sprache ausgestaltet, verändert und ergänzt werden können. Schäfer – ein Pädagoge der frühen Kindheit – spricht hier von einem konkret-sinnlichen Denken, das dem Narrativen vorausgeht (Schäfer 2008: 130). Ohne genügend konkrete Erfahrungen bleiben Zusammenhänge unklar, gibt es keine Anknüpfungspunkte für weitergehende Erfahrungen, Phantasie und kulturelles Wissen: „Die Welt der inneren Bilder wird in dem Maße reicher, indem neue Wirklichkeiten wahrgenommen und dadurch die vorhandenen Bilder verändert, differenziert, erweitert werden" (ebd.: 88). Die Erfahrungen, die ein Kind macht, können dabei von Art und Umfang je nach Kind sehr unterschiedlich ausgestaltet sein. Sie können für einige Kinder sehr intensiv und vielfältig, für andere Kinder eher beiläufig und sporadisch bleiben:

> „Je mehr Bilder/konkrete Erfahrungen Kinder einsammeln, desto mehr Vorrat an Vorstellungsmöglichkeiten haben sie, desto mehr können sie aus diesen Vorstellungen neue Bilder zusammenstellen und spielerisch ausprobieren." (Ebd.)

Erhalten Kinder keine Gelegenheiten Neues wahrzunehmen, so können sie ihre innere Bilderwelt nicht bereichern. Konkret-sinnliches Lernen ist mit dem gesamten Spektrum sinnlicher Eindrücke, emotionalen Erlebens und sozialer Beziehungen verbunden (Schäfer 2009: 46). Es geht für Kinder, denen es aufgrund schwerer motorischer Beeinträchtigungen nicht oder nur begrenzt möglich ist, eigenaktiv und selbstbestimmt Erfahrungen aufzusuchen, um ein Involviertsein. Sprache, verbale Begleitung ermöglicht es auch Kindern, denen Sprechen nicht möglich ist, innere Sprache auszubilden, Erfahrungen zu machen, an denen weitere Erfahrungen und Erkenntnisse anknüpfen können. So betont auch Koehnen (2009: 16):

> „Erst wenn etwas in seinen verschiedenen Erscheinungsformen erfahren wurde, lässt es sich verrätseln, in eine Geschichte einbauen, in ein poetisches Sprachbild oder Gedicht umsetzen […] Erst dann kann das Kind über das Erfahrene in seiner Bedeutungsvielfalt verfügen und es kreativ in neue Zusammenhänge einbeziehen."

Erzählen, Spiel und kulturelle Geschichten

Kinder benötigen vielfältige Gelegenheiten, um ihr Wissen symbolhaft auszudrücken. Dazu gehört neben der Sprache u. a. das Malen, Bauen, Gestalten und das Spiel. Für einige Kinder in früher Entwicklung ist es leichter, zunächst im Spiel Geschichten zu gestalten. Hier sind die Umsetzungen noch näher am Erlebten und das Vorstellen nicht allein auf Sprache angewiesen. Kinder spielen hier alltägliche Dinge nach, aber auch Lebensbedeutsames. Im Rollenspiel beginnen Kinder ihre Welterfahrungen nachzuvollziehen und umzuphantasieren. Sie setzen das, was sie bereits kennen, zu neuen Handlung- und Vorstellungsbildern zusammen und begleiten dabei ihr Spiel sprachlich:

> „Geschichten entstehen in enger Verknüpfung mit diesem Erfahrungslernen, das die Voraussetzungen schafft, die erworbenen Erkenntnisse in die Handlung, Geschichte zu integrieren und das Spielgeschehen für den schöpferischen Prozess zu öffnen." (Koehnen 2009: 12)

Für Merkel (2000: 126) beinhaltet das Rollenspiel bedeutsame Momente für den Erwerb narrativer Strukturen:

> „Indem sie [die Kinder] aus dem Spiel heraustreten, um sich abzustimmen, werden Handlungsabläufe entworfen und gegenseitig korrigiert, die sich immer mehr den kulturüblichen narrativen Strukturen angleichen. Schließlich wird im spontanen Darstellen der Spielfiktionen jene szenische Darstellungsweise geprobt, die lebendiges Erzählen vom bloßen Berichten abhebt."

Auf einen relevanten Aspekt des Rollenspiels macht Andresen (2005: 92-122) aufmerksam. Sie konnte anhand von Kinderbeobachtungen einen Entwicklungsverlauf im Rollenspiel evaluieren. Andresen stellte fest, dass es gerade für die jüngeren Kinder noch nicht selbstverständlich ist, dass Gegenstände und Personen für ein Spiel umgedeutet werden können. Sie sind zur Orientierung darüber, ob sie gerade in der realen oder aber in der vorgestellten Welt agieren, noch auf sprachliche Absprachen angewiesen. Explizite Kommunikation über das Spiel geht gegen Ende des Vorschulalters zugunsten der impliziten Metakommunikation in Form von Gestik, Mimik oder angedeuteten Handlungen zurück.

Haben Kinder aus den unterschiedlichsten Gründen weniger Gelegenheit, symbolisch zu spielen oder sich mit anderen im Rollenspiel zu treffen, so kann für sie der Zugang zur Fiktion ebenso wie die Erweiterung, Wiedergabe oder Uminterpretation des eigenen Erlebten erschwert sein. Kinder mit Körperbehinderungen können aufgrund motorischer Einschränkungen, aber auch aufgrund einer Verplanung der Zeit in der frühen Kindheit durch Förderung und Therapie nicht genügend Gelegenheit haben, ausreichende und genügende Erfahrungen im freien Spiel oder auch im gemeinsamen symbolischen Spiel zu sammeln. Betrachtet man gegenwärtige Tendenzen in der frühen Bildung, so gilt auch hier auf die Gefahr aufmerksam zu machen, dass das freie Spiel an Bedeutung im Vergleich zu Förderprogrammen verlieren kann und somit das wichtigste Element frühkindlicher Bildung verloren gehen kann zugunsten fragmentierter Vermittlung von Kompetenzen.

So ist es nicht als selbstverständlich anzusehen, dass alle Kinder genügend mit Sprache und Vorstellungen ‚spielen' können, Sprachbewusstheit erwerben und in Rollen handeln können.

Die Bedeutsamkeit von Vorlesen, der Präsentation von nicht selbst erlebten Geschichten ist als Unterstützung für die Ausgestaltung und Ausdifferenzierung von Narrationen bekannt. Aktuell findet sich die Bedeutsamkeit unter dem Begriff *Literacy* zusammengefasst. Gerd Schäfer macht auf einen Aspekt aufmerksam, der die Bedeutsamkeit des Vorlesens für den Erwerb narrativer Strukturen weit über das Kennenlernen neuer Sprachstrukturen und Satzwendungen hinaus betrachtet. Seiner Auffassung nach geht es bei der Bedeutung des Vorlesens von Geschichten über das Kennenlernen von in der Kultur üblichen Darstellungen und Geschichten hinaus auch und insbesondere um ein Erleben von Resonanz:

„Das Erleben der Kinder wird von den kulturellen Geschichten aufgenommen. Es findet sich in ihnen wieder. Gleichzeitig enthalten sie aber Perspektiven, die nicht unbedingt im unmittelbaren Erfahrungshorizont der Kinder zu finden sind. D. h. sie erweitern diese. Reflexion und Erweiterung sind die Möglichkeiten, die sich auftun, wenn kulturelle Geschichten an die Geschichten der Kinder anschließen." (Schäfer 2009: 150)

So geht es zunächst darum, dass das Kind sich in den Geschichten mit seinen Erfahrungen wiederfinden kann. Während des Vorlesens oder Bilderbuchbetrachtens entstehen dann darüber hinaus neue Eindrücke, die besprochen und zu neuen Vorstellungen verarbeitet werden können. Von Bedeutung sind dabei jenseits der Geschichte die Dialoge, die sich zwischen dem Kind und dem Vorlesenden entspannen:

„Die Geschichten, die sich beim Bildbetrachten entwickeln, erinnern an die Form des Austauschs, die zwischen Mutter und Kind stattfinden, sobald sich beide auf Gegenstände im Sichtfeld des Kindes beziehen und das Spiel des wechselseitigen Gebens und Nehmens spielen, nur dass sie sich jetzt auf Fiktionen richten und statt Gegenständen Vorstellungen ausgetauscht werden." (Merkel 2000: 113)

Kinder verstehen Geschichten zunächst so, wie es ihrer Erfahrungswelt und den daraus gebildeten Repräsentationen entspricht. Die Bemühungen der Vorlesenden, Bezüge zwischen der fiktiven Geschichte, die in Wort und Bild dargeboten wird, und den alltäglichen Erfahrungen des Kindes herzustellen, erleichtert das Verstehen der Geschichte – ja macht sie für ein Kind erst sinnvoll und verstehbar.

So ist das Verstehen einer Geschichte auch in Abhängigkeit von den bisherigen Erfahrungen eines Kindes, d. h. von seinem Weltwissen her zu sehen. Kinder benötigen genügend eigene, internalisierte Erfahrungen, auf deren Basis sie sich das Gehörte erschließen können. Sachse formuliert pointiert:

„Ob der Lautgestalt eine Bedeutung zugeordnet werden kann, hängt u. a. vom Weltwissen des Lesers ab. Wer z. B. noch nicht auf einem Bahnhof gewesen ist, keinen Fahrkartenkauf erleben und noch keinen Schaffner bei seiner Arbeit beobachten konnte, der wird auch beim Anschauen von Büchern über eine Zugfahrt nicht so viel verstehen können." (Sachse 2008: 467)

Eine Vorlesepraxis, die sich auf ein monologisierendes Darbieten der Texte beschränkt, kann die Kinder nur schwerlich erreichen und ist weit weniger entwicklungsförderlich. Verstehen wird deutlich erleichtert, wenn das Kind Raum erhält, sich aktiv als Rezeptions- und Gesprächspartner einzubringen und wenn es dem Vorlesenden gelingt, Geschichten für ein Kind lebendig werden zu lassen.

Untersuchungen (Sachse 2008: 464-466) zeigen nun, dass sich die Struktur dieses Dialoges bei Kindern, die unterstützt kommunizieren, d. h. bei Kindern, die nicht oder nur eingeschränkt in der Lage sind, über Lautsprache zu kommunizieren, verändert darstellt und dies unter mehreren Aspekten. Insgesamt wird Kindern ohne Lautsprache im Vergleich zu nichtbehinderten Kindern quantitativ weniger vorgelesen. Darüber hinaus initiieren in dieser Gruppe zum überwiegenden Teil die Eltern Anfang und Verlauf von Vorlesegesprächen. Im Gegensatz dazu initiieren Kinder ohne schwere motorische Beeinträchtigungen zum überwiegenden Teil diese Aktivitäten selbst. Bei unterstützt kommunizierenden Kindern bestimmen hingegen die Eltern weit mehr über das Medium, d. h. sie wählen das Buch aus, das vorgelesen werden soll, und wechseln dabei deutlich häufiger zu immer neuen Büchern als Kinder selbst dies tun würden. Zusammenfassend lassen sich bei all den Untersuchungen folgende Tendenzen feststellen: Die Aktivität und die Initiative verlagert sich deutlich von der Seite des Kindes auf die Seite des Vorlesenden, der aktive Anteil an den Gesprächen und am Vorleseverlauf verlagert sich ebenfalls von der Kindseite auf die Erwachsenenseite. D. h., die Kinder erleben weit weniger Resonanz. Es scheint für den Vorlesenden viel schwerer zu sein, einen wechselseitigen Dialog zu initiieren und aufrechtzuerhalten und den Kindern zu ermöglichen, Anschlussmöglichkeiten an die neue Geschichte auf der Basis eigenen Erlebens zu knüpfen. Bei Kindern, die auf unterstützte Kommunikation angewiesen sind, ist das Nachfragen bei Unklarheiten, das Bitten um Wiederholung und die Ergänzung eigener Erfahrung erschwert. So erhalten unterstützt kommunizierende Kinder nicht mehr, sondern eher weniger Resonanz beim Vorlesen, obwohl sie aufgrund der oben dargestellten Faktoren auf ein deutliches Mehr angewiesen wären, damit sich u. a. Narrativität ausbilden kann.

Erzählen und Erinnern

Schon bevor Kinder im Alter von ungefähr drei Jahren selbst erste Ansätze des Erzählens zeigen, beginnen Eltern mit ihrem Kind über Vergangenes zu sprechen. Kinder hören in diesem Alter zu und beteiligen sich gelegentlich mit Einwürfen am Gespräch. Bei diesen Gesprächen partizipieren sie an der Praxis des Sprechens über die Vergangenheit, sie können Antizipationen entwickeln und von der narrativen Struktur profitieren, die die Eltern bereitstellen (Markowisch/Welzer 2006: 206).

Im Alter von frühestens acht Jahren sind Kinder fähig, eine vollständige problemlösende, durchgängige Geschichte zu produzieren (vgl. Nelson 1997: 203). Das Kind bleibt daher zunächst angewiesen auf einfühlende, auch narrative Begleitung durch sprachmächtige Bezugspersonen. Die ersten Erlebnisse, von denen Kindern ihren Eltern erzählen möchten, konstruieren sie gemeinsam mit ihren Bezugspersonen:

> „Eine große gedankliche Anforderung beim Erzählen besteht im Erzeugen eines gemeinsamen Kontextes für eine solche Erzählung. Wenn die Situation, von der gesprochen wird, keine gemeinsam erlebte ist, muss so viel vom Kontext der Handlung mitgeteilt werden, dass die Erzählung nachvollzogen werden kann." (Schäfer 2008: 129)

Erwachsene können sich in die Situation hineinversetzen und möglicherweise die fehlenden Zusammenhänge mit einbringen. Kinder können so erfahren, welche Kontexte, Inhalte notwendig sind, damit ein anderer sie versteht und Erlebtes nachvollziehen kann. So ist es für ein Kind auch ein Lernprozess, verstehen zu lernen, dass der Gesprächspartner nicht alles miterlebt haben muss, was es selbst erlebt hat: „Die ersten Erzählungen sind auf diese Weise ein kooperatives Unternehmen zwischen dem Kind und seinen vertrauten Bezugspersonen: Text und die notwendigen Kontexte werden miteinander ausgehandelt" (Schäfer 2008: 129). Dieses gemeinsame Erzählen, Ko-Konstruieren von Erlebtem ist nach Stern (1998: 7) als ein komplexer und komplizierter Prozess anzusehen, weil beide Partner zu dem Teil der Realität, der das Narrativ sein wird, beitragen.

Steven B. Kaplan, der zusammen mit Ruth Sienkiewicz-Mercer – eine Frau, die nicht in der Lage ist, sich über Verbalsprache zu verständigen oder selbstständig Schriftsprache zu nutzen – ein Buch über ihre Lebensgeschichte schrieb, verdeutlicht diese Aufgabe im Vorwort des Buches eindrücklich:

> Wie soll man für Ruth schreiben [...]? Welches Vokabular, welche Redensarten, welchen Ton und welche kleinen Sprachnuancen sie benutzen würde, wenn sie sich selbst schriftlich ausdrücken könnte – dieses Rätsel wird nie gelöst werden. Ruth spricht mit den Augen, mit ihrem Gesichtsausdruck, mit Brummen, Stöhnen und anderen Lauten, und wählt Botschaften von zwei oder drei Wörtern auf ihren Wörtertafeln, um ein Gespräch zu beginnen." (Sienkiewicz-Mercer/Kaplan 1991: 11)

Er fährt fort:

> „Jedes Mal, wenn ich versuchte, Ruths Gedanken in Worte zu fassen, stellte sich mir von neuem die Frage, ob das Geschriebene ihre Sicht auf die Dinge auch wirklich angemessen wiedergab, oder ob ich unbewußt zuviel von mir selbst einfließen ließ." (Sienkiewicz-Mercer/Kaplan 1991: 15)

Beim gemeinsamen Erinnern und Geschichtenerzählen über Erlebtes besteht eine enge Grenze zwischen Hilfen zur Erinnerung, Überstülpung von scheinbarer Erinnerung, scheinbar Erlebtem und nicht Erlebtem. Diese Ko-Konstruktion kann für ein Kind nur dann zufriedenstellend gelingen, wenn die Erwachsenen erkennen, dass selbst bei gemeinsamen Erlebnissen ihre Erinnerungen nicht zwangsläufig mit denen ihrer Kinder übereinstimmen müssen. Kinder beachten Dinge, die ihre Bezugspersonen vielleicht gar nicht wahrgenommen oder schon wieder vergessen haben. Kinder tragen im Normalfall dazu bei, dass ihre

Geschichte vergegenwärtigt wird. Sie geben beim Erzählen Kommentare, ergänzen und lenken die Aufmerksamkeit der Eltern teilweise vehement auf für sie Bedeutsames. Nichtsprechende Kinder haben diese Möglichkeit in weit geringerem Ausmaß. So kann es sein, dass ihre persönliche Erinnerung, ihr persönliches *Script* nicht mit dem der Außenwelt übereinstimmt, sie also weder ihre eigene Geschichte erzählen noch sie hören können. Aufmerksame, zugewandte, einfühlende, tastende ‚Lesversuche' von Seiten der Bezugspersonen sind notwendig, damit auch diese Kinder ihre Erfahrungen als gehört erleben und mitteilen können.

Umso größer wird die Anforderung an die Partner, wenn Kinder, die nicht oder nur kaum in der Lage sind verbal zu kommunizieren und in ihrem Ausdruck behindert sind, etwas erzählen möchten, bei dem der Erwachsene – der Zuhörer – nicht anwesend war.

Kathrin, eine Schülerin mit einer Anarthrie und cerebralen Bewegungsstörung, erzählt in ihrem von ihr selbst verfassten Kinderbuch folgende Geschichte:

> „Wenn ich nachmittags nach Hause komme, möchte ich meiner Mama sofort erzählen, was ich in der Schule erlebt habe. Einmal hatte ich meine Buchstabentafel in der Klasse vergessen und konnte mich deshalb nur mir Blicken verständigen. Dabei wollte ich Mama von einer lustigen Sache erzählen, die in der Schule passiert war. Ich blickte also in die Luft. Mama musste nun erraten, was ich ihr sagen wollte.
> ‚Worum geht's?', fragte sie. ‚Um einen Lehrer oder um einen Schüler?'
> Ich schüttelte den Kopf und sah auf den Tisch.
> ‚Tisch? Essen?' Ich nickte und lachte.
> […]
> ‚Gab es etwas Besonderes zu essen?' Wieder nickte ich.
> ‚Was denn?' Ich blickte in die Luft.
> ‚Ja, irgendetwas aus der Luft? Hähnchen vielleicht?' Nein, ich schüttelte den Kopf und Mama riet weiter. ‚Hm, Luft, war es etwas Kaltes?' Kopfschütteln.
> ‚Warm?' Wieder Kopfschütteln und jetzt begann Mama zu verzweifeln.
> ‚Wenn es nicht kalt ist und nicht warm, was ist es dann?'
> […]
> Doch gerade als sie aufgeben wollte, da fiel es ihr ein. ‚Luft?', fragte sie. ‚Habt ihr vielleicht Luft gegessen?' Ich nickte und lachte wieder." (Lemler/Gemmel 2005: 16-17)

An diesem Tag dauerte das Gespräch zwischen Kathrin und ihrer Mutter über eine Stunde, bis die Mutter verstand, was Kathrin erlebt hatte. Sprechende Kinder hätten weit weniger Zeit benötigt, um die gleiche Geschichte in ihren eigenen Worten zu erzählen. Die Gespräche dauern deutlich länger als bei sprechenden Kindern, selbst wenn Kinder wie Kathrin mit Hilfe elektronischer Kommunikationsgeräte kommunizieren. Insbesondere dann, wenn nicht nur Inhalte, sondern begleitendes Erleben, Gefühlsgestalten mitgeteilt werden wollen. In oben erzählter Geschichte konnte Kathrin bislang mitteilen, was geschehen war. Noch hat die Mutter keine Informationen darüber, wie die Geschichte weitergeht, was es wirklich zu Essen gab und welche Emotionen beteiligt waren, oder ob Kathrin jetzt, da es ja nur Luft zu essen gab, sehr hungrig ist …

„Endlich hatte sie es verstanden! An diesem Morgen hatte man uns aus der Küche versehentlich einen leeren Topf gebracht. Und unsere Lehrerin hatte einfach einen großen Löffel genommen und jedem von uns Luft auf den Teller getan. Mama und ich mussten noch lange darüber lachen. Aber wir waren ganz schön stolz, dass sie es am Ende noch erraten hatte." (Lemler/Gemmler 2005: 18)

Kathrin erlebte Verstandenwerden und das Bemühen, Verstanden werden zu wollen, das Interesse an eigenen Äußerungen und Wertschätzung für Erlebtes. Sie erzählte eine alltägliche Geschichte, die über die Bedeutsamkeit, die sie für Kind und Mutter erhält, erzählbar wird.

Der Erwachsene muss sein Verstehen, um Kinder in ihrer Sinn- und Deutungsarbeit in den Geschichten anzutreffen, immer wieder neu ordnen, seine Verständigung am Kind neu ausrichten. Auf die Notwendigkeit und Bedeutsamkeit dieser gelingenden Ausrichtung macht Stern aufmerksam. Für Daniel Stern sind erzählte Geschichten Selbstdarstellungen. Er betont:

„In der normalen Entwicklung hat das Ausdenken und Erzählen von Geschichten eine wichtige Funktion, den täglichen Prozess der Selbstfindung zu erleichtern. Das Kind, das eine autobiographische Geschichte erzählt, definiert damit nicht nur seine Vergangenheit, sondern erschafft zugleich seine eigene Identität." (Stern 2000: 142)

Dies geschieht in all den alltäglichen Situationen, in denen Kinder von ihren Erlebnissen in der Schule, im Kindergarten berichten, davon, wie sie einkaufen waren, eine Baustelle beobachtet haben oder mit einem Freund gestritten haben oder davon, wie es an einem Tag Luft zum Mittagessen gab.

Ist es Bezugspersonen möglich, feinfühlig und mit emotionaler Offenheit auf die kindlichen Äußerungen einzugehen, lernt ein Kind seine Gefühle und Erfahrungen mitzuteilen, erlebt es sich als kompetent und kann ein gutes Selbstkonzept entwickeln (Haupt 2006: 24). Für ein Kind geht es um die Grundbedürfnisse nach Gemeinsamkeit des Erlebens und sozialer Vergewisserung (vgl. Jacoby 1998: 208). Kinder können in geglückten Interaktionen erleben, dass Bezugspersonen ihr Erleben teilen, ohne es verändern zu wollen (Stern 2000: 132). Der Erwachsene muss in gemeinsamen Konstruktionen in der Lage sein, die Ausdruckszeichen des Kindes wahrzunehmen und richtig zu interpretieren. Dies gelingt umso besser, je genauer er ein Kind und seine Erlebniswelt kennt. Pädagogische Aufgabe ist es hier, Kinder zu ermutigen, sich nicht mit Erklärungsansätzen, Verstehensangeboten zufrieden zu geben, wenn sie mit ihren Erfahrungen nicht kongruent sind, nicht aufzugeben, wenn die Bezugspersonen sie nicht verstanden haben.

Erlebt ein Kind Resonanz auf sein Erleben und seine damit verbundenen Gefühle, wird seine Weltsicht als wichtig und bedeutsam erachtet. Erlebte Resonanz kann die Bedeutung einer Erfahrung für ein Kind verstärken, kann ihr aber auch, wenn die Erfahrung sehr unangenehm war, den Schrecken nehmen. Für die Speicherung von Erinnerungen spielt die Resonanz ebenfalls eine wichtige Rolle. Erlebnisse ohne Resonanzerleben werden leichter vergessen.

Die Rolle, die Gespräche über Vergangenes zwischen Eltern und ihren kleinen Kindern bei der Entstehung und Entwicklung des autobiographischen Gedächtnisses spielen, ist seit mehr als zwei Jahrzehnten Gegenstand entwicklungspsychologischer Studien. Dabei ist der Inhalt solcher Gespräche, vor allem aber die Art und Weise untersucht worden, in der Eltern und Kinder über Vergangenes sprechen. So besteht ein deutlicher Zusammenhang zwischen der Struktur der Mutter-Kind-Dialoge und den späteren Erinnerungen der Kinder. Kinder von Müttern, die in ihren Interaktionen eher narrativ orientiert sind, d. h. die Geschichten erzählen, die das Kind einladen, eigene Erinnerungen beizusteuern, das Erzählte in einen Zusammenhang einzuordnen, die Gefühle des Kindes mit einbeziehen, erinnern sich nicht nur detaillierter an Ereignisse, ihre Berichte enthalten auch mehr Kontextinformationen und sind komplexer in ihren narrativen Strukturen (vgl. Markowitsch/Welzer 2006: 197-202). Die beiden Autoren halten fest, dass aufgrund der mittlerweile zahlreich vorliegenden Studien gesichert davon ausgegangen werden kann, „dass der mütterliche Gesprächsstil ein stabiler Indikator für die Art und Weise ist, in der Kinder sich zukünftig an Ereignisse erinnern" (ebd.: 201).

Im Kontext des Erzählens und Erinnerns und dem Erwerb der entsprechenden Fähigkeiten wird unter dem Fokus einer Interaktion zwischen Erwachsenen und Kind mit einer erheblichen Bewegungsbeeinträchtigung ein weiteres Forschungsergebnis relevant:

> „Wir haben klare Befunde darüber, dass der Erinnerungs- und Erzählstil der Mütter substantiellen Einfluss auf das autobiographische Erinnern der Kinder hat, aber umgekehrt scheint es auch der Fall zu sein, dass der mütterliche Erinnerungs- und Erzählstil davon beeinflusst wird, was die Kinder in den Kontext einbringen" (Nelson/ Fivush 2004, zit. n. Markowitsch/Welzer 2006: 202).

Hiermit ist ein Zusammenhang dargestellt, der in besonderer Weise bei oben genannter Kindergruppe zum Tragen kommt, der aber auch in jeglicher Interaktion zwischen Mutter und Kind seine Bedeutung erhält. Eine gegenseitige Hemmung durch mangelnde verbale Äußerungen des Kindes, geringe gestische und mimische Rückkopplungen sind nicht auszuschließen und stellt Bezugspersonen von nicht- oder kaum sprechenden Kindern vor die Aufgabe, notwendige Erfahrungen antizipatorisch zu vermitteln. Dies fällt umso schwerer, je mehr Reaktionen auf elterliche Erzählungen fehlen, indem z. B. der Blickkontakt erschwert ist oder nur kurz gehalten werden kann oder Kinder zeitlich sehr verzögert reagieren. Mütter reagieren dann oft weniger responsiv, sie reagieren zum Teil dominanter und ermöglichen weniger Eigenaktivität und sind bestimmender in ihrem Verhalten, oder sie geben auf der anderen Seite weniger Anregungen bei scheinbar passiven Kindern (vgl. Schlack 2007: 39-41). So erhalten Kinder, die vermehrt auf Angebote angewiesen sind, aufgrund von Rückkopplungsschleifen weniger an Angeboten. Dies zeigt sich sowohl im Spiel, in der Förderung als auch beim Vorlesen. Untersuchungen zeigen aber auch, dass Eltern und andere Bezugspersonen sich in responsivem Verhalten gegenüber Kindern mit Beeinträchtigungen üben können.

Besonders jene Gespräche, in die ein Kind über gemeinsame Gespräche bzw. geteilte Aufmerksamkeit für etwas Drittes aktiv eingebunden ist, zeigen einen erheblichen Einfluss auf die späteren Erinnerungen. Bleiben Gespräche über Vergangenes aus, oder haben Kinder nicht die Möglichkeit daran zu partizipieren, so entfällt eine wesentliche Grundlage für den Erwerb autobiographischer Erinnerung als auch für das narrative Lernen. Erste Hinweise auf diesen Zusammenhang ergeben sich aus Untersuchungen über die Erinnerungen gehörloser Kinder, die in Familien aufwuchsen, in denen nicht über Gebärdensprache miteinander kommuniziert wurde. Diese Kinder scheinen als Erwachsene weniger Erinnerungen zu haben als hörende Erwachsene. Darüber hinaus sind die frühesten Erinnerungen von hörenden Erwachsenen durchschnittlich 19 Monate vor den frühesten Erinnerungen gehörloser Erwachsener datiert (vgl. Nelson 2006: 85).

Je nach Art der episodischen Berichte, die ein Kind hört und zu denen es seinen eigenen Beitrag leistet, ist damit die Grundlage für Erzählungen gegeben.

Zusammenfassung

In drei Argumentationssträngen wurde der Frage nachgegangen, wie subjektiv erlebte Welt in eine erzählbare und erzählte Welt umgewandelt werden kann und welche möglichen Erschwernisse bei Kindern mit schweren motorischen Beeinträchtigungen dabei auftreten können.

Narrationen bieten Kindern mit erheblichen motorischen Beeinträchtigungen die Möglichkeit, ihre Wahrnehmungen, ihre Erlebnisse und Phantasien in Sprache zu fassen, sie symbolisch darzustellen. Damit Kinder ihre Geschichten für sich und für andere als bedeutsam erleben, benötigen sie Menschen, die ihnen Raum zum Geschichten erzählen eröffnen und bei denen sie Resonanz auf ihre Geschichten erfahren. Sie sind dazu auf Erwachsene angewiesen, die sich mit ihnen über ihre inneren Bilder austauschen, ohne ihr eigenes Erleben dabei in Frage zu stellen oder zu bewerten, sowie auf Bezugspersonen, die sie darin unterstützen, einen Erfahrungshintergrund als Basis für mögliche Narrationen zu erwerben.

Literatur

Andresen, Helga (2005): Vom Sprechen zum Schreiben. Sprachentwicklung zwischen dem vierten und siebten Lebensjahr. Stuttgart: Klett-Cotta.

Haupt, Ursula (2006): Wie Lernen beginnt. Stuttgart: Kohlhammer.

Jacoby, Mario (1998): Grundformen seelischer Ausgangsprozesse. Zürich & Düsseldorf: Walter Verlag.

Koenen, Marlies (2009): Sprache anfassen. Ein Werkstattbuch. Weimar: Verlag Das Netz.

Lemler, Kathrin/Gemmel, Stefan (2005): Kathrin spricht mit den Augen. Neureichenau: ed. zweihorn Kälberer.

Markowitsch, Hans J./Welzer, Harald (2006²): Das autobiographische Gedächtnis. Hirnorganische Grundlagen und biosoziale Entwicklung. Stuttgart: Klett-Cotta.

Merkel, Johannes (2000): Spielen, Erzählen, Phantasieren. München: Antje Kunstmann Verlag.

Nelson, Katherine (1997): Ereignisse, Narrationen, Gedächtnis: Was entwickelt sich? In: Petzold, Hilarion G. (Hg.): Frühe Schädigungen – späte Folgen? Paderborn: Junfermann, 195-233.

Dies. (2006): Über Erinnerungen reden: Ein soziokultureller Zugang zur Entwicklung des autobiographischen Gedächtnisses. In: Welzer, Harald/Markowitsch, Hans J. (Hg.): Warum Menschen sich erinnern können. Fortschritte in der interdisziplinären Gedächtnisforschung. Stuttgart: Klett-Cotta, 78-94.

Sachse, Stefanie (2008): Literacy in der Unterstützten Kommunikation. In: Zeitschrift für Heilpädagogik 12 (2008), 461-470.

Schäfer, Gerd E. (2008): Lernen im Lebenslauf. Formale non-formale und formelle Bildung früher und mittlerer Kindheit. Herausgegeben von Herausgegeben Landtag Nordrhein-Westfalen. Enquetekommission „Chancen für Kinder". Online verfügbar unter: URL http://www.landtag.nrw.de/portal/WWW/GB_I/I.1/EK/14_EK2/Gutachten/StudieSchaefer2008.pdf (letzter Zugriff am 15.3.2010).

Ders. (2009): Alltagstheater. In: Dan Droste, Gabi (Hg.): Theater von Anfang an! Bildung, Kunst und frühe Kindheit. Bielefeld: transcript, 145-157.

Schlack, Hans (2007): Brennpunkt Frühförderung: Notwendige Korrekturen überkommener Konzepte. In: Haupt, Ursula/Wieczorek, Marion (Hg.): Brennpunkte der Körperbehindertenpädagogik Stuttgart: Kohlhammer, 32-50.

Sienkiewicz-Mercer, Ruth/Kaplan, Steven B. (1991): Ruth – Ich sage ja zum Leben. München: Droemersche Verlags-Anstalt Knaur.

Stern, Daniel (1998): Das narrative Selbst. In: Buchheim, Peter/Ciepka, Manfred/Seifert, Theordor (Hg.): Das Narrativ – aus dem Leben Erzähltes. Berlin: Springer, 1-13.

Ders. (⁸2000): Tagebuch eines Babys. München: piper.

Die inszenierte Kontroverse:
Erzählen und Lernen über Naturwissenschaften

Lutz Kasper

Erzählen und Naturwissenschaften – ein unterschätztes Verhältnis?

Ein objektiv-rationaler Zugang zur Natur, tendenziell deduktiv, geprägt von logischen Strukturen und mathematischen Relationen, vor allem aber entkoppelt von persönlichen Perspektiven und Emotionen – das entspricht im Allgemeinen dem Bild von modernen Naturwissenschaften. Dieses Bild würde man auch mit dem Lernen naturwissenschaftlicher Disziplinen in Schulen und erst recht an Hochschulen in Verbindung bringen. Aber wie vollständig ist dieses Bild wirklich? Ist dieser Naturzugang gerade in Bildungszusammenhängen der notwendig einzige?

Im Folgenden soll dieser Mythos aufgebrochen werden, indem dem oben genannten, in der wissenschaftlichen Kultur dominanten objektiv-rationalen Naturzugang ein zweiter, ein subjektiv-emotionaler oder subjektiv-ästhetischer (vgl. Labudde 1993: 186) Zugang an die Seite gestellt wird. Dessen Prägung durch subjektive Perspektiven, Wahrnehmungen und Emotionen sowie Wertevorstellungen bietet einen alternativen, für manche junge Lernende zunächst einzig akzeptablen Weg zur Natur(wissenschaft). Er bringt Innenwelten und Perspektiven anderer Individuen ins Spiel, ermöglicht somit den Vergleich mit der jeweils eigenen Sicht und fordert zum Wettstreit der Positionen und Ideen heraus. Dieser Zugang kennt reichere Schattierungen als den bloßen Kontrast von wahr und falsch. Die Verdichtungen zur mathematischen Gleichung und zum Merksatz erfolgen nicht vorschnell – zumindest nicht, ohne das ‚Labyrinth der Natur‘ durch die exemplarische Erforschung wenigstens eines ‚Naturgegenstandes‘ ausgekostet zu haben. Und wer hätte nicht Freude am Suchen und Finden eines Zieles in einem realen ‚Irrgarten‘? Selbstverständlich sind die Naturwissenschaften und das Lernen dieser Wissenschaften mehr als das Herumirren in einem Labyrinth. Gibt man den Lernenden indes eine Strategie zur Orientierung mit auf den Weg in einem Irrgarten, so werden sie die Freude am Suchen nicht verlieren, das Gegenteil ist wahrscheinlicher. Die historischen ‚Irrgärten der Naturwissenschaften‘ verbergen sich hinter jedem physikalischen Gesetz und in vielen der umrahmten Lehrbuchmerksätze. In ihnen sind Geschichten verpackt über die Wege der Forscher in den Labyrinthen, die oft auch zu Irrwegen wurden, Geschichten darüber, wie erfolgreiche (zielführende) Wege gefunden wurden, welche Barrieren und Verlockungen ein Ziel oft wieder in die Ferne rücken ließen und schließlich auch Geschichten darüber, was die Forscher auf ihren Wegen empfanden. Es sind somit Geschichten, die um das menschliche Gesicht der Naturforschung noch nicht bereinigt wurden. Naturwissenschaften zu verstehen – nicht nur ihre Endergebnisse, sondern auch ihr Wesen an sich – lässt sich nicht dadurch erreichen, dass die Lernenden auf dem kürzesten, dem ‚richtigen‘ Weg durch das Labyrinth geführt werden, sondern vielmehr dadurch, dass sie auch die Struktur des Irrgartens in einem größeren Bereich erfassen, am

Besten sich selbst ‚erlaufen'. Ein solcher Zugang zur Natur erfordert eine Vermittlung, die neben den wichtigen Fach-Kulturtechniken, den experimentellen, induktiven, deduktiven und mathematisierenden Methoden auch narrative Anteile enthält. Solche im weiteren Sinn narrativen Abschnitte können eben dadurch entstehen, dass die hinter den formalen Verdichtungen verborgenen Geschichten ‚ausgepackt' werden.

Ein methodischer Ansatz, der dieser Idee folgt, wird im letzten Abschnitt vorgestellt. Zuvor erfolgt die notwendige begriffliche Klärung darüber, was hier unter ‚Erzählen' insbesondere im Zusammenhang mit Lernprozessen in den Naturwissenschaften verstanden wird.

Erzählen und Lernen in den Naturwissenschaften

Dem ‚Erzählen' bzw. der Narrativität wird hier eine auf Schmid (2005: 13) zurückgehende Minimalbedingung zugrunde gelegt. Demnach wird mindestens eine Veränderung eines gegebenen Zustandes in einer zeitlichen Spanne gefordert. Für eine solche Zustandsveränderung ergeben sich dann als resultierende Bedingungen:

- Vorhandensein einer temporalen Struktur mit mindestens zwei Zuständen (Ausgangs- und Endzustand).
- Ausgangs- und Endzustand können weder vollkommen identisch noch absolut verschieden sein (Äquivalenz der Zustände).
- Ausgangs- und Endzustand beziehen sich auf dasselbe Subjekt.

Bezogen auf sprachliche Repräsentationen einer naturwissenschaftlichen Disziplin, etwa der Physik, ließen sich damit Texte entsprechend der Abb. 1 unterteilen.

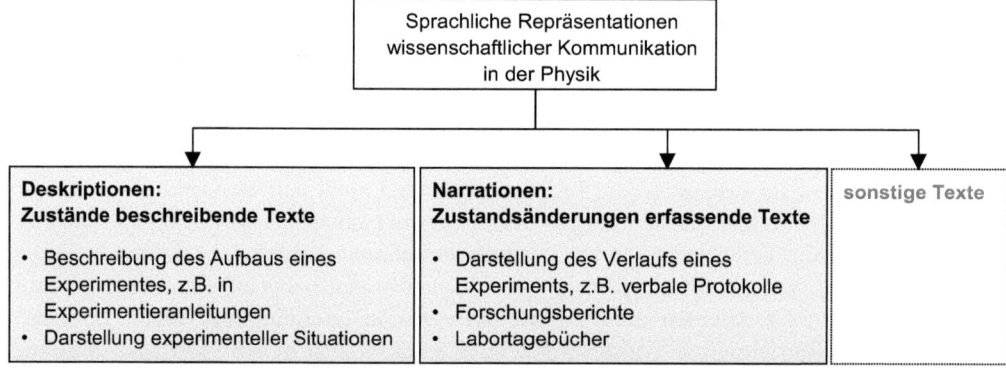

Abb. 1: Vereinfachte Klassifizierung sprachlicher Repräsentationen in der Physik

Mit dieser Einteilung erhält man den Texttypus ‚Narration' in einem sehr weit gefassten Sinn. Eine Verengung lässt sich durch Hinzunahme des Merkmals der Fiktionalität erreichen. Zwar haftet einer als fiktiv dargestellten Welt im Rahmen von ‚realen' Wissenschaften immer ein Moment des Truges und der Lüge an. In pädagogischer Absicht verwendet bietet sich jedoch im fiktionalen Text ein Zugang zu fremden Innenwelten, zu Gedanken und Gefühlen fremder Menschen an. Schließlich liegt hier ein Grund für die kulturelle Bedeutung und damit für den Bildungswert subjektiv gefärbter Darstellungen. Einst gehörte es in der Gemeinschaft der Naturforscher sogar zum guten Ton, auch in wissenschaftlichen Publikationen seinen subjektiv-ästhetischen Empfindungen freien Lauf zu lassen. So bemerkte etwa Alexander von Humboldt in einem seiner wissenschaftlichen Reiseberichte (von Humboldt 1800: 444):

> „Während der Ueberfahrt habe ich fleißig Versuche über die chemische Mischung, die Durchsichtigkeit und die Feuchtigkeit der atmosphärischen Luft, über die Temperatur und Dichtigkeit des Meerwassers, die Inclination der Magnet-Nadel, und über die Intensität der magnetischen Kraft angestellt. […] Meine Ramsdenschen und Troughtonschen Sextanten und der Chronometer von Louis Berthoud […] setzten mich in den Stand, den Ort, wo jede dieser Beobachtungen angestellt wurde, mit großer Genauigkeit zu bestimmen; welches für die magnetischen Beobachtungen von Wichtigkeit ist. […] Aber wie soll ich Ihnen in dieser Eil sagen, was ich gesehen, und welchen Genuß mir der Aufenthalt auf den Canarischen Inseln gewährt hat."

Will man sich weiter an die Zusammenhänge von Narrativität und Lerntätigkeit annähern, benötigt man Merkmalsbeschreibungen und Begriffsbestimmungen aus psychologischer Perspektive. Als beispielhaft werden hier die von Bruner (1998: 46 ff.) zusammengefassten Merkmale narrativer Konstruktionen („Universalien") wiedergegeben:

(1) *Eine Struktur festgelegter Zeit.* Hiermit ist nicht die Zeit tickender Uhren gemeint. Zeitlich strukturierende Elemente sind vielmehr die sich entfaltenden Ereignisse der Erzählung.

(2) *Allgemeine Besonderheit.* Erzählungen erfüllen allgemeine Funktionen, sie verlaufen nach Mustern oder Skripts (z. B. „böser Mann macht schöner Frau den Hof"), die mit konkreten Episoden gefüllt werden müssen.

(3) *Die Gründe des Handelns.* Handlungen von Akteuren einer Geschichte sind nicht zufällig und auch nicht zwingend kausal bestimmt, sondern werden durch „intentionale Zustände" begründet. Das können Werte, Überzeugungen, Theorien oder Wünsche sein.

(4) *Hermeneutische Komposition.* Interpretation des Erzählten im Lichte der Beweggründe des impliziten Erzählers, als Leser/Hörer Gebrauch machen vom Recht des Zweifelns und Infragestellens.

(5) *Kanon und Abweichung.* Erzählenswert ist, was Erwartungen zuwiderläuft. Das geschieht, wenn Skripts, Normen, Werte oder auch anerkannte Theorien verletzt werden.

(6) *Ambiguität der Referenz.* Unabhängig vom ‚Tatsachengehalt' können Referenzen (Objekte, Orte, etc.) einer Mehrdeutigkeit unterliegen.

(7) *Der Imperativ des Genres.* Die Auslegung einer Geschichte hängt ab vom Genre, das ihr vom Subjekt zugeordnet wird. So reagieren wir unterschiedlich auf dieselbe Geschichte, wenn sie uns einmal als fiktiv und einmal als z. B. autobiographisch dargeboten wird.

(8) *Das Vehikel sich verändernder Normen.* Die verletzte Norm (siehe 5.) als Beispiel für eine umfassendere Neuerung.

(9) *Inhärente Aushandelbarkeit.* Hinnahme konkurrierender Versionen einer Geschichte mit einem perspektivischen Vorbehalt. ‚Narratives Aushandeln' ist Bestandteil kindlicher sozialer Entwicklung.

(10) *Aufschichtung der Historie.*

Dem Merkmal (5) „Kanon und Abweichung" wird, bezogen auf die intrinsische Motivation zum Lernen, hier eine zentrale Bedeutung unterstellt. Ihm wird für den im letzten Abschnitt vorgestellten dialektischen Ansatz der inszenierten Kontroverse eine entscheidende Rolle zufallen. Es kommt darauf an, die Adressaten – Schülerinnen und Schüler – mit für sie unerwarteten Ereignissen und Tatsachen zu konfrontieren. Projektionsfläche für die Lernenden sind die in den dialogisch strukturierten narrativen Texten agierenden identitätsstiftenden Figuren, die Protagonisten, deren Ansichten und Theorien ständig neuen Entdeckungen und daraus gezogenen Schlussfolgerungen ausgesetzt werden.

Mit eben diesem Merkmal (5) korrespondiert die von Polkinghorne (1998: 17) als Hauptfunktion einer narrativen Strukturierung bezeichnete Sinnbildung, die darin besteht, Ereignissen und Handlungen Bedeutung zu verleihen. Dabei spielt der Umgang mit erwartungswidrigen Ereignissen eine zentrale Rolle. Werden Normen (hier: kulturelle, ethische, im Allgemeinen aber auch wissenschaftliche) verletzt oder Routinen aufgebrochen, löst das narrative Tätigkeiten aus, die in der Musterung des nicht erwarteten Ereignisses und seiner reflexiven Sinngebung durch eine narrative Strukturierung bestehen.

Narrative Schilderungen dienen in diesem Sinn der Erzeugung und Erhaltung, unter Umständen aber auch dem Abbruch kultureller Traditionen. Wir können diese Aussage ohne Weiteres auch auf die Naturwissenschaften als einen unserer kulturellen Bestandteile übertragen. Weithin bekannte narrative Beispiele, in denen ethische Werte wie die Verantwortlichkeit von Wissenschaftlern für ihr Handeln thematisiert werden, sind etwa mit „Leben des Galilei" (B. Brecht), „Cobenhagen" (M. Frayn) oder „Die Physiker" (F. Dürrenmatt) gegeben. Mit den bis hierhin angestellten Überlegungen konnten Hinweise darauf gegeben werden, inwiefern Erzählungen auch Bedeutung für das Lernen im naturwissenschaftlichen Unterricht tragen können. Eine ausführliche Diskussion der Funktionen narrativer Strukturen für Erkenntnisprozesse findet man in Kasper (2007: 23-28). Der folgende Abschnitt wendet sich dem Perspektivwechsel, einerseits als notwendiges Merkmal narrativer Darstellungen und andererseits auch als entwicklungsbedingender Prozess innerhalb der Naturwissenschaften, zu.

Perspektive und Perspektivwechsel, Konsens und Kontroverse in den Naturwissenschaften

Um das im vorangegangenen Abschnitt als „Kanon und Abweichung" bezeichnete wesentliche Merkmal als gewinnbringende Methode für Lernprozesse zu nutzen, bietet sich das Format des Dialoges an. Als linguistisches Konstrukt ist dem Dialog als Merkmal das Vorhandensein von sich unterscheidenden Ideologien eigen. Erst dadurch wird der Dialog als soziale Interaktion zum Ort des Austausches. Beim Ausbleiben dieses Merkmals gerät er zum Pseudodialog, zur Karikatur von ‚schlechtem Unterricht'. Das Aufeinandertreffen unterschiedlicher Ideologien ist für das Zustandekommen eines echten Dialoges zwar notwendig, hinreichend ist es indes noch nicht. Die Vertreter der aufeinandertreffenden Ideologien, Theorien oder Meinungen müssen auch die Bereitschaft und die Fähigkeit mitbringen, sich aus ihrer Perspektive heraus zu begeben und die des anderen einzunehmen.

Perspektivenübernahme[1] im Sinne des auf Piaget gründenden *kognitiv-strukturtheoretischen Ansatzes* heißt: „psychische Zustände und Prozesse, wie etwa das Denken, Fühlen oder Wollen einer anderen Person zu verstehen, indem die Situationsgebundenheit des Handelns (bildlich also: ihre Perspektive) erkannt und entsprechende Schlußfolgerungen gezogen werden" (Oerter/Montada 1998: 831).

Im Weiteren wird der für die Thematik bedeutsame Begriff der *kognitiven Perspektivenübernahme* – in Abgrenzung zur *emotionalen Perspektivenübernahme* – betont. Entwicklungspsychologische Studien zeigen, dass Kinder etwa mit Beginn des Schulalters zumindest die Möglichkeit verschiedener Perspektiven erkennen. Wichtige Fortschritte hinsichtlich der interpretativen Ausgestaltung von Perspektiven, die aus Informationsdifferenzen resultieren, werden aber erst im Verlauf des Grundschulalters gemacht. Im *symbolisch-interaktionistischen* Ansatz wird das Verständnis der eigenen Rolle und der eines Gegenübers unter Einbeziehung des Interaktionskontextes als ‚Rollenübernahme' konzeptionalisiert. Als Ergebnis entsprechender Untersuchungen lassen sich die Stufen einer Entwicklung angeben (vgl. Oerter/Montada 1998: 835):

a) Zwischen 4 und 9 Jahren wird die Subjektivität von Perspektiven bewusst.
b) Zwischen 6 und 12 Jahren wird ein reflexives Verständnis der Subjektivität entwickelt.
c) Zwischen 9 und 15 Jahren wird wechselseitige Perspektivenkoordination entwickelt.
d) Ab etwa 12 Jahren kann die Perspektive sozialer Bezugsgruppen übernommen werden.

Aus beiden Untersuchungsergebnissen sowohl zur kognitiven Perspektivenübernahme als auch zum symbolisch-interaktionistischen Ansatz lässt sich die prinzipielle Eignung und pädagogische Fruchtbarkeit des gezielten Umganges mit Multiperspektivität im Unterricht ableiten. Spätestens im Verlauf der Sekundarstufe I erlangen die Schülerinnen und Schüler die Fähigkeit, sich in die Situation einer anderen Person zu versetzen und auch sich selbst aus dieser Perspektive zu sehen (Stufe c der oben genannten Entwicklungssequenz).

Dem intraindividuellen Perspektivenwechsel und seiner Entwicklung steht ein intrakultureller Perspektivenwechsel gegenüber. Als ‚Kultur' können dabei auch die Fachkulturen der Naturwissenschaften verstanden werden. Wenden wir uns also der spezifischen Fachkultur ‚Physik' zu. Die Sicht der Wissenschaft Physik auf die Welt zeichnet sich gegenüber anderen Sichtweisen durch ein hohes Maß an Schärfe und Geschlossenheit sowie durch sprachliche und mathematische Mitteilbarkeit ihrer Ergebnisse aus. Diese Stärken werden ganz bewusst bezahlt mit einem Verzicht, einem Ausschluss bestimmter Zusammenhänge der ‚belebten Natur'. Evolutionäre Entwicklungen, gesellschaftliche Dynamik oder intraindividuelle Merkmale lassen sich nicht (allein) auf physikalische Sätze zurückführen. In dieser Beschränkung, die die Physik zur Fachwissenschaft macht, liegt ihre spe-

---

[1] In der englischsprachigen Literatur werden für Perspektivenübernahme die Termini *perspective taking* sowie *role taking* benutzt.

zifische, eben physikalische Perspektive. Dass diese Perspektive selbst wieder ein Spektrum bildet und keinesfalls eine Einheit darstellt, zeigt die Geschichte der Wissenschaft an unzähligen Beispielen. Exemplarisch soll hier die dem Perspektivwechsel innewohnende Macht der ‚kopernikanischen Wende‘ demonstriert werden. Kopernikus überwindet die zu seiner Zeit selbstverständliche Auffassung von der feststehenden Erde und dem sich bewegenden Himmelsgewölbe, indem er den Standpunkt wechselt und somit Erde und Himmelsgewölbe als allgemeineres System betrachtet. Solche Perspektivwechsel führen oft zu Konzeptwechselprozessen. Allerdings musste stets und muss auch heute gegen die jeweils herrschende Trägheit gegenüber neuem Begreifen ein harter Kampf geführt werden: „Ist ein ausgebautes, geschlossenes Meinungssystem, dass aus vielen Einzelheiten und Beziehungen besteht, einmal geformt, so beharrt es beständig gegenüber allem Widersprechenden." (Fleck 1980: 40) In der erkenntnistheoretischen Sicht der Lakatos'schen Prägung ist diese Trägheit, das Beharren im alten Denken, gleichzusetzen mit dem Bilden von ‚Schutzgürteln‘ um die angegriffenen Theorien. Solche Schutzgürtel bestehen aus dem Generieren von Hilfsklauseln oder aus semantischen Uminterpretationen in dem unter Beschuss geratenem Begriffssystem. Die Notwendigkeit solcher Hilfsklauseln für ‚angeschlagene‘ Theorien ist geradezu programmatisch für die Entwicklung der Naturwissenschaften. Berühmte Bespiele sind das Ptolemäische Weltsystem oder in der jüngeren Geschichte das Bohr'sche Atommodell. Nicht selten ist die Formulierung einer Anomalie Bestandteil des ‚harten Kerns‘ einer konkurrierenden Theorie.

Der Illustration soll hier folgendes Beispiel dienen: Die phänotypisch verschiedenen aber ontologisch verwandten Strahlungsarten ‚Wärme‘ und ‚Licht‘ weisen historisch ähnliche Entwicklungen ihrer Theoriereihen auf. So wurde gegen die Substanztheorien des Lichts und der Wärme folgender Einwand (als Anomalie) formuliert: Die Sonne sollte bei der unablässigen Abstrahlung von Wärme und Licht doch im Verlauf der jahrhundertelangen Beobachtung an Intensität verlieren – was sie aber offensichtlich nicht tut. Ein Versuch, die Theorie zu retten, bestand nun darin, eine zyklische Strömung von der Sonne zur Erde und – auf noch unbekanntem Weg – wieder zurück zu postulieren. Die Sonne übernimmt in diesem Modell somit die Rolle einer Pumpe für das angenommene fluide (Wärme-)Medium. Solche Rettungsversuche erfolgen so lange, bis ein Zustand der ‚Unerträglichkeit‘ erreicht ist, die Theoriereihe damit *degenerativ* wird und zu Gunsten einer anderen aufgegeben werden muss. Diese von Lakatos (1974: 129 ff.) als *negative Hermeneutik* bezeichnete Beharrungsstrategie weist eine große Ähnlichkeit auf zu dem Widerstreben von lernenden Individuen gegenüber Konzeptwechselprozessen. Stellt man z. B. den historischen Vorstellungen zur Wärme aktuelle Vorstellungen von Schüler/innen und Studierenden gegenüber, lässt sich einem roten Faden durch die Altersspanne von Grundschule bis Studienbeginn gleich und offensichtlich unabhängig vom erlebten Physikunterricht die Substanzvorstellung von der Wärme wiedererkennen. Wir haben es bei diesem Konzept – ähnlich wie Lakatos es beschreibt – mit einem harten Theoriekern zu tun, der sich den angestrebten Konzeptwechselprozessen hartnäckig und nachhaltig widersetzt. Auch Lernende konstruieren sich ihre eigenen ‚Schutzgürtel‘!

Perspektivwechsel finden aber auch auf einer anderen Ebene statt, nämlich der des interindividuellen Austausches. Naturwissenschaftler generieren Wissen nicht allein auf der Grundlage rationaler Entscheidungen, vielmehr spielen soziale Prozesse innerhalb der wissenschaftlichen Gemeinschaft eine entscheidende Rolle. Wissenschaftliches Erkennen ist eine soziale Leistung und ist an die sozialen Voraussetzungen der mit der Wissenschaft beschäftigten Individuen gebunden. Dabei ist der Forschungsprozess selbst grundsätzlich von Zufällen, Irrtümern und Irrwegen bestimmt. Als sozialer Prozess findet die Forschungstätigkeit auf einer gemeinsamen Basis statt, die dann individuelle Modifikationen erfährt. Der Weg bis zu einem wissenschaftlichen Ergebnis besteht dann darin, dass für einen wissenschaftlichen Beitrag in einem ‚öffentlichen‘ Verfahren – durch Veröffentlichung – Konsens innerhalb einer Expertengruppe angestrebt wird. Diese Konsensfindung ist geprägt von kommunikativen Prozessen und setzt wiederum die Fähigkeit zu Empathie und die Bereitschaft zum Perspektivwechsel voraus.

Von Schülerinnen und Schülern wird die Bedeutung solcher Konsensfindungsprozesse allerdings kaum verstanden. Die Ergebnisse einer Befragung unter kanadischen High-School-Schüler/innen werden folgendermaßen mitgeteilt:

> „Dabei wird aber offensichtlich gar nicht verstanden, was ein Konsens in der Wissenschaft bedeutet. Die Schüler meinen, ein Konsens werde hergestellt, indem eindeutiges Datenmaterial die „Wahrheit" einer Theorie belege [...] und schätzen die Bedeutung der Selbstevidenz harter Fakten sehr hoch ein." (Höttecke 2004: 273)

Aber nicht nur den Schülerinnen und Schülern, sondern auch einer breiten Öffentlichkeit scheint ein *agonales Wissenschaftsverständnis* eher suspekt und rüttelt wohl kräftig an einem Bild und Mythos vom Wissenschaftsbetrieb. Antos und Gogolok (2006: 116) bemerken hierzu: „Obwohl die Öffentlichkeit sich längst an widersprechende Expertisen [...] und Wissenschaftler-Meinungen gewöhnt hat, scheint eine Konzeptualisierung von Wissenschaft als Wettkampf noch außerhalb einer breiten Akzeptanz zu liegen. Damit würde Wissenschaft kategorial der Politik (Streit um den besten Weg) oder der Wirtschaft (Wettbewerb) gleichgestellt."

Geschichten – auch naturwissenschaftliche – werden aus einer Perspektive erzählt, Dialoge werden z. B. aus unterschiedlichen theoretischen, historischen, kulturellen oder geschlechtsspezifischen Perspektiven geführt. Lässt man anstelle anonymer Erzähler konkrete Personen sprechen, bietet sich den Zuhörern oder Lesern die Möglichkeit zur Perspektivenübernahme und somit zur Anteilnahme. Ein Beispiel: Man kann Schülerinnen und Schülern im Physikunterricht mitteilen und begründen, dass das Phänomen der magnetischen Missweisung (*Deklination*) abhängig von der geographischen Position (genaugenommen der geographischen Breite) des beobachteten Kompasses ist – eine nüchterne geometrische Folgerung. Es ist aber etwas anderes, wenn man Kolumbus selbst in wenigen Zeilen berichten lässt, wie ihn als hervorragenden Navigator der Schrecken überkam, als während seiner ersten Entdeckungsreise die damals bekannte östliche Abweichung der Kompassnadel zunächst verschwand und sich im weiteren Verlauf der Fahrt sogar in eine westliche wandelte:[2]

---

[2] Die Missweisung einer Kompassnadel ergibt sich aus der Tatsache, dass geographische und magnetische Pole der Erde nicht genau übereinstimmen. Sie konnte bereits zu Kolumbus' Zeiten sehr gut am Tage mit Hilfe des Sonnenstandes und in der Nacht mit Hilfe des Polarsternes bestimmt werden.

„Es war Freitag, der 13., als wir ablegten. Eines Nachts, Wochen später, begannen die Schwierigkeiten mit der Magnetnadel. Hätte ich nicht gewusst, dass der Allmächtige schützend seine Hand über mich hält, hätte ich den Mut verlieren müssen. Ich stand einem Rätsel gegenüber, auf das vor mir wohl noch kein Seefahrer gestoßen ist. Ich glaubte zu träumen! Zu Beginn jener Nacht wichen die Kompassnadeln nach Nordwesten ab. Am Morgen zeigten sie dann mehr nach Nordosten. Eine Erklärung? Ich weiß keine. Und ich zitterte vor dem Moment da behauptet wird, der Teufel selbst lenke unsere Flotte." (Kasper 2007: 115)

Da spielen Emotionen eine Rolle, gar die Furcht vor dem Teufel, und ganz ‚nebenbei‘ wird von einer naturwissenschaftlichen Entdeckung berichtet. Es war eine Entdeckung, die Kolumbus – wenn er sie auch nicht erklären konnte – noch vor der geographischen Entdeckung gelang, die ihn so berühmt machte. Ein Gewinn an naturwissenschaftlicher Erkenntnis setzt dann ein, wenn man sich aus Kolumbus‘ Perspektive heraus begibt, sie zumindest erweitert. Man betrachtet nicht allein den Kompass, sondern das System Erde-Kompass.

Ein ganzheitliches Verständnis fachwissenschaftlicher, z. B. physikalischer, Konzepte, kann unterstützt werden durch die Fähigkeit sowohl zum ‚vertikalen‘ Ebenenwechsel innerhalb der Fachwissenschaft als auch zum ‚horizontalen‘ Perspektivwechsel zwischen den naturwissenschaftlichen Disziplinen. Ein möglicher Weg zum vertikalen Ebenenwechsel ist der hier gezeigte Wechsel historisch unterschiedlicher Perspektiven. Auf diese Weise wird die Entstehung naturwissenschaftlicher Erkenntnisse zum Gegenstand des Unterrichtes. Das bedeutet, sich mit naturwissenschaftlichen Methoden und Denkweisen und dem Diskurs innerhalb einer wissenschaftlichen Denkgemeinschaft auseinanderzusetzen. Historische Fallbeispiele aus Physik, Chemie oder Biologie bieten die Möglichkeit zu einem für das wissenschaftspropädeutische Arbeiten fruchtbaren Perspektivwechsel. Ein spezielles Arrangement solcher historischen Perspektiven als Kontext naturwissenschaftlicher Lernprozesse bildet das zentrale Thema des folgenden, letzten Abschnittes.

Die inszenierte Kontroverse – ein dialektischer methodischer Zugang zur Naturwissenschaft

Will man Lernenden die Grenzen ihrer naturwissenschaftlichen Konzeptualisierungen bewusst machen, dürfen ihre Vorstellungen nicht als Fehler betrachtet werden, sondern sind als ernstzunehmende Hypothesen dem argumentativen Wettbewerb mit konkurrierenden Vorstellungen auszusetzen. Erst wenn nach Konfrontation mit Anomalien durch das Konstruieren immer weiterer Schutzgürtel das Konzept der Lernenden die Gestalt einer *degenerativen Theorie-Reihe* annimmt, deren Erklärungsmächtigkeit trotz aller ‚Verrenkungen‘ nicht zu-, sondern abnimmt, kann eine Weiterentwicklung des Konzeptsystems der Lernenden erwartet werden. Als ein möglicher Zugang sowohl zu fachwissenschaftlichen Inhalten als auch zu epistemologischem Wissen wird im Folgenden ein *dialektischer Ansatz* für den naturwissenschaftlichen Unterricht, die *inszenierte Kontroverse* vorgestellt. ‚Dialektisch‘ ist dabei in dem Sinn gemeint, dass die Konstruktion von Wissen in den Wissenschaften als ein sozialer Prozess anzusehen ist, in dessen Verlauf Konkurrenz und Kooperation gleichermaßen und wechselweise eingebunden sind. Der Begriff der ‚Kontroverse' findet hier in einem weiten Sinn Verwendung stellvertretend für verschiedene Formen der den Wissensfortschritt bedingenden Auseinandersetzungen. Es wird insofern nicht streng zwischen Disput, Diskussion und Kontroverse unterschieden. Eine genauere Analyse und Typologie von ‚Auseinandersetzung' in den Wissenschaften ist bei Dascal (2006: 24 ff.) zu finden. Schließlich ist hier noch die Wesensqualität des Erzählens in der wissenschaftlichen Auseinandersetzung zu zeigen. Keller (2006: 51) stellt hierzu fest:

> „Ein […] Moment der inhaltlichen Gestalt von Diskursen bilden *narrative Struktu-*
> *ren*. Damit werden diejenigen strukturierenden Momente von Aussagen und Diskur-
> sen bezeichnet, durch die verschiedene Deutungsmuster, Klassifikationen und Di-
> mensionen der Phänomenstruktur zueinander in spezifischer Weise in Beziehung
> gesetzt werden. Die Erschließung der narrativen Strukturen – plots, story lines oder
> rote Fäden – kann Haupt- von Nebensträngen der Handlung, allgemeine oder gene-
> ralisierende Narrationen von illustrierenden Beleg- oder Beweisgeschichten unter-
> scheiden. Narrative Strukturen konstituieren Weltzustände als Erzählungen, in denen
> es handelnde Akteure und Aktanden, Ereignisse, Herausforderungen, Erfolge und
> Niederlagen, Gut und Böse, etc. gibt."

Solche Akteure können suchende Naturforscher sein – auf ihrem Weg zu den wissenschaftlichen ‚Wahrheiten'. Weil aber trotz vorliegender empirischer Evidenz die Wahrheiten nicht ewig sind, so muss es die Suche nach ihnen bleiben. Was ist schließlich der Lohn der Mühe und des oft gescheuten Zeitaufwandes bei der intensiven Beschäftigung mit den (Irr)Wegen der Wissenschaft?

Kontroversen der Wissenschaft waren und sind oft verbunden mit Erkenntnisfortschritt und Innovation. Dabei spielen die den Kontroversen innewohnenden nachfolgend aufgezählten *epistemischen Merkmale* (Dascal 2006: 29) eine entscheidende Rolle:

- thematische Verschiebungen
- Infragestellen von Voraussetzungen
- Auslegungsschwierigkeiten (Interpretationen, Re-Interpretationen, semantische Umdeutungen, …)
- offenes Ende (In der Regel ist nicht eine der konkurrierenden Positionen die ‚Lösung'.)
- flexible Struktur (Kontroversen weisen trotz ihrer Offenheit eine geordnete argumentative Struktur auf.)
- ‚weiche' Rationalität (Diese geht über die rein induktive und deduktive Logik hinaus, indem sie z. B. ‚Vernünftigkeit' als Rationalitätskriterium beinhaltet.)

Indem man für den Unterricht historische Kontroversen auswählt, deren Argumentationslinien und Denkmodelle denen der Lernenden ähneln, macht man ihnen ihren eigenen Konzepten widersprechende Angebote. Es wird hier unterstellt, dass durch die Lernenden dann auch vergleichbare Schutzgürtel zur Abwehr von ‚Störungen' konstruiert werden. Die Wiederbelebung der historischen Kontroverse, die in den Lehrbüchern oft verschwiegen ist, bringt auch das gedankliche Entstehen der konkurrierenden, letztlich ‚siegreichen' Theorie-

Reihe wieder ans Tageslicht. In der Vollständigkeit ihrer Argumentationen wird hier der Schlüssel zum Erreichen des bei den Lernenden angestrebten Konzeptwechsels gesehen. Wenn sich die Lernenden auf die Übernahme der angebotenen (hier historischen) Perspektiven und ihren Wechsel einlassen, werden sie auch in der Lage sein, den Wechsel naturwissenschaftlicher Konzepte zu vollziehen. Für den Erfolg dieses Ansatzes ist es darum wichtig, die ‚harten Kerne' der Schülervorstellungen zu kennen und die Konstruktion von ‚Schutzgürteln' und deren Struktur wahrzunehmen. Erst dann wird die Kompetenzentwicklung mit Hilfe konfliktinduzierender Prozesse gelingen. Für die Gestaltung entsprechender Unterrichtseinheiten konnte die Eignung fiktiver Kontroversen in multimedialer Umsetzung gezeigt werden (vgl. Kasper 2008; Kasper/Mikelskis 2008). In dem dort vorgestellten Forschungsprojekt wurde anhand der Modell- und Theorienentwicklung zum Erdmagnetismus eine Hörspiel- bzw. Leseversion einer fiktiven Diskussionsrunde (‚Tafelrunde') entwickelt und evaluiert. Die Diskussion wird darin von historisch authentischen Persönlichkeiten aus der Naturforschung geführt. Moderiert wird sie von einer ‚zeitlosen' Figur und als eine Identifikationsfigur für Schülerinnen und Schüler nimmt ein fiktives Mädchen aus der Gegenwart an der Tafelrunde Platz.

Die an der Tafel ‚verhandelte' Schlüsselfrage – wo eigentlich der Erdmagnetismus herrührt – wird zunächst im Sinne historischer Vorstellungen beantwortet. Es ist zum einen die Idee, dass der Magnetismus auf der Erde aus der Existenz sagenhafter Magnetberge resultiert. Eine Vorstellung, die seit dem Zeitalter der Antike bekannt ist und ihren Niederschlag noch im 16. Jahrhundert auf den berühmten Karten Mercators findet. In einem anderen Modell wurden Himmelskörper, oft der Polarstern, ursächlich mit den bekannten magnetischen Erscheinungen auf der Erde in Zusammenhang gebracht. Beobachtungen mehrerer leicht nachvollziehbarer Experimente erzwingen schließlich im Verlauf des Disputes Folgerungen, die beide Modelle zu Fall bringen. Eine neue Theorie, der zufolge die Erde selbst einen Magneten darstellt, ‚gewinnt'. Wechselweise und gleichzeitig kooperierend und konkurrierend gelangen die Protagonisten des Disputes letztlich gemeinsam zu einem neuen Wissensstand, der jedem Einzelnen nur schwer erreichbar wäre. Insofern stellt die ‚Tafelrunde' auch ein Modell von Lernen als sozialem Konstruktionsprozess dar.

Nach dem erfolgreich evaluierten Einsatz im Unterricht wurde im Jahr 2010 die Idee der Tafelrunde weiter ausgebaut und im Rahmen einer Kooperation der Pädagogischen Hochschule Freiburg mit dem Theater Freiburg gemeinsam mit Studierenden und Lehrenden auf der Bühne zur Aufführung gebracht. Daneben hat dieser Ansatz erfolgreich Einzug in die Ausbildung von Lehramtsstudierenden gehalten. In Staatsexamensarbeiten und Hausarbeiten werden von den Studierenden Miniaturen und auch größere Projekte im Kontext wissenschaftlicher Kontroversen entworfen und z. T. multimedial umgesetzt. Der Bildungswert, der dabei dem Fach Physik zugutekommt, besteht einerseits in einer metakonzeptuellen *awareness* bezüglich der Modell- und Wissensgenese, indem ihr kontroverser und subjektiver Charakter betont wird. Andererseits besteht er auch in einem fachlichen Prozess von *conceptual change* bzw. *conceptual development*.

Abschließend soll noch dem möglichen Eindruck entgegengewirkt werden, dass für Inszenierungen im Unterricht geeignete Kontroversen sich nur im historischen Umfeld finden lassen. Die Auseinandersetzung mit gegenwärtig geführten naturwissenschaftlichen Kontroversen, deren Brennpunkt vor allem ethische Fragen bilden, für die die Antworten noch ausstehen, hat ein hohes Potenzial für eine naturwissenschaftliche wie auch gesell-schaftliche Bildung. Beispiele dafür sind die Pro- und Contra-Debatten im Zusammenhang mit der Kernenergie, der kalten Fusion, der Präimplantationsdiagnostik, die Debatte um Kreationismus und *intelligent design*, die Diskussion um den anthropogenen Klimawandel, die Frage nach dem (un)kontrollierten Einsatz von Nanotechnologie etc.

Literatur

Antos, Gerd/Gogolok, Kristin (2006): Mediale Inszenierung wissenschaftlicher Kontroversen im Wandel. In: Liebert, Wolf-Andreas/Weitze, Marc-Denis (Hg.): Kontroversen als Schlüssel zur Wissenschaft? Bielefeld: transcript, 113-128.

Bruner, Jerome. S. (1998): Vergangenheit und Gegenwart als narrative Konstruktionen. In: Straub, Jürgen (Hg.) Erzählung, Identität und historisches Bewusstsein. Frankfurt/Main: Suhrkamp, 46-80.

Dascal, Marcelo (2006): Die Dialektik in der kollektiven Konstruktion wissenschaftlichen Wissens. In: Liebert, Wolf-Andreas/Weitze, Marc-Denis (Hg.): Kontroversen als Schlüssel zur Wissenschaft? Bielefeld: transcript, 19-38.

Fleck, Ludwik (1980): Entstehung und Entwicklung einer wissenschaftlichen Tatsache. Frankfurt/Main: Suhrkamp.

Höttecke, Dietmar (2004): Schülervorstellungen über die Natur der Naturwissenschaften. In: Hößle, Corinna et al. (Hg.): Lehren und Lernen über die Natur der Naturwissenschaften. Baltmannsweiler: Schneider Verlag Hohengehren.

Humboldt, Alexander von (1800): Physikalische Beobachtungen auf einer Reise nach dem Spanischen Amerika. In: Annalen der Physik 1800, 443-455.

Kasper, Lutz (2007): Diskursiv-narrative Elemente für den Physikunterricht. Berlin: Logos.

Ders. (2008): Lernen aus historischen Irrtümern? Die CD-ROM „Tafelrunde" – ein szenischer Dialog zum historischen Wechsel der Theorien des Erdmagnetismus. In: Unterricht Physik 103, 42-43.

Ders./Mikelskis, Helmut F. (2008): Lernen aus Dialogen und Geschichten im Physikunterricht – Ergebnisse einer Evaluationsstudie zum Thema Erdmagnetismus. In: Zeitschrift für Didaktik der Naturwissenschaften 14, 7-25.

Keller, Reiner (2006): Wissenschaftliche Kontroversen und die politische Epistemologie der Ungewissheit: Diskurstheoretische und diskursanalytische Perspektiven. In: Liebert, Wolf-Andreas/Weitze, Marc-Denis (Hg.): Kontroversen als Schlüssel zur Wissenschaft? Bielefeld: transcript, 39-56.

Labudde, Peter (1993): Erlebniswelt Physik. Bonn: Dümmler.

Lakatos, Imre (1974): Falsifikation und die Methodologie wissenschaftlicher Forschungsprogramme. In: Kritik und Erkenntnisfortschritt. Braunschweig: Vieweg.

Oerter, Rolf/Montada, Leo (Hg.) (1998): Entwicklungspsychologie. Weinheim: Beltz PVU.

Polkinghorne, Donald E. (1998): Narrative Psychologie und Geschichtsbewusstsein. In: Straub, Jürgen (Hg.): Erzählung, Identität und historisches Bewusstsein. Frankfurt/Main: Suhrkamp, 12-45.

Schmid, Wolf (2005): Elemente der Narratologie. Berlin, New York: de Gruyter.

Medienrezeption und Narration – Chancen und Schwierigkeiten der Bildwahrnehmung am Beispiel der Rezeption von Bilderbüchern und Computerspielen[1]

Petra Wieler

1. Einleitung

Beim Projekt *Medienrezeption und Narration*, das sich mit Gesprächen und Erzählungen zur Medienrezeption von Grundschulkindern beschäftigt (vgl. Wieler et al. 2008), handelt es sich um eine interdisziplinäre Studie. Im Rückgriff auf Konzepte und Einsichten aus verschiedenen Forschungsdisziplinen – der pragmatischen Spracherwerbsforschung, der psychologischen Rezeptionsforschung, der Ethnomethodologie, der Sprach- und Literaturdidaktik – wird untersucht, welche Erfahrungen sieben- bis achtjährige Kinder im Unterricht des zweiten Grundschuljahrs und in der Familie im Umgang mit ausgewählten Buch- und anderen Medien*geschichten* machen und wie sich diese Erfahrungen in Unterrichtsgesprächen, in Texten, Erzählungen und Spielaktivitäten der Kinder, in ihren Gesprächen untereinander und in familialen Dialogen niederschlagen. Die Aufmerksamkeit gilt dabei insbesondere der Reaktion der Kinder auf die Auflösung traditioneller Erzählweisen in den neuen gegenüber den alten Medien und der Wahrnehmung potenzieller Möglichkeiten zur ‚interaktiven Rezeption‘.[2]

Dieser Beitrag bezieht sich auf die Schulstudie des Projekts. Er thematisiert sowohl Beziehungen zwischen Bildwahrnehmung und medienbezogener Anschlusskommunikation als auch solche zwischen Bild- und Textverstehen in der Auseinandersetzung mit eigenen Schreibprodukten. Es werden ein Klassengespräch sowie das Gespräch einer Gruppe von Schülerinnen untersucht, wie sie im Rahmen eines thematisch ausgerichteten, zugleich medienübergreifenden Unterrichtsprojekts in einer jahrgangsübergreifenden Grundschulklasse dokumentiert wurden. In einem dieser Gesprächsbeispiele werden die Erfahrungen der Schüler/innen mit einem Computerspiel erörtert, das andere dokumentiert ihre Auseinandersetzung mit den Bildern der ‚zugehörigen‘ Bilderbuchgeschichte. In der vergleichenden Analyse soll nachgewiesen werden, wie prägend die sprachlich-narrativen Strukturvorgaben des jeweiligen Medienangebots, aber auch die darauf bezogenen Gesprächs- und Schreibaufträge sich sowohl auf die unterschiedliche thematische Ausrichtung der jeweiligen Anschlusskommunikation als auch auf die zu beobachtende Vertiefung des Text- und Bildverstehens der Kinder auswirken.

---

[1] Bei diesem Beitrag handelt es sich um eine vornehmlich bibliographisch überarbeitete Version meines 2008 erschienenen Beitrags „Gespräche von Grundschulkindern zu Bilderbüchern und Computerspielen – Chancen und Schwierigkeiten der Bildwahrnehmung".

[2] Zur literaturdidaktischen Sicht auf interaktive vs. narrative Sequenzen in sog. ‚Spielgeschichten‘, vgl. Jung (2005, 2008).

2. Text- und Bildwahrnehmung als symbolisches Handeln

Differenzen in der Wahrnehmung von kinderliterarischen Texten und zugehörigen Computerspieladaptionen werden in deutschdidaktischer Perspektive nicht zuletzt im Hinblick auf den Prozess des narrativen Lernens von Kindern im Vor- und Grundschulalter, d. h. das Lesen, Hören und Produzieren von Geschichten (Ulich/Ulich 1994; Bertschi-Kaufmann 2005) diskutiert. Der Umgang des Kindes mit sprachlichen Narrationen wird in diesem Zusammenhang als eine von mehreren symbolischen Handlungen (Erlinger et al. 2001: 9) aufgefasst, in und mit denen Kinder sich mit der ‚Welt‘ auseinandersetzen, Konzepte zu dieser Welt entwerfen und einen eigenen perspektivischen Standort entwickeln. Nicht zuletzt im Hinblick auf die zunehmende Bedeutung der Bildmedien in der Medienrezeptionserfahrung von Kindern wird dabei ein möglichst umfassendes Verständnis symbolischer Handlungen vorausgesetzt, das verschiedene Symbolisierungsmodi umfasst: den diskursiven, an Sprache gebundenen Symbolmodus ebenso wie den präsentativen Symbolmodus, der sich mit sinnlich erfahrbaren Gestaltungen verknüpft (vgl. Wangerin 2004: 129). Diese erweiterte Auffassung richtet sich zugleich gegen die insbesondere für die Deutschdidaktik prägende
…

> „Tradition der Entgegensetzung von Text und Bild: nämlich dass Sprache Bilder evoziert, mentale Bilder, Phantasmata und dass diese Bilder für die Entwicklung des Bewusstseins, ja die Bildung des Selbst weitaus wirksamer und wertvoller seien als äußere Bilder, insbesondere als die bewegten Bilder des Films oder des Computerspiels" (Dehn 2007: 25).

Eine inhaltlich verwandte Argumentation entwickelt auch Wangerin (2004) in Anlehnung an die Symboltheorie der Philosophin und Musikwissenschaftlerin Susanne K. Langer (1942/84) (vgl. auch Wangerin 2006: 3; vgl. ebenfalls Maiwald 2005: 67 f.). Symbolisierungen reichen Langers Ansatz gemäß deutlich über ein nur-diskursives, rationales Denken hinaus, sie seien häufig vorbegrifflich, aber nicht vorrational. „,Sehen‘ zum Beispiel ist kein passiver Vorgang […], ,Sehen‘ ist selber schon ein Formulierungsprozess; unser Verständnis der sichtbaren Welt beginnt im Auge" (Langer 1942/1984: 97; vgl. Wangerin 2004: 133). Die besondere Leistung des diskursiven Symbolmodus‘ ist nach Susanne Langer die Transformation von Erfahrung in Begriffe; jedoch seien wesentliche Erfahrungen mit Sprache nicht darstellbar. Die Leistung des präsentativen Symbolmodus‘ hingegen sei die Transformation der Erfahrung in sinnlich erfahrbare Gestaltungen – z. B. in Bilder, in Musikstücke, in Tanz, in szenisches Spiel, zum Teil auch in Gedichte. Der präsentative Symbolmodus ist, so auch Wangerin (2004: 134), nicht zweitrangig, sondern anders, er gibt *dem* Gestalt, was diskursiv nicht sagbar ist – und zwar durch seine morphologische Ähnlichkeit mit dem, was er bezeichnet.

In einer theoretisch übergreifenden Betrachtung zum Verhältnis von Text und Bild äußert Dehn kritische Bedenken, die skizzierte Entgegensetzung der beiden Symbolisierungsmodi absolut zu setzen (2007: 36). Auch ihr geht es darum, den ,Bilderwelten im Kopf‘ der Schüler (Theunert 2006) nicht zuletzt im Deutschunterricht größere Aufmerksamkeit zu schenken. Zugleich betonen ihre Überlegungen zur Bedeutungsgenerierung im Prozess der

Bildrezeption die vielfältigen Übergänge zwischen den Symbolisierungsmodi im Horizont von ‚Visual literacy und Sprachbildung':

> „Einerseits ist Bildverstehen [...] sehr wohl auf Wissen angewiesen, auf den diskursiven Symbolmodus, und dient dem Wissenserwerb, andererseits erzeugt Textverstehen mentale Bilder und kann gestisch und szenisch dargestellt werden" (Dehn 2007: 36).

Im Sinne dieses Ineinandergreifens text- und bildorientierter Wahrnehmungsmodalitäten verknüpfen auch die in dem Band „Zwischen Text und Bild. Schreiben und Gestalten mit neuen Medien" (Dehn/Hoffmann/Lüth/Peters 2004) vorgestellten *Modell*projekte Ansätze der Deutschdidaktik und der Kunstpädagogik in medienpädagogischer Perspektive. Sie arrangieren Lernumgebungen, die dazu einladen, sinnlich-ästhetische Wahrnehmungen (einschließlich der Selbst-Wahrnehmung), Prozesse des Schreibens und bildnerischen Gestaltens, das Spiel mit realen und virtuellen Erscheinungsformen aufeinander zu beziehen, und dabei auch die Möglichkeit veränderter Sinnbildungen zwischen Texten und Bildern erfahrbar werden lassen (zu entsprechenden Transformationsprozessen in Schülertexten bezogen auf ein ‚Adventure' vgl. auch Hoffmann/Lüth 2007, 2008).

Im Unterschied zu dieser programmatischen (medien-)didaktischen Konzeption und der ähnlich ausgerichteten Schweizer Studie zum Geschichtenverstehen und -schreiben in der Folge multimedialer Lektüren (vgl. Bertschi-Kaufmann 2005; Bertschi-Kaufmann/ Tresch 2003) handelt es sich bei dem im Anschluss vorgestellten Projekt um eine ethnographische Studie, die sich der *Alltagspraxis* des Umgangs mit unterschiedlichen Medien im Grundschulunterricht anzunähern versucht. Über das Angebot eines breit gefächerten ‚Medienpakets' hinaus (dieses enthielt neben Kinderbüchern auch literarische Erzählungen auf CD-ROM bzw. Multimedia-Spielgeschichte) wurden den Lehrkräften keine Vorschläge für das Arrangement von Lernumgebungen unterbreitet; die Entscheidung über die je spezifische Konzeption und Realisierung der beobachteten Medienprojekte lag grundsätzlich bei den Lehrenden.

Die folgende Analyse von Gesprächsdokumenten aus dem beobachteten Unterricht konzentriert sich auf Beziehungen zwischen Bildwahrnehmung und Anschlusskommunikation ebenso wie auf das Ineinandergreifen von Bild- und Textverstehen. Damit rückt zugleich das Zusammenspiel diskursiver und repräsentativer Symbolisierungsmodi ins Zentrum der Aufmerksamkeit – und zwar sowohl bezogen auf die Medienangebote selbst als auch mit Blick auf die Rezeptionsaktivitäten der Kinder.

3. Gespräche zu Bilderbüchern und Computerspielen im Unterricht einer jahrgangsübergreifenden Grundschulklasse

Bei der beobachteten Klasse handelt es sich um eine jahrgangsübergreifende Lerngruppe (JÜL) mit insgesamt 22 Kindern (10 Mädchen und 12 Jungen); sie setzt sich zusammen aus sieben ‚Sonnenkindern' (1. Schuljahr), neun ‚Mondkindern' (2. Schuljahr) und sechs ‚Sternenkindern' (3. Schuljahr).

Die Lehrerin hatte die *Pettersson und Findus*-Bilderbücher sowie die zugehörigen Computerspiele als thematischen Schwerpunkt der Unterrichtsarbeit ausgewählt. Zu jeweils einem dieser Bilderbücher sollten die Kinder innerhalb einer jahrgangsübergreifenden Arbeitsgruppe eine (laut Aufgabenstellung: *„auch schon für die Sonnenkinder lesbare")* Kurzfassung – ein ‚Sonnenbuch' – erstellen. Für diese Gruppenarbeit hatte die Lehrerin die gesamte Bilderbuchgeschichte mit sämtlichen Illustrationen, jedoch ohne Text kopiert. Zu jeder (Doppel-)Seite sollten die Kinder in Anlehnung an den Originaltext eigene Formulierungen finden. Die solchermaßen neu entstandenen ‚Bilderbücher' wurden später von den ‚Sonnenkindern' vor der gesamten Klasse vorgelesen und sollten von den Mitschülern daraufhin beurteilt werden, *„ob man die Geschichte gut verstehen konnte".* Auch über diese Schreibaufgabe hinaus zeigte die Lehrerin sich deutlich bemüht, die *Pettersson und Findus*-Geschichten als thematischen Fokus und zugleich als Rahmen der Unterrichtsarbeit zu profilieren. So wurde die Gestaltung der Klassenzimmerwände durch eine Landkarte von Schweden ergänzt. Zum Einstieg in das Projekt hatten die Kinder aus kleinen Stoffbeuteln so genannte ‚Mukla'-Figuren gebastelt (kleine gestreifte Gnome, die sowohl auf den Seiten der entsprechenden Bilderbuchgeschichte als auch auf der zugehörigen CD-ROM-Adaption, *Findus bei den Muklas*, zu finden sind); zu der von der Lehrerin vorgelesenen Geschichte, *Wie Findus zu Pettersson kam*, fertigten die Schüler ein Poster an, ferner wurde ein Theaterstück vorbereitet. Darüber hinaus erhielten die Kinder Gelegenheit, alle CD-ROMs aus dem Sortiment zu *Pettersson und Findus* in Freiarbeitsphasen oder auch in den Pausen an bereitstehenden Computern eigenständig zu erkunden. In ihren Arbeitsgruppen sollten sie *„ein Spiel aussuchen, das zu ihrer Buchgeschichte ‚passt"*– eine eher schwierige Aufgabe, zumal in den genannten Computerspieladaptionen nicht erzählt wird (vgl. Bünger 2005: 55), der Spieler vielmehr unmittelbar aktiv werden muss. Im folgenden Unterrichtsgespräch werden die Erfahrungen aus den verschiedenen Spielsituationen erörtert. Die Lehrerin fordert die Kinder auf, *„[zu] erzählen, was man da so machen muss",* und auch Schwierigkeiten, die sich aus den Spielregeln, der Spielbeherrschung oder dem gemeinsamen Spielen an einem Computer ergeben, zu benennen.

Im ersten hier vorgestellten Gesprächsabschnitt geht es zunächst um *„ein[en] Tipp für andere, was besonders Spaß macht oder besonders nett ist, sich besonders eignet oder was vielleicht **gar nicht richtig funktioniert**'* <L: 1>. Es werden verschiedene Spiele angesprochen, und zwar das Spiel ‚Hühnerlabyrinth' aus der CD-ROM *Neues von Pettersson und Findus* und das Spiel ‚Erbsenschießen' aus der CD-ROM *Die Gespenster-Erschreckmaschine*:

Hühnerlabyrinth: In diesem „sehr gelungenen Spiel muss der Rezipient Petterssons Hühnern zu einem unerlaubten Gang in den Gemüsegarten verhelfen. Die Hühner müssen durch ein Labyrinth […] geleitet werden und dabei den Röntgenblicken Petterssons [der lediglich durch seinen Hut im Mittelpunkt des Bildes dargestellt wird; P. W.] entgehen, also schnell sein und gegebenenfalls Deckung aufsuchen" (Bünger 2005: 54)

Erbsenschießen: Bei diesem Spiel geht es darum, die Bauteile für die „Gespenster-Erschreckmaschine" zu gewinnen. Dazu muss man mit den Erbsen in die Konservendosen treffen. Hat man mit dem Cursor die richtige Abschuss-Position an der Erbse gefunden, verändert sich auch die Position des Fadenkreuzes und erleichtert das Zielen. Die für dieses Spiel als Munition benötigten Erbsen müssen zuvor bei anderen Spielen verdient worden sein.

Bsp. 1: **Anschlusskommunikation zur Rezeption der Computerspiele „Neues von Pettersson und Findus" und die „Gespenster-Erschreckmaschine"[3]**

4	Savio[4]	Mja, ehm/ ( ) bei auch, wo Sofie halt „Neues von Findus und Pettersson", wo man halt auch so 'n, ehm, also, so 'ne unterirdische ( ), da, eh, dabei, da find' ich das. Das ist 'n/ da muss man die Hühner um Steine und so führen + um Steine rumführen und/und müssen da halt dann ( ).
5	L	Und das ist besonders gut oder besonders/
6	Savio	Ja, das ist schon gut, aber man muss halt auch viel/ aber auch schon geübt sein, weil's ziemlich schwierig.
7	L	Ziemlich schwierig, ja?
8	Savio	[bestätigend] Mhm.
9	Sofie	Ich finde bei dieser Pettersson und Findus/ die Gespenstererschreckmaschine, glaub' ich, ehm, dis is irgendwie blöd, weil dis gar nicht funktioniert, das mit diesen Erbsen ( ). Das funktioniert nicht.

---

[3]	Transkriptionslegende:	[…]	Auslassungen P. W.
	[xxx} ergänzende Beschreibung	___	Betonung
	+ kurze Pause	/	Formulierungshemmung
	< gleichzeitiges Sprechen	( )	unverständliche Äußerung.
[4]	Die Namen der Kinder wurden anonymisiert.		

10	L	Mhm. Hat das schon jemand gemacht und auch festgestellt, dass es nicht funktioniert? Tobias!
11	Tobias	Ja.
12	L	Funktioniert das, oder nicht?
13	Tobias	Na ja, 'n bisschen.
14	L	Schwierig, oder?
15	Tobias	Ja.
16	L	Ganz schwierig. Ja?
17	Savio	Man konnte dis überhaupt nicht machen. Man sollte da was abschießen, das hab' ich den Jungs auch erklärt, aber immer wenn man (drangeklickt) hat, dann war eine Erbse, also, eine von den Punkten weg. Also, du hast dann Punkte verknallt, sozusagen.
18	L	[bestätigend] Hm.
19	Savio	Und, eh, diese ( ) hab' ich rausholen müssen. Das liegt immer da unter dem Dreieck. Das oben drüber sind die <Sachen, die man
20	L	<Also, ich denke, man kann die Erbse steuern. Findus erklärt auch, wie man die Erbse steuern kann.
21	Savio	(Ja.)
22	L	Mit dem Cursor, also, mit dem Mauszeiger muss man an dem unteren Rand der Erbse entlang + gehen, und daraufhin verändert sich die Position der Zielscheibe. Also, man kann diese Zielscheibe steuern. Und wenn man diese Zielscheibe dann auf die Zahl/ auf der Zahl ausrichtet, dann müsst' es passen. + Lasst euch noch mal von Findus erklären, + wie's funktioniert!
23	S	Der sagt dis aber nicht.
24	L	Nee?
25	S	Wir haben dis schon/
26	L	Also, ich bin, glaub' ich, gar nicht so ganz gut in Computerspielen, aber ich glaub' schon, irgendwo gibt's dafür 'ne Erklärung. Sonst wüsst' ich's auch nicht. Ja!
27	Savio	Aber, dis war/ dis war/ muss man ja auch Erbsen so dann abschießen.
28	L	Ja, genau.

Auffällig an diesem Gesprächsdokument ist vor allem die ausgeprägte Kontextbezogenheit der Schüleräußerungen. Dies zeigt bereits der erste Redebeitrag von Savio <4>, der mit „*wo man halt auch so'n [...] so 'ne unterirdische*" auf die zwei räumlich getrennten Spielebenen der genannten CD-ROM anspielt. In dieser Hinsicht dokumentiert der Gesprächsauszug eine grundlegende Problematik aller von uns beobachteten Unterrichtsgespräche, in denen Zweitklässler ihre Erfahrungen im Umgang mit Computerspielen zur Sprache bringen.[5] Grundsätzlich thematisieren die Schüler in erster Linie einzelne Spielhandlungen –

---

[5] Wie viel gravierender noch sich dieses Problem in der Interaktion zwischen den Kindern *während* des gemeinsamen Computerspiels darstellt, belegt eindringlich Naujoks (2011) Habilitationsschrift „Zu zweit am Computer. Interaktive und kommunikative Dimensionen der gemeinsamen Rezeption von Spielgeschichten im Deutschunterricht der Grundschule".

dies in einer so kontextbezogenen Art und Weise, („*muss man die Hühner um Steine rum-führen*" <4>), dass ihre Äußerungen ausschließlich für eingeweihte Spielerinnen und Spieler verständlich sind; übergeordnete Begrifflichkeiten (wie z. B. ‚Labyrinth' oder ‚Schießbude'), die auch Außenstehenden einen ersten Eindruck vom je spezifischen Computerspiel vermitteln könnten, fehlen gänzlich. Alle Schüleräußerungen bewegen sich auf dem Niveau „Erkunden der Spielanlage – die Spielregeln erkennen", wie es auch von Bertschi-Kaufmann (2005: 127) in der Auslegung von Schüler*texten* aus Medientagebüchern zu multimedialen Lektüren als „Anfangsstadium" (allerdings bei Viertklässlern) auf dem Weg zu einem differenzierten Geschichtenverstehen gekennzeichnet wird. Wie das Gesprächsdokument ausweist, werden Schwierigkeiten bei den Spielhandlungen von den Schülern zugleich aber auch als Herausforderung wahrgenommen; so etwa nutzt Savio die Gelegenheit, sich als ‚Computerfachmann' zu profilieren („*[...] man muss halt auch viel aber auch schon geübt sein, weil's ziemlich schwierig.*" <6>). Beim Spiel ‚Erbsenschießen' hingegen überwiegen die Schwierigkeiten offenbar über den Spielanreiz „*dis is irgendwie blöd, weil dis gar nicht funktioniert*" <9>. Dieses Spiel war für alle „*ganz schwierig*" <16>, „*Man konnte dis überhaupt nicht machen.*" <17>. Savio erklärt zwar die Schwierigkeiten, die seine Gruppe bei diesem Spiel und seinen Risiken hatte („*Man sollte da was abschießen [...] Also, du hast dann Punkte verknallt, sozusagen*" <17>), insgesamt aber sind auch seine Ausführungen nur bei genauer Kenntnis des Spiels verständlich („*Das liegt da immer unter dem Dreieck*" <19>). Ähnlich wie die Medientagebücher, die die Kinder im Schweizer Projekt (Bertschi-Kaufmann 2005) verfasst haben, enthalten auch Savios Redebeiträge Hinweise auf die reale Spielsituation am Computer („*das hab' ich den Jungs auch erklärt [...] Und, eh, diese ( ) hab' ich rausholen müssen.*" <17, 19>). Nach Knapp (2005) kennzeichnet die Ich-Form „reale Erlebnisse" während des Computerspielens, während die Du- bzw. Man-Form „mediale Erlebnisse" *beschreibt* und zugleich auf die grundsätzliche Wiederholbarkeit der Spielsituation verweist. Persönlich involviert – und in der Ich-Form – geschildert werden vor allem diejenigen Schwierigkeiten, die in der Spielsituation nicht überwunden werden konnten – und zwar in einer erzählenden Weise (2005: 111 ff.).

Auch die Ausführungen der Lehrerin im dokumentierten Unterrichtsgespräch, die Problemlösungshilfen bezüglich der zuvor genannten Spielschwierigkeiten ansprechen, beziehen sich ausschließlich auf die unmittelbare Spielhandlung („*Also, ich denke, man kann die Erbse steuern.*"; „*Findus erklärt auch, wie man die Erbse steuern kann.*" <20>). Durch die Erläuterung von Ursache-Wirkungs-Zusammenhängen (z. B. zwischen Mausbewegung und Position des Fadenkreuzes) und die Einführung von Fachbegriffen (*Cursor, Mauszeiger, Position, Zielscheibe, ausrichten* <22>) werden die von den Schülern vorgenommenen Beschreibungen in Richtung des Erklärens überschritten. In ihrer grundsätzlichen Ausrichtung zeigen die Äußerungen in diesem Unterrichtsgespräch große Nähe zur Textsorte ‚Bedienungsanleitung' (vgl. Becker-Mrotzek 1996). Die besondere Bedeutung, die einzelne Spiele für die gesamte Anlage der Spielgeschichte der CD-ROM haben, und damit die Einbettung in eine medial präsentierte, ‚interaktiv' zu erspielende Narration, wird demgegenüber nicht angesprochen.

Das Gesprächsdokument insgesamt veranschaulicht einmal mehr, wie aufwändig sich der Versuch gestaltet, Erfahrungen der Schüler mit einer Computer-Spielszene in einen narrativ strukturierten Gesprächszusammenhang zu überführen. Eine besondere Schwierigkeit ist wohl auch darin zu sehen, dass die geschilderten Spiele einer sehr speziellen Handlungslogik folgen, die zudem nicht narrativ entfaltet wird, sondern durch die Spielenden im Spiel erschlossen werden muss. Erkennbar wird auch, dass der produktive Umgang mit dem Computermedium nicht nur fortgeschrittene sprachliche Fähigkeiten (Wortschatz, Fachvokabular, Fähigkeiten des Beschreibens, Erklärens, der kohärenten Argumentation und Schilderung (vgl. Knapp 2005), sondern auch ausreichende Spielerfahrung voraussetzt. Angesichts der Komplexität der multimedialen Vorlagen böte sich als Unterstützung für die Anschlusskommunikation eine Konzentration auf ausgewählte Spielsequenzen an, u. U. anhand sog. ‚Screen-Shots‘, Momentaufnahmen aus dem Bildschirmgeschehen, die als Ankerpunkte für die sprachliche Auseinandersetzung mit dem CD-ROM-Angebot und dessen Rezeption dienen könnten. In diesem Zusammenhang wäre die Aufmerksamkeit zugleich einmal mehr auf Bilder (und Text) der Buchvorlage zu richten. So etwa veranschaulicht der Vergleich einer einzelnen Aufnahme/Sequenz aus dem Spiel ‚Hühnerlabyrinth‘ mit einer Schlüsselszene aus der originären Bilderbuchgeschichte, *Aufruhr im Gemüsebeet*, die gleichgewichtigen Anteile verbaler und nonverbaler Symbolsysteme speziell des Buchangebots – und damit auch eine musterhafte Vorgabe für das Erzählen von Geschichten zu Computerbildern.

Bei dem zweiten vorgestellten Unterrichtsbeispiel aus demselben *Pettersson und Findus*-Projekt handelt es sich um ein Gespräch, das drei Schülerinnen während ihrer Arbeit an dem so genannten ‚Sonnenbuch‘ über Illustrationen des Bilderbuches *Findus und der Hahn im Korb* (Nordqvist 1997) führen (Tamara, 1. Jg., Anja, 2. Jg, Celina 3. Jg., Integrationskind mit Lernschwierigkeiten). Zu der Buchgeschichte heißt es auf dem Bucheinband:

> „Seit Caruso auf dem Hühnerhof Einzug gehalten hat, ist bei Pettersson und Findus nichts mehr so wie früher. Alle Hühner haben nur noch Augen für den Hahn. Genauso einer hat ihnen noch gefehlt. Findus versteht die Welt nicht mehr. Hat er ihnen nicht immer so schön die Zeit vertrieben? Wozu brauchen die dummen Hühner auf einmal einen Hahn? Und dann erst die Kräherei. […] Wieder und wieder und immer noch einmal. Gibt es wirklich nichts, womit man dem Hahn das Krähen abgewöhnen kann?" [Ergänzend hinzuzufügen wäre, dass der Hahn die Bauernhofgesellschaft nach seiner kurzzeitigen Präsenz mit der allseits begrüßten Erwartung einer vielzähligen Kükenschar zurücklässt].

Die im Folgenden wiedergegebenen Gesprächsdokumente beziehen sich auf die bereits geleistete Arbeit der Mädchen an einer Formulierung für das sog. ‚Sonnenbuch‘. Die entsprechende Textsequenz aus dem Original des Bilderbuches schließt an die Schilderung einer lärmreichen Aktion an, mit der Findus das Krähen des Hahns zu überbieten versucht und zu seiner großen Enttäuschung daraufhin von Pettersson ermahnt wird. Dort heißt es:

> „‚Du hast doch gesagt, früher war es hier zu still!‘, schrie Findus. ‚Das ist ungerecht. Er darf so viel schreien, wie er will, aber ich darf nicht mal singen!‘
> Der Hahn krähte.
> ‚Still!‘, schrie Findus. […]

Und dann lief er ins Haus und hinauf auf den Dachboden und kroch in seine geheime Kiste und hielt sich die Ohren zu. Er war so traurig, dass er nicht wusste, was er tun sollte. Und der Hahn krähte weiter."

In einer ersten Textversion für das ‚Sonnenbuch' hatte die Mädchengruppe lediglich „*Findus weint.*" vorgesehen und war von der Lehrerin mit dem Arbeitsauftrag „*Warum weint Findus?*" zu einer Überarbeitung aufgefordert worden. Die Frage, ‚*warum* Findus weint', wird jedoch nicht allein durch die Lehrerin an die Gruppe herangetragen. Die entsprechende(n) Bilderbuchillustration(en) erregen grundsätzlich die Aufmerksamkeit der Mädchen:

Bsp. 2: Schülerinnengespräche bei der Textproduktion

„Da weint Findus, guck!"

148	Tamara	Aber [zeigt zum Sonnenbuch] hier weint doch Findus gar nicht. <u>Ihr</u> seid Hühner. [fängt an, im Sonnenbuch zu blättern, das auf Celinas Schoß liegt] Da weint Findus, guck! [weiter im Sonnenbuch blätternd] Wo <u>weint</u> denn Findus?
149	Anja	[beugt sich auch in die Richtung des ‚Sonnenbuchs', bleibt aber etwas auf Distanz] Da nich + in Finduswelt. Wie fin/ Wie findest du Muklawelt?
150	Tamara	Hier weint er auch. + Guck.
151	Celina	Hier weint er nich.
152		[Die Kinder blättern im Originalbuch und im Sonnenbuch hin und her, zeigen dabei auf verschiedene Details; diese Gesprächspassage ist nur bruchstückhaft zu verstehen]
153	Anja	Aber wieso weint der? [schlägt auf das Buch auf Tamaras Platz] Wieso weint der? Wieso weint der?
154	Tamara	Musst du es jetzt wissen?
155	Anja	Ja!
156	Tamara	Nein, musst du nicht.

Der Kater Findus ist den Kindern als vorwitziger und quirliger Protagonist bekannt und dürfte die für sie maßgebliche Identifikationsfigur bei der Rezeption dieser Bilderbuch-Reihe sein. Ihre Anteilnahme an seinem Kummer zeigt sich bereits in der für die erste Textversion gewählten Formulierung, die vornehmlich auf die Illustration (nur indirekt auf den Text) der Bilderbuchseite Bezug nimmt. Insbesondere Anja entwickelt zunehmendes Interesse an dieser Szene, wird aber zunächst von Tamara abgewiesen. Kurze Zeit später lenkt Celina mit einem neuen Lösungsvorschlag die Aufmerksamkeit einmal mehr auf die anstehende Textüberarbeitung zu dieser Bilderbuchseite:

„Findus weint, weil der Hahn weg soll."

185	Celina	[während Anja und Tamara in ihren Gesten ‚feine Damen' spielen] Okay. ( ) (machen wir) „Findus weint, weil der Hahn weg soll"?
186	Anja	[zeigt auf das Originalbuch und nimmt es an sich] ( )
187	Celina	( ) (lesen) [versucht, nach dem Originalbuch zu greifen]
188	Anja	Nein, [zieht das Buch an sich] ich, nich du. [blättert im Originalbuch]
189	Celina	( ) weil Findus ( ) (der) Hahn.
190	Anja	[blättert weiter im Buch]
191	Celina	[zu Bianca, die sich zur Gruppe gesetzt hat] Kannst du ( ) + Findus weint + eigentlich + weil der Hahn <u>weg</u> soll. Er <u>hasst</u> ja den Hahn.

Celinas Vorschlag der Textergänzung <185> veranlasst die Mädchen zum erneuten Durchblättern des Bilderbuchs und zieht ein Gerangel um den ‚Buchbesitz' nach sich. Eindeutiger als es die vorgesehene Textüberarbeitung zu erkennen gibt, erläutert Celina gegenüber einer hinzukommenden Mitschülerin: *„Findus weint + eigentlich + weil der Hahn <u>weg</u> soll. Er <u>hasst</u> ja den Hahn."* <191>. Trotz dieser für die führende Argumentationsposition innerhalb der Mädchengruppe durchaus aufschlussreichen Erläuterung wird der o. g. Textvorschlag für das ‚Sonnenbuch' von den Beteiligten nicht noch einmal hinterfragt und in der weniger konkreten Version notiert. Erst etwas später regt Anja nochmals eine intensivere Klärung der Bilderbuchszene und damit (mittelbar) auch eine Auseinandersetzung mit dem Textvorschlag an:

„Er will, dass er wegkommt."

305	Anja	Warum ( ) Warum braucht, äh, warum weint Findus eigentlich?
306	Celina	[nimmt sich das Sonnenbuch] Na, haben wir schon gemacht. Weil der Hahn weg soll! Haben wir hier gemacht
307	Anja	Weil der was?
308	Celina	Weil der Hahn weg soll.
309	Tamara	Weil der Hahn weg soll.
310	Anja	+ Äh, (es is). Möchte er nicht, dass der Hahn weg soll?
311	Tamara	Ja, er hasst den Hahn.
312	Celina	Er ist neidisch. Und/
313	Anja	Findus hasst den Hahn?
314	Tamara	Der ist neidisch.
315	Celina	Ja, und/ Nicht nur neidisch. Der mag ihn nicht, weil er alle/
316	Anja	Ach so, ich dachte, Findus <u>will nicht</u>, dass er wegkommt.
317	Celina	Er <u>will</u>, dass er wegkommt. Weil er doch immer kräht und das mag er nicht. Und außerdem spielen die Hühner nicht mehr mit ihm. +
318	Anja	Weil die den [Hahn] so/ so toll finden, oder was?
319	Celina	Ja, [lächelt dabei] dies <u>Krähen</u>.
320	Anja	Das ist ja wie bei echten Männern und Frauen.

Durch Anjas Verständnis suchendes Nachfragen gelingt im Gespräch eine zunehmend differenzierte Deutung sowohl der erörterten Szene des fiktiven Geschehens als auch des Plots der Bilderbuchgeschichte insgesamt. Bezogen auf die diskutierte Szene verständigen die Mädchen sich auf die Deutung: „Er [Findus] will, dass er [der Hahn] wegkommt" <317>. Sie begründen dies mit dem vorausgehenden fiktiven Handlungsgeschehen und berücksichtigen dabei zugleich die unterschiedlichen Perspektiven der literarischen Figuren. Das im Gespräch entwickelte literarische Textverstehen der Schülerinnen reicht damit deutlich über ihre eher allgemein gehaltene Textversion für das ‚Sonnenbuch' hinaus. Eine Revision des schriftlichen Textvorschlags wird nicht erörtert, obwohl Anjas abweichende Auslegung der gemeinsam (!) gewählten Formulierung deren Mehrdeutigkeit recht deutlich anzeigt <316>. Anjas Verständnis könnte aus ihrer Kenntnis der Weiterentwicklung des fiktiven Handlungsgeschehens resultieren, insbesondere aus der Erinnerung an die im Folgenden wiedergegebene, inhaltlich komplementäre Szene gegen Ende der Bilderbuchgeschichte, in der sich Findus, nachdem er den Hahn durch eine List vom Bauernhof vertrieben hat, durchaus reuevoll zeigt:

> „Findus schämte sich. Eigentlich hatte er ja gehofft, dass es genau so kommen würde. Aber es war nur ein Gedanke gewesen. Jetzt, da der Gedanke wirklich geworden war, bereute Findus es. ‚Ich bin wohl an allem schuld', sagte er. [...] ‚Ich konnte doch nicht ahnen, dass er gleich abhauen würde', sagte Findus und schämte sich, so sehr er konnte."

Im Fortgang der Gruppendiskussion ergänzt Celina den bislang erarbeiteten Textvorschlag für das ‚Sonnenbuch' durch ein Originalzitat der entsprechenden Buchseite „„Du hast gesagt, früher war es zu still!' [, schrie Findus]". Die durchaus differenzierte Wahrnehmung der Bilderbuchszene durch die Mädchengruppe wird somit auch an ihrer abermals revidierten Textversion für das ‚Sonnenbuch' nicht erkennbar. Die inhaltliche Ausrichtung der Anschlusskommunikation in dieser Mädchengruppe zeigt wiederum deutliche Spuren der Auseinandersetzung mit den für die in Frage stehende Bilderbuchgeschichte relevanten Bedeutungsmustern. Dies dokumentiert insbesondere die im Rahmen der zuletzt angeführten Gesprächssequenz von den Mädchen hergestellte Beziehung zwischen der fiktiven Wirklichkeit des literarischen Textes und ihren eigenen lebensweltlichen Erfahrungen („Und außerdem spielen die Hühner nicht mehr mit ihm.", „Weil die den [Hahn] so toll finden, oder was?" „Ja, [lächelt dabei] dies Krähen.", „Das ist ja wie bei echten Männern und Frauen." <317-320>). Die Beziehung zwischen den Geschlechtern, ebenso wie die nicht selten damit einhergehenden emotionalen Bewusstseinszustände der Konkurrenz, des Neids und der Eifersucht unter den Geschlechtsgenoss(inn)en sind ein zentrales Thema dieser Bilderbuchgeschichte. Dies gilt nicht nur für das Verhältnis zwischen Findus und seinem vermeintlichen Rivalen Caruso. Auch die Kommentare der Hühner zur Ankunft des Hahns und schließlich zu dessen Flucht enthalten recht deutliche Anspielungen auf dessen spezifische Attraktivität:

> „„Guckt mal! Wir haben einen Hahn gekriegt! Wie schneidig er ist', gackerten sie. ‚Das wurde aber auch wirklich höchste Zeit, Pettersson.'"

[Und gegen Ende der Bilderbuchgeschichte] „‚Er konnte viel, dieser Hahn…‘; ‚Wir werden ihn nie wieder sehen. Oh, wie wir ihn vermissen … Schluchz.‘; ‚Aber er hat sich auf eine *sehr nette* Art verabschiedet.‘“

Wie weniger aus den verschiedenen von der Arbeitsgruppe vorgenommenen Textrevisionen als vielmehr aus den jeweils begleitenden Sequenzen der Anschlusskommunikation hervorgeht, zeigen die Mädchen ein ausgeprägtes Gespür/Interesse für diese Thematik; auch das gängige Stereotypen vermeintlicher ‚Weiblichkeit‘ stilisierende Interaktionsgebaren der Gruppenmitglieder spiegelt eine solche Affinität. Die dokumentierten Gesprächsauszüge veranschaulichen vor allem das enge Ineinandergreifen von Prozessen der Bildwahrnehmung, der Identifikation mit den fiktiven Protagonisten, des literarischen Textverstehens und der eigenen Textproduktion. Nicht zuletzt der jeweils erweiterte *schriftlich fixierte* Deutungsvorschlag bleibt konstanter Bezugspunkt der sich vertiefenden Auseinandersetzung, bei der alltägliche und literarische Wissensbestände aktualisiert und im Sinne der verstehenden Annäherung an die (perspektivische) Vielschichtigkeit der in Bildern und Text erzählten Geschichte fruchtbar gemacht werden.

4. Fazit

Die angeführten Fallbeispiele dokumentieren Formen des Umgangs mit Bilderbüchern und Computerspiel-Adaptionen und zugleich unterschiedliche Ausprägungen der Bildwahrnehmung durch Kinder im Grundschulalter. Die aufgezeigten Differenzen in der Wahrnehmung von Bildern aus Büchern und aus Computerspielen betreffen dabei insbesondere das unterschiedliche Potenzial der Bildvorgaben als Narrationsanlass, ebenso wie deren mehr oder weniger unterstützende Funktion für das Erfassen und die rekonstruktive Deutung von übergreifenden Erzählzusammenhängen.

In der von den Kindern ins Gedächtnis gerufenen Wahrnehmung der Bilder eines Computerspiels dominiert die Erinnerung an eigene Spielhandlungen und die dabei erlebten Erfolge und Schwierigkeiten. Die Rekonstruktion im Unterrichtsgespräch bleibt vornehmlich der Ebene der ‚Beschreibung‘ verhaftet: „*aber immer wenn man [drangeklickt] hat, dann war eine Erbse, also, eine von den Punkten weg*“ <Bsp. 1; Savio 17> und wird lediglich von der Lehrerin durch die ‚Erklärung‘ von Ursache-/Wirkungszusammenhängen überschritten. Mit der Wahl des sprachlichen Musters ‚Beschreiben‘ sowie der ausschließlichen Ausrichtung auf äußere, wahrnehmungsbezogene Prozeduren realisieren die Schüler ein Verfahren, welches bei jüngeren Kindern (in diesem Fall Viertklässlern) auch in verwandten Problemlösesituationen, so z. B. beim Verfassen einer Bedienungsanleitung für eine Stoppuhr, beobachtet wurde: „*Wenn die Stoppuhr auf der Uhrzeit steht, und man auf den oberen rechten Knopf drückt, dann sieht mann das Datum und den Tag*“ (Becker-Mrotzek 1996: 62 f.). In der Analyse heißt es unter Berufung auf Studien von Rehbein (1977; 1984):

„Das ist […] eine für Beschreibungen typische Wenn-dann Konstruktion. Sie enthalten für den Hörer die Anweisung, sich in einen vorgestellten Raum zu versetzen. Von hier aus findet dann – quasi am Modell – ein Gang durch den vorgestellten Raum statt, wie beispielsweise bei Weg- oder Bildbeschreibungen. Ihr kommunikativer Zweck besteht in der Darstellung der wahrnehmbaren Oberfläche eines Sachverhalts" (ebd.: 62).

Davon abgegrenzt wird das Handlungsmuster des Erklärens, dessen Realisierung in den Texten von Sechsklässlern beobachtet wurde: *„Um zu stoppen, drücken wir einmal auf den Start-Stopknopf"* (ebd.: 66).

> „Erklärungen haben [...] den Zweck, nicht sichtbare, innere Zusammenhänge eines Sachverhalts darzustellen. Die Etablierung des Handlungsmusters ERKLÄREN hat zur Folge, dass auch solche Sätze, die der Oberfläche nach Beschreibungen sind, einen anderen nämlich anweisenden Status erhalten. Das hängt mit der Tatsache zusammen, daß Handlungen bzw. Tätigkeiten vor allem deshalb erklärt werden, damit der Adressat lernt, sie selber auszuführen" (ebd.).

Als zusätzliche Schwierigkeit bei der Beschreibung des Computerspiels erweist sich der Umstand, dass die Kinder über die notwendige Bedienungs- bzw. Spielfertigkeit gerade nicht verfügen. In diesem Fall könnte die erneute Präsentation eines Bildes, ergänzt durch eine auf die interaktiven Komponenten der Rezeption speziell dieses Medienangebots abgestimmte mündliche oder schriftliche Aufgabenstellung, zum Narrationsanlass werden, sei es in der Form eines ‚Erlebnisberichts' oder einer ‚Spielanleitung', wohl weniger in der Form einer ‚Geschichte'.

Die Qualitäten der dokumentierten Auseinandersetzung mit den Illustrationen eines Bilderbuchs beruhen auf genau einer solchen Einbettung in ein breiteres Spektrum von Formen/Ausprägungen der Anschlusskommunikation. Auf der Basis einer bereits erarbeiteten (schriftlichen) Textproduktion und unter erneuter Hinwendung zur Buchgeschichte gelingt es der Mädchengruppe im Gruppengespräch, Bilder und Texte, präsentative und diskursive Symbolisierungsmodi also, miteinander in Beziehung zu setzen und sie in dieser Verbindung für die Intensivierung des eigenen literarischen Verstehens fruchtbar zu machen.

Es deutet sich an, dass Lese- und Schreibprozesse durchaus eine vertiefende Auseinandersetzung mit Bildern zur Folge haben können und Bilder häufig auch erst solchermaßen eingebettet von jüngeren Kindern als Teil einer Narration aufgefasst werden. Entsprechender Rahmungen für den Rezeptionsprozess bedarf es offenbar in besonderer Weise bei der im beobachteten Unterricht eingesetzten Computerspiel-Adaption *Neues von Pettersson und Findus*, in der ‚nicht erzählt' wird und auch die ‚Figuren nicht psychologisch grundiert sind' (vgl. Bünger 2005: 55 ff.). Ein Vergleich des Screen-Shots aus dem Computerspiel *Hühnerlabyrinth* – dort ist Pettersson lediglich anhand seines Hutes ‚zu erkennen' – mit der Bilderbuchillustration, die den weinenden Findus zeigt, macht die Flächenhaftigkeit von Bildschirmfiguren im Unterschied zur psychologischen Zeichnung von Bilderbuchprotagonisten evident. Anlass zur Narration bieten auch Computerspiel-Adaptionen wohl vor allem im Rahmen eines breiten Spektrums von Formen der Anschlusskommunikation, welches nicht zuletzt die interaktiven Komponenten der Rezeption (einschließlich der vielfältigen, den ‚Spielenden' abverlangten Fähigkeiten) zur Geltung bringt. Um darüber hinaus auch die literarische Dimension entsprechender Medienrezeptionsaktivitäten stärker zu akzentuieren, bedarf es sprachlich-narrativ strukturierter (Handlungs-)Kontexte, in die die Schüler Lese- und Medienerlebnisse einordnen, aufeinander beziehen und mit eigenen (auch alltäglichen) Erfahrungen in Verbindung bringen können. Dies lenkt zugleich die Aufmerksamkeit auf die zunehmend von den Schülern selbst zu leistende (Re-)Konstruktion von Erzählzusammenhängen, die sie in die Lage versetzt, Bilder verstehen und die hinter ihnen liegenden Geschichten erkennen und erzählen zu können.

Literatur

Becker-Mrotzek, Michael (1996): Erwerb komplexer Schreibfertigkeiten. In: Feilke, Helmuth/Portmann, Paul R. (Hg.) (1996): Schreiben im Umbruch. Schreibforschung und schulisches Schreiben. Stuttgart/München/Düsseldorf: Klett, 54-73.

Bertschi-Kaufmann, Andrea (2005): „Und was sah ich?!" Narratives Schreiben im Nachklang von multimedialen Lektüren. In: Wieler, Petra (Hg.): Narratives Lernen in medialen und anderen Kontexten. Freiburg im Breisgau: Fillibach, 119-134.

Dies./Tresch, Christine (2003): „Cool, heute gingen wir wieder an den Computer! Interactive Books und ihre Effekte auf das Geschichtenverstehen und das Schreiben. In: Hurrelmann, Bettina/Becker, Susanne (Hg.): Kindermedien nutzen. Medienkompetenz als Herausforderung für Erziehung und Unterricht. Weinheim &München: Juventa, 74-86.

Bünger, Traudl (2003): Emotionale Rezeption von Spielgeschichten am Beispiel von „Ronja Räubertochter". In: Hurrelmann, Bettina/Becker, Susanne (Hg.): Kindermedien nutzen. Medienkompetenz als Herausforderung für Erziehung und Unterricht. Weinheim & München: Juventa, 206-221.

Bünger, Traudl (2005): Narrative Computerspiele. Struktur & Rezeption. München: kopaed.

Dehn, Mechthild (2007): UNSICHTBARE BILDER. Überlegungen zum Verhältnis von Text und Bild. In: Didaktik Deutsch 22, 25-50.

Dies./Hoffmann, Thomas/Lüth, Oliver/Peters, Maria (2003): Zwischen Text und Bild. Schreiben und Gestalten mit neuen Medien. Freiburg im Breisgau: Fillibach.

Erlinger, Hans D. (2001): Kinder erzählen. Narrative Antworten auf mediale Angebote. In: Ders. (Hg.): Kinder und ihr Symbolverständnis. Theorien – Geschichten – Bilder. München: kopaed, 31-53.

Hoffmann, Thomas/Lüth, Oliver (2007): Adventure: Zwischen Erzählung und Spiel. Transformationsprozesse in Schülertexten zu „Torins Passage". Tönning, Lübeck & Marburg: Der Andere Verlag.

Ders./Lüth, Oliver (2008): Identifikationsprozesse und Einnahme von Perspektiven: Schreiben zu Erfahrungen mit einem Adventure. In: Wieler, Petra (Hg.) (2008): Medien als Erzählanlass. Wie lernen Kinder im Umgang mit alten und neuen Medien? Freiburg im Breisgau: Fillibach, 75-92.

Jung, Katharina (2005): Die *Spielgeschichte* im pädagogischen Diskurs und als Medium. Hamburg: Diplomica Verlag.

Dies. (2008): Dem neuen Medium eine Chance – Was im literaturdidaktischen Diskurs um die so genannte Spielgeschichte beachtet werden sollte. In: Wieler, Petra (Hg.) (2008): Medien als Erzählanlass. Wie lernen Kinder im Umgang mit alten und neuen Medien? Freiburg im Breisgau: Fillibach, 55-73.

Knapp, Werner (2005): Der Umgang mit Computermedien als Erzählanlass – exemplarische Analyse einer Kindererzählung. In: Wieler, Petra (Hg.): Narratives Lernen in medialen und anderen Kontexten. Freiburg im Breisgau: Fillibach, 103-117.

Langer, Susanne K. (1942/1984): Philosophie auf neuem Wege. Das Symbol im Denken, im Ritus und in der Kunst. Frankfurt/Main.: Fischer (Zuerst: Philosophy in a New Key. A Study in the Symbolism of Reason, Rite and Art, 1942).

Dies. (1953): Feeling and Form. New York: Scribner.

Lieber, Gabriele (Hg.) (2008): Lehren und Lernen mit Bildern. Ein Handbuch zur Bilddidaktik. Baltmannsweiler: Schneider Verlag Hohengehren.

Maiwald, Klaus (2005): Wahrnehmung – Sprache – Beobachtung. Eine Deutschdidaktik bilddominierter Medienangebote. München: kopaed.

Naujok, Natascha (2011): Zu zweit am Computer. Interaktive und kommunikative Dimensionen der gemeinsamen Rezeption von Spielgeschichten im Deutschunterricht der Grundschule. München: kopaed. (im Erscheinen)

Ulich, Michaela/Ulich, Dieter (1994): Literarische Sozialisation: Wie kann das Lesen von Geschichten zur Persönlichkeitsentwicklung beitragen? In: Zeitschrift für Pädagogik 40 (5), 821-834.

Wangerin, Wolfgang (2004): Die Grenzen der Sprache sind enger als die Grenzen der Erfahrung. Was Susanne K. Langers und Alfred Lorenzers Symboltheorie für eine kreative Mediendidaktik bedeuten kann. In: Frederking, Volker (Hg.): Lesen und Symbolverstehen. München: kopaed, 128-139.

Dies. (2006): Ästhetische Erfahrung jenseits der Begriffe? Musik und Bildende Kunst im Deutschunterricht. Eine Einführung. In: Wangerin, Wolfgang (Hg.): Musik und Bildende Kunst im Deutschunterricht. Baltmannsweiler: Schneider Verlag Hohengehren, 2-54.

Wieler, Petra (2008): Gespräche von Grundschulkindern zu Bilderbüchern und Computerspielen – Chancen und Schwierigkeiten der Bildwahrnehmung. In: Wieler, Petra (Hg.): Medien als Erzählanlass. Wie lernen Kinder im Umgang mit alten und neuen Medien? Freiburg im Breisgau: Fillibach, 125-143.

Dies. (Hg.) (2008): Medien als Erzählanlass. Wie lernen Kinder im Umgang mit alten und neuen Medien? Freiburg im Breisgau: Fillibach.

Dies./Brandt, Birgit/Naujok, Natascha/Petzold, Janina/Hoffman, Jeanette (2008): Medienrezeption und Narration. Gespräche und Erzählungen zur Medienrezeption von Grundschulkindern. Freiburg im Breisgau: Fillibach.

Sprache, Erzählen und Lernen

Leiblichkeit und Erzählen.
Sprechgesten Jugendlicher

Cornelie Dietrich

Einleitung

Kaum ein Phänomen der gesprochenen Sprache konfrontiert uns deutlicher mit der Sinnlichkeit der Sprache als das Schweigen. Wenn ein Redner nichts von sich hören lässt, obwohl es von seinem Gegenüber – immer dringlicher – erwartet wird, antizipieren wir im vergeblichen Hören die Stimme des Anderen. Und indem die Spannung langsam steigt, werden auch die inneren, eigenen Stimmen lauter; wann sonst nehmen wir unsere gedachten Sätze mit solcher Präzision und Vollständigkeit wahr, irgendwo zwischen Stimmbändern und Rachenraum? Wann sonst als in solchen Momenten wachsender Ungeduld werden wir so untrüglich der engen Verbindung von körperlichen Empfindungen und Sprachsinn gewahr? Wann sonst erleben wir so hautnah die Dimension des Angesprochen-Werden-Wollens? Erst wenn die Glätte der selbstverständlich funktionierenden Rede aufgeraut wird, hört und fühlt man den Grund der Rede: die Stille.

In meinem Beitrag werde ich auf diese leiblich-materiale Dimension des Sprechens und Erzählens näher eingehen; nach einer theoretischen Annäherung möchte ich anhand eines Beispiels zeigen, wie es in der empirischen erziehungswissenschaftlichen Forschung angemessen berücksichtigt werden könnte. In einem abschließenden Teil werde ich einige Thesen zur Diskussion stellen, die das Erzählen im Übergang von Kindheit zum Jugendalter betreffen.

1. Zu einer ästhesiologischen Theorie des Sprechens

1.1 Erzählungen als Text

Meine Forschungen sind motiviert durch die Beobachtung, dass in weiten Teilen der Erziehungswissenschaft Sprechakte und Erzählungen als ein vom Sprecher losgelöstes Organon, als ein Korpus betrachtet werden. Sie stehen Sprecher/in und Hörer/in, so scheint es, gegenüber und zur Verfügung, oder zumindest sollten sie dies. So herrscht im Allgemeinen Einigkeit darüber, dass ‚Sprache‘ eine nicht nur unverzichtbare Voraussetzung von Bildungschancen, sondern immer auch einen Teil von deren Realisierung darstellt. Man spricht in solchen Zusammenhängen häufig von Spracherwerb, Sprachvermögen oder Spracharmut, Lese- und Erzählkompetenz oder dem Beherrschen einer Fremdsprache. Es formiert sich dabei ein instrumentelles Sprachverständnis, welches unterstellt, dass ein vorhandenes Defizit des ‚Nicht-oder-zu-wenig-Sprache haben‘ durch Unterrichts- und Bildungsprozesse in ein ‚Genug-Sprache-haben‘ transformiert werden könne. Getragen wird diese Lehr-, Lern-

und Forschungstradition von dem zweifellos notwendigen Optimismus gegenüber dem Projekt einer herstellbaren Sprach- und Sprechkompetenz. Sprache ist in diesem Verständnis nicht nur objektiviert, sondern auch verdinglicht.

> „Wir verehren alle heimlich dieses Ideal einer Sprache, die uns in letzter Konsequenz von ihr selbst befreit, indem sie uns den Dingen überlässt. Eine Sprache, das ist für uns jener fabelhafte Apparat, der es ermöglicht, eine unbestimmte Anzahl von Gedanken oder Dingen mit einer endlichen Anzahl von Zeichen auszudrücken [...]." (Merleau-Ponty 1993: 27)

Sprache ist etwas zu Beherrschendes, entweder als Medium oder als Ding. Mit diesem Sprachverständnis korrespondiert auch die Gewohnheit, dass sich die empirische Erziehungswissenschaft (natürlich nicht nur Erziehungswissenschaft) ihre Gegenstände noch immer ganz überwiegend als Text zurechtlegt (Interviews, Erzählungen, Feldprotokolle, Lerntagebücher etc.).

1.2 Ästhesiologie der Sprache

In anderen Disziplinen erfährt die sinnliche und materiale Seite der Sprache, und damit die Hervorhebung der Stimme, der sinnlichen Präsenz und Flüchtigkeit, der Abhängigkeit vom Ohr, seit einiger Zeit in Philosophie und Sprachwissenschaft, vor allem aber auch in der und durch die Theaterwissenschaft eine Renaissance (vgl. etwa Göttert 1998; Meyer-Kalkus 2001; Felderer 2004; Kolesch/Krämer 2006). Kolesch und Krämer (2006) machen dafür die seit einigen Jahren gewachsene Orientierung an den performativen Dimensionen kultureller Ereignisse verantwortlich. Nicht mehr Strukturen und Werke, sondern *Ereignisse* sind dort Gegenstand der kulturwissenschaftlichen Untersuchung, und zwar Ereignisse immer auch in ihrem Wahrgenommensein durch Andere (das ‚Publikum‘ in der Sprache des Theaters). Was hier viel mehr als in den pädagogischen Anwendungen zur Förderung von Sprachkompetenz thematisiert wird, ist das dem Redenden und dem Rede Hörenden Unverfügbare, das sich in jedem Sprechakt mitartikuliert. Alles, was gesagt wird, schließt eine Unzahl von Dingen aus, die dann nicht gesagt werden können und generiert bzw. folgt damit einer Machtstruktur. Was gesagt wird, legt immer auch Zeugnis ab von der Begrenztheit des Sagbaren, lässt Bedeutungshorizonte aufscheinen, die mitunter höchstens erahnt und diffus wahrgenommen werden, aber nicht dem klaren Bewusstsein zur Verfügung stehen (z. B. die Atmosphäre in einem Gespräch), und die dadurch das Gespräch steuern oder zumindest mit steuern. Besondere Beachtung wird dabei der Stimme und ihrem „Subversionspotenzial" (Kolesch/Krämer 2006: 11) geschenkt, deren „unkontrollierbare Eigendynamik den Vorgaben der Rede oftmals zuwider" (ebd.) handele. In dieser Sichtweise gibt es keine Sprache, die nicht verkörperte Sprache ist, weil an ein vom Körper aufgeführtes materiales Medium gebunden. „Es gibt keine Sprache jenseits des raum-zeitlich situierten Vollzugs ihrer stimmlichen, gestischen oder schriftlichen Artikulation." (Krämer 1998: 39)

Mit den folgenden Merkmalen lässt sich der Begriff dieser Materialität des Sprechens näher bestimmen:

Verbindung aus Leib und Zeichen
Die Materialität des Sprechens gründet sich auf die Leiblichkeit des Sprechers und der Sprecherin. Diese materiell-leibliche Dimension des Sprechens begründet wiederum das Berührtsein durch gesprochene Sprache und deren mitunter eindringliche Wirkung. Nicht nur der zornige Schrei berührt und dringt ein, auch die Monotonie eines Sprechers kann bedrängen.[1] Die Geste des Anderen wirkt zunächst unmittelbar ohne eigenes Zutun, und zwar in den meisten Fällen des Alltags unterhalb des Bewusstseins.

Der Horizont des Bedeutens spannt sich zwischen zwei Polen auf. Am einen Pol findet die neue, originäre, suchende, gerade im Entstehen begriffene Sinngenese statt, mit der ein zunächst individueller Bildungsprozess gestiftet wird. Am anderen Ende finden wir die bereits instituierten Gesten der Gemeinschaft, die jede und jeden Heranwachsenden andauernd umgeben, seinem Leben Ordnung, Orientierung und früher entstandene Bedeutungszuschreibung nicht nur anbieten, sondern ungefragt aufdrängen. Aufgrund ihrer stark ordnenden Kraft besitzt das sprachliche Zeichen als instituierte Geste eine Tendenz zur Erstarrung; eingefrorene instituierte Gesten lösen sich von ihrem Entstehungszusammenhang und werden Bestandteil von Institutionen und Organisationsabläufen wie z. B. dem Unterricht der Schule oder dem Begrüßungsritual im Kindergarten.[2] Hat die Geste einmal die feste Gestalt eines konventionellen Zeichens angenommen, so dient sie fortan der Aufrechterhaltung der – auch sozialen – Ordnung, und nicht länger der Suche danach.[3] Dennoch erklingen in jedem Sprechakt performative Besonderheiten, in denen die Leiblichkeit des Sprechers hörbar ist.

Von der anderen Seite her kommen die Möglichkeiten und Zumutungen der bereits instituierten Sprechgesten auf die nachwachsende Generation zu. Die Lehrerfrage, das Kindergebet oder ritualisierte Arten der Konfliktbearbeitung, z. B. in der Familie, ordnen die Interaktion, stiften Gemeinschaften, verschaffen Orientierung und verhelfen so zur Einfädelung in die umgebende Kultur. Instituierte Sprechgesten der Bildungsinstitutionen leisten so einen Beitrag zu Erziehung und Enkulturation, dessen Ambivalenzen erst deutlich werden, wenn man die ihnen inhärenten Dimensionen der Distinktion und der Macht mit einbezieht.

---

[1] Plessner (1965 [1923]) spricht hier von der thematisch gegebenen ‚Schicht der Anteilnahme‘, die zusammen mit der syntagmatischen Schicht der Zeichenhaftigkeit sprachbildend wirke.

[2] Rittelmeyer (1994) spricht in seinen Untersuchungen zur Schulbauarchitektur auch von den „Gesten der Gebäude", die auf die Schülerinnen und Schüler eine bestimmte Wirkung ausüben.

[3] Neuere kunst- und kulturwissenschaftliche Untersuchungen zu modernen Performances oder moderner Malerei reden mitunter von der „befreiten Geste" (Stiller 1993). Damit werden die künstlerischen Intentionen der ‚informellen‘ Malerei, die sich nach dem 2. Weltkrieg in Deutschland, Frankreich, USA entwickelte (z. B. Dubuffet; Rothko, Pollock) beschrieben. Anliegen dieser unabhängig voneinander arbeitenden Künstler war es, die ‚spontane‘ Geste wieder zu finden, d. h. das Gesehene und Gelernte, die konventionellen Gesten der Malerei zu überwinden und nur noch ‚frei‘ zu arbeiten, ohne aber formlos zu werden. Dies geschah unter anderem über die Entgrenzung des Materials: Tubenabdrücke auf der Leinwand, zerschnittene Leinwände, sich selbst genügende Darstellung dessen, was zuvor Instrument der Darstellung war.

Beziehungsstiftung und -gestaltung

Wenn jemandes Rede ‚mich anspricht', meine Anteilnahme und meine Antwort herausfordert, so beruht diese Wirkungsbeschreibung niemals allein auf der symbolischen Bedeutung der Worte, sondern immer auch, vielleicht sogar ursprünglich auf dem gestischen Vermögen der Sprache, Beziehungen zu stiften und zu gestalten. Durch die Art und Weise des Sprechens trete ich in Beziehung mit dem Gesprächspartner, selbst dann, wenn es sich gar nicht um ein Gespräch, sondern vielleicht um einen Vortrag, einen Monolog im Theater handelt. Seewald (1992: 381 ff.) spricht in diesem Zusammenhang von einer sprachlichen „Metaphorisierung des Leibes": Wie das Auge kann man jemandem sprechend freundlich zugewandt sein oder ihn sogar durchbohren, wie die Hand kann Sprache jemanden (er-)schlagen oder zärtlich berühren, wie der Fuß jemanden treten und verletzen und wie mit Armen jemanden umarmen oder erdrücken. Wenn man sich also im Gespräch angenommen oder abgelehnt, aufgehoben oder fehl am Platze, umschmeichelt oder schmerzhaft verletzt, inspiriert oder blockiert fühlt, so wird dies mitgeneriert in der sprechgestischen Atmosphäre.

Horizonthaftigkeit

Durch die materiellen und performativen Eigenschaften einer jeden gesprochenen Rede bildet sich um die Worte und in den Worten ein Horizont von möglichen Bedeutungen, ein Potenzial an Nicht-Ausgeschöpftem, das dem Gegenüber der Rede immer mehr als eine Möglichkeit zu antworten gibt. Der Theatertheoretiker Hans-Thies Lehmann umschreibt die Geste des Schauspielers auf der Bühne wie folgt: „Die Geste ist eine Potenz, die nicht in den Akt übergeht, um sich in ihm zu erschöpfen, sondern als Potenz im Akt verbleibt und in ihm tanzt" (zit. n. Finter 1984: 67). Dieses Bild einer tanzenden Potenzialität ist nun mit Blick auf das Theater leichter nachzuvollziehen als mit Blick auf eine scheinbar klare Anweisung eines Lehrers in der Schule, z. B.: „Mach jetzt deine Aufgaben!" Aber auch dort kann der Sprecher die Wirkung seiner Sprechgeste niemals vollständig planen, weil er nicht wissen kann, welchen Weg die Geste in ihrem Vollzug nehmen wird; auch dort hat die Schülerin verschiedene Antwort- bzw. Reaktionsmöglichkeiten. Sie wird entweder in einer von vielen möglichen Formen „Ja" sagen und ihre Aufgaben machen, oder sie wird in einer von vielen Formen „Nein" sagen und ihre Aufgaben nicht machen, oder sie wird eine Diskussion über den Sinn der Aufgaben beginnen. Der das Zeichen umgebende Horizont bringt eine Polysemie ins Spiel, die auf das Gegenüber ganz unterschiedliche Wirkungen haben kann: Einladung, Bestätigung, Verwirrung oder auch Kränkung sind nur einige Beispiele dafür. Dass das Gemeinte und das Bewirkte dabei stark differieren können, gehört zu den alltäglichen Beziehungserfahrungen aller, die das Wagnis des Miteinandersprechens eingehen.

Sinngenerierung und Sinntradierung

In der nachhusserlschen Phänomenologie, die Sprache als gestisches Vermögen eines leiblichen Subjektes auffasst, wird die Neuschöpfung von Sinn betont: Aus den Sinnüberschüssen der je individuellen Erfahrungen und Erlebnisse, die zunächst unartikuliert und unausgesprochen bleiben, formiert sich eine Bedeutungsintention, die zuerst in Körperbewegungen und Handlungen, schließlich im Wort das Schweigen bricht und dadurch für das Individuum erst realisiert wird. Merleau-Ponty (1993) unterscheidet hier die sprechende und die gesprochene Sprache. Die sprechende oder die sich selbst sprechende Sprache ist individuell wie kollektiv immer auf der Suche nach angemessenen Ausdrucksformen für das Erlebte, sie kann dabei aber nicht anders, als sich der bereits vorhandenen, gesprochenen Sprache zu bedienen. Auf diese Weise ist allein die Beweglichkeit und das Entwicklungsvermögen von Sprache und Sprachstilen, sowohl auf das Individuum als auch auf Gemeinschaften bezogen, zu erklären.

Alle diese Merkmale richten sich nun allerdings nicht nur auf das Gegenüber der Rede, sondern immer auch auf den Sprecher und die Sprecherin selbst. Durch die dichte funktionale Verbindung von Stimme und Ohr, von Sprechen und Hören wirken die sprachlichen Gesten ebenso auf den Produzenten wie auf den Rezipienten: Was und wie ich dir etwas sage, richte ich immer auch an mich selbst – und zuweilen bin ich erschrocken, zuweilen erfreut, jedenfalls oft überrascht über den Klang meiner Rede.

2. Kinder erzählen Witze

Anhand einer Witzerzählung eines 12-jährigen Mädchens werden zunächst die Möglichkeiten der forschenden Wertschätzung dieses leiblich-materiellen und performativen Aspekts kindlichen Erzählens vorgestellt.

Beispiel 2: Der Trecker (OS 1:7)

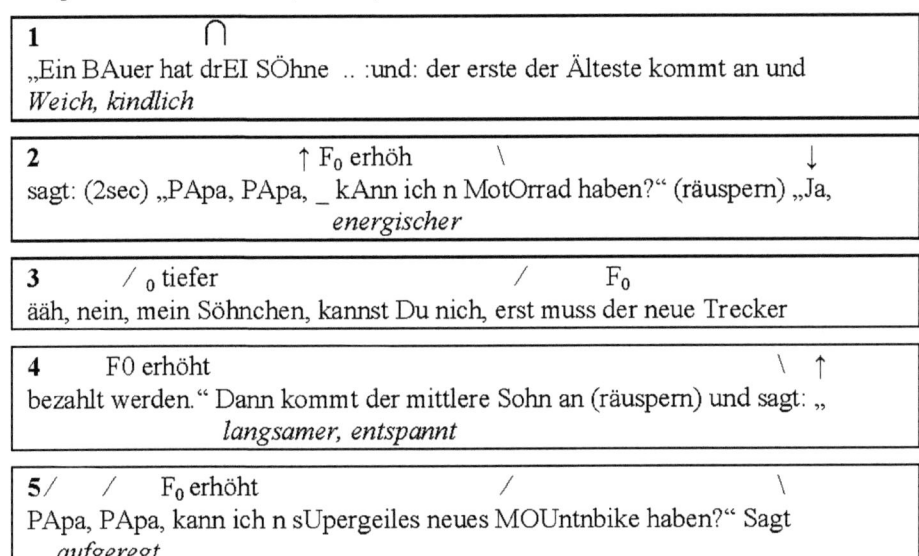

| 1   ∩ |
| „Ein BAuer hat drEI SÖhne .. :und: der erste der Älteste kommt an und |
| *Weich, kindlich* |

| 2   ↑ F_0 erhöh   \   ↓ |
| sagt: (2sec) „PApa, PApa, _ kAnn ich n MotOrrad haben?" (räuspern) „Ja, |
| *energischer* |

| 3   / $_0$ tiefer   / F_0 |
| ääh, nein, mein Söhnchen, kannst Du nich, erst muss der neue Trecker |

| 4   F0 erhöht   \ ↑ |
| bezahlt werden." Dann kommt der mittlere Sohn an (räuspern) und sagt: „ |
| *langsamer, entspannt* |

| 5/   / F_0 erhöht   /   \ |
| PApa, PApa, kann ich n sUpergeiles neues MOUntnbike haben?" Sagt |
| *aufgeregt* |

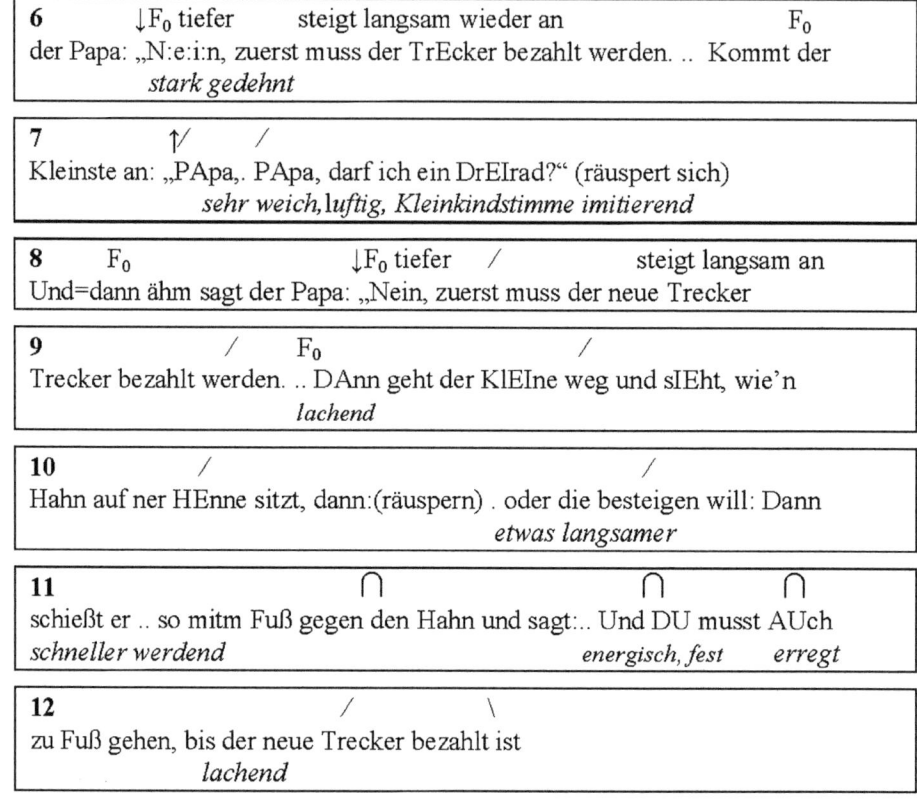

6   ↓F_0 tiefer   steigt langsam wieder an F_0
der Papa: „N:e:i:n, zuerst muss der TrEcker bezahlt werden. ... Kommt der
    stark gedehnt

7   ↑/   /
Kleinste an: „PApa,. PApa, darf ich ein DrEIrad?" (räuspert sich)
    sehr weich, luftig, Kleinkindstimme imitierend

8 F_0 ↓F_0 tiefer   /   steigt langsam an
Und=dann ähm sagt der Papa: „Nein, zuerst muss der neue Trecker

9   / F_0 /
Trecker bezahlt werden. ... DAnn geht der KlEIne weg und sIEht, wie'n
    lachend

10   /   /
Hahn auf ner HEnne sitzt, dann:(räuspern) . oder die besteigen will: Dann
    etwas langsamer

11   ∩   ∩   ∩
schießt er .. so mitm Fuß gegen den Hahn und sagt:.. Und DU musst AUch
schneller werdend   *energisch, fest*   *erregt*

12   /   \
zu Fuß gehen, bis der neue Trecker bezahlt ist
    lachend

Dem Hahn wird in Kontinuität zur erzählten Geschichte unterstellt, er sei, wie auch die drei Söhne, an einem bequemen Fortbewegungsmittel interessiert. In Wirklichkeit aber, und das Wissen darum wird implizit vorausgesetzt, hat er mit dem Huhn etwas anderes vor. Das ist der offensichtlichste Teil der Pointe. Witze erzählen kann nur derjenige, der mit den Mehrdeutigkeiten, die durch das Nebeneinander von expliziten und impliziten Bedeutungen entstehen, umgehen kann. Diese Fähigkeiten erlangen Kinder erst im Laufe der Schulzeit[4], und es ist dieses beginnende Spiel mit sprachlich hervorgebrachten Mehrdeutigkeiten, mit dem Verschweigen, Andeuten und Aussprechen von verschiedenen Bedeutungsebenen, die ihnen das Witze erzählen interessant und attraktiv machen. Was die Kinder an dem Erzählmotiv dieses Witzes außerdem interessieren könnte, ist die Thematisierung der eigenen, häufig gemachten Ohnmachtserfahrung: Die Erfüllung ihrer (materiellen) Wünsche ist von der Zusage der Eltern abhängig und wird häufig versagt, weil ‚vernünftige‘, notwendige

---

[4]   Von McGhee stammt ein Stufenmodell zur Humorentwicklung bei Kindern, demzufolge Kinder bereits etwa ab dem 8. Lebensjahr die Fähigkeit erwerben, sprachliche Mehrdeutigkeiten zu verstehen: „By the age of about seven (on the average), children begin to be able to detect linguistic ambiguity and realize that there are two ways in which the key word make sense." (McGhee, zit. n. Hauser 2005: 72). Mit zunehmenden Alter, d. h. in der mittleren und späten Kindheit, wird „das Spiel mit sprachlicher Ambiguität zunehmend subtiler, was sich darin äußert, dass nebst den sprachlichen auch die soziokulturellen Wissensvoraussetzungen, die den Kinderwitzen zugrunde liegen, immer anspruchsvoller werden" (Hauser 2005: 241).

Dinge Vorrang haben, wie hier der Trecker. Besonderes Vergnügen besteht hier außerdem darin, dass der jüngste der drei Söhne am Ende der Souverän ist, indem er nun die Autorität des Vaters annimmt und den Hahn so behandelt, wie zuvor er vom Vater behandelt worden ist.[5]

Bis hierhin haben wir aber die Witzerzählung des 11-jährigen Mädchens nur als Text gelesen und interpretiert. Nimmt man nun das Hörbeispiel dazu[6] und achtet auf sprechgestische Einzelheiten, so erschließen sich weitere Interpretationsmöglichkeiten. Das Mädchen markiert im Erzählen deutlich die verschiedenen Rollen. Besonders auffällig ist die Art und Weise, wie sie die Vaterrolle gestaltet: Dazu drückt sie die Stimme nach unten, spricht langsamer und verleiht dabei einzelnen Silben, ganz besonders dem jeweils die Rede beginnenden „Nein“, ein starkes Gewicht durch Dehnungsakzente. Dass ihr diese tiefe Sprechweise nicht leicht und selbstverständlich gelingt, sondern mit Konzentration und Anstrengung verbunden ist, kann man daran erkennen, dass ihr kleine Fehler unterlaufen. Beim ersten Mal „Vater“ spielen, in der Antwort auf den ältesten Sohn, der ja mindestens 15 oder 16 Jahre alt sein muss, wenn er sich ein Motorrad wünscht, spricht sie zwar ordentlich tief, sagt aber versehentlich „Ja“ statt „Nein“ und redet den fast Erwachsenen dann mit „mein Söhnchen“ an. In allen drei Teilepisoden rutscht ihr die Stimme außerdem im Laufe des väterlichen Antwortsatzes wieder nach oben, so dass sie den jeweils anschließenden Erzählsatz ohne erneuten Intonationssprung beginnt. Dem gegenüber werden die drei Söhne, ganz besonders der jüngste, mit höherer Stimme, in schnellerem Sprechtempo und weniger Akzenten dargestellt. In den drei steigenden, offenen Fragen („kann ich …?“, „darf ich …?“) entstehen fiktive Möglichkeitsräume, auf die sich die Phantasien der Kinder bzw. Jugendlichen beziehen (ein neues Motorrad, Fahrrad, Dreirad). Diese potenziellen neuen Spiel- und Erfahrungsräume werden vom Vater mit jeder Antwort dreifach auf den Boden zurückgeholt und damit zunichte gemacht: durch die geringere Grundfrequenz, die absteigende Satzintonation sowie die Worte der Notwendigkeiten („erst *muss* … der Trecker bezahlt werden“). Der älteste Sohn tritt zuerst an den Vater heran, der jüngste zuletzt. Die feine Dramaturgie darin wird in der Pointe erfahrbar, in der der Kleinste, der als Einziger noch auf der Bühne ist, zum Sieger des Geschehens wird. Die Wirkung wird vorbereitet durch das allmähliche Ansteigen und Kindlicher-Werden der Sprechstimme, wodurch die Entfernung zum Vater immer größer wird – und entsprechend groß ist die Verblüffung am Ende. Die Fähigkeit, die Wirkung des Witzes durch parasprachliche Stilisierungen zu erhöhen, wird auch von Hauser (2005: 185) beobachtet und beschrieben. Sie entwickelt sich nach seinen Befunden erst in der späten Kindheit.

Während sie in der linguistischen Forschung als mit dem Alter zunehmende Kompetenz interpretiert wird, auf sprachlich immer komplexere Weise immer bessere Pointen zu realisieren, soll sie hier auch noch in einer den Rahmen der Witzerzählung überschreitenden Weise gelesen werden. Das Mädchen erzählt hier nicht nur einen Witz, sondern indem

---

[5]   Parmentier hat dieses Muster auch in Erzählungen jüngerer Kinder gefunden und es – in Anlehnung an Sigmund Freud – als „imaginäre Wunscherfüllung“ interpretiert. Was in den spontanen Erzählungen und Spielen der Kinder geschieht und immer wieder neu hervorgebracht und dabei an die je aktuellen Situationen angepasst wird, ist in solchen Witzen verallgemeinert sedimentiert (vgl. Parmentier 1989: 158 ff.).

[6]   Das Transkript gibt in der obersten (Intonations-)Zeile und in der untersten (Deskriptions-)Zeile einiges vom Höreindruck wieder. Das Beispiel ist als Audiodatei außerdem dokumentiert auf folgender homepage: www.cornelie-dietrich.de. Zum Transkriptionsverfahren vgl. außerdem Dietrich (2010: 97 ff.).

es einen Witz erzählt, tut es noch etwas anderes: Es bringt das Generationenverhältnis, in dem es selber lebt, zur Aufführung. Allerdings steht ihr als Bühne nur die eigene Stimme zur Verfügung. Anders als beim frühkindlichen Rollenspiel, bei dem immer nur eine Rolle zur Zeit und diese mit dem ganzen Körper gespielt wird, sind hier in der Stimme des Kindes immerhin vier Rollen verkörpert, und alle für die Dramaturgie der Erzählung notwendigen kleinen Gesten sind darin komprimiert. Die Redegattung des Witzes bietet dem Kind die Möglichkeit an, sich in engstem Rahmen auf hoch verdichtete Weise fiktiv zu vervielfachen. Die Gattung bietet die Bühne für ein Mini-Schauspiel, in dem die Inhalte und die Art des dargebotenen Stoffes gleichermaßen wichtig sind und sich gegenseitig beeinflussen.

Das Erzählen von Witzen sowie auch das Nachäffen einer Person (Lehrer, Eltern, aber auch Mitschüler) sind als relativ feststehende Erzähl- und Redeformen in diesem Alter gut etabliert und werden als solche auch immer markiert. Meist gibt es einen einleitenden Satz, etwa: „Ich erzähl euch mal 'nen Witz" oder: „Ich weiß auch noch einen …", so dass für das Publikum die Rahmung der Redesituation eindeutig ist. Beim Nachäffen von Anderen wird ebenfalls eingeleitet mit z. B.: „Ja, Frau F. die sagt immer so zu uns: …" Durch solche Markierungen werden die Redeformen immer wieder als Gattungen aufgeführt und bestätigt, so dass die Kinder das Aus-sich-heraustreten innerhalb der Gattungsgrenzen probieren und erfahren können. Die Form bietet einen Rahmen und damit zugleich einen Schutzraum für Experimente an.[7] Durch diesen Rahmen ist die Sphäre des ‚Als-ob' einerseits definiert, andererseits auch gegenüber ‚vernünftiger' Rede geschützt. Er zieht die Linien um das Spielfeld, auf welchem nach anderen Regeln gehandelt wird als außerhalb. Demgegenüber besteht das vielleicht wichtigste Merkmal *jugendlichen* Sprechens, und hier überschreite ich das, was das Beispiel zeigen konnte, darin, dass solches Spiel nun allmählich in die alltägliche Rede übergeht. Am Ende der Kindheit kündigt sich an, was für ältere Jugendliche dann zum selbstverständlichen Bestandteil ihrer Sprechpraxis geworden sein wird: der Umgang mit Sprache und Sprechsituationen in einer spielerischen, mehrdeutig schillernden Art,[8] bei der die leiblich-prosodische Dimension eine zentrale Rolle spielt.

---

[7]   In psychoanalytischer Interpretation ist dieser notwendige Schutzraum, den die feststehende Gattung des „ready-made jokes" den Kindern bietet, an die Latenzperiode gebunden. Wolfenstein fand heraus, dass zwischen Fünf- und Sechsjährigen die Form der Witzerzählung einem „sharp change" unterliege, dass nämlich die jüngeren Kinder freie Erzählungen hervorbrächten, während die älteren mehr und mehr die Reproduktion „fertiger" Witze bevorzögen und erklärt dies wie folgt: „So, for instance, where I found a sharp change in the style of joking fantasies to the learning and telling of ready-made jokes, I have related this to the onset of what is called the latency period, the period in which major emotional preoccupations of the preceding phase undergo repression. Children at this time become less free in spontaneous joking invention and seek the safety and social sanction of the ready made joke." (Wolfenstein 1978 [1954]: 16)

[8]   Schmidt (2005) diskutiert den Modus des unernsten Sprechens unter – männlichen – Jugendlichen in engem Zusammenhang mit der Stilisierung von Normverletzungen. Dadurch verknüpft er Phänomen (spielerisches Zitieren eines erwachsenen Tones) mit der interpretierten Funktion (Präsentation von Identität, Abgrenzung zur Welt der Erwachsenen): „Wenn die spielerische Normabweichung zur Unterhaltung benutzt wird, ist dies also keineswegs so zu verstehen, dass die ironisierten Normen für die Jugendlichen nicht gültig seien. Im Gegenteil, ihre Verbindlichkeit wird durch die spielerische Verletzung bestätigt: Die Abweichung wird nicht gleichgültig hingenommen, sondern die Norm bietet eine Quelle für immer neue, nicht zu realisierende Phantasien, deren Unterhaltungspotenzial konstitutiv auf ihrer Ungehörigkeit beruht. Dadurch werden die Abweichungsfiktionen zu einer bloßen Identitätspräsentationsstrategie: Sie sind Ressourcen für eine provokative Selbstdarstellung als Person, die sich der Erwachsenenwelt mutig entgegenstellt, furchtlos, autonom und extrem ist und dadurch ihre Männlichkeit beweist." (Ebd.: 95 f.)

3. Diskussion

Wie lässt sich nun diese zunehmende Affinität zur Dezentrierung, zur stimmlichen Vervielfältigung interpretieren? Kinder leben mit der Gewissheit, dass alles, was man sagen will, auch sagbar ist. Zwar gibt es nicht selten Abweichungen von dieser Regel: Man kann sich hin und wieder dabei vertun, muss immer noch neue Worte kennen lernen, es gibt Situationen, in denen auch Kinder sprachlos sind; im Prinzip aber vertrauen sie der Übereinstimmung von gelebtem Leben und seinem Sprechen darüber. Für alles, was man erlebt, sieht, hört, versteht oder nicht versteht, gibt es die passenden Worte. Kinder unterscheiden noch nicht zwischen der just erlebten Situation und ihrer sprachlichen ,Darstellung'. Stimme, Sprache, Engagement und Aufgeregtheit in der je aktuellen Situation bilden fast immer ein Ganzes. Zwar können auch jüngere Kinder durchaus etwas *nicht* aussprechen, können verschweigen, verstummen oder lügen; das ändert aber nichts an ihrer Sicherheit darüber, dass sie den Sachverhalt im Prinzip in Sprache transformieren *könnten* oder doch können sollten. Ältere Kinder im Übergang zum Jugendalter hingegen erlernen allmählich die Trennung von aktuellem Erleben und dessen Formulierung. Sie beginnen zu unterscheiden zwischen dem aktuellen Tun oder Erleben und der Kundgabe desselben. Ebenso erlernen sie allmählich mit Hilfe der Sprache etwas herzustellen, was es vordem gar nicht gab. Sie nutzen dafür zunächst narrative Formate (Geschichten, Erzählungen, Witze), im Rahmen derer sie Gefühle, Andeutungen, Mehrdeutigkeiten, Metaphern für Erlebtes oder Gewünschtes bearbeiten können.

In die Sprachlichkeit des jugendlichen Menschen zieht sich so allmählich ein doppelter Boden ein, die Welt und die *sprachliche* Welt werden voneinander getrennt, jedenfalls der Möglichkeit nach. Während der Spracherwerb des kleinen Kindes dazu dient, Außen und Innen möglichst in Übereinstimmung zu bringen und dabei auch ausdifferenziert zu werden, eröffnet sich nun zu Beginn der Adoleszenz die Möglichkeit, die Welt ein zweites Mal zu entwerfen, nicht mehr im Sinne der Benennung und der fraglosen Übernahme von Ordnungen der Erwachsenenwelt, sondern im Sinne einer sprachpraktischen Reflexion dieser Ordnung.[9] Es entsteht ein Sprechen zweiter Ordnung, ein neuer Horizont des fiktiven Spiels mit der Sprache, in welchem eine Differenz von Sprache und Sprechen, von Symbolisierung und Leiblichkeit, von Bedeutung und Klang eine wichtige Rolle spielt.

Ich vermute stark, dass der Vorgang des Stimmwechsels und die hiermit verbundenen komplexen physiologischen Vorgänge damit im Zusammenhang stehen. Mädchen und Jungen verlieren in der späten Kindheit die eindeutige Beziehung zu ihren Sprechorganen, zur leiblichen Fundierung ihres Sprechens als einem bisher fraglosen Organ ihrer Weltbearbeitung. Die Stimme dezentriert sich, sie kommt abhanden, macht, was sie will, wird fremd und vielfältig. Damit geht eine Vervielfältigung der Bedeutungen einher. In verschiedenen Redegattungen (Witz, Karikatur, dialogisches Sprachspiel) erproben die Kinder das „So-tun-als-ob" der Sprache. Sie erfahren und probieren, dass man mit Hilfe der performativen

---

[9]   Mollenhauer (1983) hat in den „Vergessenen Zusammenhängen" erläutert, dass die Präsentation von Lebensformen zuallererst in den sprachlichen Ordnungen der Erwachsenen stattfindet. Die Benennung der Gegenstände folgt dem nach. Wachsen Kinder vollkommen selbstverständlich in diese erste Ordnung, die ihnen in der Sprache präsentiert wird, hinein, so erhalten sie als Jugendliche tatsächlich eine „zweite Chance". Indem sie eigene Sprechweisen ausbilden, stellen sie die gegebene Präsentation nicht durch Argumente, sondern durch Sprachpraxis in Frage.

Ausreizung der Stimme etwas darstellen kann, sich anderen nähern oder sich distanzieren kann, dass man absichtlich unauthentisch sein, anderen etwas vorspielen kann.

In dem langsam sich einstellenden Wissen und mit dem Kalkül, dass es sich um Darstellung handelt, spielen die etwa 12- bis 15-Jährigen an der Grenze zwischen Authentizität/ Naivität und fiktiver Selbstpräsentation, die auch im Rückzug, im Schweigen, in der Geste des Unansprechbaren sich zeigen kann. Sie zelebrieren das kleine Theater des Alltags. Im Unterschied zum kindlichen Theaterspiel wird das jugendliche nicht mehr als solches markiert, so dass eine für die beteiligten Darsteller dauernd erfahrbare Vibration der Mehrdeutigkeiten entsteht. Eine besondere Bedeutung erlangt dabei die Aufführung der Stimme selbst.

Es kommt allmählich zum Bewusstsein und wird damit auch gestaltungsfähig, dass neben dem instrumentellen und medialen Gebrauch des Sprechens ein Drittes, der Erfahrungsraum Sprache selbst, entsteht. Mit großer Lust erobern und gestalten die Jugendlichen diesen von der Zweckrationalität vernünftiger Rede freien Raum. Was vordem selbstverständliches Mittel zum Zweck der Mitteilung und des Ausdrucks war (und was es in vielen Fällen später auch wieder wird, mehr oder weniger stark ausgeprägt), das erweitert sich in dieser sensiblen Phase zu einer eigenen Erfahrungssphäre: Das Sprechen als eine ästhesiologisch-ästhetische Praxis wird, vielleicht nur für kurze Zeit, selbst Quelle von jugendtypischen, wichtigen Erfahrungen.

Kinder im Übergang zum Jugendalter entdecken aber ebenso die damit erst möglich werdenden Potenziale eigener sprachschöpferischer Tätigkeiten. In den verschiedenen Formen des mehrdeutigen Sprachspiels erobern sich die Jugendlichen auch die gestische Mehrdimensionalität zurück, machen sie ein weiteres Mal zum Thema, nun allerdings nicht mehr mit der Mutter, sondern mit den Peers. Eine der Hauptaufgaben der Adoleszenz, die enge Verbindung zum Elternhaus zu lösen oder zu verwandeln (vgl. Stern 1998) und neue, intensivere Beziehungen zu Gleichaltrigen aufzubauen, findet demnach nicht in Sprache ihren Ausdruck, sondern wird sprachlich allererst begründet und hergestellt.

Der sich einstellende Sprachwandel birgt jedoch nicht nur Zugewinne, sondern auch Verluste. Verloren geht die Gewissheit, es gebe keinen Raum zwischen Erlebnis und seiner Wiedergabe in Sprache, zwischen Phänomen und seiner sprachliche Darstellung, zwischen einem Gefühl und dem Wort, das man dafür hat. Dies lässt den Boden der Sprachlichkeit von nun an schwankend erscheinen. Er eröffnet zu gleicher Zeit die Möglichkeiten, aber auch die Notwendigkeiten der Begehung dieses Zwischenraumes, der nun entsteht. Man kann jetzt Empfindungen vorgeben, die gar nicht da sind, bzw. über die sprachliche Darstellung von Empfindungen diese selbst erzeugen. Schweigen auf der anderen Seite heißt nicht nur: Ich kann nicht reden, und bezeichnet damit eine Ohnmacht, es heißt jetzt auch: Ich will nicht reden und kehrt sich dadurch um in Macht. Die ambivalente Mischung aus Gewinn an Möglichkeiten einerseits, Verlust an Gewissheit andererseits, kann dem oder der Einzelnen sowohl bedrohlich erscheinen und ihn oder sie verunsichern oder aber Kräfte wecken und zu neuen Experimenten ermuntern.

Literatur

Dietrich, Cornelie (2010): Zur Sprache kommen. Sprechgestik in jugendlichen Bildungs-prozessen in und außerhalb der Schule. Weinheim & München: Juventa.

Felderer, Brigitte (Hg.) (2004): Phonorama. Eine Kulturgeschichte der Stimme als Medium. Berlin: Matthes & Seitz.

Finter, Helga (1984): Die Theatralisierung der Stimme im Experimentaltheater. In: Klaus Oehler (Hg.): Zeichen und Realität. Akten des 3. semiotischen Kolloquiums Hamburg 1981. Tübingen: Stauffenberg Verlag, 1007-1021.

Göttert, Karl-Heinz (1998): Geschichte der Stimme. München: Fink.

Hauser, Stefan (2005): Wie Kinder Witze erzählen. Eine linguistische Studie zum Erwerb narrativer Fähigkeiten. Bern: Peter Lang.

Kolesch, Doris/Krämer, Sybille (Hg.) (2006): Stimme. Annäherung an ein Phänomen, Frankfurt/Main: Suhrkamp.

Krämer, Sybille (1998): Sprache, Stimme, Schrift. Sieben Thesen über Performativität als Medialität. In: Paragrana. Internationale Zeitschrift für Historische Anthropologie 7 (1), 33-57.

Merleau-Ponty, Maurice (1993): Die Prosa der Welt. München: Fink.

Meyer-Kalkus, Reinhart (2001): Stimme und Sprechkünste im 20. Jahrhundert. Berlin: Akademie Verlag.

Mollenhauer, Klaus (1983): Vergessene Zusammenhänge. Über Kultur und Erziehung. Weinheim: Juventa.

Parmentier, Michael (1989): Strukturen der kindlichen Vorstellungswelt. Analyse von Re-de- und Erzähltexten aus dem familialen Alltag eines vier- bis siebenjährigen Mäd-chens. Frankfurt/Main: Campus.

Plessner, Helmuth (1923/1965): Die Einheit der Sinne. Grundlinien einer Ästhesiologie des Geistes. Bonn: Bouvier.

Rittelmeyer, Christian (1988): Gesten der Schularchitektur. In: Bildung und Erziehung 41 (5), 379-396.

Schmidt, Axel (2005): Oberaffengeil ist peinlich. Von der Jugendsprache zur peergroup-Kommunikation. In: Neumann-Braun, Klaus/Richard, Birgit (Hg.): Coolhunters. Ju-gendkulturen zwischen Medien und Markt. Frankfurt/Main: Suhrkamp & Insel, 83-102.

Seewald, Jürgen (1992): Leib und Symbol. Ein sinnverstehender Zugang zur kindlichen Entwicklung. München: Fink.

Stern, Lori (1998): Vorstellungen von Trennung und Bindung bei adoleszenten Mädchen. In: Flaake, Monika/King, Vera (Hg.): Weibliche Adoleszenz zur Sozialisation junger Frauen. Frankfurt/Main: Campus, 254-265.

Stiller, Michael (1993): „Entfesseltes Material – befreite Geste". In: Kunst und Unterricht 178, 22-34.

Wolfenstein, Martha (1954/1978): Children's Humor. A Psychological Analysis. Bloo-mington, London: Indiana University Press.

Lernprozesse im Erzählen.
Zur Rekonstruktion von Lernprozessen über die Lebenszeit in Texten autobiographischen Erzählens

Heide von Felden

1. Einleitung

Galten Erzählung und Erzählen lange Zeit als Thema der Literaturwissenschaft in Form von literarischen Erzählungen, wie dem Roman, der Novelle oder der Kurzgeschichte, so hat sich spätestens seit dem „narrative turn" ein Bewusstsein von der dominierenden Rolle des Erzählens im Alltag, im individuellen Denken, in der Wissenschaft, in den kulturellen Überlieferungen der Menschen durchgesetzt. Lebensereignisse werden in Form von Geschichten dargestellt, hier werden Handlungsereignisse in eine Reihenfolge gebracht und in einem bestimmten Zusammenhang miteinander verknüpft. Insbesondere für Lebensgeschichten oder autobiographische Erzählungen gilt, dass eine ihrer besonderen Funktionen in der subjektiven Zusammenhangsbildung und der Ordnung von Ereignissen in der Zeit besteht. Bereits Max Frisch nahm diesen Gedanken in seinem Roman „Mein Name sei Gantenbein" auf: „Jedermann erfindet sich früher oder später eine Geschichte, die er für sein Leben hält" (Frisch 1964). Das Leben bekommt eine Form als Lebensgeschichte, die es zu konstruieren gilt.

> „[...] das Erzählen [hat] in den letzten beiden Jahrzehnten weit über die Literaturwissenschaft hinaus Interesse auf sich gezogen. Unter den verschiedenen Funktionen, die dabei untersucht worden sind, gehört der Beitrag zur Identitätsbildung sicher zu den interessantesten. Philosophen wie Historiker, Soziologen wie Psychologen und Psychoanalytiker sind, oft genug unabhängig voneinander, darauf gestoßen, dass die Konstitution, Stabilisierung und Transformation individueller wie kollektiver Identitäten auf Erzählen angewiesen sind" (Neumann 2000: 7).

Identitätsbildung sei also auf das Erzählen angewiesen, so die Argumentation. Oder anders gesagt: Im Erzählen erst entwickele sich so etwas wie Identität. Die Soziologen Ulrich Beck und Anthony Giddens sprechen in ihren Gesellschaftsanalysen der Reflexiven Modernisierung von einer Freisetzung des Individuums aus traditionalen Zusammenhängen und der Abhängigkeit von neuen Institutionalisierungen und verweisen in der Folge davon auf die notwendig werdende individuell zu verantwortende Selbstherstellung der eigenen Biographie (Beck/Giddens/Lash 1996). Nicht zuletzt haben sie damit die aktuelle Bedeutung der Biographieforschung hervorgehoben, die die subjektive Konstruktion von Biographie im Blick hat, im Gegensatz zur Lebenslaufforschung, die die Lebensverläufe eher aus einer Perspektive von außen betrachtet. Indem die Konstruktion der Lebensgeschichte als genuiner Bestandteil von Identität betrachtet wird, kommt dem Erzählen dieser Lebensgeschichte eine besondere Bedeutung zu.

Dass die Biographieforschung seit den 1970er Jahren eng mit erzähltheoretischen Ansätzen verbunden ist, ist vor allem Fritz Schütze und seiner Entwicklung des narrationsstrukturellen Verfahrens zu verdanken. Er nahm in den 1970er Jahren Anleihen bei der Soziolinguistik, etwa bei Labov und Waletzky (1973) und der Konversationsanalyse (vgl. Sacks/Schegloff/Jefferson 1978), und fundierte sein Auswertungsverfahren von Texten selbst erlebter Erfahrungen damit erzähltheoretisch.

Bestandteil von Identitätsprozessen sind auch die jeweiligen Lern- und Bildungsprozesse der Erzählenden, jedenfalls dann, wenn es um längerfristige Lernprozesse über die Lebenszeit geht. Doch genau diese lebenslangen Lern- und Bildungsprozesse, denen durch den aktuellen Aufschwung des bildungspolitischen Konzeptes „Lebenslanges Lernen" seit einiger Zeit eine besondere Aufmerksamkeit zuteil wird, sind theoretisch keineswegs einheitlich konzeptualisiert. Da lerntheoretische Ansätze wesentlich im Rahmen psychologischer Ansätze entwickelt wurden, die sich allerdings eher mit kurzfristigen, überwiegend kognitiv verorteten Lernprozessen befassten, besteht hier noch ein Forschungsbedarf. Die erziehungswissenschaftliche Biographieforschung hat es sich zur Aufgabe gemacht, längerfristige Lernprozesse im Rahmen der Untersuchung von Biographien zu bearbeiten. Das bedeutet u. a. Lern- und Bildungsprozesse über die Lebenszeit empirisch aus Texten autobiographischen Erzählens zu extrapolieren. Dabei wird Wert darauf gelegt, Lernprozesse auf der Ebene der Erzählstruktur zu identifizieren und die Analyse nicht auf der Inhaltsebene des Erzählten zu belassen. Zugrunde liegt dabei ein Lernbegriff aus erziehungswissenschaftlicher Sicht.

Im folgenden Beitrag gehe ich zunächst auf die theoretischen Grundlagen der Argumentation ein, komme dann zum methodischen Instrumentarium und schließe den Beitrag mit exemplarischen Beispielen ab.

2.   Theoretisches Vorverständnis

Erzählen wird allgemein als sprachliche Darstellung eines Geschehens, also einer zeitlich organisierten Abfolge von Ereignissen definiert. Da es in diesem Beitrag um autobiographisches Erzählen geht, sei zunächst die Funktion von Autobiographie als sinnstiftende Instanz aus der Sicht Wilhelm Diltheys wiedergegeben.

Dilthey fasst Verstehen als Herstellung von Zusammenhängen und Einordnen in ein Ganzes als hermeneutischen Zirkel. Die Kategorie des Zusammenhangs ist für Dilthey eine „Kategorie des Lebens", weil sich daran die Fähigkeit der Menschen erweist, Informationen, Ereignissen und Erlebnissen Sinn und Bedeutung beizumessen und sie in einen biographischen Zusammenhang einzuordnen. Er schreibt:

> „Die Kategorie der Bedeutung bezeichnet das Verhältnis von Teilen des Lebens zu einem Ganzen, das im Wesen des Lebens begründet ist. Wir haben diesen Zusammenhang nur vermittels der Erinnerung, in welcher wir den vergangenen Lebenslauf überblicken können. Dabei macht sich dann die Bedeutung als Form der Auffassung des Lebens geltend. […] der einzelne Moment [hat] Bedeutung durch seinen Zu-

sammenhang mit dem Ganzen, durch die Beziehung von Vergangenheit und Zukunft, von Einzeldasein und Menschheit" (Dilthey 1970: 288).

Die Konstruktion einer Biographie kann also als Hermeneutik der Dialektik von Individuellem und Allgemeinem und als hermeneutischer Zirkel des Zusammenhangs von Teil und Ganzem, also einzelner Erfahrungen und dem Sinnganzen des Lebens angesehen werden. Diese Aneignung der Wirklichkeit als Deutungs- und Zusammenhangsbildung hängt eng mit Lern- und Bildungsprozessen zusammen. Lernen ist wesentlich davon abhängig, wie Welt wahrgenommen wird, welche Zusammenhänge Bedeutungen erlangen und auch welche Sinnkonstruktionen vorgenommen werden.

Mit dem Ansatz der „Narrativen Identität" hat sich in jüngster Zeit eine Perspektive entwickelt, die narrative Interviews unter dem Aspekt der Untersuchung von Identitätsformationen auswertet. Gabriele Lucius-Hoene und Arnulf Deppermann verstehen „autobiographisches Erzählen als *Herstellung und Darstellung von narrativer Identität im Interview* und entwickeln eine Auswertungsmethodik für das Erkenntnisinteresse ihrer Rekonstruktion" (Lucius-Hoene/Deppermann 2004: 10; Hervorhebung im Original). Sie verstehen das Interview dabei als eine „*sich vollziehende Identitätskonstruktion* [...], in der sich die autobiografische *Darstellung* von Identität mit der performativen und interaktiven *Herstellung* von Identität verbindet. [...] Der angestrebte Erkenntnisgewinn bezieht sich also auf die aktuell vollzogene Identität der erzählenden Person im Hier und Jetzt des Interviews" (ebd.; Hervorhebung im Original). In Hinsicht auf das Auswertungsinstrumentarium legen sie Wert darauf, die biographie- und erzählstrukturellen Ebenen des Interviewtextes „um die detaillierte Diskussion von Auswertungsschritten und Darstellungsstrukturen im Interview, mit denen sich auch die interaktiven, rhetorischen und mikroprozessualen Aspekte der Herstellung und Darstellung narrativer Identität analytisch aufschließen lassen" (ebd.: 11) zu ergänzen.

Explizit betonen Lucius-Hoene/Deppermann die Herstellung der Identität in der Situation des Interviews. Dieser Gedanke unterscheidet ihre Konzeption vom narrationsstrukturellen Verfahren nach Fritz Schütze und den Vorschlägen von Gabriele Rosenthal, die beide die Verbindung von zurückliegenden Erfahrungen und der Konstruktion der Biographie aus der Perspektive der Erzählzeit für die Identitätsbildung zugrunde legen. Insbesondere Rosenthal führt die Argumentation aus:

„Die gegenwärtige Lebenssituation bestimmt den Rückblick auf die Vergangenheit bzw. erzeugt eine jeweils spezifisch erinnerte Vergangenheit. [...] Durch diesen Akt der Zuwendung – den Edmund Husserl als *Noesis* bezeichnet – werden jedoch nicht nur andere Erlebnisse aus dem Gedächtnis vorstellig, sie bieten sich mir auch anders dar. Es entsteht damit ein anderes *Erinnerungsnoema*, wie Husserl das sich in der Erinnerung Darbietende nennt" (Rosenthal 2005: 166; Hervorhebung im Original).

Einerseits also sind Erzählungen aus der Vergangenheit an die Perspektive der Gegenwart gebunden (Noesis), andererseits bietet sich der Gegenstand in einer bestimmten Weise dar (Noema), weil das Erleben, Erinnern und Erzählen darüber bereits eine Strukturiertheit vorgibt. Beispielsweise hat das vormalige Erzählen eines Erlebnisses bereits ein Erinnerungsnoema entstehen lassen, das den Gegenstand mit Bedeutung versieht. Die „auf Erinnerungen beruhenden Erzählungen eigenerlebter Erfahrungen [sind] durch das Erleben in der Vergangenheit mit konstituiert. Das sich in der Gegenwart der Erzählung aus der Erinnerung Darbietende hat sein Erinnertes und jedes Erinnerungsnoema verweist auf andere mögliche Noemata desselben noematischen Systems" (ebd.: 167). Im Wechselverhältnis von Noesis und Noema wird so Bedeutung konstituiert.

Die Zusammenhänge zwischen Erleben, Erinnern und Erzählen im Sinne von Schütze und Rosenthal zu fassen, ist bedeutend für die Rekonstruktion von Lern- und Bildungsprozessen. Während aus der Konzeption nach Lucius-Hoene/Deppermann vor allem die *Formen der Her- und Darstellung von Identität* für Lern- und Bildungsprozesse gewonnen werden können, lassen sich mit den Konzeptionen nach Schütze und Rosenthal auch die Rekonstruktion der Erfahrungsaufschichtung und damit die Prozessverläufe betrachten.

Wesentlich bei der Identifizierung und dem Herausarbeiten von Lernprozessen über die Lebenszeit ist der Lernbegriff, der an das Material angelegt wird. In dem Sinne, in dem man nur das erkennen kann, von dem man einen Begriff hat, handelt es sich um eine hermeneutische Interpretation, die in der dialogischen Auseinandersetzung mit dem Text den angelegten Lernbegriff zunehmend schärft, verfeinert oder verändert. Der allgemeine Begriff vom Lernen soll durch empirische Beispiele konkretisiert werden. Beim Lernbegriff stütze ich mich im Wesentlichen auf die Definition von Göhlich/Zirfas (2007):

> „Lernen bezeichnet die Veränderungen von Selbst- und Weltverhältnissen sowie von Verhältnissen zu anderen, die nicht aufgrund von angeborenen Dispositionen, sondern aufgrund von zumindest basal reflektierten Erfahrungen erfolgen und die als dementsprechend begründbare Veränderungen von Handlungs- und Verhaltensmöglichkeiten, von Deutungs- und Interpretationsmustern und von Geschmacks- und Wertstrukturen vom Lernenden in seiner leiblichen Gesamtheit erlebbar sind; kurz gesagt: Lernen ist die erfahrungsreflexive, auf den Lernenden sich auswirkende Gewinnung von spezifischem Wissen und Können" (Göhlich/Zirfas 2007: 17).

Göhlich/Zirfas heben auf die Veränderungen von Selbst- und Weltverhältnissen im sozialen Rahmen und auf den Begriff der Erfahrung ab als Medium der Weltwahrnehmung. Sie konzipieren Lernen als individuelle Handlung in ihrer leiblichen Gesamtheit und unterscheiden Handlungs-, Deutungs- und Wertstrukturen. In ihre Definition gehen damit hermeneutische und phänomenologische Ansätze ein. Dazu passend lassen sich die Bestimmungen von Günther Buck anführen, der Lernen und Erfahrung aufeinander bezieht und den Prozess beschreibt:

> „Das Wort ,Erfahrung' (und dementsprechend das Wort ,Lernen') hat eine doppelte Bedeutung. Es meint einmal die einzelnen Erfahrungen von etwas. [...] Erfahrung meint zugleich einen Prozeß, mit dem uns immer Neues zuwächst auf Grund schon gemachter Erfahrung. [...] Das Wort ,Erfahrung' weist zweitens auf eine Struktur hin, die wir die innere Rückbezüglichkeit der Erfahrung nennen wollen. [...] An jeder Erfahrung machen wir nämlich eine Erfahrung über diese Erfahrung. [...] Zugleich macht der Erfahrende auch eine Selbsterfahrung: Er erfährt etwas über seine Verhaltensweisen und lernt etwas über künftige Verhaltensweisen. Erst in dieser Rückwendung der Erfahrung auf sich selbst, die zugleich ein Wandel unseres

Erfahrenkönnens ist, liegt die eigentlich belehrende Kraft der Erfahrung" (Buck 1989: 3 f.).

Michael Göhlich (2007) weist auf eine wichtige Unterscheidung zwischen Lernen und Erfahrung hin:

„[…] zwischen Erfahrung und Lernen [besteht] ein brüchig spiralförmiges Verhältnis. Die Erfahrung liefert – in einem Zugleich von Aktivität und Passivität – das spannungsreiche Doppel aus lebensweltlich und systematisch Früherem, das im Lernen insbesondere mittels Beachtung der Negativität […] bearbeitet und letztlich zu einer auf neue Weise in sich geschlossen erinnert werden könnender Erfahrung geführt wird" (Göhlich 2007: 198).

Zusammengefasst gesagt geht es um Veränderungen, die durch Erfahrungen zustande kommen, wobei ebenso wie bei den Erfahrungen Lernzusammenhänge das folgende Lernen steuern und damit einen Prozess markieren. Lebensgeschichtliches Lernen hat also mit der Person und ihren Erfahrungen zu tun, bedeutet Veränderung im Prozess auch mit anderen Personen und insbesondere mit Fremdem, unterliegt der Zusammenhangs- und Sinnbildung und ist von sozialen und kulturellen Einflüssen gerahmt (vgl. auch von Felden 2008a).

3. Methodisches Vorgehen zur Rekonstruktion von Lernprozessen über die Lebenszeit

Bevor ich zur Rekonstruktion von Lernprozessen komme, seien zunächst die wichtigsten Kategorien des narrationsstrukturellen Verfahrens nach Schütze vorgestellt. Wie gesagt, Fritz Schütze hat zusammen mit Werner Kallmeyer in den 1970er Jahren eine erzähltheoretische Fundierung des narrativen Interviews vorgenommen (vgl. Kallmeyer/Schütze 1977). Diese frühen Texte, die als Grundlage der Narrationsanalyse nach Schütze immer noch Gültigkeit haben, zeigen das grundlegend empirische Vorgehen an. Die Autoren strebten an, „die allgemeinsten Kategorien kognitiver Strukturen der Sachverhaltsdarstellung […] aus konversationsanalytisch unmittelbar greifbaren empirischen Phänomenen natürlicher Interaktionssequenzen zu gewinnen: nämlich aus den aktuell ablaufenden Darstellungs*aktivitäten* und Darstellungszwängen der Interaktionspartner" (ebd.: 251; Hervorhebung im Original).

Fritz Schütze hat sich in seiner Arbeit grundlegend durch die phänomenologisch orientierte Soziologie nach Alfred Schütz, den aus der Chicagoer Schule und der Rezeption des Sozialphilosophen George Herbert Mead hervorgegangenen Symbolischen Interaktionismus, die Ethnomethodologie und der Grounded Theory nach Anselm Strauss und Barney Glaser inspirieren lassen. Er teilt mit diesen Ansätzen die Annahme, dass die soziale Wirklichkeit nicht außerhalb des Handelns der Gesellschaftsmitglieder existiert, sondern jeweils im Rahmen kommunikativer Interaktionen hergestellt wird. Damit ist seine Forschung im Sinne der Unterscheidung der Arbeitsgruppe Bielefelder Soziologen (1976) dem Interpretativen Paradigma zuzuordnen. Der Ansatz des Interpretativen Paradigmas führt in der Forschung dazu, an der Alltagswelt der Betroffenen und damit an den Erfahrungen der Personen anzusetzen, so dass Schütze den Zugang über das Erzählen suchte.

> „Erzählungen (Geschichten) sind im Alltag ein allgemein vertrautes und gängiges Mittel, um jemandem etwas, das uns selbst betrifft oder das wir erlebt haben, mitzuteilen. […] Insofern kann also von Erzählen als ‚elementarer Institution menschlicher Kommunikation', als alltäglich eingespielter Kommunikationsform gesprochen werden" (Schütze 1987: 77).

Schütze spricht davon, dass er in seinen Forschungen eine „erstaunliche Geordnetheit der formalen […] Verrichtung des autobiographischen Stegreiferzählens" (Schütze 1984: 80) festgestellt habe. Es handelt sich darum, dass jedes Erzählen, das er vom Beschreiben und Argumentieren als unterschiedliche *Sachverhaltsdarstellungen* unterscheidet, sich an grundlegenden *Kognitiven Figuren* und den *Zugzwängen des Erzählens* ausrichtet. Schütze unterscheidet in seinen erzähltheoretischen Überlegungen folgende Kognitive Figuren: 1. Biographie- und Ereignisträger, 2. Ereignis- und Erfahrungsverkettung; 3. Situationen, Lebensmilieus und soziale Welten sowie 4. die Gesamtgestalt der Lebensgeschichte" (ebd.: 81). Im Rahmen der Ereignis- und Erfahrungsverkettung erarbeitet Schütze darüber hinaus vier Prozessstrukturen des Lebensablaufs und beschreibt damit vier Grundhaltungen, in denen Personen Phasen ihrer Biographie wahrnehmen und sie entsprechend darstellen: 1. Biographische Handlungsschemata, 2. Institutionelle Ablaufmuster, 3. Verlaufskurven und 4. Wandlungsprozesse.[1]

Weiterhin weisen alle Sachverhaltsdarstellungen so genannte Zugzwänge auf, die darin bestehen, dass jede Darstellung eine Auswahl der Inhalte voraussetzt, für das Verständnis auf bestimmte Details angewiesen ist und eine abgeschlossene Gestalt annimmt. Schütze unterscheidet den Detaillierungszwang, den Gestaltschließungszwang und den Relevanzfestlegungs- und Kondensierungszwang. Grundannahme ist, dass die Erzählenden in einer Stegreiferzählung in die Dynamik eines Erzählvorgangs eingebunden werden, die nicht mehr gesteuert werden kann von momentanen Absichten einer Selbstdarstellung. Da die Erzählenden über den Aufbau ihrer Erzählung in der Situation nicht reflektieren, werden sie aufgrund der Selbstläufigkeit des Erzählvorgangs in die Zugzwänge des Erzählens verstrickt. Das führt dazu, dass von der situativen Selbstdarstellung relativ unabhängige, für die Identität des Erzählers fundamentalere Ebenen bereits abgearbeiteter Erfahrung freigesetzt werden (vgl. Bohnsack 2003: 94).

Diese Kategorien verhelfen dazu, narrative Interviews vor allem anhand ihrer Erzählstrukturen und ihrer sprachlichen Gestalt und nicht nur anhand des erzählten Inhalts zu re-

---

[1]   1. Biographische Handlungsschemata: Die Personen empfinden das eigene Leben als planbar und haben den Eindruck, das Leben „in der Hand zu haben". Biographische Handlungsschemata repräsentieren das intentionale Prinzip des Lebensablaufs. 2. Institutionelle Ablaufmuster: Die Personen sehen sich normativen Erwartungen der Gesellschaft oder bestimmter Institutionen gegenüber, denen sie entsprechen wollen. Institutionelle Ablaufmuster repräsentieren das normativ-versachlichte Prinzip des Lebensablaufs. 3. Verlaufskurven: Die Personen sehen sich Ereignisverkettungen gegenüber, auf die sie keinen Einfluss haben. Verlaufskurven stehen für das Prinzip des Getriebenwerdens bzw. für Prozesse des „Erleidens". 4. Wandlungsprozesse: Die Personen stellen Veränderungen fest, die ihren Ursprung in ihrer ‚Innenwelt' haben. Die Entfaltung der Veränderungen ist aber im Gegensatz zu Handlungsschemata überraschend, und die Personen erfahren sie als systematische Veränderung ihrer Erlebnis- und Handlungsmöglichkeiten (vgl. Schütze 1981).

konstruieren. Als Soziologe ist Fritz Schütze an der Verbindung von Darstellung und Dargestelltem interessiert, ein Gedanke, der sich bereits bei dem Soziolinguisten Labov in seinem Aufsatz „Transformation" (1972) findet. Dieser ging davon aus, dass die Reihenfolge der Sätze im Text mit der chronologischen Reihenfolge der dargestellten Ereignisse übereinstimmt. Fritz Schütze nun spricht von einer Homologie der *Struktur* des Erzählens und des Erlebens. D. h. seiner Auffassung nach reproduzieren Menschen, die über eigene Erlebnisse erzählen, diese in der Erzählung so, wie sie sie erfahren haben. Voraussetzung dafür ist, dass die Erzählung eine *Stegreiferzählung* ist, d. h. der Erzähler oder die Erzählerin soll keine „kalkulierte, vorbereitete bzw. zu Legitimationszwecken bereits oftmals präsentierte Geschichte" (Schütze 1984: 78) darbieten. Ist das gegeben, so wird der Informant sich „dem narrativen Strom des Nacherlebens seiner Erfahrungen" (ebd.) überlassen, so Schütze.

Natürlich existieren eine Reihe weiterer erzähltheoretischer Figuren, die für die Analyse von Erzähltexten herangezogen werden können. Ich erwähne an dieser Stelle die doppelte Zeitperspektive in Erzählungen, die als erzählte Zeit und als Erzählzeit thematisiert wird (vgl. Martínez/Scheffel 2009: 119-123).[2] Die doppelte Zeitperspektive des Erzählens meint, dass die Interviewten aus ihrer aktuellen Sicht über sich selbst in der Vergangenheit erzählen. D. h., dass das *erzählende Ich* der aktuellen Zeit das *erzählte Ich* der Vergangenheit als erinnerten Handlungsträger darstellt. Grundsätzlich kennt das erzählende Ich den weiteren Verlauf des Geschehens ausgehend von der Vergangenheitssituation, und so wird die Auswahl des zu Erzählenden von der aktuellen Sicht geprägt. Dennoch ist die Frage, wie das *erzählende Ich* die Vergangenheit darstellt, entweder in der Perspektive der *erzählten Zeit* als Zeit, in der sich das Geschehen abspielte, oder in der Perspektive der *Erzählzeit*, also aus dem Hier und Jetzt. Die Vergangenheit kann anschaulich dargestellt werden, wenn die Perspektive der erzählten Zeit gewählt wird. Dann wird das Geschehen häufig reinszeniert durch wörtliche Rede und Dialogwiedergabe, szenisches Präsens, Reaktualisierungen der deiktischen Erlebnisperspektive und der früheren Wahrnehmungs- und Wissensbasis wie durch einen hohen erzählerischen Auflösungsgrad (vgl. Lucius-Hoene/Deppermann 2004: 228-236). Damit ist es möglich, verschiedene Zeitdimensionen in *einem* Interview zu erfassen.

Die entscheidende Frage für diesen Beitrag lautet nun, inwiefern sich Lern- und Bildungsprozesse anhand des narrationsstrukturellen Verfahrens und weiterer erzähltheoretischer Figuren herausarbeiten lassen (vgl. von Felden 2008b). In Anlehnung an den oben dargestellten Lernbegriff geht es grundsätzlich darum, wie sich Veränderungen, die durch Erfahrungen zustande kommen, und Prozesse, in denen Erfahrungen folgende Erfahrungen bedingen, als Hinweise auf Lernprozesse in den Erzählstrukturen zeigen. Freilich handelt es sich dabei noch nicht um ein abschließend theoretisch und empirisch fundiertes Instrumentarium. Teilweise liegen dafür bereits Vorschläge vor und teilweise unterbreite ich diesem *work in progress* weitere Vorschläge. Lern- und Bildungsprozesse lassen sich der Struktur nach festmachen …

---

[2]   Es ergeben sich weitere Forschungsaufgaben, andere erzähltheoretische Figuren für die Analyse von Lern- und Bildungsprozessen fruchtbar zu machen.

a) an der Kognitiven Figur der Ereignisverknüpfung oder der Prozessstrukturen,
b) an der Kognitiven Figur des Biographieträgers bzw. des/der Erzählenden,
c) an der doppelten Zeitperspektive des Erzählens.

Zu a) Wie Marotzki in seiner Habilitationsschrift (1990) begründet hat, lassen sich im Wechsel von Prozessstrukturen Lern- und Bildungsprozesse struktural verorten. Indem sich offensichtlich die Haltungen des Biographieträgers oder der Biographieträgerin verändern, passiert dort etwas in ihren Einstellungen, so dass hier Hinweise auf Lern- und Bildungsprozesse vorliegen. Insbesondere geht es bei Marotzki (1990) und auch bei Alheit (1993) um grundlegende Veränderungen der Einstellungen. Während Marotzki Bildungsprozesse als Wechsel von Welt- und Selbsthaltung definiert, spricht Alheit von transformatorischen Lernprozessen (Alheit 1993). Beide können diese in den Strukturen narrativer Interviews nachweisen, insbesondere in Wandlungsprozessen oder auch im Wechsel von Prozessstrukturen (vgl. auch Illeris 2006).

Zu b) Heidrun Herzberg (2004) hat ein Konzept des biographischen Lernhabitus entwickelt, in dem sie das Habituskonzept nach Pierre Bourdieu biographietheoretisch fasst: Die in der Kindheit verinnerlichten sozialen Strukturen prägen nachfolgend sowohl die Verarbeitung gesellschaftlicher Einflüsse als auch die inneren Verarbeitungsprozesse und die individuelle Erfahrungsaufschichtung. Der Lernhabitus sei ein „Produkt inkorporierter sozialer Strukturen, zugleich aber auch das Erzeugungsprinzip biographischer Lern- und Bildungsprozesse" (ebd.: 15). Dieser Ansatz bietet Anregungen, die kognitive Figur des Biographieträgers unter lerntheoretischen Aspekten zu analysieren, da Herzberg den Lernhabitus anhand folgender Analysekategorien entwickelt: Bildungsaspirationen, biographische Lern- und Verarbeitungsstrategien, Deutungshoheit, Wertorientierungen, biographische Reflexivität. So kann der Zusammenhang zwischen dem Lernhabitus des Biographieträgers und seinen Wahrnehmungen von Ereignissen oder seinen Deutungen als Grundlage von Lernbereitschaft, Lernstrategien, Reflexivität und Wertorientierungen aufgezeigt werden.

Zu c) Die doppelte Zeitperspektive in Erzählungen bietet ebenfalls Anhaltspunkte dafür, ob Lernprozesse vorliegen oder nicht. Die Veränderungen in der Zeit fungieren als Hinweis auf Lern- und Bildungsprozesse, so dass in der Analyse der doppelten Zeitperspektive Veränderungen in der Sicht der Erzählenden, mithin Lernprozesse zu bestimmen sind.

Während sich grundlegende Änderungen in den Welt- und Selbsthaltungen der Erzählenden häufig leichter in den Strukturen nachweisen lassen, ist das Thema „Nichtlernen" als extremer Gegenpol grundlegender Veränderungen strukturell schwerer zu fassen. Da kaum von einer absoluten Nichtveränderung in einer Biographie ausgegangen werden kann, ist „Nichtlernen" eher im Sinne von Gegenwehr, Widerstand oder Blockaden zu verstehen und bezieht sich jeweils auf bestimmte Situationen (vgl. Illeris 2006). Zudem ist davon auszugehen, dass spezifisches „Nichtlernen" für die Erzählenden bestimmte Funktionen erfüllt, die wiederum unterschiedliche Lernfreisetzungen nach sich ziehen. Zwischen transformatorischen Lernprozessen bzw. Bildungsprozessen und so genanntem „Nichtlernen" zeigen sich auf unterschiedlichen Ebenen Lernprozesse. Hier besteht die Aufgabe, die unterschiedlichen Ebenen oder Ausformungen dieser Lernprozesse zu erfassen und zu beschreiben.

4. Beispiele

Im Folgenden möchte ich kurz auf exemplarische Beispiele eingehen, die dazu dienen können, das oben Dargelegte zu veranschaulichen.

4.1. Wechsel der Prozessstruktur

Im Rahmen des Projektes „Lernprozesse über die Lebenszeit" lässt sich an einem Interview eine Veränderung der Selbstsicht des Protagonisten durch den Wechsel der Prozessstruktur von der Verlaufskurve zum biographischen Handlungsschema nachweisen. Der Erzähler Wolfgang Timme überwindet seine Alkoholsucht, indem er durch den Tod des Vaters und seine mangelnde Hilfe für die Eltern angestoßen wird, für sein Leben wieder Verantwortung zu übernehmen. Er aktiviert dabei seine früh angelegten Wertorientierungen, für seine Überzeugungen einzutreten. Wolfgang Timme gehört zur 1968er Generation, die als Schüler, Jugendliche und Studenten politisch sozialisiert wurden und insbesondere in Auseinandersetzung mit der Vergangenheit der Eltern im Nationalsozialismus ihre Wertorientierungen ausbildeten. Aufgrund von verschiedenen Lebens- und Arbeitszusammenhängen (u. a. Alkohol-„Sozialisation" als Bauarbeiter, Pleite der Baufirma, kurze Arbeitslosigkeit, Alkoholabhängigkeit, Scheidung, Trennung von den Kindern) flüchtet er aus institutionellen Bezügen und verbringt zwei Jahre auf der Walz (ohne Zunftorganisation), d. h. er arbeitet in verschiedenen Städten als Maurer und lebt teils bei Bekannten, teils im Obdachlosenmilieu, er trinkt weiter und gibt das verdiente Geld schnell wieder aus. Diese Lebensphase hat verlaufskurvenartige Züge, er verliert zunehmend sein Handlungsschema, lässt sich treiben und lebt von einem Tag in den anderen. In dieser Lebensphase erkrankt der Vater ernsthaft und Timme entscheidet, zu seinen alten Eltern zurückzukehren, um ihnen zu helfen.

> A: „... dann war ich n paar Jahre ganz uf Strecke .. und bin dann nach Hause gekommen als der Vater alt war, krank war... dacht ich, muss ich den alten Leuten n bisschen helfen .. auch wenn da die Kommunikation schlecht war, ham se sich ja doch einige Jahre um mich gekümmert .."

> I: „mhm"

> A: „so muss man sich auch kümmern .. völlig in die Hose gegangen, völlig (leicht betont) in die Hose gegangen. Ich bin .. morgens um drei besoffen aus der Kneipe nach Hause gewackelt, um fünf Uhr is der Vater gestorben, um zehn Uhr hat die Mutter mich wach gekriegt, um mir mitzuteilen, der Vater is tot. .. So hab ich denen geholfen ... War für mich der Kick zu sagen, Junge so kann's nicht weiter gehen, Ende mit Suff ... War schwer die erste Zeit, so ganz dann auf der Baustelle, so .. ziemlich alleine ohne irgendwelche therapeutische Unterstützung.[...] .. tja musste erst der Vater für sterben." (Zeilen 126-145)

Dieses Geschehen nimmt Wolfgang Timme wahr als Auslöser für eine Wende. Es gelingt ihm in der folgenden Zeit, seine Alkoholsucht zu überwinden und handlungsfähig zu werden.

> A: „Jo und dann hab ich, öhh .. nu rief der (Vorname eines Freundes) aus Berlin an, der war immer noch hier und meinte, Werkschule Berlin Ausbildungswerk Kreuzberg die suchen gute Handwerker, Ausbildung von Jugendlichen, von Gestrandeten. Naja, dat lag mir ja immer irgendwie bisschen nahe, schon aus den Zeiten vom Georg von Rauch-Haus und SJSZ, det war det zweite selbstverwaltete Jugendzentrum in Berlin dat Schöneberger Jungarbeiter und Schülerzentrum. Jo und da hab ich mich einfach hingesetzt mich in (Großstadt A) angemeldet und noch mal Handwerksprüfung gemacht, Meisterprüfung und bin damit dann wieder nach Berlin gezogen, im Ausbildungswerk Kreuzberg mitgearbeitet. ... Und dann kriegte ich leider Krebs. Dann war ich erst mal en Jahr lang wieder außer Betrieb. Wie sagte der Urologe so schön Herr (Nachname des Interviewten), entweder gehen sie diese Woche noch unter's Messer oder Sie suchen sich in nem halben Jahr n warmen Platz im Ofen (lacht gedrückt).“
> I: „hmm“
> A: „Dat puh (atmet aus), dat war net so ganz einfach, da war man, hatten Kneipen auf einmal wieder so warme Lichter, och noch, hab ich mich durchgebissen. Weiß ich, wer da noch die Hand über mich gehalten hat.“ (Zeilen 147-166)

Durch Arbeits- und Weiterbildungszusammenhänge sowie durch Unterstützung von Freunden und Arbeitskollegen entwickelt er Handlungsorientierungen und Selbstdisziplin, so dass selbst die danach folgende Krebserkrankung ihn nicht wieder rückfällig werden lässt. In einer späteren Reflexion evaluiert er:

> A: „Mhm, dat äh is einfach ja äh die Erkenntnis, du kommst nach Hause, willst eigentlich dem alten Mann helfen, et war eigentlich schiere Heuchelei, sicher net in der Absicht, aber in dem wat de gebracht hast. Dat äh nee, dat dat war mir irgendwie, war ich mir selbst zuwider in dem Moment.“ (Zeilen 1328-1331)

Für Wolfgang Timme ist der Tod des Vaters Anstoß, sich nicht weiterhin gehen zu lassen und wieder eine eigenverantwortliche Person zu sein. Sein Selbstbild ist durch die Diskrepanz von Absicht und Umsetzung gestört gemäß seinem normativen Grundsatz, für die eigenen Überzeugungen einzutreten, so dass von dieser Negativität ausgehend eine grundlegende Veränderung der Selbstsicht einsetzt und er durch diesen Bildungsprozess eine neue Handlungsfähigkeit zu entwickeln vermag (vgl. auch von Felden 2009).

4.2. Doppelte Zeitperspektive

Im Rahmen des Projekts „Transitionen: Übergänge vom Studium in den Beruf“ lässt sich in einem Interview anhand des Vergleichs von Erzählzeit und erzählter Zeit eine gleich bleibende Perspektive der Erzählerin auf das Geschehen ausmachen und damit auf eine Nichtveränderung der Haltung. Das ist insofern von Bedeutung, als in der Zwischenzeit eine formale Statuspassage absolviert wurde, die aber offensichtlich keine Veränderung der Einstellung der Erzählerin nach sich gezogen hat. Die Protagonistin, Frau P2, schildert den Beginn ihrer Studienzeit an der Universität sehr anschaulich und in reinszenierter Form:

A: „Ich bin also an die Uni, hab nach langem Hin und Her, weil auch damals war schon nicht ganz so einfach 'n Zweitstudium, also was man alles brauchte, zu beginnen. Und das erste Semester begann damit, dass meine Tochter stürzte, ein Gipsbein hatte, und ich dachte: ‚Na ja, ist ja nicht so tragisch. Kannst ja immer irgendwann an die Uni gehen' und ging also, es waren so dreieinhalb, vier Wochen nach Semesterbeginn, fuhr ich also dann ganz mutig – es war schon 'n komisches Gefühl – ich war ja auch älter und dachte ‚Wo ist denn das alles?' und die Uni viel größer wie so 'ne FH. Die FH, und besonders [Ort a], war ja *extrem* [betont] verschult. Ganz klein. Ja? Und also da hätten Sie zehn Mal [Ort a] nach [Ort b] bringen können, so ungefähr von der Größe her. Na ja, ich hab dann aus dem Stundenplan da irgendwas rausgefunden, was sich da irgendwie einordnen ließ zu meinem Halbtagsjob und zu den Kindern und kam da hin, machte die Tür auf, da saßen die da und da war da 'n Dozent und ich wollte mich da rein schleichen und dann sagte der: *‚Was wollen Sie denn hier?'* [etwas barsch] Das war der Herr [A]. […]
Ich dachte, pfff also ich dachte halt, man geht da rein und da quatscht der einen an. Ja? Ich war doch gerade froh, dass ich die Tür gefunden hatte. Ja, dann sagt sage ich ‚Ja, ich ich wollte hier studieren, erstes Semester.' – ‚Ja wollen Sie auch 'n Schein machen?' – ‚Ja.' – ‚Ja dann sind Sie zu spät.' – ‚Zu spät? Für was? Weil ich jetzt fünf Minuten zu spät bin?' –
I: ‚Hm.'
A: „‚Nee, aber Sie haben drei Wochen verpasst und damit ist diese die Anwesenheitspflicht abgegolten.' – ‚Gut, darf ich mich trotzdem setzen?', weil ich dachte ‚Okay, ich muss mich jetzt mal setzen'. Jetzt hab ich ja auch frei genommen und hmm. So. Das war der Pädagoge, Herr [A]. Ich war, also so war kein Ingenieur jemals in meinem ganzen Ingenieur-Studium. Nicht so wie der Pädagoge [A]. Ja? Ich war zutiefst beeindruckt oder eher entsetzt natürlich. Na? Und es ereilte mich des Öfteren, muss ich ganz ehrlich sagen. Also die Ingenieure sind manchmal so 'n bisschen natürlicher." (Zeilen 156-192)

Frau P2 schildert den Beginn ihres Studiums an der Universität, der etwa 11 Jahre zurückliegt, indem sie erzählt, wie sich ihre erste Begegnung mit einem Dozenten zugetragen hatte. Deutlich ist ihre Empörung, dass man so mit ihr umgehen konnte. In zunehmend isochroner Zeitgestaltung schildert sie ihre damalige Befindlichkeit, realisiert einerseits ihre Verunsicherung und andererseits ihre Leistung, als Ältere, als Berufstätige und als Mutter nun ein Zweitstudium an einer Universität aufnehmen zu wollen. Ihre damalige Erlebnisperspektive bestimmt weitgehend das Erzählen, wie an der wörtlichen Rede und der Wiedergabe des Tonfalls zu erkennen ist. Interessant ist, dass es keine Infragestellung der damaligen Perspektive gibt. Immerhin kennt sie die Regeln der Universität nicht und sie ist es, die zu spät kommt. Sie rahmt die Geschichte als eine Geschichte der Empörung über das Verhalten des Dozenten und setzt die Pointe im Missverstehen des „zu spät". In ihrer Erzählung geht sie in selbstverständlicher Weise von ihrer Perspektive aus, die in der erzählten Zeit dieselbe ist wie in der Erzählzeit. Ganz offensichtlich bedeutet die Begegnung mit der Universität für Frau P2 eine Konfrontation mit einer für sie fremden Kultur, die sie so nicht erwartet hatte. Die Regeln dieser für sie fremden Institution wehrt sie ab und rekurriert auf ihre eigenen Maßstäbe, die aus ihren Erfahrungen an der Fachhochschule und ihren beruflichen und familiären Erfahrungen resultieren. Sie konstruiert eine Abwehr gegen das Neue, das negativ bewertet wird, um sich und ihre Maßstäbe nicht zu verändern. Im gesamten Interview wird deutlich, dass diese Einstellung gegenüber universitärer Kultur und Denkweise auch in der Erzählzeit noch anhält. Dass sie auf anderen Ebenen dennoch dazulernt, liegt daran, dass sie auch in der Universität ein Lernfeld findet, das ihren Lernerfahrungen des mimetischen, emotionalen Lernens in Interaktionen entspricht (vgl. auch von Felden 2010).

4.3. Veränderungen im Rahmen grundlegender Lernhabitus

Im Rahmen des Projektes „Biographische Lern- und Bildungsprozesse am Beispiel der Professionalitätsentwicklung von Lehrenden in Pflegeberufen"[3] konnte festgestellt werden, dass biographische Basisdispositionen als inkorporierte Strukturen biographischer Sozialisationserfahrungen in entscheidender Weise das Selbstbild der Biographieträger prägen und beim Aufbau des Professionalitätsverständnisses wirksam werden. Im Vergleich zweier Gesamtformungen wird deutlich, dass der Protagonist Burckhardt erfahren hat, nur auf sich als Individualist zu vertrauen, und dass sich dieser Lernhabitus auf seine beruflichen Wertorientierungen auswirkt, indem er sich kaum auf Lehrer-Schüler-Interaktionen einlässt und auch von seinen Schülern vor allem Eigeninitiative und eigenständiges Lernen erwartet. Der Protagonist Hiltmann hingegen hat in seiner Großfamilie ein Gemeinschaftsprinzip internalisiert und arbeitet auch als Lehrer vorwiegend kooperativ und in Interaktionen mit seinen Schülern. Lernerfahrungen und Entscheidungen für neue Herausforderungen werden von beiden im Sinne des identitätsstiftenden Lernhabitus umgesetzt, wobei es je nach Situation zu einschränkenden oder erweiternden Gestaltungsmöglichkeiten kommt.[4]

5. Schluss

Narrative Interviews als autobiographische Stegreiferzählungen bieten eine Textbasis, an der Identitätsbildungsprozesse und von daher auch längerfristige Lern- und Bildungsprozesse aus den Strukturen des Erzählens heraus gearbeitet werden können. Es geht darum, dieses empirische Instrumentarium, nämlich Lern- und Bildungsprozesse an Erzählstrukturen festzumachen, über die vorliegenden Vorschläge hinaus weiter zu verfeinern. Damit wäre es möglich, auf empirischer Basis das Phänomen des Lebenslangen Lernens genauer aufzuschlüsseln.

---

[3]   Ich danke Frau Bettina Ostermann-Vogt, dass sie mir die im Rahmen ihrer Dissertation erarbeiteten Ergebnisse zur Verfügung gestellt hat.

[4]   Die Gesamtformung setzt mehrere Auswertungsschritte voraus, die im Rahmen dieses Beitrages nicht im Einzelnen belegt werden können, vgl. Ostermann-Vogt (2011).

Literatur

Alheit, Peter (1993): Transitorische Bildungsprozesse. Das „biographische Paradigma" in der Weiterbildung. In: Mader, Wilhelm (Hg.): Weiterbildung und Gesellschaft. 2., erw. Auflage. Bremen: Universität Bremen, 343-418.

Arbeitsgruppe Bielefelder Soziologen (1976): Kommunikative Sozialforschung. München: Fink.

Beck, Ulrich/Giddens, Anthony/Lash, Scott (1996): Reflexive Modernisierung. Eine Kontroverse. Frankfurt/Main: Suhrkamp.

Bohnsack, Ralf (2003⁵): Rekonstruktive Sozialforschung. Einführung in qualitative Methoden. Opladen: Leske + Budrich.

Buck, Günther (1989): Lernen und Erfahrung – Epagogik. Darmstadt: WBG.

Dilthey, Wilhelm (1970): Der Aufbau der geschichtlichen Welt in den Geisteswissenschaften. In: Gesammelte Schriften, Band VII, 5. Auflage. Stuttgart & Göttingen: Vandenhoeck & Ruprecht.

Felden, Heide von (2008a): Zum Lernbegriff in biographietheoretischer Perspektive. In: Egger, Rudolf/Haring, Solveig/Mikula, Regina/Pilch Ortega-Hernández, Angela (Hg.): Orte des Lernens. Wiesbaden: VS Verlag für Sozialwissenschaften , 47-58.

Dies. (2008b): Lerntheorie und Biographieforschung. Zur Verbindung von theoretischen Ansätzen des Lernens und Methoden empirischer Rekonstruktion von Lernprozessen über die Lebenszeit. In: Dies. (Hg.): Perspektiven der erziehungswissenschaftlichen Biographieforschung. Wiesbaden: VS Verlag für Sozialwissenschaften, 109-128.

Dies. (2009): Überlegungen zum theoretischen Konzept des Lebenslangen Lernens und zur empirischen Rekonstruktion selbstbestimmten Lernens. In: Alheit, Peter/Dies. (Hg.): Lebenslanges Lernen und erziehungswissenschaftliche Biographieforschung im europäischen Diskurs. Wiesbaden: VS Verlag für Sozialwissenschaften, 157-174.

Dies. (2010): Lernprozesse in Transitionen: Subjektive Konstruktionen in strukturellen Übergangsprozessen. In: Dies./Schiener, Jürgen (2010): Transitionen – Übergänge vom Studium in den Beruf. Zur Verbindung von qualitativer und quantitativer Forschung. Wiesbaden: VS Verlag für Sozialwissenschaften, 184-202.

Frisch, Max (1964): Mein Name sei Gantenbein. Frankfurt/Main: Suhrkamp.

Göhlich, Michael (2007): Aus Erfahrung lernen. In: Göhlich, Michael/Wulf, Christoph/Zirfas, Jörg (Hg.): Pädagogische Theorien des Lernens. Weinheim & Basel: Beltz, 191-202.

Göhlich, Michael/Zirfas, Jörg (2007): Lernen. Ein pädagogischer Grundbegriff. Stuttgart: Kohlhammer.

Herzberg, Heidrun (2004): Biographie und Lernhabitus. Eine Studie im Rostocker Werftarbeitermilieu. Frankfurt/Main & New York: Campus.

Illeris, Knut (2006): Das „Lerndreieck". In: Nuissl, Ekkehard (Hg.) Vom Lernen zum Lehren. Bielefeld: Bertelsmann, 29-41.

Kallmeyer, Werner/Schütze, Fritz (1977): Zur Konstitution von Kommunikationsschemata der Sachverhaltsdarstellung. In: Wegner, Dirk (Hg.): Gesprächsanalysen. Hamburg: Helmut Buske Verlag, 159-274.

Labov, William (1972): The Transformation of Experience in Narrative Syntax. In: Labov, William (Hg.): Language in the Inner City. Studies in the Black English Vernacular. Philadelphia: University of Pennsylvania Press, 354-396.

Ders./Waletzky, Joshua (1973): Erzählanalyse: mündliche Versionen persönlicher Erfahrung. In: Ihwe, Jens (Hg.): Literaturwissenschaft und Linguistik, Bd. 2. Frankfurt/Main: Fischer Athenäum Taschenbuch Verlag, 78-126.

Lucius-Hoene, Gabriele/Deppermann, Arnulf (2004[2]): Rekonstruktion narrativer Identität. Ein Arbeitsbuch zur Analyse narrativer Interviews. Wiesbaden: VS Verlag für Sozialwissenschaften.

Martínez, Matías/Scheffel, Michael (2009[8]): Einführung in die Erzähltheorie. München: C. H. Beck.

Marotzki, Winfried (1990): Entwurf einer strukturalen Bildungstheorie. Weinheim: Deutscher Studien Verlag.

Neumann, Michael (Hg.) (2000): Erzählte Identitäten. München: Fink.

Ostermann-Vogt, Bettina (2011): Biographisches Lernen und Professionalitätsentwicklung: Lernprozesse von Lehrenden in Pflegeberufen. Wiesbaden: VS Verlag für Sozialwissenschaften.

Rosenthal, Gabriele (2005): Interpretative Sozialforschung. Eine Einführung. Weinheim & München: Juventa.

Sacks, Harvey/Schegloff, Emanuel A./Jefferson, Gail (1978): A Simplest Systematics for the Organization of Turn Taking for Conversation. In: Schenkein, Jim (Hg.): Studies in the Organization of Conversational Interaction. New York: Academic Press, 7-55.

Schütze, Fritz (1981): Prozeßstrukturen des Lebenslaufs. In: Matthes, Joachim (Hg.): Biographie in handlungswissenschaftlicher Perspektive. Nürnberg: Verlag der Nürnberger Forschungsvereinigung, 67-156.

Ders. (1984): Kognitive Figuren des autobiographischen Stehgreiferzählens. In: Kohli, Martin/Robert, Günther (Hg.): Biographie und soziale Wirklichkeit. Stuttgart: Metzlersche Verlagsbuchhandlung, 78-117.

Ders. (1987): Das narrative Interview in Interaktionsfeldstudien. Erzähltheoretische Grundlagen. Studienbrief der Fernuniversität Hagen. Hagen: Fernuniversität.

Erzählen lernen und Selbstkonzept.
Zur pädagogischen Bedeutung narrativer Fähigkeiten[1]

Peter Gansen

> *Es sind mehrere Bilder, die einer für ein eigenes Leben braucht,*
> *und wenn er sie früh findet, geht nicht zuviel von ihm verloren.*
> *(Elias Canetti)*
> *They learn, that is, to ‚narrativize' their experience.*
> *(Katherine Nelson)*

1.   Sprache und Selbstkonzept in der frühen Kindheit

Der Einfluss der sprachlichen Interaktion auf die Entwicklung des Selbstkonzepts wurde in entwicklungspsychologischen Untersuchungen bereits für das früheste Kindesalter untersucht. Auf dieser Grundlage lässt sich feststellen,

> „[…] that language, in the various ways it is understood, plays a fundamental role in the actual construction of selfhood […] that through language speakers come to construct and deploy ever changing subjectivities" (Budwig 2000: 197).

Mit dieser Position geht eine Betrachtung der Sprache als Mechanismus einher, die sich bei Vertretern des sozialen Konstruktivismus in der Tradition von Mead und Wygotski findet. Die Entwicklung des Individuums ist aus dieser Perspektive in Prozessen der sozialen Erfahrung zu verstehen, und zwar von dem Ausgangspunkt her, dass die Wirklichkeit durch Sprache und Kommunikation erst konstruiert wird – oder anders: „It is through language that the world is given its form" (ebd.: 199). Die sprachliche Entwicklung erst biete dem Kind damit auch die Möglichkeit der Selbstreflexivität als Grundlage des Selbstkonzepts. Selbstverständlich beeinflusst die konkrete Sprachkultur, in die das Kind hineinwächst, die sprachliche Aneignung der Wirklichkeit und damit auch die Konstruktion des Selbst(konzepts):[2]

---

[1]   Dieser Beitrag beruht auf Arbeiten aus einem umfangreichen Forschungsprojekt, das bereits an anderer Stelle als Qualifiationsarbeit publiziert wurde (vgl. Gansen 2010). Einzelne Abschnitte aus dieser Publikation werden hier – stark gekürzt und überarbeitet – wiederverwendet.

[2]   Nancy Budwig spricht in der Regel von *self,* allerdings geht aus ihren Ausführungen eine Auffassung dieses Begriffs hervor, die etwa dem entwicklungspsychologischen Verständnis des Selbstkonzepts entspricht; dieses kann hier zunächst definiert werden als die Wahrnehmung der eigenen Person durch selbstbezogene Überzeugungen (vgl. Neisser 1988), die auf verschiedenen Dimensionen des Selbst (wie ökologisches, interpersonelles, biographisches, privates) beruhen (vgl. ebd.). Nach dem Eintritt in die Schule wird das so genannte *academic self* – schulisches oder „Fähigkeitsselbstkonzept" bedeutsam. Es gibt ferner die aufschlussreiche Diffe-

„The process of becoming a competent member of society is realized to a large extent through language, by acquiring knowledge of its functions, social distribution, and interpretation in and across socially defined situations" (Miller 1990 zit. n. Budwig 2000: 200).

Dabei ist die aktive und kreative Rolle zu betonen, die das Kind als kultureller Akteur bei der Entwicklung sozialen Verstehens und Selbstverstehens hat. Diese Prozesse gilt es dann im konkreten alltäglichen Gebrauch der Sprache herauszuarbeiten. In einer interessanten Studie untersucht Budwig diese Frage und vergleicht an der sprachlichen Interaktion zwischen Kleinkindern (von ein bis drei Jahren) und ihren Müttern bzw. Erzieherinnen die (pro)nominale Bezugnahme auf sich selbst und auf andere in einer US-amerikanischen und einer deutschen ‚Probandengruppe'. Es werden Unterschiede zwischen den Kindern in Bezug auf egozentrische Rede- bzw. Kommunikationsweisen deutlich („ego-anchored" vs. „nonego-anchored child"). Bei den amerikanischen Kleinkindern fand sich eine tendenziell häufigere Ich-zentrierte Ausdrucksweise („I", „My", „My own" etc.) und direkten Ich- und Du-Bezug in der Kommunikation, bei den deutschen Kindern und Bezugspersonen häufiger der Bezug auf die dritte Person und ein unpersönliches „man". Hier zeigen sich Unterschiede darin, wie das Selbst als Ich-Identität und in seiner Bezogenheit auf sich und andere sprachlich realisiert wird – diese kulturellen und sprachstrukturellen Unterschiede werden noch weiter differenziert in einer Studie mit japanischen Kindern, bei der sich ein wieder anderes, bei weitem weniger ichbezogenes und stärker gemeinschaftsbezogenes „Selbst-Verständnis" herausstellte.

Um genauer zu untersuchen, wie sich Kinder die konkreten (sub)kulturellen Alltagspraktiken und ‚Sprachspiele' ihrer Umgebung aneignen und für die Entfaltung des eigenen Selbstkonzepts nutzen, gilt es

„[…] to better understand how children make use of the discourse available to them. The one point that becomes clear is hat children do not integrate discourse around in any straightforward and passive way. What is needed is a better understanding of the similarities and variations to be found in children's indexing self when examined in light of variations found in the system they hear" (Budwig 2000: 213).

Ein linguistischer Zugang, der vorwiegend grammatikalische und sprachtypologische Aspekte untersucht, um entwicklungspsychologische Schlussfolgerungen zu ziehen, ist für das Verständnis der frühesten Selbstkonzeptentwicklung auf dem basalen Sprachniveau von Kleinkindern unter drei Jahren sicher sinnvoll. Um zu erforschen, welchen Einfluss die Sprache und die sprachliche Sozialisation auf das Selbstkonzept im weiteren Verlauf der Kindheit hat, müsste der theoretische und methodische Fokus aber deutlich erweitert werden. Sicher markiert die Verwendung von Personalpronomen Fortschritte in der kognitiven Entwicklung sowie im sozialen Verstehen und Selbstverstehen. Es ist aber davon auszugehen, dass die Bedeutung von grammatikalischen Strukturen (und Defiziten) mit zunehmender Entwicklung von Kognition und Sprache abnimmt und dass bei wachsendem individu-

---

renzierung von *ideal self* und *ought self,* also Konzepte dessen, was eine Person nach eigener Überzeugungen sein sollte oder Ideal- und Wunschvorstellungen, was sie gerne wäre (vgl. auch Oerter 2002).

ellen Ausdrucksvermögen und zunehmender Komplexität der sprachlichen Äußerungen im Verlauf der Kindheit andere Gegenstandsbereiche und Interpretationsinstrumente gefunden werden müssen, um die Weiterentwicklung sprachlicher Identitätskonstruktionen untersuchen zu können. Gerade der Umgang mit metaphorischen Konzepten und damit mit kulturtypischen Narrationsweisen der alltagssprachlichen Umwelt zeigt sich hierbei als besonders aufschlussreich (vgl. Gansen 2010). – Doch zunächst kommen wir zur Entwicklung eines biographischen Ich-Bewusstseins aufgrund der Erzählfähigkeiten.

2. Zur Entwicklung biographischen Erzählens im Vorschulalter

Richten wir den Blick über die frühe Kindheit und die Anfänge verbaler Kommunikation hinaus, denn wäre zu fragen, wie sich das sprachliche Ausdrucksvermögen auf die weitere Entwicklung des Selbstkonzepts auswirkt, also welche Möglichkeiten der Selbstreflexion und welche Vorstellungen von Ich-Identität sich im Verlauf der Kindheit herausbilden. Wir wissen, dass sich das Selbstkonzept im Verlaufe des Lebens verändert und sich in bestimmten Entwicklungsphasen typische Ergänzungen, Differenzierungen und potenzielle Widersprüche ergeben; für das Vor- und Grundschulalter ist beispielsweise anzunehmen, dass das Fähigkeits-Selbst eine besondere Bedeutung gewinnt. Im Laufe des Lebens beruhen das Selbstkonzept und die Konstruktion der eigenen Identität immer stärker auf der Rekonstruktion von Erinnerungen in Vorstellungsbildern und Erzählungen relevanter Ereignisse und Episoden. Diese sind zum einen stets wandelbar und durch die Gegenwart beeinflusst und erfahren zum anderen durch das wiederholte Erinnern und Erzählen eine Verfestigung, so dass sich das Selbst auch in Form einer Biographie oder ‚Lebensgeschichte‘ gestaltet bzw. erfährt:[3]

> „This idea suggests that verbal representations of shared experiences of the past by parents or others evoke internal verbal (or perhaps imagery) representations of the self in the past on the part of the child. Memory serves as source for the representations – internal or external – [...] To talk about the personal past requires, first, the retrieval of some bits of memory – whether fragments or organized events – and, second, the ability to represent these bits – to rearrange and reconstruct them – *in verbal form*" (Nelson 2007: 188; Hervorhebung P. G.).

Aufgrund umfassender Studien zur Sprachentwicklungsforschung (Nelson 1989, 1996) ist also davon auszugehen, dass die Sprache eine ‚Motor-‚ bzw. ‚Katalysatorfunktion‘ nicht nur bei der kognitiven Entwicklung hat, sondern auch bei Entwicklung einer eigenen Biographie; denn die Sprache stellt einen neuen Modus des Encodierens von Erinnerungen

---

[3] John Paul Eakin macht in „Making Selves. How our lifes become stories" (1999) anhand der Gedächtnisforschung darauf aufmerksam, „that past experience is necessarily – both psychological and neurologically – constructed anew in each memory event or act of recall" (Eakin 1999: 107). Die Entwicklung des Selbst hängt für ihn untrennbar mit dem Spracherwerb zusammen; denn die Dimensionen des semantischen, prozeduralen und episodischen Gedächtnisses seien immer sprachabhängig. Sprache und Selbst könnten mithin nicht getrennt voneinander betrachtet werden, denn sie seien „mutually implicated in a single, interpedent system of symbolic behaviour" (ebd.: 106).

bereit, liefert die narrative Struktur, mit der wir aus einem Ereignis eine Geschichte machen können und bietet die Möglichkeit, Erinnerungen wiederherzustellen, die ohne Verbalisierung vergessen würden.

Memory talk und die „dritte Stimme"

Die Narrationen von selbstbezogenen Erinnerungen (*memory talk*) bei Kindern zeigen, wie eng die im Vorschulalter entstehenden Fähigkeiten, autobiographische Erinnerungen abzurufen und zu erzählen, mit der Herausbildung des Selbst zusammenhängen; aufgrund dieser Forschungsperspektive bevorzugt Nelson den Begriff „Selbstverstehen" (*self understanding*) gegenüber Selbstkonzept (*self concept*). Nelson beschreibt drei Phasen oder Niveaus der kindlichen Entwicklung des Selbstverstehens: Physisch und Sozial, Kognitiv und Repräsentationell, Narrativ und Kulturell (vgl. Nelson 2002: 243). Von den ersten Anfängen, in denen die Kleinkinder auf Bezugspersonen angewiesen sind, die das Erzählen über Vergangenes anregen, gelangen die Kinder zu einer geübten Erinnerungs- und Erzählpraxis, welche die Voraussetzung für die Entstehung des autobiographischen Gedächtnisses ist. Beim Eingebundensein in das gemeinsame Erzählen in der Familie können Kinder eigene Erinnerungen rekonstruieren, mit anderen teilen und aufbewahren.[4]

Im Vorschulalter differenzieren sich beim Kind im Zuge der Entwicklung einer *Theory of Mind* das alltagspsychologische Verstehen sowie Fähigkeiten der Perspektivübernahme (vgl. Astington 2000; Astington/Baird 2005). Während dieser Entwicklungsphasen lernen sie durch die Steigerung ihrer narrativen Fähigkeiten auch, ihre Vergangenheit gedanklich zu organisieren und so ein höheres Niveau des „Selbstverstehens" zu erreichen; der Versprachlichung von persönlich relevanter Erinnerung durch die Kinder kommt bei der Entwicklung der Identität (oder der verschiedenen Dimensionen des ‚Selbstkonzepts') also eine Schlüsselrolle zu – es geht für sie darum, „to talk about – and to remember – their experience in specific ways: They learn, that is, to ‚narrativize' their experience" (Nelson 1996: 170). Diese Narrationsformen, die dem Kind ermöglichen, sich selbst als ein kontinuierliches Ich mit einer bestimmten einzigartigen Vergangenheit zu erfassen, werden in zunehmendem Maße durch die Umwelt beeinflusst. Nachdem das Kind im persönlichen Bezug diese Grundfertigkeiten des Erinnerns und Erzählens erlernt und dadurch Identitätsvorstellungen entwickelt hat, nimmt die Bedeutung der sozialen und kulturellen Umgebung zu: Die Formen des Familienlebens und bedeutsame Familiengeschichten sowie Wertvorstellungen und Alltagspraktiken der erweiterten sozialen Umgebung (*cultural scripts*) prägen das Erzählen über das Selbst – und schließlich tragen auch Erfahrungen in Institution (wie Schule, Gemeinde, Vereine usw.) zur sozialen Konstruktion der Identität bei (vgl. Nelson 2002).

Soziologen trennen in diesem Zusammenhang gerne zwischen primärer und sekundärer Sozialisation, wobei diese Unterscheidung in vielen Entwicklungsbereichen nicht klar

---

[4] Diese Entwicklungen sind nur im Zusammenhang mit dem sozialen *setting* zu verstehen; denn der *memory talk* ist zunächst immer von den erwachsenen Bezugspersonen initiiert und wird von Kleinkindern nach und nach mehr mitgestaltet. Entsprechend der Theorie der sozialen Interaktion (vgl. Nelson 1993) ist davon auszugehen, dass Kinder im Vorschulalter lernen, sich auf neue Weise und mit neuen Funktionen zu erinnern, und diese Entwicklung beruht auf der Konversation mit Erwachsenen – so zeigen sich auch Unterschiede in diesen Fähigkeiten je nachdem wie oft, wie engagiert und sprachlich gewandt (*elaborated*) z. B. Mütter im memory talk sind (vgl. Nelson/Fivush 2004).

zu treffen ist: Der Anthropologe Crapanzano (1990) legt dagegen überzeugend dar, wie eng verwoben diese Bereiche in Bezug auf die Entwicklung sind und dass in den Eltern-Kind-Dialogen des Vorschulalters immer eine „*dritte Stimme*" anwesend ist – die Stimme der umgebenden Kultur, die durch die Stimme der Eltern und Bezugsperson spreche. Das autobiographische Gedächtnis entwickelt sich nicht nur abhängig von der sozialen Sprachpraxis, sondern auch im Kontext einer Kultur, die ihren Mitgliedern eine individuelle Lebensgeschichte abfordert. Kulturelle Überlieferungen tradieren immer auch Idealmodelle des Lebens, denen die Individuen zu entsprechen versuchen bzw. die mit jeder Lebensgeschichte reformuliert und bestätigt wird, die an diesen Modellen orientiert ist (vgl. Nelson 2002: 256 f.).

Es ist im vorliegenden Zusammenhang wichtig, auf die Funktion einer schrittweisen Entwicklung der hier erläuterten Erinnerungs- und Erzählfähigkeiten hinzuweisen: Diese dienen nicht nur unserem ,Selbstverstehen' – oder nostalgischen Verklärungen –, sondern sind vor allem auf die Gegenwart und die Zukunft gerichtet, d. h. auf die Lösung von Problemen und die Antizipation der nächsten Schritte in unserem Alltagshandeln sowie der anstehenden Entwicklungsaufgaben bei Kindern (vgl. Nelson 1989, 2002). Gerade die Erforschung von metaphorischen Konzepten könnte in diesem Zusammenhang interessant sein: Nelson betont ausdrücklich, dass sich Kinder, Eltern und Pädagogen „innerhalb einer *gesellschaftlichen Textur von Metaphern und Narrativen* bewegen" (Nelson 2002: 258). Eine Analyse der selbstbezogenen Sprache nach der kognitiven Metapherntheorie (vgl. Lakoff/Johnson 1998) im weiteren Lebenslauf verspricht folglich interessante Einblicke in die ,Identitätsarbeit' von Kindern und Jugendlichen. Ein solcher Ansatz könnte eine geeignete Perspektive bieten, um im Anschluss an die *Theory of Mind* einerseits so genannte „underlying conceptual categories" herauszuarbeiten und andererseits die geforderte komplementäre Perspektive von sozialer Konstruktion, Sprachinput und kulturellem Kontext im Blick zu behalten (s. o.); denn in persönlich bedeutsamen Metaphern spiegelt sich gerade dieses Wechselspiel aus individueller Perspektive und sozial bzw. kulturell vorgegeben Ausdrucksmöglichkeiten und -gepflogenheiten.

3. Biographisches Wissen: Selbst-Erzählung in Lebensmetaphern

Metaphern können Erzählungen sein, „die sich als Einzelwort maskieren" (Konersmann: 2008: 17). Das gilt auch – oder gerade – für Metaphern, die Lebensgeschichte(n) repräsentieren – also Erzählungen strukturieren, die der biographische Selbstreflexion dienen. In der Biographieforschung ist man bereits in den 1980er Jahren in narrativen Interviews auf die Metaphorizität von Lebensbeschreibungen gestoßen und stellte nicht nur fest, dass „biographische Erfahrungs- und Wissensbestände metaphorisch präsentiert werden können" (Straub/Sichler 1989: 221), sondern dass bestimmte Metaphern oft zentral für das Verständnis einer biographischen Erzählung sind. Jürgen Straub (1989, 1998) hat solche kondensierten Sprachbilder oder Metaphernkonzepte auch als „*Daseinsmetaphern*" bezeichnet. Diese seien als „umfassende und komplexe sprachliche Repräsentationsformen und Deutungsmuster eines gelebten oder auch eines nur vorgestellten Lebens" (Straub/Sichler 1989: 231) zu verstehen. Für die qualitative Forschung stelle sich dann die Frage, „[...] auf welche Weise metaphorische Redewendungen biographisch relevante Erfahrungen und damit verbundene subjektive ‚Wissensbestände' (Orientierungen, Deutungsmuster etc.) zur Sprache bringen" (ebd.: 225).

Der kognitive Akt der lebensgeschichtlichen Selbstthematisierung eines Subjektes besitzt einen konstruktiven Charakter. Diese Konstruktionen sind uns in erster Linie in sprachlicher Form verfügbar; unser vergangenheitsbezogenes Selbst- und Wirklichkeitsverständnis konstruieren wir wesentlich im Medium der Sprache. Die sprachlichen Konstrukte der Lebensgeschichte sind stark von den jeweils aktuellen Orientierungen, Perspektiven und Relevanzsetzungen abhängig; d. h. sie sind revidierbar und werden aufgrund des jeweils gegenwärtigen Welt- und Selbstbildes umgewertet und verändert – sie sind also durch ‚Nachträglichkeit' im Sinne Freuds gekennzeichnet: Eine Lebensgeschichte ist immer ein vorläufiger Text, „den ein reflexives Subjekt zu einem bestimmten Zeitpunkt im Rückblick auf sein gelebtes Leben produziert" (ebd.: 224). Dazu kommt die das Selbstkonzept mitprägende Interaktion mit der Umwelt; denn die subjektiven Konstruktionen der Biographie sind notwendigerweise sozial vermittelt; d. h. der Sinn, den ein Individuum in Prozessen der sprachlichen Selbstthematisierung seinem Leben gibt, ist immer auch das Produkt einer kommunikativ strukturierten, sozialen Praxis.

Das ‚gelebte Leben' ist folglich nur als sprachabhängige Erinnerung zugänglich, die immer schon als (re-)konstruktive Interpretation verstanden werden muss. Interessant ist im Zusammenhang dieses Bandes zum Verhältnis von Erzählen und Lernen an Straubs Arbeiten vor allem, dass er den biographisch relevanten Metaphern nicht nur eine retrospektive Funktion einräumt, sondern auch eine prospektive Reflexions- und Handlungsrelevanz. Diese These legt für die Erziehungswissenschaft eine Erforschung von metaphorischen Lebensentwürfen und Zukunftsvorstellungen von Kindern und Jugendlichen nahe. Lakoff und Johnson haben bereits (1980) in „Metaphors we live by" deutlich gemacht, dass der Begriff ‚Leben' einen solchen Abstraktionsgrad hat, dass er eigentlich nur über Metaphern zu erfassen ist. Wir betrachten wichtige Lebenserfahrungen oft mit Hilfe bestimmter metaphorisch strukturierten Denk- und Sprechweisen. Autobiographische Erinnerungen können, wenn sie in einer solchen thematischen Verdichtung auftreten, also auch als Lebensmetaphern verstanden werden, als „‚metaphors we live by' since they can be used as meaningful source domains from which we can conceptualize and (re)interpret the past, construct meaning in the present, and explore an unknown future" (Barclay/Smith 1990 zit. n. Kineke 1996: 58). Beispielsweise das LEBEN ALS WEG/REISE aufzufassen, die auf ein bestimmtes Ziel ausgerichtet ist, ist eines der vorherrschenden metaphorischen Konzepte und bildet ein umfassendes sinnvolles (bzw. sinnstiftendes) Bildfeld:[5]

Wir können uns Zwischenziele setzen, um so langfristige Ziele in Etappen zu erreichen, wir können Hindernisse umgehen und die Führung anderer annehmen; eine ziellose Reise, ein Umherirren, könnte wiederum Leben ohne Sinn verbildlichen usw. Es ergeben sich durch diese systematische Verknüpfung von Erfahrungsbereichen eine Reihe von Vorstellungsbildern, ein umfangreiches Bildfeld von Wegmetaphern: Ich als Reisender, Lebensziele sind Reiseziele, Schwierigkeiten sind Hindernisse, Entscheidungen sind Wegkreuzungen, Ratgeber oder Vorbilder sind Führer, es gibt Lebens(abschnitts)gefährten usw.

---

[5] Zum Begriff des Bildfeldes vgl. Weinrich (1976).

(vgl. Kineke 1996: 25 f.). Die Metapher LEBEN ALS REISE kann gleichermaßen wichtige Ziele wie Fortschritte oder Schwierigkeiten illustrieren und damit ‚denkbar' machen. Es lassen sich enge Zusammenhänge zwischen den Erkenntnissen der kognitiven Metaphern-theorie einerseits und der Selbstkonzeptforschung sowie der Erforschung des autobiogra-phischen Gedächtnisses andererseits aufzeigen.

Bei der Untersuchung autobiographischer Erinnerungsprozesse hat sich gezeigt, wie diese „are driven by self-schemata"; sie beruhen auf Fakten, die Prozesse der Interpretation erfahren haben und in ein bestimmtes (Selbst-)Schema eingepasst wurden – „into a con-sistent story or schema" (Barclay zit. n. ebd.: 55). Es lässt sich dann eine ‚Hierarchie' von Kategorien des autobiographischen Gedächtnisses annehmen. Auf dem höchsten Ab-straktionsgrad dieser befinden sich so genannte „mood tones", also bestimmte Stimmungen, emotionale und werthafte Etikettierungen von Ereignissen, auf den folgenden Ebenen fin-den sich „Themen" und „Unterthemen" bestimmte konsistente wiederkehrende Lebensthe-men. Autobiographische Erinnerungen, wie sie mit Hilfe von Lebensmetaphern erfasst werden, können auf dieser zweiten Ebene angesiedelt und damit der Kategorie „Themen" als „coherent directions or unifying aspects of life" (Linton 1986: 57) zugeordnet werden.[6] Die Erforschung autobiographischen Gedächtnisses hat ergeben, „that most autobiographi-cal memories are reconstructions of past episodic events" (ebd.). Diese Rekonstruktionen werden durch *self-schemata* geleitet, um Kohärenz und Plausibilität herzustellen, d. h. sie stellen, insbesondere in der literarischen Form der Autobiographie, ‚Artefakte' dar, die er-zeugt werden, um so gut wie möglich die gegenwärtige Sicht über das eigene Selbst wie-derzugeben.

Wenn autobiographische Erinnerungen und Lebenserfahrungen sich in Lebensmeta-phern gleichsam kondensieren lassen, dann sollten diese auch einen geeigneten Gegenstand darstellen, um jene empirisch zu erfassen und analysieren; denn sie eignen sich nicht nur zur Repräsentation komplexer Wissensbestände, die sich auf das Individuum beziehen (also bspw. seines Selbstkonzepts), sondern sind selbstverständlich auch kultur- und subkultur-spezifisch. Metaphorische Konzepte entstammen häufig basalen leiblichen und kulturellen Erfahrungen (bspw. Fortbewegung, Gleichgewicht, Nahrungsaufnahme); durch diesen (un-) mittelbaren körperlich-physischen Erfahrungsbezug ist einerseits eine Nähe zum Selbst wie auch zur Umwelt gegeben, andererseits über die historische Situiertheit und die Kulturspe-zifität auch die Einbindung in größere soziale Zusammenhänge. Es zeigt sich in den Ergeb-nissen empirischer Studien zu Metaphern des Selbst, wie notwendig diese sind, um einen so komplexen Wissensbestand wie das Selbst überhaupt der Reflexion und Kommunikation zugänglich zu machen.

Wendet man die hier aufgegriffenen Forschungsperspektiven insbesondere auf Kinder und Jugendliche an, dann geht es nicht nur darum, retrospektiv individuelle Selbst-Erfahr-ungen zu reflektieren, sondern auch deren Konzepte für ihre zukünftige Lebensgestaltung zu erforschen, die Eigenschaften ihrer Pläne, Ziele, Zukunftsvorstellungen, Wünsche, Phan-tasien und Utopien zu untersuchen. Eine solche Sichtweise sucht also auch nach der zu-kunftsgewandten prospektiven Funktion symbolischer Ausdrucksformen im Denken, Spre-chen, Erzählen und Schreiben von Kindern und Jugendlichen.

---

[6] Aus pädagogischer Sicht bietet sich der Bezug zu den „*Handlungsleitenden Themen*" in der Kindheit an (vgl. Bachmair 1994).

4. Metaphorische Konzeptualisierungen in selbstbezogenen Texten von Kindern und Jugendlichen

Die Metaphernsprache in biographischen Texten von Kindern und Jugendlichen ist bisher nicht erforscht worden. Es wäre für eine Reihe von erziehungswissenschaftlichen Fragen der Kindheits- und Jugendforschung interessant zu analysieren, welche Rolle Metaphern bei der Verbalisierung von selbstbezogenen Denkweisen und Lebensentwürfen zukommt. Das Potenzial eines solchen Ansatzes kann im vorliegenden Beitrag an einem Einblick in zwei schriftliche Materialien nur ausschnitthaft und exemplarisch angedeutet werden.

Zukunftstexte Jugendlicher

Das erste Datenmaterial sind „Zukunftsaufsätze", die im Rahmen der 2001 durchgeführten, umfangreichen Studie „null Zoff und voll busy" vom Siegener Zentrum für Kindheits-, Jugend- und Biographieforschung (SiZe) erhoben wurden. In dieser Studie wurden 8.000 Kinder und Jugendliche im Alter von 10-18 Jahren in Nordrhein-Westfalen befragt, um ein (Selbst-)Portrait der „ersten Jugendgeneration des neuen Jahrtausends" zu zeichnen (vgl. Zinnecker et al. 2002). Nach einem umfangreichen Fragebogen mit Fragen zu verschiedensten Lebensumständen, Meinungen, Werthaltungen usw. sollte ein kurzer Aufsatz geschrieben werden, das Thema hieß: „Wie stelle ich mir meine persönliche Zukunft vor? Meine Wünsche, Hoffnungen, meine Sorgen und Ängste." Etwa 1.300 Kinder und Jugendliche kamen dieser Aufforderung nach. Einige kurze Ausschnitte aus diesen Aufsätzen vermitteln einen Eindruck von den Zukunftsvorstellungen der Schülerinnen und Schüler.[7]

Beispiel 1
„Ich stelle mir mein *Leben eigentlich recht geregelt* vor. Ich denke ich werde meine Ausbildung als Dachdecker zuende machen. [...] Dann denke ich werde ich meine Freundin Heiraten, langsam mal mit der *Familienplanung* anfangen. *Wenn das auch geregelt ist und einen guten Lauf nimmt*, werde ich mir ein schönes *normales Häuschen* bauen, mir vielleicht einen schönen *BMW holen* und mein leben mit der Arbeit und der Familie versuchen zu genießen. Ich hoffe *wenn es so klappt* (biologisch) werde ich auch gern 2 Kinder haben wollen! Ich werde viel *Zeit in meine Familie investieren* und natürlich *auch in die Arbeit*! Ich will *viel Spaß in meinem Leben haben*, [...] *meiner Frau und meinen Kindern (mir auch) ein schönes und unbeschwertes Leben zu machen*. [...]"
(Junge, 16 Jahre)

Beispiel 2
Lehre machen,
Meister machen,
Betrieb aufmachen,
Familie gründen,
Haus haben o. bauen,

222

Spaß haben, in Ruhe
Sterben.
(Junge, 17 Jahre).

Beispiel 3
„Wie ich mir meinen *Lebensweg* vorstelle? Um ehrlich zu sein, habe ich mir seit dem 2.
Schuljahr alles *ausgemalt*! Und ich befinde *mich* noch immer *auf dem besten Weg*, mein
Ziel zu erreichen […]. Über Kinder, Ehe und solche Sachen habe ich noch nicht nachge-
dacht, denn 1. *geht mir meine Karriere über fast alles* und 2. kommt es anders als man
denkt! […] ich denke, dass wenn man sich *etwas so Wichtiges in den kopf gesetzt* hat, dann
werde ich *alles daran setzten*, mein Ziel zu erreichen. […] Es ist so, dass wenn ich mir Mühe gebe und so motiviert bin, eher eine reelle Chance habe, *mein Leben selbst in die Hand
zu nehmen*, als jemand, der gewohnt ist, sich *durch faules ‚Rumsitzen' und Glück durchs
Leben zu schlagen*."
(Mädchen, 15 Jahre)

Beispiel 4
„[…] Ich hoffe das ich später ein *geregeltes Leben* habe mit einen guten Job hab. Natürlich
möchte ich einen gut bezahlten Job haben, aber so *wie die Lage aussieht* ist es sehr schwer
einen guten Job zubekommen. Aber das wär mir egal hauptsache ich *führe eine Betätigung
aus*. Ich gehe jetzt auch schon Arbeiten, nicht weil ich es muss oder nötig habe, sondern
weil ich *nicht Knapsen will* und gerne Klamotten kaufe und Rauche. […] Und *nicht jeden
Pfennig 2x umdrehen muss*. Ich möchte auch erst Kinder bekommen wenn ich *dem Kind eine Zukunft bieten* kann. Denn Leute die *ein Kind oder mehr in die Welt setzen* wo man heute schon weiß das die Kinder *keine Zukunft haben* kann ich nicht verstehen! Leute die
<u>nichts</u> in den großen ‚Pott' einzahlen können meiner Meinung nach auch <u>nichts</u> rausneh-
men. […] *Ätzend!* So viele Leute müssen betteln […] und andere bekommen *das Geld in
den Arsch geschoben*. So etwas darf es nicht geben. Das Leute die *zu Faul sind ihren Arsch
zu bewegen* noch von denen die ihr Lebenlang arbeiten Geld bekommen. […] *So was ist
der Hammer!!!!!* Die *Leute sind sich zu fein Drecksarbeit* zu machen, deßhalb kommen so
viele Außländer nach Deutschland, denn *Arbeit gibt es genug* […] Jobs, […] die *gibt es an
jeder Ecke*! Und wegen solcher Leute ist *meine Zukunft gefährdet*. Aber ich werde *alles
drum geben es richtig* bzw anders *zu machen*!!!!!"
(Mädchen, 16 Jahre)

Kommentar
In den Gesellschaften der frühindustrialisierten Länder haben in den vergangenen Jahrzehnten erhebliche Wandlungsprozesse stattgefunden. Diese Entwicklungen und Tendenzen
werden in einschlägigen modernisierungstheoretischen Diskursen unter Begriffen wie Individualisierung und Flexibilisierung (vgl. Sennett 1998), „Risikogesellschaft" (Beck 1986),
oder „Multioptionsgesellschaft" (Gross 1995) beschrieben und diskutiert. Auch in der so-
zialwissenschaftlich orientierten Familien-, Kindheits- und Jugendforschung werden diese
Veränderungsprozesse seit den 1980er Jahren intensiv erforscht. Eine veränderte Kindheit
und Jugend zeigt sich auch darin, dass die Anforderungen an den Einzelnen im Hinblick

auf eine autonome und flexible Lebensgestaltung gestiegen sind. ‚Individualisierung' als eine der Schlüsselkategorien unserer Zeit bedeutet für die Heranwachsenden einerseits eine Zunahme von Freiheiten und Möglichkeiten, zugleich aber auch die Bürde, solche Spielräume auch individuell zu nutzen und eigenständig eine erfolgreiche Biographie zu ‚gestalten'. Jugendliche müssen heute mit vielfältigen „Diffusionserscheinungen" fertig werden (vgl. Ziehe 2005). So verwundert es nicht, dass die „alltäglichen Stabilisierungssehnsüchte" groß sind und sich ein Grundbedürfnis zeigt „für sich selbst verlässliche lebensweltliche Strukturen und Orientierungsrahmen zu finden" (ebd.: 5). Betrachtet man die oben zur Sprache gekommenen exemplarischen Zukunftsvorstellungen, lässt sich die Suche nach stabilisierenden Ordnungen auch in metaphorischen Konzepten der Jugendlichen wieder finden und schon in diesem kleinen Ausschnitt an einer Reihe von Beispielen nachvollziehen. Diese ergänzen und illustrieren das Bild, das in sozialwissenschaftlichen Untersuchungen über diese Jugendgeneration gezeichnet und schlagwortartig mit „null zoff & voll busy" überschrieben wird (s. o.). Die Jungen und Mädchen dieser Jugendgeneration werden darin als „pragmatische Ordnungssucher" und „effiziente Schnäppchenjäger" gekennzeichnet. Sie seien darauf bedacht, Ordnungen und Ordnungsmöglichkeiten zu entdecken und aufrechtzuerhalten und gingen positiv und bildungsambitioniert daran, alle sich bietenden Erfolg versprechenden Chancen zu nutzen. Diese Einstellungen kommen unter einem metaphernanalytischen Fokus leitbildartig in den Blick.

Schon bei einer ersten Durchsicht durch den Textkorpus fällt auf, dass die Sprache in den Zukunftsaufsätzen von vielen *Weg-Metaphern* gekennzeichnet ist, die schon in diesen kurzen Auszügen zahlreich zu finden sind. Dies ist insofern nicht überraschend, als dies eines der häufigsten Konzepte ist, nach denen wir uns in der westlichen Kultur das Leben vorstellen; auch legt eine Aufgabenstellung, die nach den Zukunftsvorstellungen der Kindern und Jugendlichen fragt, dieses Konzept sowie ‚standardmäßige' Implikationen und Themenfelder nahe (Lebens*lauf*, Lebens*abschnitte*, Berufs*laufbahn*, Familien*planung*). Betrachten wir ein solches Material unter dem Blickwinkel der metaphorischen Konzeptualisierung, lassen sich übergreifenden Charakteristika entdecken und unter erziehungswissenschaftlichen Aspekten interpretieren. Die vorherrschenden – und insgesamt charakteristischen – metaphorischen Konzepte in den Zukunftsaufsätzen sind eindeutig von einer Orientierung an *Geradlinigkeit, Regelhaftigkeit, Sicherheit* und *Normalität/Normorientierung* geprägt.

Aus den Ausführungen vieler Texte ergibt sich die selbstverständliche Konzeptualisierung einer normierten, erfolgreichen Standardbiographie mit einer entsprechenden metaphorischen Bildlogik: Ziele setzten, einen Plan machen. Ziele erreichen, beruflicher Aufstieg und finanzielle Absicherung, Stabilisierung des Wohlstands etc. Wenn man nur alles „geplant" hat und die Ziele „ergreife", und es „richtig macht", „läuft", „klappt", „funktioniert" alles und laufe „geregelt", nehme „seinen Lauf" und werde „fertig". Dabei gäbe es gewisse „eigene Gesetze" des Lebens, die man nur beachten müsse, um diese Vorstellungen in die Tat umzusetzen. Demgegenüber grenzt man sich vehement gegenüber denjenigen ab, die diese Regeln nicht befolgen bzw. die redliche Regelbefolgung anderer ausnutzen, um sich passiv „durch faules Rumsitzen und Glück durchs Leben schlagen" (vgl. Bsp. 3 und besonders deutlich Bsp. 4). Die Heranwachsenden machen selbstverständlich explizit, dass ihnen die „Karriere über fast alles" gehe oder man sich den erfolgreichen Lebensweg schon „*seit dem zweiten Schuljahr ausgemalt*" habe; dabei gehe es darum, sich etwas „*Wichtiges in den Kopf*" zu setzen und alles für die Zielerreichung zu tun. Die Ziele und Möglichkeiten werden als direkt greifbar konzeptualisiert, die es nur „*in die Hand zu nehmen*" gelte. Ausgesprochen wichtig ist den Jugendlichen die Vorstellung, eine aktive Kontrolle über ihr zukünftiges Leben zu bekommen und Sicherheit und Stabilität (von Ort, Beziehungen, Finanzen etc.) zu gewährleisten. Die extreme Ordnungsfixierung und Standardisierung bekommt teilweise komische Züge, wenn die Jugendlichen in eine fast technokratische Sprache verfallen (*„meine Zukunftspläne liegen weitgehend vor*", „*ich führe eine Betätigung aus*")* oder in äußerst knapp verdichteter Form eine erfolgreiche Normbiographie vorlegen, die mit den Verben „*machen*", „*gründen*", „*bauen*", „*haben*", „*(in Ruhe) sterben*" auskommt – eine fast schon lyrische Pointierung eines standardisierten Lebenslaufes (siehe auch Schreibweise Bsp. 2).

Angesichts der oben skizzierten gesellschaftlichen Entwicklungen kann die hier herausgearbeitete Haltung, wenn sie in der ‚Reinform' wie in einem erheblichen Anteil der Zukunftsaufsätze auftritt, als problematisch beurteilt werden; denn die Ungewissheiten und Unwägbarkeiten der Modernisierung, die solche traditionalistischen Auffassungen des Lebenslaufes in Frage stellen, werden weitgehend ignoriert. Andererseits kann diese eindimensionale und stromlinienförmige Suche nach dem „richtigen Weg" auch als eine Bewältigungsstrategie verstehen, mit den vielen Unsicherheitsfaktoren umzugehen. Betrachtet man den selbstverständlichen Optimismus, die Leistungsorientierung und die Vorstellung einer völlig selbstbestimmten Lebensplanung und -gestaltung, ergeben sich vordergründig Widersprüche zu der von Geffert (2006) herausgearbeiteten Einstellungen zur Schule, die benachteiligte Schülerinnen und Schüler aus Haupt- und Berufsschulen generiert haben; denn diese hatten eine ausgesprochen passive Haltung zur Institution Schule gezeigt, in der sie sich „[…] als passiv Erlebende wahrnehmen – von der Versorgung mit ‚Lernstoff' und ‚Sachen' durch ihre Lehrer" (ebd.: 265). Zugleich hatten sie die Schule als Repräsentantin der gesellschaftlichen Anforderungen in einer Reihe (weiterer) negativer Konzepte beschrieben (Last/Druck, Kampf, Arbeit, Regelsystem).

Vergleich man die dort gefundenen prägenden metaphorischen Konzepte mit den hier vorliegenden, finden sich letztlich die gleichen Themen wieder; denn nach Interpretation dieser Schulmetaphernstudie hat sich dort auch die bittere Einsicht gezeigt, dass die von den Jugendlichen (re-)konstruierte ‚eigene Welt' der Schule zwar teilweise nach anderen Regeln funktioniert, dass sie letztlich aber die wesentlichen Werte und Anforderungen der Welt ‚da draußen' vermittelt. Man könnte daraus schließen, dass die Mehrheit der Schülerinnen und Schüler sich diese Werte zu eigen macht bzw. sich notgedrungen mit ihnen arrangiert. Die Herausforderungen, die durch Leistungsdruck sowie durch die Widersprüche aus den idealen Vorstellungen und realen Hindernissen im Blick auf eine erfolgreiche Normalbiographie entstehen, werden als selbstverständlich hingenommen – wobei ihnen diese Widersprüche, wenn überhaupt, nur in Ahnungen bewusst sind und nur in Ausnahmefällen verbalisiert werden können (*„Sorgen darum alles auf die Reihe zu bekommen*", „*mich trotzdem nicht zu verlieren*").

Wie oben dargelegt, drückt sich Identität auch in Form von ‚Daseins-, oder Lebensmetaphern aus; metaphorische Konzepte strukturieren unser implizites Wissen über die Welt und uns selbst im Rahmen unserer symbolischen Umwelt mit. Wobei an dem hier analysierten Material die normierenden Auswirkungen der kulturellen und sprachlich-narrativen Einflusssphäre deutlich werden. Es zeigt sich, dass die metaphorischen Selbstkonstruktionen Jugendlicher wenig individualisiert sind, sondern stark in kulturelle Codes und Stereotype eingebunden sind bzw. aus diesen abgeleitet werden. Bestimmte Ausdrucksformen für biographisches Erzählen sind offensichtlich stark normiert durch die Leitbilder, denen die Kinder und Jugendlichen in Familie, Schule und Medien begegnen. Jugendliche suchen auch in ihrem metaphorischen Denken und Sprechen nach stabilisierenden Ordnungen, und versuchen, mit Hilfe bestimmter kulturell und sozial geprägter Deutungsmuster ihrer symbolischen Umwelt die (riskante) Zukunft zu antizipieren, metaphorisch zu konzeptualisieren und damit buchstäblich ‚in den Griff‘ zu bekommen.

Kindergedichte

Im Zusammenhang mit Fragen der Identität und der (Weiter-)Entwicklung des kindlichen Selbstkonzepts wurde in empirischen Studien mit Daten aus mündlicher Kommunikation (Nelson 1996; Gansen 2010) schon die Bedeutung von metaphorischen Vorstellungsbildern und Narrationen herausgearbeitet. Aber auch Kindertexte können eine interessante Grundlage für die Untersuchung von (selbstbezogenen) Sprachbildern bieten. Die folgenden Kindertexte stammen aus dem Kontext der schreibdidaktischen Arbeit mit Grundschulkindern von dem Deutschdidaktiker Michael Ritter (2008).[8] Der Impuls, der die Kinder zu den vorliegenden Texten inspirierte, war „Das Freudenlied des Tsoai-Talee" von N. Scott Momaday:

Ich bin wie ich bin
Ich bin der Wind, der die Zweige bewegt.
Ich bin der Titel eines Buches.
Ich bin der Regen, der die Pflanzen sprießen lässt.
Ich bin ein Pferd, das läuft ohne nachzudenken.
Ich bin die Sonne, die zuerst den Tag ankündigt.
Ich bin der Mond, der abends am Himmel steht.
Ich bin ein Jungtier, das verletzlich ist.
Ich bin ein Fuchs, der nachdenkt bevor er geht.
Ich bin ein Bücherwurm, der die Bücher durchkreuzt.
Ich bin der Morgentau, der auf der Wiese liegt.
Ich bin das Wasser, das getrunken wird.
Ich bin dein Freund, wenn du mich gut behandelst.
Ich bin ich, und nur ich ändre was daran.
(Alexandra, 10 Jahre)

---

[8] Nach diesen schreibdidaktischen Konzepten werden Kindern „Schreibspielräume" eröffnet, um kreative Schreibprozesse auszulösen, in denen vor allem über spielerische und ästhetische Zugänge die Imaginations- und Ausdrucksfähigkeit der Kinder aufgegriffen und erweitert werden kann (vgl. Ritter 2008); inspiriert ist diese Didaktik u. a. durch Gianni Rodaris „Grammatik der Phantasie" (1999²).

Die Spinne, die euch Freude macht
Ich bin die Spinne, die an nassen Netzen hängt.
Ich bin die Blume am Strauch.
Ich bin die Tür in Gold.
Ich bin das Buch im Regal.
Ich bin der Stern in grauem Nebel.
Ich bin die Sonne aus heißem Stein.
Ich bin das glühende Holz im Ofen.
Ich bin ein Samen im Topf.
Ich bin die Kraft aus der Ruhe.
Ich bin das Bild im Holzrahmen.
Ich bin der Schweiß, der am Hals runter rieselt.
(Judith, 9 Jahre)

Ich bin ich
Ich bin ein Eisberg.
Ich bin der Wind, der durch die Bäume geht.
Ich bin der heiße Sommer.
Ich bin der Eisbär.
Ich bin eine Blume.
Ich bin der Baum vor deinem Haus.
Ich bin ein Buch, das du jeden Tag ließt.
Ich bin der Hund.
Ich bin der Schmerz.
Ich bin ein Mensch.
(Laura, 9 Jahre)

Kommentar
Die Kinder haben hier die Möglichkeit, ihre individuellen Vorstellungsbilder schriftlich festzuhalten bzw. in eine Gedichtkomposition zu fassen. Selbstverständlich wird durch die Vorlage des Momadayschen Gedichts nicht nur eine bestimmte Form (Kopulasätze der Art ,Ich bin + Prädikation') nahegelegt, sondern es wird auch ein inhaltliches ,Kolorit' (vor allem Naturbilder) und eine dem Autoren eigene – möglicherweise typisch indianische – Art der Metaphernbildung induziert. Diese Charakteristika des Textes werden offensichtlich von den Kindern nachgeahmt, aber in einer jeweils eigenständigen Art und Weise. Ausgehend vom poetische Ausdruck des ,Freudenliedes' fordert der Schreibprozess zum metaphorischen Ausdruck der Selbstattribuierung heraus und erhebt dabei die Fragen: Als was kann ich mich vorstellen? Welche Dinge meiner Umwelt fordern mich zur Identifikation und metaphorischen Beschreibung meiner Welt- und Selbsterfahrung heraus? In welchen Bildern und Vorstellungen finde ich mich in meinem Selbstsinn und -bewusstsein (mit meinen persönlichen Eigenschaften, handlungsleitenden Themen) und meinem Verhältnis zur Umwelt wieder?

In Bezug auf die Rezeption und Produktion von Metaphern lassen sich an diesen drei kurzen Beispielen einige pädagogisch bedeutsame Beobachtungen festhalten: Die Kinder haben offensichtlich ein gutes Verständnis für die poetische Sprache und Form der Vorlage. Sie entfalten zum einen innovative Bilder, bedienen sich zum anderen aber auch konventionalisierter (natur-)lyrischer Versatzstücke und Bildfelder (*Mond, Stern, Morgentau* u. Ä.) und geläufigen metaphorischen Wendungen (wie *„Bücherwurm"*, *„in der Ruhe liegt die Kraft"*). Kindliche Metaphernschöpfungen nach einer literarischen Vorlage können im Rahmen anregender Schreibprozesse nicht nur ein hohes Maß an Kreativität und damit „emphatischer" Ausdruckskraft entfalten, sie ermöglichen auch vielfältige „Resonanzen" (vgl. Max Black zur „Emphase" und „Resonanz", Black 1996). Die Kinder können Metaphern einer Vorlage aufgreifen und in der Art von Bildfeldern erweitern, sie erschließen selbst aber auch neue Bildfelder. Besonders interessant sind hier die kreativen Metaphorisierungen des „Zielbereichs Ich". Diese werden in verschiedenen Vorstellungs- und Sprachbildern und auf der Grundlage verschiedener Quellbereiche vollzogen; die Metaphern werden entfaltet anhand der Vorstellung von: Gegenständen des Alltags (z. B. *Tür, Buch, gerahmtes Bild*) und differenzierten bzw. abstrahierten Bedeutungen derselben (wie *Buchtitel, Bücherwurm, tägliche Lektüre*); Tieren sowie Umwelt- und Leibphänomenen (*Samen, Blume, Regen, Wind, Eisberg, verletzliches Jungtier, Hirschröhren, rieselnder Schweiß, im Stein gespeicherte Sonnenwärme* etc.); mehr oder weniger komplexen Vorstellungen und Begriffen von Zuständen, Gefühlen u. Ä. (*heißer Sommer, Hunger, Schmerz, Kraft aus der Ruhe* etc.).

5.   Fazit und Ausblick

Die Ergebnisse dieses Beitrags lassen sich im Wesentlichen in vier Thesen zusammenfassen:

1. Die Entfaltung des Selbstkonzepts in der frühen Kindheit ist immer eingebunden in soziale Zusammenhänge – sprachliche Interaktionen und Entwicklungsfortschritte haben damit einen entscheidenden Einfluss. Kinder haben dabei eine aktive Rolle und vollbringen kreative Leistungen, die es noch genauer zu verstehen gilt. Die Untersuchung metaphorischen Denkens, Sprechens und Verstehens stellt hierfür einen aufschlussreichen Forschungsgegenstand dar.
2. Die entscheidenden Schritte bei der Entwicklung von Selbstkonzept und Identität finden im Vorschulalter statt und hängen vor allem mit dem episodischen Erinnern und Erzählen, also mit der Entwicklung narrativer Fähigkeiten, zusammen. Das sprachliche Umfeld, die narrative Umgebungskultur der Kinder ist von Erzählweisen und metaphorischen Konzepten geprägt, die diese Entwicklungsschritte beeinflussen.
3. Die Selbstreflexion des Menschen und der Aufbau biographischen Wissens erfolgt wesentlich in Vorstellungsbildern und episodischen Erzählungen, die von Sprachbildern und metaphorischen Konzepten geprägt sind. Identität kann sich hier auch in Form von ‚Daseins-‘ oder Lebensmetaphern ausdrücken.
4. Metaphorische Konzepte strukturieren unser implizites Wissen über die Welt und unser Selbst im Rahmen unserer symbolischen Umwelt. Sie befinden sich in einem

Spannungsfeld aus individuell Konstruiertem und überindividuell und kulturspezifisch Vorgefundenem und haben für die Reflexion und Gestaltung unseres Lebens nicht nur eine retrospektive, sondern auch eine prospektive und damit handlungs- und bildungsrelevante Funktion.

Im Zusammenhang mit den in diesem Band vorliegenden Fragen zum Verhältnis von Lernen und Erzählen erweist sich der Zugang der Selbstkonzeptforschungen zur Metapher bedeutsam; denn wenn die symbolische Umwelt für die Entwicklung des Selbstkonzepts und die persönliche Selbstdarstellung so wichtig ist und diese symbolische Umwelt sprachlich stark von Metaphernmodellen geprägt ist, dann fragt sich, wann und in welcher Weise solche metaphorischen Narrative von Kindern angeeignet und gelernt werden. Zu diesen Fragen bieten sich vielfältige Möglichkeiten der Anschlussforschung.

Literatur

Astington, Janet W. (2001): Wie Kinder das Denken entdecken. München: Reinhard.

Dies./Baird, Jodie A. (2005): Why Language Matters for Theory of Mind. Oxford & New York: Oxford University Press.

Bachmair, Ben (1994): Handlungsleitende Themen: Schlüssel zur Bedeutung der bewegten Bilder für Kinder. In: Deutsches Jugendinstitut: Medienerziehung im Kindergarten. Teil 1. Pädagogische Grundlagen. Opladen: Leske + Budrich, 171-184.

Beck, Ulrich (1986): Die Risikogesellschaft. Auf dem Weg in eine andere Moderne. Frankfurt/Main: Suhrkamp.

Black, Max (1996 [1954]): Die Metapher. In: Haverkamp, Anselm (Hg.): Theorie der Metapher. Darmstadt: WBG, 55-79.

Budwig, Nancy (2000): Language and the constuction of self: Linking forms and functions across development. In: Dies./Uzgiris, Ina/Wertsch, James (Hg.): Communication: An Area of Development. Stanford: Praeger, 195-214.

Dies. (2003): The role of language in development. In: Valsiner, Jaan/Connolly, Kevin (Hg.) (2003): Handbook of Developmental Psychology. London: Sage, 217-232.

Crapanzano, Vincent (1990): On self characterization. In: Stigler, James W./Shweder, Richard A./Herdt, Gilbert (Hg.): Cultural Psychology. Essays on Comparative Human Development. New York: Cambridge University Press.

Eakin, John Paul (1999): Making Selves. How Our Lives Become Stories. Ithaka/New York: Cornell University Press.

Fludernik, Monika (2006): Einführung in die Erzähltheorie. Darmstadt: WBG.

Gansen, Peter (2010): Metaphorisches Denken von Kindern. Theoretische und empirische Studien zu einer pädagogischen Metaphorologie. Würzburg: Ergon.

Geffert, Bernd (2006): Metaphern von Schule. Welche Metaphern und metaphorischen Konzepte generieren Benachteiligte von Schule? Hamburg: Dr. Kovac.

Gross, Peter (2005[10] [1995]): Die Multioptionsgesellschaft. Frankfurt/Main: Surkamp.

Kineke, Thomas (1996): Biographie und Präferenz von Lebensmetaphern. (Diplomarbeit am Fachbereich Psychologie, Universität Gießen: UB).

Konersmann, Ralf (Hg.) (2008[2]): Wörterbuch der philosophischen Metaphern. Darmstadt: WBG.

Lakoff, George/Johnson, Mark (1998): Leben in Metaphern. Konstruktion und Gebrauch von Sprachbildern. Heidelberg: Auer (Orig.: Lakoff, George/Johnson, M. [1980]: Metaphors We Live By).

Linton, Marigold (1986): Ways of Searching and the Contents of Memory. In: Rubin, David C. (Hg.): Autobiographical Memory. New York: Cambridge University Press.

Neisser, Ulrich (1988). Five Kinds of Self-knowledge. Philosophical Psychology 8 (1), 35-59.

Nelson, Katherine (1989): Narratives from the Crib. Cambridge/Mass: Harvard University Press.

Dies. (1993): The Psychological and Social Origins of Autobiographical Memory. Psychological Science 13 (4), 1-8.

Dies. (1996): Language in Cognitive Development. Cambridge/Mass: Cambridge University Press.

Dies. (2002): Erzählung und Selbst, Mythos und Erinnerung: Die Entwicklung des autobiographischen Gedächtnisses und des kulturellen Selbst. In: BIOS 15 (2), 241-263.

Dies./Fivush, Robyn (2004): The Emergence of Autobiographical Memory: A Social Cultural Developmental Theory. Psychological Review 111 (2), 486-511.

Dies. (2005): Language Pathways into the Community of Minds. In: Astington (Hg.): Why Language Matters in Theory of Mind. Oxford: Sage, 26-49.

Dies. (2007): Young Minds in Social Worlds. Experience, Meaning and Memory. Cambridge/Mass. & London: Harvard University Press.

Oerter, Rolf (2002): Kindheit. In: Oerter, Rolf/Montada, Leo (Hg.): Entwicklungspsychologie. Weinheim, Basel & Berlin: Beltz PVU, 209-257.

Straub, Jürgen/Seitz, Hartmut (1998): Metaphernanalyse in der kulturpsychologischen Biographieforschung. In: Bohnsack, Ralf/Marotzki, Winfried (Hg.): Biographieforschung und Kulturanalyse. Interdisziplinäre Zugänge. Opladen: Leske + Budrich, 243-259.

Ders./Sichler, Ralf (1989): Metaphorische Sprechweisen als Modi der interpretativen Repräsentation biographischer Erfahrungen. In: Alheit, Peter/Hoerning, Erika M. (Hg.): Biographisches Wissen. Beiträge zu einer Theorie lebensgeschichtlicher Erfahrung. Frankfurt/Main: Campus, 221-237.

Ritter, Michael (2008): Wege ins Schreiben. Eine Studie zur Schreibdidaktik in der Grundschule. Baltmannsweiler: Schneider Verlag Hohengehren.

Rodari, Gianni (1999²): Grammatik der Phantasie. Die Kunst, Geschichten zu erfinden. Leipzig: Reclam.

Sennett, Richard (1998): Der flexible Mensch. Berlin: Berlin-Verl.

Tomasello, Michael (2002): Die kulturelle Entwicklung des menschlichen Denkens. Frankfurt/Main: Suhrkamp.

Weinrich, Harald (1976): Sprache in Texten. Stuttgart: Klett.

Ziehe, Thomas (2005): Im Sog der Eigenwelten. Mentalitätsveränderungen bei der „Jugend von heute". URL: http://www.forum-lippe.de/Event/2005.pdf (letzter Zugriff am 17.04.2011).

Zinnecker, Jürgen/Behnken, Imbke/Maschke, Sabine/Stecher, Ludwig (2002): null zoff & voll busy. Die erste Jugendgeneration des neuen Jahrhunderts. Ein Selbstbildnis. Opladen: Leske + Budrich.

Zu den Autorinnen und Autoren

Michele Barricelli, Dr. phil., Professor für Didaktik der Geschichte am Historischen Seminar der Leibniz Universität Hannover.

Michael Basseler, Dr. phil., Vertretung der Professur am Institut für Anglistik, englische und amerikanische Literatur- und Kulturwissenschaft der Justus-Liebig-Universität Gießen.

Cornelie Dietrich, Dr. disc. pol., Professorin für Allgemeine Erziehungswissenschaft an der Leuphana Universität Lüneburg.

Michael v. Engelhardt, Dr. phil., Professor i. R. für Soziologie an der Friedrich-Alexander-Universität Erlangen-Nürnberg.

Heide von Felden, Dr. phil., Professorin für Erziehungswissenschaft mit dem Schwerpunkt Erwachsenenbildung/Weiterbildung am Institut für Erziehungswissenschaft der Johannes-Gutenberg-Universität Mainz.

Thorsten Fuchs, Dr. phil., Wissenschaftlicher Mitarbeiter am Institut für Erziehungswissenschaft der Justus-Liebig-Universität Gießen.

Peter Gansen, Dr. phil., Vertretung der Professur für Grundschulpädagogik an der Universität Koblenz-Landau, Campus Koblenz.

Olaf Hartung, Dr. phil., Wissenschaftlicher Mitarbeiter am Historischen Seminar der Justus-Liebig-Universität Gießen.

Lutz Kasper, Dr. rer. nat., Akademischer Mitarbeiter am Institut für Naturwissenschaften und Technik, Abteilung Physik an der Pädagogischen Hochschule Freiburg.

Mitra Keller, Dr. phil., ehemalige Wissenschaftliche Mitarbeiterin am Institut für Erziehungswissenschaft der Justus-Liebig-Universität Gießen und Lehrbeauftragte der Fachhochschule Frankfurt/Main sowie der Universität Koblenz-Landau.

Albrecht Lehmann, Dr. phil., Prof. em. für Volkskunde am Institut für Volkskunde/Kulturanthropologie der Universität Hamburg.

Ronja Tripp, M. A., Wissenschaftliche Mitarbeiterin am Lehrstuhl für Neuere Englische Literatur der Universität Stuttgart.

Ivo Steininger, Lehrkraft im Vorbereitungsdienst und Lehrbeauftragter am Institut für Anglistik, Didaktik der englischen Sprache und Literatur der Justus-Liebig-Universität Gießen.

Marion Wieczorek, Dr. phil., Akademische Oberrätin für Pädagogik bei geistigen und körperlichen Behinderungen am Institut für Sonderpädagogik, Universität Koblenz-Landau, Campus Landau.

Petra Wieler, Dr. phil., Professorin für Grundschulpädagogik, Lernbereich Deutsch an der Freien Universität Berlin.

VS Forschung | VS Research
Neu im Programm Erziehungswissenschaft

Gabi Elverich
**Demokratische
Schulentwicklung**
Potenziale und Grenzen einer Handlungs-
strategie gegen Rechtsextremismus
2011. 448 S. Br. EUR 39,95
ISBN 978-3-531-17858-5

Marcel Klaas / Alexandra Flügel / Rebecca
Hoffmann / Bernadette Bernasconi (Hrsg.)
Kinderkultur(en)
2011. 329 S. Br. EUR 34,95
ISBN 978-3-531-16468-7

Sabine Klomfaß
**Hochschulzugang
und Bologna-Prozess**
Bildungsreform am Übergang
von der Universität zum Gymnasium
2011. 360 S. Br. EUR 39,95
ISBN 978-3-531-18127-1

Andreas Knoke / Anja Durdel (Hrsg.)
Steuerung im Bildungswesen
Zur Zusammenarbeit von Ministerien,
Schulaufsicht und Schulleitungen
2011. 166 S. Br. EUR 24,95
ISBN 978-3-531-17888-2

Alexander Lahner
**Bildung und Aufklärung
nach PISA**
Theorie und Praxis außerschulischer
politischer Jugendbildung
2011. 363 S. Br. EUR 49,95
ISBN 978-3-531-18041-0

Andrea Óhidy
**Der erziehungswissenschaft-
liche Lifelong Learning-Diskurs**
Rezeption der europäischen Reform-
diskussion in Deutschland und Ungarn
2011. 239 S. (Studien zur international
vergleichenden Erziehungswissenschaft.
Schwerpunkt Europa – Studies in International Comparative Educational Science.
Focus: Europe) Br. EUR 39,95
ISBN 978-3-531-18113-4

Victor Tiberius
**Hochschuldidaktik
der Zukunftsforschung**
2011. 371 S. Br. EUR 49,95
ISBN 978-3-531-18124-0

Erhältlich im Buchhandel oder beim Verlag.
Änderungen vorbehalten. Stand: Juli 2011.

www.vs-verlag.de

VS VERLAG

Abraham-Lincoln-Straße 46
65189 Wiesbaden
tel +49 (0)6221. 345 - 4301
fax +49 (0)6221. 345 - 4229

MIX
Papier aus verantwortungsvollen Quellen
Paper from responsible sources
FSC® C105338

If you have any concerns about our products,
you can contact us on
ProductSafety@springernature.com

In case Publisher is established outside the EU,
the EU authorized representative is:
Springer Nature Customer Service Center GmbH
Europaplatz 3, 69115 Heidelberg, Germany

Printed by Libri Plureos GmbH
in Hamburg, Germany